토익문법 사용설명서

오답의 역설

박영재 지음

와이넛

오답의 역설 - TOEIC 문법 사용 설명서
ⓒ 박영재 2015

출간일	2015년 10월 26일 1쇄 인쇄
지은이	박영재
펴낸곳	도서출판 와이넛 (why nut)
펴낸이	박영재
출판 등록	2011년 5월 12일 제 2013-11호
주소	경기도 광주시 오포읍 능평로 38, 103-1401
	femacu@hanmail.net
	http://blog.naver.com/femacu23
전화	031-716-5893
팩스	0505-653-5893
편집	김숙경
표지	박마리아
출력 및 인쇄	대덕문화사

ISBN 979-11-954524-3-9 13740

이 책의 판권은 지은이와 도서출판 와이넛에 있습니다.
본 책 내용의 전부 또는 일부를 재사용하려면 반드시 저작권자의 서면 동의를 받아야 합니다.

이 도서의 국립중앙도서관 출판예정도서목록(CIP)은 서지정보유통지원시스템 홈페이지(http://seoji.nl.go.kr)와 국가자료공동목록시스템(http://www.nl.go.kr/kolisnet)에서 이용하실 수 있습니다.(CIP제어번호: CIP2015025647)

이 책의 수익금 중 일부는 소아암 환우를 위해 쓰이고 있습니다.

이 책은 많은 분들의 후원으로 제작되었습니다.
도움 주신 분들 모두에게 깊은 감사를 드립니다.

텀블벅(www.tumblbug.com)의 크라우드 펀딩을 통해 후원하신 분들!

강신재 강진호 강현택 김미경 김상효 김숙경 김지숙 김창근 김현규 배주아 보우먼 서아림 설진덕 소현섭 안경용 윤성호 이경화 임혜림 장민석 전병언 정수영 정효성 정희석 차용진 홍도균 HolyPain KKH ramuth

알라딘 북펀드를 통해 후원하신 분들!

강석여 고니 굿리46 김수현 나비80 노돌 데모닉막시민 독서사랑 동대장 드림파이터 라임 레오파드 리치마인드 무소법향 마ㅁ마 변마 보리 보물창고 볼통 부상묘 브랑웬 뽀오그리 산이밖에난몰라 살리 세은 안나숲 안진경 어흥 에드몽 온새미로 율이 율이 맘 이상이라는이상 자연주의자 자유인 작은나무 장돌뱅이 정해승 짱구엄마 책마니사랑 책사랑 책정 리해요 천심녹수 캔디공주 키치 탕아 토르티야 프레드 하얀눈꽃 행복행복 현솔결 환장하겠네 흐음음 히카루 2bu2za alftm dorinia DreamPartner felling1 Ganesa genesis8520 i-ness imks777 kangha.nn lmk1939 love19t noellab Nutcracker posithink scottyy Seyfried sijifs sos12 summit vdreamer yjh82 zeze Zires 외 31명

오답의 역설 - 사용 설명서

II. 능동과 수동을 구조로

1. 동사의 뒤에 명사가 없다! 그럼 수동이다!!

수동태는 목적어를 주어로 활용하는 표현이므로, 당하는 명사가 없어요. 즉 'be + -ed'라는 형태는 명사가 없다는 말입니다. 해석으로 구별할 것이 ~~는 구조로 구별하세요. 해석이 그러니까 수동이 ~~

→ 1. TOEIC에 자주 등장하는 핵심 문법 사항들을 한 눈에 볼 수 있도록 제목으로 정리했어요. 오른쪽에는 이해할 수 있도록 문법의 원리에 대한 설명을 담았습니다!

정답 너는 누구냐?

15. Before the advent of the wrapping machine, shipping a box of items ----------- many

(A) 동사인 것은 맞지만 다음는 명사가 있는데, 동사는 올리지 않아요.

→ 2. 문법 문제는 몰라서가 아니라, 기억나지 않아서 틀리는 경우가 더 많아요. 그래서 단순하게 번호대로 해설하지 않고, 문법을 이해하는 경로에 따라 다시 배열했습니다. 동일한 관점의 문제들을 일정한 시각으로 읽어내고 있는 지도 점검해보세요!

2. We *are* a marketing strategy consulting company ----------- *the top executives* around the world.
(A) <u>are</u> servicing
(B) service
(C) servic<u>ed</u>
(D) servicing

(A) service는 흔히 명사로 쓰이~ -ing나 -ed가 붙은 것으로 보아, 로 쓰였다는 것을 알 수 있죠! We~ 에 이미 are라는 동사가 있으므로, 가 또 나올 수는 없어요.
(B) 동사 자리가 아니라고 했는데요, 단심 service를 명사로 이해하고 세요? 아무리 그래도 뒤에 명사가 ~

→ 3. 정답을 선택하는 근거가 한 눈에 들어올 수 있도록 표시했습니다. 이젠 문장 전체를 막연하게 해석하면서 방황하지 마세요!

→ 4. 오답에 해당하는 보기들만 함께 모은 이 부분이 이 책에서 가장 중요합니다. 이 책은 오답을 더 소중하게 생각합니다. 오답이 되는 이유를 알면, 정답은 자연스럽게 나오니까요! 그래서 오답을 고른 분들을 격하게 사랑합니다. 오답을 수정하면서 정답으로 나아가는 것이 가장 효과적인 공부이기에 정답에 대한 설명보다 먼저 배치했습니다. 꼭 읽어보세요!

~는데, 농사는 수농태라 어~ 가 없기 때문에 which라 ~실 수는 없어요. ~때문에 -ing만으로는 문 ~ 없는 일이죠.

분상에는 농사가 필요합니다. 그리고 빈 칸의 다음에는 명사가 있으니까 능동태인 것이죠
Tip (A)는 동사가, (C)는 접속사가, (D)는 동사가 아닌 보기입니다. 동사의 어미는 동사의 형태, 수, 태, 시제를 나타내요 제가 말~

→ 5. 문제의 정답을 찾기 위해서는 보기를 통해 출제자의 의도를 파악하는 것이 우선입니다. 그러기 위해서는 보기를 읽어내는 Tip을 따로 정리했습니다.

시작하는 말

오답이 진짜 공부입니다! 오답은 상처도, 무능함도 아닙니다. 오답은 정답을 끌어내는 과정을 보여주는 소중한 자산이고, 디딤돌입니다. 오답이 되는 이유를 이해하고, 소통을 가로막는 요소를 제거하면 자연스럽게 옳은 표현이 되지 않겠어요? 오답을 골랐다면, 부족한 것이 아니라, 나아지는 과정 중에 있다는 말일 뿐입니다.

오답의 해설을 읽어주세요! 모두가 정답만을 추구하는 세상에서, 멍청한 짓처럼 보이겠지만 오답을 이해하지 않고, 정답만을 쫓는 오만한 공부는 모두를 병들게 한다고 생각합니다. 정답이 오답을 돌아볼 때, 가진 자가 없는 자를 배려할 때 조금은 더 조화로워지지 않을까요? 그래서 오답을 선택하는 사람의 입장에서 꼼꼼하고, 친절하게 해설을 달았습니다.

문법 문제를 어렵게 느끼는 이유는 여러 가지이겠지만, 구별하는 구체적 방법에 대한 설명이 없다는 점도 큰 비중을 차지해요. 문제란 기본적으로 보기를 선택해야 하는 것이고, 선택이란 판단의 기준이 전제되어야 하거든요. 그런데 우리는 바로 이 기준을 가르치지 않는다는 것이죠. 그저 공식을 암기할 뿐이죠!

점수대별 문법이란 없습니다! 대체 600점용 문법이 어디 있고, 700점대 문법은 대체 무엇이라는 말입니까? 현재 자신의 점수가 능력을 결정하는 기준이 될 수는 없지 않을까요? 600점대 점수를 받는 사람이라면, 소위 800점대 문법은 감히 쳐다보지도 못할 금기인가요?

난이도는 오직 두 가지입니다! 바로 자기 힘으로 해결할 수 있다/없다말입니다. 기존의 난이도란 결국 다른 사람들이 설정한 기준일 뿐이거든요. 아무리 많은 사람들이 틀려도 내가 해결할 수 있다면 쉬운 것이 아니겠어요? 자신의 능력을 남이 설정한 기준에 미리 한정시킬 이유가 대체 어디 있겠어요? 자신의 난이도와 자신의 관점을 형성해야 합니다. 우리는 기계가 아니잖아요!

해석하지 마세요! 영어 문법 문제는 그야말로 영어의 문법 사항과 구조를 물어보는 것이니만큼 한국어 해석이 아니라, 영어의 규칙을 통해 접근하는 것이 당연하지 않을까요? 또 해석은 언어 소통의 목적이고, 문법은 그 과정을 규정한 도구입니다. 그렇다면 도구를 통해 목적을 달성하는 것이 상식이라는 점을 감안하면, 해석해서 문법 문제의 정답을 찾는다는 것은 정말 이상한 일이라고 생각하지 않으세요? 영어로 소통하기 위한 약속이 문법이기 때문에 문법을 이해해야, 자신이 직접 표현할 때도 정확하게 자기 의사를 전달할 수 있습니다.

이 책에는 비법이나 공식은 없습니다. 원칙만 있을 뿐입니다. 원칙을 물어보는 시험은 있어도, 비법을 물어보는 시험은 없잖아요? 'TOEIC에서는 어떤 것이 정답이다'라는 식의 영혼 없는 공식들이 난무하는 현실이야말로 우리 사회의 병리적인 상황을 반영하는 것이 아닐까라는 생각을 해 봅니다. 과정보다 결과를 중시하는 우리 사회의 모습이 그대로 투영된 것이죠. 하지만 그런 비법들은 모두 다른 사람의 것이지, 내 것은 아닙니다. 그런 공부의 과정에서 나라는 소중한 존재는 소외되고 없어요.

대부분의 TOEIC 교재들이 정답을 찾고, 점수를 올릴 수 있는 방법만 제시할 뿐, 왜 이런 문제를 출제하는 지, 어떻게 활용할 것인지에 대한 근본적인 성찰이 부족하다고 생각해요. 그래서 요령만 가득할 뿐, 바탕이 부족한 대한민국의 천박한 문화를 창조하는 데 공헌하고 있는 것이나 아닌지 모르겠어요. 시험에 나오니까 중요한 것이 아니라, 중요하니까 시험에 나오는 것이 아닐까요? 물론 이런 열악한 환경을 만들어버린 선배 세대의 일원으로서 진심으로 사과 드립니다!

해석하지 않고도 문제를 풀 수 있는 요령으로 읽힐 염려 때문에 무척 망설였습니다. 하지만 제 의도를 잘못 읽어낸다면 그것은 제대로 전달하지 못한 제가 부족한 탓이겠지요. 여러 모로 부족한 점이 많은 책이지만, 조금이라도 우리가 TOEIC을 대하는 관점에 대해 다양하고, 생산적인 논의가 이뤄질 수 있으면 좋겠습니다.

목차

사용 설명서   4
시작하는 말   5

1. 동사의 형태와 수
1. 문장이 성립하나요?   10
2. 보조 동사와 동사가 어울리나요?   11
3. 도치를 이해합시다!!!   13
4. 주어와 동사의 수 일치!   15
5. 접속사 있는 듯, 없는 듯!   17
Practice Test   19
정답 너는 누구냐?   21

2. 능동과 수동
1. 능동과 수동이 뭘까?   31
2. 능동과 수동은 구조로 구별!!!   33
3. 뒤에 명사가 없다! 그러나 능동!!   34
4. 뒤에 명사가 있어도 수동!!   36
5. 수동태와 전치사   38
6. 수동태인 듯, 아닌 듯...   44
Practice Test   47
정답 너는 누구냐?   51

3. 시제
1. 동사의 시제를 확인하자!   63
2. 완료 시제를 알고 싶다!   65
3. 부사절의 미래 표현   69
4. 진행형은요?   71
Practice Test   72
정답 너는 누구냐?   74

4. 가정법
1. should가 생략되는 경우   84
2. 조동사의 과거형 - 과거가 아닙니다!   87
3. if가 있는 가정법   88
4. 이런 가정법도!   90
Practice Test   92
정답 너는 누구냐?   94

5. 부정사와 동명사

1. 준동사란 무엇인가요? **104**
2. 사역 동사와 지각 동사 **106**
3. to 부정사 이해하기! **108**
4. 동명사 품기! **112**
Practice Test **118**
정답 너는 누구냐? **122**

6. 분사

1. 분사구문은 줄임말입니다! **142**
2. 분사 - 분사구문의 진화 **145**
3. 감정 형용사: 사물 -ing, 사람 -ed **147**
4. 분사! 여기까지!! **148**
Practice Test **149**
정답 너는 누구냐? **152**

7. 명사와 관사

1. 명사의 역할과 위치를 파악하세요! **166**
2. 명사의 수를 확인하세요!! **168**
3. 셀 수 있는 명사인가요? **171**
Practice Test **175**
정답 너는 누구냐? **179**

8. 한정사

1. 한정사란? **197**
2. 단수와 복수를 표현하는 한정사! **199**
3. 수를 혼동하기 쉬운 표현들! 조심하지 마세요!! **201**
4. 구별해서 사용해야 하는 한정사 **203**
Practice Test **208**
정답 너는 누구냐? **212**

9. 대명사

1. 대명사의 종류 **231**
2. 보기에 인칭 대명사가! **231**
3. 보기에 that과 those가! **235**
4. 보기에 재귀 대명사가! **236**
Practice Test **238**
정답 너는 누구냐? **241**

10. 관계 대명사

1. 관계사는요! **255**
2. 관계 대명사의 종류와 용법 **257**
3. 복합 관계 대명사는 더 쉬워요! **261**
4. 관계 부사 **263**
Practice Test **265**
정답 너는 누구냐? **268**

11. 명사절과 부사절

1. 종속절의 종류와 대응하기 **282**
2. 명사절의 접속사 **283**
3. 부사절의 접속사 **287**
Practice Test **290**
정답 너는 누구냐? **293**

12. 형용사와 부사

1. 형용사끼리 구별하자! **307**
2. 형용사와 부사 구별? 오른쪽을 보자! **310**
3. 형용사와 부사 구별? 왼쪽을 보자! **313**
4. 부사끼리 구별하자!!! **316**
Practice Test **321**
정답 너는 누구냐? **325**

1강 동사의 형태와 수

I. 문장이 성립하나요?

1. 동사가 있어야만 문장이 될 수 있어요!

문장을 구성하는 최소한의 요소가 바로 '주어'로 쓰이는 '명사'와 '동사'이기 때문이죠. 이때 준동사에 해당하는 to 부정사, 동명사, 분사는 동사가 될 수 없어요. 즉 to나 -ing와 같은 어미가 결합된 단어들은 동사가 아니라는 표시로 이해해야 하는 것이죠.

Tickets for the expo *to be* sold at the main entrance of the building.
(to be ⇨ are)

박람회의 입장권은 건물 입구에서 판매되고 있다.

2. 접속사의 개수는 반드시 동사보다 한 개 적어요!

접속사는 동사를 연결하는 역할을 합니다. 따라서 연결 장치인 접속사는 연결 대상인 동사보다 하나 더 적을 수 밖에 없어요. 즉 문장에서 동사가 2개라면, 접속사는 1개, 동사가 4개라면, 접속사는 3개 존재해야 한다는 말입니다. 접속사의 종류나 개별적인 용법에 대해서는 뒤에서 구체적으로 다루기로 하고, 일단은 큰 원칙부터 명확하게 이해하고 있어야 합니다.

The candidate **was** late for the interview **because** she *having* a traffic accident on her way. (having ⇨ had)

그 지원자는 오는 도중에 교통 사고를 당했기 때문에 면접에 늦었다.

확인합시다

1. The head of the Personnel Department usually ---------- new employees' job performance at the end of their internship period.
   (A) to evaluate   (B) evaluates   (C) evaluating   (D) evaluation

2. All participants must register and pay prior to the date on which the workshop ----------.
   (A) to begin   (B) begun   (C) begins   (D) beginning

<정답> 1.(B) 2.(C)

II. 보조 동사와 동사가 어울리나요?

'조동사, have 동사, be 동사, do 동사' 네 가지를 묶어서 보조 동사라고 해요. 보조 동사란 동사에 '완료, 진행, 수동태, 감정, 미래...' 등의 문법적 형태를 보완하기 위해 결합되는 보조 장치입니다. 특정한 행위나 상태를 나타내지 않기 때문에, 보조 동사의 다음에는 동사가 있어야만 합니다. 이때 보조 동사의 종류와 용법에 따라 적절한 동사의 형태가 각각 정해져 있어요. 이때 동사의 형태는 동사의 어근이 갖는 의미와는 아무런 상관이 없기 때문에, 해석으로 구별하려고 시도하지 마세요.

1. 조동사의 뒤에는 동사의 원형이 있어요!

조동사의 종류로는 will, shall, can, may, must, would, should, could, might가 있어요. 조동사의 뒤에 연결되는 동사는 반드시 원형을 써야 합니다. 동사에 결합되는 문법적인 어미는 단수를 나타내는 -s, 동명사나 분사임을 나타내는 -ing, 과거나 과거 분사라는 표시인 -ed, 세 가지 밖에 없어요. 동사의 원형이란 동사에 문법성을 나타내는 어미가 결합되지 않은 형태를 의미합니다.

Our company **will *to renew*** the contract with the shipping company next month. (to renew ⇨ renew)

우리 회사는 다음 달에 택배사와 계약을 갱신할 것이다.

All reports **must *being*** sent to the head of the department. (being ⇨ be)

모든 보고서는 부서장에게 제출해야만 한다.

2. have 동사의 뒤에는 -ed가 나와요!

have 동사의 형태는 have, has, had, 세 가지입니다. 조동사로 쓰인 have 동사의 뒤에는 항상 동사의 과거 분사가 연결되는데, 이것을 '완료형'이라고 해요. 그리고 과거 분사는 소수의 불규칙 동사를 제외하고는 모두 -ed라는 어미가 결합되거든요. 그래서 앞으로는 과거 분사라는 막연한 용어보다는 -ed라는 실체적인 형태로 표시하도록 할게요.

The general manager **has *gave*** encouragement to recently hired interns. (gave ⇨ given)

총지배인은 최근에 채용된 인턴 직원들을 격려했다.

3. be 동사의 다음에는 -ing나 -ed입니다!

be 동사의 종류로는 am, are, is, was, were, be, being, been이 있어요. 그리고 be 동사의 뒤에는 -ing (현재 분사)가 연결되어 '진행형'을, -ed (과거 분사)가 나와서 '수동태'를 각각 표현합니다. be 동사의 다음에 동사나 동사의 원형, 또는 과거 분사가 등장하는 경우는 절대 없어요.

The copy of the invoice must **be *attach*** to Form R257.
(attach ⇨ attached)

R257 양식에는 송장의 사본을 첨부해야만 한다.

4. do 동사의 뒤는 동사 원형입니다!

의문문이나 부정문, 도치문에서는 반드시 조동사나 have 동사, 또는 be 동사 중 하나를 활용하는 것이 원칙입니다. 그런데 이런 보조 동사가 없는 경우라면, do 동사를 대신 활용해야 합니다.

이때 원래 동사가 나타내던 시제나 수와 같은 문법적 개념은 do 동사에 고스란히 전달되거든요. 그래서 다음에는 반드시 동사의 원형을 써야 합니다. 참고로 do 동사의 종류는 do, does, did, 세 가지입니다.

If you **don't *agreeing*** to the terms of this contract, please confer with your attorney and contact our legal department. (agreeing ⇨ agree)

이 계약서의 조항에 동의하지 않으신다면, 변호사와 상의하시고, 저희 법무팀에 연락 해주시기 바랍니다.

확인합시다

1. Matrix Technology was confident that Zeux Systems, its rival, would finally ---------- the buyout offer.
   (A) accepting   (B) accepted   (C) accept   (D) accepts

2. Sales of Oracle Furniture are the lowest the company has ---------- in the last ten years.
   (A) experienced   (B) experience   (C) experiencing   (D) to experiencing

3. The board of directors is ---------- whether to remodel the current facility or relocate to a more spacious office.
   (A) consider   (B) considering   (C) considers   (D) considered

<정답> 1.(C) 2.(A) 3.(B)

III. 도치를 이해합시다!!!

도치란 어떤 어구가 문장에서 정해진 위치를 벗어나서 다른 위치에서 쓰이는 현상을 말합니다. TOEIC에서 주로 다루는 도치의 유형은 주어와 동사의 어순이 도치되는 경우입니다. 도치의 핵심을 '도치의 자격' '도치의 조건' 그리고 '도치의 흔적'이라는 세 가지 관점에서 정리하세요. 즉 빈 칸이 올 수 있는 경우의 수는 세 가지뿐이라는 말입니다.

1. 도치의 자격 - 도치되는 동사는?

'도치'를 흔히 동사가 주어보다 먼저 나오는 것이라고 생각해요. 하지만 정확하게 말하면 동사가 아니라, 보조 동사가 도치되는 것이랍니다. 그리고 보조 동사인 '조동사, have 동사, be 동사, do 동사'만이 주어의 앞에 나올 수 있는 자격이 있고요.

2. 도치의 조건 - 언제?

① 부정어 [Only + 시간부사] +
　보조 동사 + 명사/주어 + 동사

부정어가 문장의 앞에 나오되거나, only가 recently, then, yesterday와 같은 시간 부사를 강조해서 문장의 앞에 오는 경우에는 보조동사가 주어보다 먼저 오게 됩니다. 부정어로는 'not, no, never, nor...'과 같은 단어들도 있지만, 'seldom, hardly, scarcely, rarely'처럼 부정의 의미를 갖는 단어들도 부정어에 포함된다는 점을 기억해야 됩니다.

Only recently *did* our engineers notice a serious defect in the brake system.
최근에야 우리 엔지니어들이 제동 장치에서 심각한 결함을 발견했다.

Scarcely *has* Ms. Floyd been in her office on Thursdays since she was appointed as marketing manger.
마케팅 관리자로 임명된 이후로 플로이드씨는 목요일이면 거의 매주 외근을 나간다.

② 부정어 [Only] 시간 접속사 + 주어 +
　동사 ~ 보조 동사 + 주어 + 동사 ~.

부정어나 only가 시간의 부사절을 강조하는 경우에도 보조 동사와 주어의 도치가 발생해요. 하지만 이 경우에는 두 개의 동사가 제시되니까 어느 절의 동사가 도치되는지 조심하세요. 부정어나 only가 접속사의 앞에 있지만, 접속사의 뒤에서는 도치가 발생하지 않아요. 그래서 주절의 보조 동사와 주어가 도치됩니다. 일반적으로 부사절이 주절보다 먼저 오는 경우에는 comma로 분리 되지만, 이 구조에서는 comma가 없어서 문장의 구조를 혼동하기 쉬우니까 조심하세요.

Not until the news was released *did* the lawyers of the law firm know about the merger.
뉴스 보도가 되고서야 그 법률 회사의 변호사들은 그 합병에 대해 알게 되었다.

③ so [neither, as, then] + 보조동사 + 명사/주어

대어란 앞 문장의 동사가 반복되는 경우에 정보의 반복을 피하고, 간결하게 표시할 때 사용하는 장치입니다. 긍정문이 반복되어 "~도 역시 그렇다"라고 하는 경우에는 so를, "~도 역시 그렇지 않다"라는 부정문이 반복되는 경우에는 neither를 사용해요. 그리고 "~도 그렇듯이"라는 의미를 나타내는 접속사 as, 그리고 비교급을 나타내는 as와 than의 뒤에서도 흔히 보조 동사와 주어가 도치됩니다.

그런데 이 경우는 일반적인 도치와는 다소 달라요. 앞에서 본 도치 구문의 경우에는 보조 동사가 도치될 뿐, 주어의 다음에는 동사가 남아있어요. 하지만 대어란 앞 문장에서 동사 뒤의 반복되는 정보를 생략해서 간결하게 쓰는 용법이기 때문에, 주어의 다음에 동사가 없이 곧바로 문장이 끝나게 되거든요. 이 경우에 보조 동사는 대동사의 성격을 갖게 됩니다.

그래서 원래 문장에 있던 보조 동사가 도치되는 일반적인 도치 구문과 달리, 대어의 도치에서는 앞 문장에 활용된 보조동사를 반복하게 되는 것이죠. 물론 보조동사가 없는 경우라면 do 동사를 써야 하고요.

Mr. Jameson **spent** quite many hours learning Japanese after work, as *were* his colleagues. (were ⇨ did)

제임슨씨는 동료들이 그랬듯이, 일본어를 공부하는 데 퇴근한 뒤에 많은 시간을 보냈다.

3. 도치의 흔적 - 보조 동사가 도치되고, 뒤에 남은 동사의 형태를 확인할 것!

일반적으로 도치는 주어의 뒤에 있던 보조 동사가 주어의 앞으로 위치가 바뀌는 것 뿐입니다. 그렇게 해서 강조의 어감을 줄 뿐, 글의 정보나 그 외의 구조는 달라지지 않아요. 따라서 보조 동사의 뒤에 있던 동사의 형태는 영향을 받지 않아요. 물론 do동사가 도치된 경우라면, 뒤의 동사는 원형을 써야죠!

Not until last month **did** the company *planned* to open a third branch in Hong Kong. (planned ⇨ plan)

지난 달에서야 그 회사는 홍콩에 세 번째 지점을 개설할 계획을 세웠다.

확인합시다

1. Mr. Thompson didn't intend to attend the workshop on marketing strategies, ---------- did Ms. Peterson.
   (A) so   (B) either   (C) than   (D) neither

2. No sooner ---------- the leading computer company announced the investment plan than its shares skyrocketed.
   (A) would   (B) did   (C) had   (D) was

3. Seldom have the conditions of the construction industry ---------- so good as they are now.
   (A) are   (B) been   (C) be   (D) being

<정답>1.(D) 2.(C) 3.(B)

IV. 주어와 동사의 수 일치!

영어의 명사와 동사에는 '단수 혹은 복수'라는 수의 개념이 표시됩니다. 그리고 주어인 명사와 동사는 이 수의 개념이 서로 동일해야 합니다. 이것을 '수의 일치'라고 합니다.

단수/복수라는 수의 문제는 어근의 의미와는 아무런 상관이 없어요. 그리고 한국어에서는 단수/복수라는 개념을 적극적으로 구별하지는 않아요. 따라서 우리말로 해석해서 동사의 수를 구별하려고 하지 말고, 어미에 나타나는 문법적 형태를 확인해야 합니다.

1. -s가 있는 보기도 있고,
 -s가 없는 보기도 있다면요!

'단수/복수'라는 수의 개념은 거의 대부분 's'라는 어미로 표시됩니다. 따라서 's'가 있는 보기와 그렇지 않은 보기가 있다면 당연히 -s의 의미를 알고 있는지 확인하겠다는 의도가 아닐까요? 즉 '수의 일치'를 확인하라는 것이 출제자의 의도인 것이죠. 참, 동사의 수는 오직 주어인 명사만이 결정할 수 있어요.

2. -s는 명사와 동사, 둘 중 하나에만!

'단수/복수'를 나타내는 -s가 결합되는 품사는 오직 명사와 동사 뿐입니다. 그런데 명사에 결합할 때는 동사에 결합할 때와 정반대의 의미를 나타냅니다. 명사에 붙는 -s는 거의 다 복수를 의미해요.

하지만 동사에 결합하는 -s는 예외 없이 단수를 나타내거든요. 따라서 주어와 동사가 수의 일치를 이루고 있다면, 주어인 명사와 동사, 둘 중 하나에만 -s라는 표시가 있어야겠죠!

명사/주어 (e)s + 현재 동사 (e)s 또는

명사/주어 (e)s + 현재 동사 (e)s

Most stationery **stores** usually *offers* discounts of a variety of office supplies in spring. (offers ⇨ offer)

대부분의 문구점들이 봄이 되면 다양한 사무실 비품들을 할인 판매한다.

3. 주어 뒤에 동사가 없다고요?
 그럼 수식어의 시작 입니다!

영어의 어순 규칙 중에서 가장 기본이 되는 것이 바로 '긴 어구는 뒤로 도치시킨다'는 것입니다. 따라서 형용사는 명사의 앞에 오는 것이 일반적이지만, 여러 개의 단어로 이루어진 형용사구는 명사의 뒤에서 수식하는 것이 올바른 순서가 되는 것이죠. 그러다 보니 주어와 동사의 사이에는 깊고도 넓은 강과 같은 수식어구가 자리잡는 경우가 있어요. 그러다 보니 문장의 주어를 혼동해서, 글의 흐름을 놓치기도 하는 것이고요.

간혹 이런 유형을 '수식어 거품' 혹은 '함정'이라는 부정적인 표현으로 설명하는 경우도 있는데, 이런 말에 현혹되지 말고 용법 자체를 생각해보세요. 동사의 경우에 단수/복수는 사실 의미상 차이는 전혀 없어요. 다만 주어로 쓰인 명사와 동사의 거리가 멀기 때문에, 수의 일치를 통해 일관된 논리성과 긴장을 유지하려는 장치라고 생각하면 어떨까요? 그만큼 중요해서 출제하는 것이 아닐까요?

그리고 이 '수식어 거품'은 주어의 의미를 풍성하게 해주는 추가 정보인데 걸러내야만 하는 부정적인 존재로 인식할 필요는 없겠죠! 문제를 푸는 데는 도움이 될 수도 있겠지만, 표현하는 능력을 기르는 데는 전혀 도움이 되지 않으니까요.

주어와 동사의 사이에 삽입되는 어구들을 구체적으로 알아보면 다음의 여섯 가지 유형입니다.

❶ 명사/주어 + 전치사 + 명사 + 동사
❷ 명사/주어 + 분사 (-ing/-ed) + 동사
❸ 명사/주어 + 관계 대명사 (who, which, that) + 동사 ~ + 동사
❹ 명사/주어 + comma ~ comma + 동사
❺ 명사/주어 + that + 주어 + 동사 ~ + 동사
❻ 명사/주어 + to do ~ + 동사

이 여섯 가지 경우를 암기하려고 하지 마세요. 여러분이 이미 알고 있는 기본을 활용하는 것으로도 충분해요. 대부분 문장의 주어는 처음에 나오는 명사입니다. 그리고 주어의 다음에는 동사가 있어야 하고요. 그렇다면 명사의 다음에 동사가 아닌 어구가 등장하면, 동사의 앞까지 삽입된 어구라고 생각하세요. 그러면 어떤 어구가 삽입되었건 큰 뼈대를 파악할 수 있어요!

The conditions for promotion *is* clearly written in the employee manual. (is ⇨ are)

승진의 조건들은 직원 수칙에 명확하게 언급되어 있다.

The furniture which was ordered yesterday *are* scheduled to be delivered on August 26. (are⇨is)

어제 주문을 받은 가구는 8월 26일에 배송될 예정이다.

V. 접속사 있는 듯! 없는 듯!

1. 명령문의 동사 원형은 동사일까요?

일반적으로 주어인 you가 생략되고, 동사의 원형으로 시작하는 독특한 구조의 문장을 명령문이라고 해요. 명령문이라고 해서 딱딱하게 '명령'만 하는 것은 아니고, '부탁, 안내'와 같은 공손한 맥락에서 쓰이기도 해요. TOEIC에서는 글의 소재가 안내문, 광고와 같은 실용적인 글이 많기 때문에 명령문이 제시되는 빈도가 높아요. 명령문의 시제는 기본적으로 현재이고, 주어가 you이기 때문에 동사의 형태는 원형과 동일한 모양이 됩니다.

주어가 생략되었지만, 명령문의 동사의 원형은 동사로 이해해야 합니다. 따라서 만일 이 원형 외에도 동사가 있다면, 접속사가 반드시 있어야만 문장이 성립해요. 흔히 이 동사의 원형 앞에 공손한 어감을 더해주는 please라는 단어가 있기도 해요. 원래는 if 절의 동사였는데, 접속사 if와 주어 it이 생략되면서 please 혼자만 남게 됐어요. 접속사와 주어가 생략되었기 때문에, 동사에서 부사로 성격이 달라진 것입니다. 그러니 명령문의 동사 앞이나 문장의 끝에 있는 please를 동사로 오해하지 마세요.

Please *filling* out this registration form as illustrated. (filling ⇨ fill)
설명된 대로 이 등록 양식을 작성하시기 바랍니다.

If you **have** any question, *feeling* free to contact our customer service center. (feeling ⇨ feel)
만일 궁금한 점이 있다면, 고객 서비스 센터로 편하게 연락해주세요.

2. 접속사가 생략되는 경우도 있다?

그래요! 분명 접속사가 없다고 확신 했는데, 생략된 구조라는 해설에 당혹스러울 때가 있어요. 동사는 절대로 생략할 수 없지만, 접속사는 간혹 생략되는 경우도 있어서 이런 난감한 상황이 발생해요. 물론 접속사는 동사를 연결하는 필수 장치이기 때문에 생략되는 경우가 흔하지는 않아요. 또 정보의 가치가 낮은 접속사가 생략되니까, 발견하지 못한다고 해서 의미를 이해하는 데는 지장도 없고요. 하지만 문장의 구조를 파악해야 하는 문법 문제에서는 그냥 넘길 수 없는 문제가 됩니다. 접속사가 생략되는 경우는 여러 가지이지만, 주로 두 가지 상황에서 발생하니까 그것부터 우선 알아두세요. 그리고 '정보가 생략' 되는 모든 경우는 '정보의 가치가 낮다' 라는 공통 분모를 갖는다는 점을 항상 중심에 두세요.

빈번하게 생략되는 접속사의 첫 번째 부류는 목적격 관계 대명사나 관계 부사입니다. 관계 대명사나 관계 부사는 특정한 의미를 갖고 있는 표현들이 아니기 때문에 정보의 가치가 낮거든요.

그리고 say, explain, insist, think, know, believe와 같은 '전달동사'나 sure, evident, certain과 같은 '확실성'을 나타내는 형용사들이 제시되면, 그 뒤에 있는 접속사 that이 생략되는 경우가 많아요.

생략된 접속사는 시각적으로 보이지 않기 때문에 놓치기 쉬운게 당연해요. 제가 추천하는 방법은 "접속사의 뒤에는 주어와 동사가 있다"라는 규칙을 정확하게 기억하라는 겁니다. 그래서 '주어 + 동사'의 앞에 접속사가 보이지 않으면 생략된 것으로 이해하세요.

This is *the web site* (*where*) **you can find** information about the museums in Paris.
여기가 파리의 미술관들에 대한 정보를 찾아볼 수 있는 웹사이트다.

The spokesperson **said** (*that*) **the new product would save** a lot of cost and time.
신제품은 비용과 시간을 상당히 절감해줄 것이라고 대변인이 말했다.

3. 접속사가 있는데, 무시하라고요?

맞아요! 때로는 접속사가 분명하지만, 접속사의 개수에 포함시키지 말아야 할 때가 있어요! 분명 접속사지만 접속사로 인정하지 말라고 하니 이상하다고 생각할 거예요.

접속사는 동사를 연결하니까, 동사를 to 부정사나 분사로 고치는 경우에는 접속사도 탈락되는 것이 원칙입니다. 하지만 의미를 정확하게 전달하기 위해 의도적으로 접속사를 남겨두는 경우가 있거든요. 주로 의문사나 부사절의 접속사들이 이런 경우에 해당됩니다.

이건 동사를 연결한다는 접속사가 갖고 있는 구조적 기능보다는 의미를 정확하게 전달한다는 원칙이 더 중요해서 남겨둔 것이거든요. 어쨌든 다음에 동사가 제시되는 것이 아니기 때문에, 접속사의 개수로 포함시키지는 말아야 한다고 생각하면 금방 납득할 수 있을 거예요.

When *returning* items you **purchased** from one of our MegaStore outlets, please **bring** your receipt.
저희 MegaStore 아웃렛 매장에서 구입하신 물품을 반품하실 때는, 영수증을 지참해주시기 바랍니다.

Practice Test

1. We have ------------ for our valuable cardholders to receive one hundred dollars of complimentary life insurance.

   (A) arrange
   (B) arranged
   (C) arranges
   (D) arranging

2. Negotiators must take into ------------ the conditions and expectations of all parties that have interests in a contract.

   (A) considering
   (B) to consider
   (C) consideration
   (D) consider

3. Please ------------ your hands with gloves when handling dying materials.

   (A) protection
   (B) protect
   (C) protecting
   (D) protective

4. Only one of the candidates, among the seven who participated in the job interview, ------------ hired as a market analyst.

   (A) were
   (B) did
   (C) could
   (D) was

5. The widespread use of social network service means that more and more people ------------ the Internet to gain a lot of information.

   (A) has use
   (B) has used
   (C) have use
   (D) have used

6. Because there are a great number of contestants, the host should ------------ them into several small groups for competition.

   (A) divides
   (B) divided
   (C) dividing
   (D) divide

7. The lease agreement ------------ that we have the responsibility for cleaning the outside of the building.

   (A) stipulation
   (B) stipulator
   (C) stipulates
   (D) stipulate

8. The management had originally sought to introduce the state-of-the-art system, but the consultant ------------ a less risky alternative.

   (A) propose
   (B) proposing
   (C) proposed
   (D) proposal

9. The way Brickson Corporation ------------ to solve the current cash flow problems will be announced at the press conference next week.

   (A) planning
   (B) is planning
   (C) being planned
   (D) to plan

10. All things considered, these new technologies ------------ the beginning of the next generation of e-commerce.

    (A) suggest
    (B) suggestion
    (C) to suggest
    (D) suggesting

11. Never did Ms. McCoy's business interests ------------ with her active involvement in cultural and artistic affairs.

    (A) interfered
    (B) to interfere
    (C) interfere
    (D) interfering

12. Our policy is to neither confirm nor deny information about the company that ------------ not originated from the Public Relations director.

    (A) can
    (B) has
    (C) does
    (D) would

13. The overall effort to determine the possibility that the merger would be approved by the board of directors ------------ likely to take considerable time.

    (A) are
    (B) will
    (C) is
    (D) has

14. The policy states that after working for our company for two years, all employees will automatically ------------ a ten percent raise.

    (A) to receive
    (B) receives
    (C) received
    (D) receive

15. If you should receive the copy of the contract from the shipping company this morning, ------------ it to the legal department.

    (A) transfer
    (B) transfers
    (C) transferring
    (D) transferred

16. Having ------------ the assigned mission in the last day of the workshop, the new employees are eligible to take an aptitude test.

    (A) be finished
    (B) finish
    (C) finished
    (D) been finish

17. Clarkson Corporation ------------ significant revenue increases due to the recent withdrawal of its major competing company from the Mexican market.

    (A) anticipates
    (B) anticipation
    (C) anticipate
    (D) anticipatory

18. The revised work schedule called for the plant to ------------ operating for four six-hour shifts.

    (A) is
    (B) be
    (C) had
    (D) have

19. An official who works for Alliance Airlines will announce the results of yesterday's negotiations at the press conference ------------ at 2:30.

    (A) scheduled
    (B) is scheduled
    (C) schedule
    (D) are scheduled

20. Not only ------------ the suppliers send the wrong parts, but they also sent them to the wrong address.

    (A) had
    (B) did
    (C) were
    (D) has

<정답> 1.(B) 2.(C) 3.(B) 4.(D) 5.(D) 6.(D) 7.(C) 8.(C) 9.(B) 10.(A)
11.(C) 12.(B) 13.(C) 14.(D) 15.(A) 16.(C) 17.(A) 18.(B) 19.(A) 20.(B)

정답 너는 누구냐?

10. All things *considered*, these new *technologies* ------------ the beginning of the next generation of e-commerce.

(A) suggest
(B) sugges<u>tion</u>
(C) <u>to</u> suggest
(D) suggest<u>ing</u>

(B) -ion가 붙으면 거의 대부분 명사입니다. 동사로 쓰이는 경우도 있다고요? 걱정하지 마세요. 아주 드문 경우니까, 걱정할 필요는 없어요! 그래도 걱정이 된다고요? 지금 당장 만점이 목표가 아니라면, 그냥 틀려버리세요. 공부의 우선순위를 생각하면 그게 더 효율적이거든요.

(C) to는 동사가 아니라는 표시니까, 동사가 필요한 지금은 적절하지 않아요.

(D) -ing도 역시 동사가 아니라는 표시거든요!

(A) suggest라는 단어가 기본적으로 제시됐어요. 그런데 동사인 보기도 있고, 아닌 보기도 있다면 가장 먼저 할 일은 동사가 필요한 상황인지 판단하는 겁니다. 그리고 앞에 있는 considered는 다음에 목적어인 명사가 없기 때문에, 동사가 아닌 과거분사입니다. 그래서 이 문장은 동사가 필요한 자리라는 점을 알 수 있는 것이죠.

Tip 어떤 단어가 동사인지 모르겠다고요? 그럼 보기에 있는 힌트를 활용하세요. -ing는 오직 동사에만 결합하는 어미입니다. 따라서 -ing를 뺀 단어를 동사라고 생각하면 되죠!

[해석] 모든 점을 고려해 볼 때, 이 새로운 기술들은 차세대 전자 상거래의 시작을 암시하고 있다.

---

19. An official *who* works for Alliance Airlines **will announce** the results of yesterday's negotiations at the press conference ------------ at 2:30.

(A) scheduled
(B) <u>is</u> scheduled
(C) schedule
(D) <u>are</u> scheduled

(B) is는 동사인데, 이미 동사가 두 개 있는 지금 뭘 어쩌자는 것인지...

(C) schedule을 비롯해서 영어의 명사들은 대다수가 동사로도 활용되거든요. 그러니까 항상 동사일 경우와 명사일 경우를 모두 고려해주는 것이 안전해요. 동사라면 적절하지 않은데, 명사라면 가능할까요? 그러면 앞에 있는 전치사 at의 목적어가 되는데, at과 schedule이 연결되는 것도 적절하지 않고, announce라는 행위가 발생하는 장소를 나타내는 at과 의미상 어울리지 않아요.

(D) are는 동사 입니다. 적절하지 않아요.

(A) who라는 접속사 하나와 works, announce라는 두 개의 동사가 있으니까, 동사가 또 나올 수는 없어요. 지금처럼 다음에 명사가 없는 -ed는 과거 분사 입니다. 그래서 동사가 아니랍니다.

Tip 품사는 문장에서 어울리는 단어들을 통해 파악해야 정확해요. announce처럼 -ce로 끝나는 단어는 대부분 명사입니다. 하지만 will이라는 조동사의 뒤에 있으니까 지금은 동사로 이해해야 하는 것이죠.

[해석] 얼라이언스 항공의 직원이 2시 30분으로 예정된 기자 회견에서 어제 있었던 협상의 결과를 발표할 것이다.

3. Please ----------- your hands with gloves **when handling** dying materials.

(A) protect<u>ion</u>
(B) protect
(C) protect<u>ing</u>
(D) protect<u>ive</u>

(A) -ion로 끝나는 단어는 명사라는 사실을 의심하지 말자고 했었죠?
(C) -ing를 보면 동명사냐, 분사냐를 놓고 고민하지 말고, 동사가 아니라는 성격부터 우선 받아들이세요.
(D) -ive로 끝나는 단어는 거의 형용사입니다. 간혹 명사로 쓰이기도 하는데, 주로 '행위자'를 나타내요.

[해석] 염료를 다룰 때는 장갑으로 손을 보호하시기 바랍니다.

(B) 혹시 please를 동사라고 생각하는 사람도 있겠죠. 일단은 모든 가능성을 열어두고, 하나씩 검증해서 제거하는 것이 빠르고, 정확해요. 그래서 please가 동사라면, 감정 타동사니까 빈 칸에는 사람 명사가 와야 해요. 그런데 -ion은 대부분 사물을 나타내는 명사라 어울리지 않아요. 게다가 빈 칸 다음에도 your hands라는 명사가 있기 때문에 protection이라는 명사와 나열될 수 없어요! 그래서 이 빈 칸에는 동사가 있어야 합니다.

Tip when은 접속사지만, 다음에 using이라는 분사가 있어요. 이렇게 분사구문에서 남아있는 접속사는 의미를 정확하게 전달하기 위한 장치일 뿐이기 때문에 접속사의 수에 포함시키는 말아야 합니다. 접속사가 있어도 포함시키지 않는 경우인 것이죠.

15. *If* you **should** *receive* the copy of the contract from the shipping company this morning, ----------- it to the legal department.

(A) transfer
(B) transfer<u>s</u>
(C) transfer<u>ring</u>
(D) transfer<u>red</u>

(B) 명령문에서는 동사의 원형을 써야 합니다. 동사의 원형에는 -s와 같은 어미가 붙지 않잖아요? 이렇게 어미가 결합된 동사라면 앞에 주어도 있어야 해요.
(C) -ing는 동사가 아니라는 표시라는 말을 또 해야 할까요?
(D) -ed가 과거 분사를 나타내는 경우라면, 동사가 아니므로 동사가 필요한 지금 어울리지 않아요. 과거 동사가 아니냐고요? 원형이 아닌 동사의 앞에는 반드시 주어가 있어야 한다니까요!

(A) 접속사 if가 있지만, 동사는 receive 하나 밖에 없기 때문에 지금은 동사가 필요한 상황이죠. 이렇게 주어가 없는 경우를 명령문이라고 해요. 이럴때 동사는 원형을 쓰세요.

Tip -ing와 -ed는 오직 동사에만 결합하는 어미입니다. 따라서 이 어미를 뺀 보기의 단어는 동사겠죠? 그렇다면 이렇게 동사인 보기도 있고, 아닌 보기도 있다면 출제자의 의도는 동사인지, 아닌 지를 판단하라는 것이 아니겠어요? 그럼 무작정 해석하지 말고, 곧바로 동사와 접속사를 확인해보세요. 문제푸는 요령이라고요? 영어의 문장 구성을 익히는 과정으로 활용하자고요.

[해석] 오늘 오전에 선적 회사에서 계약서 사본을 받으면, 법무팀에게 넘겨주세요.

9. ***The way*** Brickson Corporation ------------ to solve the current cash flow problems ***will be announced*** at the press conference next week.

(A) plan**ning**
(B) is planning
(C) be**ing** planned
(D) **to** plan

(A) -ing가 있으니 동사가 필요한 이 자리에는 어울리지 않겠군요.
(C) 어쨌든 -ing네요. 동사를 써야 문장이 될텐데요…
(D) 준동사를 표시하는 방법이 -ing와 to 밖에 없으니 자주 나오는 것도 이해가 되지 않나요? 출제자도 나름 극한 직업입니다.

[해석] Brickson Corporation이 현재의 현금 유동성 문제를 해결하려고 계획하고 있는 방법이 다음 주 기자회견에서 발표될 것이다.

(B) will be announced라는 동사 밖에 보이지 않기 때문에 동사가 올 자리가 아니라고 생각하기 쉬워요. 하지만 the way와 Brickson Corporation의 사이에는 관계 부사인 how가 생략되어 있어요. 관계 부사도 접속사의 기능이 있기 때문에 빈 칸에는 동사가 와야 합니다.

Tip 생략된 접속사의 흔적을 감지할 수 있어야 풀 수 있는 문제입니다. 하지만 틀렸다고 해도, 어려운 문제라고 생각하고 마음 상하지는 마세요. 접속사가 생략되는 경우는 빈도로 보나, 종류로 보나 많지 않거든요. 그러니 이 문제를 보고 접속사가 없으니 동사가 필요 없다고 생각했다면 방향은 제대로 잡은 거예요. 비록 이 문제는 틀렸어도, 더 많은 경우에 적용되는 방법을 알고 있는 것이니까요.
관계 부사가 생략된 경우는 눈에 잘 들어오지 않을 수가 있는데, the way라는 명사와 Brickson Corporation이라는 명사가 중복되는 구조가 어색하다는 점을 포착하세요.

---

6. Because there are a great number of contestants, the host ***should*** ------------ them into several small groups for competition.

(A) divide**s**
(B) divide**d**
(C) divid**ing**
(D) **divide**

(A) 동사에 결합되는 -s는 단수라는 성격을 나타내므로 원형이 아니죠.
(B) -ed는 과거나 과거 분사임을 나타내는 어미이므로, 역시 원형이 아니고요.
(C) -ing는 동사에 결합해서 동명사나 현재 분사라는 문법성을 표시하는 장치입니다.

(D) 조동사의 뒤에는 동사의 원형이 와야 합니다. 동사의 원형이란 어미가 결합하지 않은 형태를 말합니다. 즉 아무런 문법적인 의미도 나타내지 않는다는 말이거든요.

Tip 동사에 결합할 수 있는 어미의 모든 형태가 보기에 등장하는 유형입니다.
문법이란 단어와 단어가 연결되는 관계이기 때문에 정답이 되는 보기는 빈칸이 아닌 곳에 있는 특정한 단어와 연결됩니다! 그 한 점을 구체적으로 찾으려고 시도하면, 정답도, 문법에 대한 감각도 내 것으로 만들기 쉬워요!

[해석] 참가자가 매우 많기 때문에, 주최측에서는 경연을 위해 여러 개의 소집단으로 나눠야 한다.

14. The policy states that after working for our company for two years all employees **will automatically** ------------ a ten percent raise.

(A) to receive
(B) receives
(C) received
(D) receive

(A) to는 동사를 명사, 형용사, 또는 부사로 활용한다는 표시입니다. 즉 동사도, 원형도 아닌 형태로 will과 어떻게 사귀겠다는 것인지…

(B) will과 receives가 서로 어울리지 않는다고 생각하지 마세요! will과 receive라는 어근, 즉 동사의 의미와는 아무 상관이 없어요! 조동사 will과 단수형을 나타내는 -s가 서로 충돌 한다고 생각하는 것이 문법적인 자세입니다!

(C) 과거 동사도 역시 원형이 아니죠.

(D) 조동사 will의 뒤에 오는 동사의 형태를 물어보는 문제니까, 동사의 원형을 찾아야 겠네요.

Tip 보조 동사와 동사의 사이에 올 수 있는 품사는 오직 부사 뿐입니다. 보조 동사의 종류에는 상관이 없어요. 그리고 부사는 동사를 수식해서 의미를 구체적으로 제한할 뿐, 동사의 어미에는 아무런 영향도 미치지 않아요. 따라서 부사가 있는 것에 현혹되지 마세요. 부사는 추가 정보일 뿐, 필수 요소는 아니거든요.

[해석] 회사의 방침은 우리 회사에서 2년을 근무하고 나면, 모든 직원들은 자동적으로 임금이 10% 인상된다고 규정되어 있다.

18. The revised work schedule called for the plant **to** ------------ **operating** for four six-hour shifts.

(A) is
(B) be
(C) had
(D) have

(A) is는 원형이 아니기 때문에, to와 어울릴 수 없어요. to의 뒤에 동사가 연결되는 구조는 없거든요.

(C) had는 have의 과거형입니다. to의 뒤에 올 수 없어요.

(D) have는 원형이지만, 뒤의 -ing와 함께 쓰는 경우는 없어요. 항상 빈 칸의 양쪽을 모두 신경써야 해요

(B) to의 다음에는 동사의 원형이나 동명사 형이 와야 해요. 이 조건에 맞는 보기는 (B)와 (D)입니다. 그런데 -ing의 앞에 올 수 있는 보조동사는 오직 be동사 밖에 없거든요.

Tip 'had [relocate / relocated]'라는 질문에서 올바른 형태는 무엇일까요? 그럼 '[had / would] relocated'에서는 무엇이 맞는 표현일까요? 이 두 가지 질문에서 어떤 경우가 더 쉽게 답을 찾을 수 있나요? 아마도 첫 번째일 겁니다.

문장을 나열하는 순서가 왼쪽에서 오른쪽이기 때문에 평소에 다음에 연결되는 어구에 초점을 맞춰서 훈련하거든요. 그래서 왼쪽의 단서를 기준으로 오른쪽의 형태를 물어보는 경우가 더 쉽게 연상이 되겠는 겁니다.

반면에 반대로 물어보는 경우에는 문법적인 난이도는 동일하지만 익숙하지 않은 방향이기 때문에 조금 더 어렵게 접근하게 되는 것이고요. 그래서 항상 빈 칸의 좌우를 잘 살펴서, 판단의 근거를 찾아야 하는 겁니다.

[해석] 수정된 근무 일정표로 그 공장에서는 6시간 4교대 근무를 운영해야 했다.

1. We *have* ------------ for our valuable cardholders to receive one hundred dollars of complimentary life insurance.

   (A) arrange
   (B) arranged
   (C) arran**ges**
   (D) arrang**ing**

(A) have의 뒤에 동사가 곧바로 올 수는 없어요. arrange라는 단어의 의미를 알고 있는가 보다는 -ing, -ed라는 일정한 어미를 통해서 판단하도록 하세요. 그래야 모르는 단어가 나와도 접근할 수 있고, 모르는 단어에 대한 두려움도 이겨낼 수 있지요.

(C) -es가 있으니 현재 동사라는 것을 알 수 있어요. have와 동사는 서로 연결될 수 없어요.

(D) have와 -ing는 서로를 끔찍하게 싫어합니다.

(B) have의 다음에 올 수 있는 동사형은 오직 과거 분사 밖에 없어요. 그리고 과거 분사는 거의 다 -ed라는 어미가 결합된답니다.

Tip 보기에 모두 arrange라는 어근이 있어요. 문제는 항상 차이점을 물어보는 것이기 때문에 어근이 보여주는 문법적 차이를 명확하게 확인해 보세요.

[해석] 저희 소중한 카드 보유 고객들께서 백 달러 상당의 무료 생명보험을 받으실 수 있도록 마련했습니다.

16. *Having* ------------ the assigned mission in the last day of the workshop, the new employees are eligible to take an aptitude test.

    (A) be finished
    (B) finish
    (C) finished
    (D) been finish

(A) have 동사의 다음에 be라는 동사의 원형이 올 수는 없어요.

(B) finish를 동사로 보면 당연히 having과 함께 쓸 수 없어요. 하지만 명사로 이해하면 가능할 것 같지만, 다음에 있는 the assigned mission이라는 명사가 또 연결될 수 없어요. 항상 빈 칸의 좌우를 고루 살필 것!!!

(D) be 동사의 다음에 finish라는 동사가 연결되는 표현은 없어요.

[해석] 워크숍의 마지막 날에 부과된 임무를 완수하고 나면, 신입사원들은 적성 검사를 치를 자격을 갖게 된다.

(C) having도 have에 -ing가 결합되었을 뿐, 조동사라는 속성은 유지하고 있기 때문에 다음에는 당연히 동사의 과거 분사가 연결되어야 합니다.

Tip have 동사는 조동사와 일반동사로 모두 활용될 수 있어요. 그래서 무조건 have 뒤에는 과거 분사가 온다고 단정할 수는 없어요. 정답 찾기에만 일차적인 목표를 두면, 그래도 정답을 찾을 수 있겠지만, 그와 다른 구조에서는 대응하기 힘들어요. 사역동사로 쓰인 have도 바로 일반 동사로 활용된 경우거든요.

have가 조동사로 쓰이는 경우라면, 뒤에 과거 분사가 연결됩니다. 하지만 일반동사로 쓰이는 경우에는 타동사이기 때문에 뒤에 목적어인 명사가 나오게 됩니다. finish도 명사로 쓰이거든요.

해결하는 방법은 간단해요. 빈 칸의 뒤를 보세요. 명사가 있는지 확인하는 거예요. 타동사로 쓰인 have는 뒤에 두 개의 목적어가 나오거나, 명사를 목적 보어로 활용하는 경우가 절대 없어요. 즉 뒤에 두 개의 명사가 연결될 수는 없다는 말이죠.

8. The management *had* originally *sought* to introduce the state-of-the-art system, *but* the **consultant** ------------ a less risky alternative.

   (A) propose
   (B) propos*ing*
   (C) propos*ed*
   (D) propos*al*

(A) 주어인 consultant는 -s가 없는 단수이므로, 동사가 현재라면 -s가 있어야 죠.
(B) 동사가 필요한 자리인데, -ing는 어울리지 않겠죠.
(D) 동사에 결합되는 -al은 주로 명사라는 표시라는 점을 활용 하세요. 또 명사에 결합하는 -al은 주로 형용사로 이해하면 됩니다.

[해석] 경영진은 애초에 최신 시스템을 도입하고 했지만, 컨설턴트는 덜 위험한 대안을 제안했다.

(C) had sought라는 동사와 but이라는 접속사가 있으므로 동사가 필요한 자리입니다. 그리고 주어인 consultant는 -s가 없는 단수이므로 동사도 단수형이 와야 합니다. 하지만 was/were를 제외하면, 과거 동사에는 수가 표시되지 않아요.

Tip (A)의 propose가 정답이 되지 않는 이유를 시제에서 찾지는 마세요. 물론 had sought라는 과거 완료가 제시되었기 때문에 현재 시제가 될 수 없는 것은 분명해요. 하지만 동사의 시제보다는 항상 수를 먼저 고려하도록 하세요. 시제보다는 단수 혹은 복수라는 수의 관점이 훨씬 더 명확하게 구별되거든요. 만일 보기가 proposes였다면 시제의 관점에서 구별하는 게 맞아요. 그래서 propose는 현재라서가 아니라, 복수라서 틀렸다고 생각하는 거예요.

12. Our official policy is to neither confirm nor deny information about the company that not ------------ *originated* from the Public Relations director.

    (A) can
    (B) has
    (C) does
    (D) would

(A) can은 조동사니까, 뒤에는 당연 동사의 원형이 와야죠. 하지만 originated에는 -ed가 결합되어 있어요.
(C) 뒤에 명사가 왔다면 do는 일반 동사입니다. 그렇지 않으면 조동사이기 때문에, 동사의 원형이 연결되어야 합니다.
(D) will의 과거형인 would도 조동사에 속하니까, -ed 붙은 단어와 함께 쓸 수는 없어요.

[해석] 우리의 공식 방침은 회사에 대해 홍보 담당 이사가 밝힌 것이 아닌 정보에 대해서는 인정도 부인도 하지 않는 것이다.

(B) 보기로 모두 보조 동사가 나왔어요. 그렇다면 앞의 문제와는 역으로 제시된 동사의 형태를 확인해야 하지 않겠어요? 빈 칸의 다음에 있는 단서는 originated인데, -ed의 앞에 올 수 있는 보조 동사는 오직 have 동사와 be 동사 밖에 없어요.

Tip 보통은 왼쪽에서 오른쪽으로 문장을 대하기 때문에 문제도 왼쪽에 단서가 있고, 오른쪽에 빈 칸이 있는 경우가 더 쉽게 접근할 수 밖에 없어요. 하지만 문법이란 두 단어의 관계를 의미하기 때문에 때로는 단서가 빈 칸의 오른쪽에 있는 경우도 있어요. 문법적인 관계는 하나지만, 문제는 두 가지로 출제할 수가 있는 것이죠. 그래서 항상 정답보다는 빈 칸이 아닌 곳에서 판단의 근거를 찾는 데 더 주목해야 하는 겁니다.

5. The widespread use of social network service means that more and more **people** ----------- **the Internet** to gain a lot of information.

   (A) has use
   (B) has used
   (C) have use
   (D) have used

(A) 주어인 people은 -s가 없지만 "사람들"이라는 복수의 의미를 가져요. 그런데 동사가 단수인 has라뇨?
(B) 일단 주어와 수가 일치하지 않으니, 달리 할 말이 없네요.
(C) have의 다음에는 과거 분사가 와야 합니다. 만일 use를 명사로 이해한다면, 빈 칸의 뒤에 있는 명사가 또 있어서 연결될 수 없거든요.

[해석] 사회 관계망 서비스가 널리 사용된다는 것은 점점 더 많은 사람들이 인터넷을 이용해 많은 정보를 얻는다는 사실을 의미한다.

(D) have 동사의 다음에는 동사의 과거 분사나 명사가 나와야 하잖아요. 그런데 뒤에 명사가 있으니까, 빈 칸에는 -ed가 와야 문장이 성립하죠.

Tip 보기에서 -s가 있는 보기도 있고, 없는 보기도 있어요. 그거면 이게 무슨 의미일까요? 바로 -s의 의미를 알고 있느냐는 것이죠. 그리고 동사의 단수/복수는 오직 주어인 명사와 관련이 있어요. 수는 단수 또는 복수, 즉 두 가지 밖에 없기 때문에 수의 관점만으로 네 개의 보기를 구성할 수는 없어요. 그래서 항상 수와 시제, 태를 함께 고려해서 확인해야 합니다.

17. **Clarkson Corporation** ----------- significant revenue increases due to the recent withdrawal of its major competing company from the Mexican market.

    (A) anticipat**es**
    (B) anticipat**ion**
    (C) anticipate
    (D) anticipat**ory**

(B) -ion은 명사라는 표시잖아요. 혹시 동사로도 쓰이지 않을까라는 걱정이 아직도 남아있으세요? 그렇다면 -s가 없으니까 주어인 단수 명사와 수가 일치하지 않는다는 점을 확인하세요.
(C) 동사에 -s가 없다는 말은 복수라는 얘기입니다. 주어와 동사의 수가 일치한다는 말은 주어와 동사, 둘 중 하나는 -s라는 어미가 나타난다는 말입니다.
(D) -ory는 형용사를 표시하는 어미랍니다.

(A) 문장에 동사가 없으므로, 동사를 찾아야 합니다. 그리고 주어인 고유명사는 단수거든요.

Tip 동사의 의미와 관련된 문법 문제는 동사의 존재, 수, 태, 시제와 같은 여러 가지 요소들이 복합적으로 등장하는 경우가 많아요. 이 책에서 설명하는 순서대로 생각을 전개하세요. 바로 지금처럼 항상 동사인지 아닌지부터 판단하세요. 그런 다음 단수/복수, 그리고 능동/수동, 마지막으로 시제를 적용하는 것이 가장 효과적입니다.
문법 문제는 몰라서 틀리는 것이 아니라, 기억 나지 않아서 틀리는 경우가 훨씬 많다는 것을 이해해야 합니다. 그래서 생각을 끌어내는 순서가 중요한 것이거든요.

[해석] 주요 경쟁회사가 멕시코 시장에서 최근에 철수했기 때문에 Clarkson Corporation은 상당한 수익 증가를 기대하고 있다.

7. The lease *agreement* ------------ *that* we *have* the responsibility for cleaning the outside of the building.

   (A) stipulation
   (B) stipulator
   (C) stipulates
   (D) stipulate

(A) -ion은 동사가 아니라니까요! 그래도 불안하다면, 주어에 -s가 없다는 점, 즉 수의 일치를 고려하세요.
(B) -or은 주로 사람 명사를 나타내는 어미랍니다. 몰랐다고요? 그래서 틀렸거나, 망설였다고요? 그렇다면 -s가 없는 형태는 왜 고려하지 않았는지 반성하세요.
어쨌든 -s가 붙으면 거의 모두 명사 아니면 동사거든요. 명사라면 문장이 성립하지 않고, 동사라면 수가 일치하지 않잖아요!
(D) 주어와 동사의 수가 일치하려면, 둘 중 하나에는 -s가 있어야 하잖아요.

(C) that이라는 접속사와 have라는 동사가 있으니까, 일단은 동사가 있어야 문장이 성립하겠죠. 그리고 주어인 agreement에는 -s가 없으니까, 동사에는 있어야 수 일치의 완성!

Tip 제시된 단어의 의미를 모른다는 사실에 집착하면 자기가 알고 있는 정보를 활용할 수가 없어요. 모르는 것에 집착하지 말고, 자기가 알고 있는 것에 집중하는 겁니다. 비록 의미는 몰라도, 품사와 같은 문법성은 판단할 수 있거든요. 그래도 생각이 나지 않으면 주변에 있는 단어들과 연결되는 관계를 활용해서 정보를 얻을 수 있어요.

[해석] 임대 계약에는 우리가 건물 외부를 청소할 의무가 있다고 규정되어 있다.

---

13. The overall *effort* to determine the possibility that the merger would be approved by the board of directors ------------ *likely* to take considerable time.

    (A) are
    (B) will
    (C) is
    (D) has

(A) likely라는 형용사와 are가 연결될 수는 있어요. be likely to 라는 표현이 있거든요. 하지만 문장의 주어인 effort에는 -s가 없으니까 are는 어울리지 않아요.
(B) 조동사 will을 쓰려면 뒤에 동사의 원형이 와야 한다는 규칙은 이제 확실히 알고 있죠?
(D) likely는 형용사니까, has와는 어울리지 않아요. has라면 동사의 과거 분사나 명사가 있어야 하는데 likely 뒤에는 명사가 없거든요.

(C) 빈 칸의 뒤에 있는 likely는 형용사입니다. 그리고 뒤에 명사가 없으니까 be 동사가 연결될 수 있어요. 그리고 주어인 effort는 -s가 없는 단수라는 점을 감안하면 옳은 표현을 찾는 데는 충분하지 않을까요.

Tip 문법 문제의 오답률을 높이는 가장 기본적인 방법은 연결되는 두 단어의 사이를 벌려놓는 겁니다. 즉 관련된 두 단어의 사이에 수식어구를 집어넣는 것이죠. 물론 오답률을 높이는 것이 목적이 아니라, 추가 정보를 배열하는 방법을 훈련시키려는 것이 출제자의 목적이지만요. 7번의 문제보다 수의 일치라는 문법이 더 어려워진 것이 아네요. 단지 주어와 동사의 간격이 조금 더 멀어졌을 뿐이라고 생각하세요.

[해석] 이사회에서 그 합병이 승인될 가능성을 판단하려는 전반적인 노력은 상당한 시간이 걸릴 것 같다.

4. Only *one* of the candidates, among the seven who participated in the job interview, ----------- *hired* as a market analyst.

   (A) were
   (B) did
   (C) could
   (D) was

(A) 주어를 정확하게 파악해야 합니다. the candidates, the seven, the job interview는 모두 of, among, in이라는 전치사가 각각 결합되어 있으니까 주어가 될 수 없어요.
(B) did의 다음에는 동사의 원형이나, 명사가 와야 한다니까요.
(C) 조동사인 could와 hired는 서로 어울리지 않아요. -ed라는 어미가 있잖아요!
(D) was와 were라는 수의 차이가 있다는 점을 통해 출제자의 의도를 읽어내야 합니다. 그리고 단수 혹은 복수로는 두 개의 보기 밖에 구성할 수 없으니까, 다른 요소와 함께 물어볼 수 밖에 없고요. 그 질문의 의도를 빨리 판단하면 훨씬 수월하게 선택할 수 있을 거예요. 참, 주어가 one이니까 동사도 단수가 되어 야겠죠.

[해석] 면접에 참가했던 7명의 지원자들 중에서 오직 한 사람만이 시장 분석가로 채용되었다.

---

20. *Not only* ----------- the *suppliers send* the wrong parts, but they also sent them to the wrong address.

    (A) had
    (B) did
    (C) were
    (D) has

(A) 주어의 뒤에 있는 send라는 원형과 had는 어울리지 않아요.
(C) were와 동사의 원형인 send는 함께 쓸 수가 없죠.
(D) has는 단수인데, 주어는 suppliers는 복수거든요.

[해석] 공급업체에서 부품을 잘못 보냈을 뿐 아니라, 엉뚱한 곳으로 보내기까지 했다.

(B) 도치될 수 있는 보조 동사는 조동사이거나 do 동사 밖에 없는데, 뒤에 남아 있는 동사는 send라는 원형이네요.

Tip 부정어가 문장의 앞에 나오면 항상 도치를 먼저 생각하세요. 첫 단계는 도치될 자격은 보조 동사만 가능함을 확인하세요. 그 다음에는 빈 칸의 위치가 주어의 앞이라면, 뒤에 있는 주어와 단수/복수, 그리고 동사의 형태를 고려해야 합니다.

---

11. Never *did* Ms. McCoy's business interests ----------- with her active involvement in cultural and artistic affairs.

    (A) interfered
    (B) to interfere
    (C) interfere
    (D) interfering

(A) 조동사인 did의 뒤에 -ed라뇨?
(B) did와 to 부정사가 연결되는 경우는 절대 있을 수가 없는 일입니다. 단 한 번이라도!
(D) did와 -ing가 연결되는 경우도 절대 없어요!

[해석] McCoy씨의 사업적 관심은 문화 예술에 적극적으로 관여하는 데 간섭을 전혀 받지 않았다.

(C) never라는 부정어가 문장의 앞에 있으므로, 보조 동사가 도치되어야 합니다. 그런데 did라는 조동사는 항상 동사의 원형과 함께 쓰입니다. 원래 문장의 시제는 과거지만, do동사에 그 문법적 성격을 넘겨 주기 때문에 동사는 원형을 쓰게 되는 것이죠.

Tip 도치 문제에서 지금처럼 빈 칸이 주어의 다음에 있는 경우에는 도치된 보조 동사를 확인해서 적절한 형태의 동사를 연결하라는 출제자의 의도라고 이해하면 됩니다.

2. Negotiators must *take into* ---------- *the conditions* and expectations of all parties that have interests in a contract.

   (A) considering
   (B) to consider
   (C) consideration
   (D) consider

(A) 앞에 전치사가 있고, 다음에 명사가 있기 때문에 동명사를 선택하기 쉬워요. 하지만 타동사인 take의 목적어인 명사가 없다는 점을 감안해야 실수하지 않을 수 있어요.

(B) 앞에 전치사인 into가 있으니까, to부정사가 올 수야 없는 일이죠. to부정사가 명사로 쓰이는 경우가 있지만, 전치사의 뒤에서, 즉 전치사의 목적어로 쓰일 수는 없어요.

(D) 전치사의 다음에 동사의 원형을 쓸 수는 없잖아요! 전치사가 연결하는 품사는 동사가 아니라 명사거든요.

(C) 바로 다음에 명사가 있기 때문에, 명사를 선택하기는 어색하다는 생각이 들기 쉬워요. 물론 그런 구조가 어색한 경우가 많아요. 하지만 타동사인 take의 목적어가 없다는 점에 착안하세요.

즉 이 표현은 'take something into consideration'이라는 표현에서 목적어가 길기 때문에 뒤로 도치된 구조거든요. 이와 같은 의미인 'take something into account'도 이렇게 목적어가 도치돼서 'take into account something'으로 쓰이는 경우가 많아요.

Tip 영어의 어순 규칙 중 가장 중요한 것이 '길면 뒤로'입니다. 그래서 목적어가 긴 경우에는 목적어를 문장 뒤로 도치시켜요. 이때 낯선 구조의 문장이 등장하기도 하는 경우도 간혹 있어요. 이런 경우에는 제시된 동사들이 전형적으로 타동사인데, 뒤에 목적어가 아닌 어구가 곧바로 연결된다는 구조상 특징을 고려 하세요.

[해석] 중개인들은 계약에 이해 관계가 걸려있는 모든 당사자들의 상황과 기대를 고려해야만 한다.

2강 능동과 수동

I. 능동과 수동이 뭘까?

1. 능동과 수동은 관점의 차이다!

어떤 상황을 서술할 때, 누구의 관점에서 말을 하느냐에 따라 느낌이 달라져요. 관점이 다르다는 것은 사물이나 상황을 이해하는 방식이 다르다는 말이거든요.

동작의 주체, 즉 동작을 실행하는 행위자의 입장에서 상황을 서술하는 방식을 능동태라고 해요. 반면에 수동태란 동작을 받아주는 대상을 중심으로 말하는 것이죠. 태를 'voice (목소리)'라고 하는 이유도 공감할 수 있을 겁니다. 바로 '누구의 목소리'를 들려주느냐, 즉 누구를 주어로 활용하느냐라는 것이 능동/수동의 핵심이니까요.

- 능동: 행위자 (agent) + 타동사 + 대상 (patient)
- 수동: 대상 (patient) + be 동사 + -ed + by 행위자 (agent)

My secretary *photocopied* the **manuscript**.
The manuscript was photocopied by my secretary.
내 비서가 그 원고를 복사했다

2. 'be -ing'는 '진행형'이 아니라, '수동'입니다!

문제를 해결하기 위해서는 보기를 읽을 줄 알아야 합니다. 즉 제시된 보기의 형태를 통해, 출제자의 의도를 읽어내야 한다는 말입니다. 그렇다면 수동태에 대한 이해를 물어보기 위해서 출제자는 어떻게 보기를 구성할까요? 그야 당연히 능동과 수동의 보기를 주고, 선택하라고 하지 않겠어요? 수동태를 이해한다는 것은 바로 능동태와 구별할 줄 안다는 말이 될 테니까요!

먼저 주어와 동사가 수동의 관계라는 사실을 나타내는 동사형태는 오직 'be 동사 + -ed'입니다. 구체적으로는 'am [are, is, was, were, be, being, been] + -ed'인 것이죠.

그럼 능동의 동사는 어떤 형태일까요? 어쨌든 시험은 능동과 수동을 구별하라는 것이 핵심이니까 능동이 어떤 형태인지도 알 수 있어야 하지 않을까요? 그런데 뭔가 확실한 형태가 떠오르지는 않을 거예요. 능동태라는 용어를 별도로 붙이지는 않기 때문에 쉽게 연상되지 않을 수 밖에 없어요. 문제를 보고, 태의 관점을 잘 적용하지 못하는 것도 이런 맥락에서 이해할 수 있어요.

예를 들어, 'be -ing'라는 보기를 보면 무엇이 제일 먼저 떠오르나요? 보통은 '진행형'이라고 생각해요. 틀린 말은 아닙니다. 그럼 'be -ed'라는 보기도 있으면요? 이건 '수동태'라고 하겠죠? 그런데 '진행형'은 시제에 대한 판단이거든요. 그렇다면 시제와 태라는 두 개의 기준을 각각 적용해서 맞는지 판단한다는 말이 잖아요?

문제를 해결하려면 '통분'의 기술을 활용해야 합니다. 즉 동일한 기준을 적용해야 한다는 것이죠. 그래서 시제와 태가 아니라, 한 가지 관점으로 통일해서 판단해야 한다는 것이죠. 그래야 명확하게 구별할 수 있고, 효과적으로 대응할 수 있거든요. 그럼 어느 쪽을 먼저 적용하는 것이 유리할까요? 그야 시제는 12가지인데 비해, 태는 두 가지니까 당연히 태부터 적용하는 것이 효과적이죠. 모든 동사는 수동이 아니면, 능동입니다. 그래서 능동이란 "수동이 아닌 형태"라고 생각하세요. 따라서 'be -ing'는 '진행형'이 아니라, "능동"이라고 생각하는 것이 적절해요.

그리고 'have -ed'도 역시 '완료'라는 시제의 측면이 아니라, '능동'이라는 관점에서 접근하세요.

확인 합시다

1. We are currently -------- several options to reduce expenditures.
   (A) consider   (B) considers   (C) considered   (D) considering

2. The last year's profits of the car manufacturer were -------- by the increase in oil prices.
   (A) affecting   (B) affected   (C) affect   (D) affects

3. Some employees should -------- of the regulations related to sexual harassment in the workplace.
   (A) be reminded   (B) remind   (C) be reminding   (D) have reminded

<정답> 1.(D) 2.(B) 3.(A)

II. 능동과 수동은 구조로 구별!!!

**1. 동사의 뒤에 명사가 없다!
   그럼 수동이다!!**

수동태는 목적어를 주어로 활용하는 표현이므로, 'be -ed'의 뒤에는 목적어에 해당하는 명사가 없어요. 즉 'be -ed'라는 형태는 바로 뒤에 목적어에 해당하는 명사가 없다는 말입니다.

그래서 해석이 아니라, 동사의 뒤에 명사가 없다는 구조로 능동과 수동을 구별하세요. 흔히 "~라고 해석되므로 수동이다" 라는 식으로 해설해요. 하지만 수동으로 해석하는게 자연스러우니까 수동이 아니라, 수동의 구조이기 때문에 수동으로 해석하는겁니다. 영어의 구조를 보고 이해하는 것이 독해가 아니겠어요?

혹시 주어를 보고, 동사의 태를 판단하나요? 그러면 안됩니다. 능동이나 수동은 사람 혹은 사물이냐는 주어의 성격으로 판단할 수 없거든요. 뒤에 있는 동사의 형태가 능동과 수동을 판단하는 기준이라는 점을 이해하세요. 'be -ed'라는 형태는 바로 문장의 주어가 '동작의 대상'이라는 표시입니다.

2. '전치사 + 명사'는 명사가 아니다!

동사 뒤의 구조를 통해 능동과 수동을 구별하려면, 명사와 전치사가 결합한 경우를 정확하게 이해하고 있어야 합니다. 명사는 문장에서 주어나 목적어로 쓰여요. 하지만 전치사와 결합해서 '전치사 + 명사'가 되면 형용사나 부사로 그 쓰임새가 달라집니다. 즉 전치사는 명사에 결합해서 명사의 품사를 변환시키는 장치인 것이죠. 따라서 전치사의 뒤에 오는 명사를 동사의 목적어로 오해하지 않도록 주의하세요.

I have decided to **renew** *my subscription* to the magazine on environment.
나는 그 환경 잡지의 잡지 정기 구독을 갱신하기로 마음먹었다.

This ad **is targeted** *at the tourists* who visit the ancient temple.
이 광고는 고대 신전을 방문하는 관광객들을 대상으로 하고 있다.

확인 합시다

1. The e-mail from the lawyer ---------- nothing about the amendments of the contract.
   (A) mentioned   (B) mentioning   (C) has been mentioned   (D) is being mentioned

2. When employees first start working at this plant, they have to ---------- to understand the way the whole manufacture process works.
   (A) train   (B) training   (C) be training   (D) be trained

<정답> 1.(A) 2.(D)

III. 뒤에 명사가 없다! 그러나 능동!

1. 사물이 감정을 유발한다!

무엇보다도 감정 동사의 주어는 거의 대부분 사물 명사라는 점을 정확하게 이해해야 합니다. '감정'이라는 용어 때문에 오히려 혼동하기 쉬워요. 감정을 느낀다는 점에서 주어는 당연히 사람이라고 생각하기 쉽거든요. 그런데 '감정 동사'는 "어떤 상황이나 존재가 사람에게 감정을 불러 일으키다"라는 기본 개념을 갖고 있어요. 그래서 '사람'이 아니라, '사물'이 감정 동사의 주어가 됩니다.

The profits of the second quarter *disappointed the shareholders*.
2/4분기의 매출은 주주들을 실망시켰다.

I *was impressed by* the way your employees treated all of my detailed questions.
저는 당신 회사의 직원이 저의 세세한 모든 질문을 처리하는 방식에 감명을 받았습니다.

이 감정 동사의 용법을 다른 품사로 활용한 것이 바로 감정 형용사입니다. 감정 형용사는 이 감정 동사에 -ing 혹은 -ed라는 어미가 붙어요. the profits라는 사물 명사가 주어인 경우에는 감정의 행위자라는 관점에서 능동인 -ing가 됩니다. 반면 사람이 주어인 경우라면 수동의 관점이 되기 때문에 -ed가 되는 것입니다. 이것은 감정의 내용, 즉 어근의 의미와는 아무 상관이 없고, 모든 감정 형용사에 공통으로 적용되는 규칙입니다.

The profits of the second quarter were **disappointing** to the shareholders.
2/4분기의 매출은 주주들에게는 실망스러운 것이었다.

The shareholders were **disappointed** with the profits of the second quarter.
주주들은 2/4분기의 매출에 실망했다.

2. 자동사는 'be + -ed'가 될 수 없다!

목적어가 동반되지 않는 동사를 자동사라고 합니다. 수동태란 동작의 대상이 되는 목적어를 주어로 활용하는 표현이기 때문에, 목적어가 없는 자동사는 근본적으로 수동태로 표현할 수 없어요.

TOEIC에서 자동사의 성격을 물어보는 방법은 뭐가 있을까요? 바로 타동사와 구별되는 점, 즉 수동태가 가능한지를 확인하는 방법 외에는 없거든요. 빈번하게 등장하는 자동사는 그리 많지 않다는 점에서 상대적으로 개체의 수가 적은 자동사를 철저하게 기억해 두는 것이 전략입니다.

① "~이 ~하다"라는 기본 의미로 쓰이는 자동사들

appear, become, disappear, die, exist, happen, lie, occur, recur, remain, rise, seem, sit, stay...

② 형용사를 보어로 취하는 감각 동사들

feel, look, seem, smell, sound, taste...

③ 전치사와 함께 쓰이는 자동사들

apologize for, arrive at, belong to, complain about, comply with, consist of, depend on, graduate from, participate in, refrain from, rely on, result from, result in, work for, work on...

확인 합시다

1. We are very ---------- to announce the grand opening of the fourth branch in Hong Kong.
   (A) pleased   (B) pleasure   (C) please   (D) pleasing

2. International cartels ---------- in a variety of industries, including oil, drug, and steel industries.
   (A) are existed   (B) that existed   (C) exist   (D) existing

<정답> 1.(A) 2.(C)

IV. 뒤에 명사가 있어도 수동!!

1. give - 목적어가 두 개!

give와 같은 동사들은 'give + somebody + something'의 구조로 쓰일 수 있어요. 즉 목적어가 두 개일 수 있다는 말입니다. 따라서 하나의 목적어를 주어로 활용해서 수동태로 표현한다 하더라도, 뒤에는 하나의 목적어가 여전히 남아있을 수 있어요. 따라서 뒤에 명사가 하나 있다면, 주어가 행위자인지 대상인지 문맥으로 구별하는 것이 안전해요.

give 집단 동사들은 반드시 두 개의 목적어를 활용하는 것은 아니고, 목적어를 하나만 사용하는 경우도 있어요.

이런 부류의 동사들로는 allow, ask, assign, cost, give, offer, owe, show, spare, tell 등이 있어요.

The supervisor gave **the attendants** *the vouchers* for a ham sandwich.

= **The attendants were given** *the vouchers* for a ham sandwich by the supervisor.

감독관은 참가자들에게 햄 샌드위치 무료 쿠폰을 주었다.

Mr. Parrington **was offered** *a position* of general manager by the hotel chain in Kuala Lumpur.

Parrington은 쿠알라 룸푸르에 있는 호텔 체인에서 총괄 지배인 직책을 제안받았다.

2. call - 목적 보어도 명사!

call 부류의 동사들은 대체로 "~을 ~라고 부르다"라는 의미를 가져요. 그래서 목적어는 당연히 명사지만, 그 뒤에 목적어의 이름을 나타내는 목적 보어도 역시 명사가 될 수 밖에 없어요. 그래서 'call + 명사 + 명사'라는 구조가 됩니다.

이 유형을 보통 5형식이라고 소개하고, '5형식의 수동태'라는 제목을 붙이기도 해요. 하지만 4형식, 5형식의 수동태가 별도로 존재하는 것은 아닙니다.

수동태란 목적어를 주어로 활용하는 것이 문법적 핵심입니다. 즉 목적어의 뒤에 오는 어구들은 어떤 형태이건 능동/수동의 문법적 대상이 아니라는 말입니다. 그러니 수동태가 되어도 목적어의 뒤는 아무런 영향을 받지 않기 때문에 달라지지 않는 것이죠.

'목적어 + 목적 보어'의 구조에서 목적어가 주어로 활용되어 수동태 표현이 돼도, 뒤에 있던 보어는 그냥 원래대로 남아 있어요. 따라서 이 부류의 동사들은 다음에 명사가 두 개 있다면 능동, 하나라면 수동태일 수 밖에 없는 것이죠.
이 부류의 동사들로는 "~을 ~라고 호칭하다" 유형의 의미인 call, define, entitle, name, term 등과 appoint (~을 ~로 임명하다), elect (~을 ~로 선출하다) 등이 있어요.

His colleagues **nickname Kane** *the Icebreaker*.

= **Kane is nicknamed** *the Icebreaker* by his colleagues.

Kane의 동료들은 그를 Icebreaker라고 부른다.

확인 합시다

1. Everyone registered for the field study ---------- a letter listing the destinations last week.
   (A) will be sent   (B) would send   (C) was sending   (D) was sent

2. The bus company has ---------- "lifelines of the region" for the past 25 years.
   (A) called   (B) call   (C) been called   (D) calls

<정답> 1.(D) 2.(C)

V. 수동태와 전치사!!

1. 암기할 필요가 없다!

수동태에서 과거 분사의 뒤에 연결되는 전치사는 대부분 by입니다. by의 뒤에 오는 명사는 능동문의 주어, 즉 동작의 행위자인데, by가 바로 '행위자'를 나타내는 의미가 있거든요.

물론 by가 아닌 전치사가 등장하는 경우가 있어요. 보통은 이런 경우를 숙어로 무작정 암기하라고 해요. 그렇게 특별하거나, 예외적이거나, 중요한 것이라고 포장하면 관리하기 편리한 점은 있어요. 하지만 대부분은 그럴 필요가 없기 때문에 오히려 효율적이지 않습니다.

수동태 위주로 쓰이는 소수의 표현을 제외하면 대부분의 동사는 능동과 수동으로 모두 쓰입니다. 수동태란 '동사 + 목적어 + 전치사 + 명사'의 구조에서 목적어를 주어로 활용한 구조입니다. 그러면 목적어의 뒤에 있던 전치사구는 어떻게 될까요? 수동태라고 해도 목적어의 뒤는 달라지지 않으니까, 전치사는 수동태로 표현해도 영향을 받을 이유가 없죠! 원래 목적어의 뒤에 있던 전치사가 그 자리에 남아 있을 뿐인데, 왜 갑자기 숙어가 되고, 암기해야 할까요?

정리하면 능동과 수동이란 문장의 주어로 행위자를 쓸 것인지, 아니면 대상을 쓸 것인지에 대한 판단입니다. 그리고 목적어의 뒤에 오는 전치사는 동사의 의미와 연결되는 것이니까, 능동 혹은 수동과는 상관이 없는 것이고요. 이렇게 목적어의 다음에 연결되는 전치사는 매우 다양하기 때문에 수동태의 숙어로 암기하는 공부는 비효율적입니다. 동사와 전치사의 연결 관계로 이해하고, 익혀두면 훨씬 더 근본적이고 나중에 전치사를 공부할 때 훨씬 쉬워져요. 일단 출현 빈도가 높은 표현들부터 정리하세요. 대신 수동으로만 생각하지 말고, 능동으로도 표현할 수 있다는 것을 생각하고요.

참고로 수동태 뒤에 to 부정사가 연결되는 표현들도 숙어로 얘기하는 경우가 있는데, 이것도 역시 숙어가 아닙니다. 'advise someone to do ~'라는 능동 표현을 'Someone is advised to do'라고 수동으로 표현한 것에 불과하거든요. 역시 목적어의 뒤에 연결되던 to 부정사가 수동태에서도 그 자리에 남아있는 것이지요. 더 알고 싶겠지만, to 부정사를 쓰는 유형과 이유에 대해서는 부정사를 설명하면서 구체적으로 다룰게요. 일단은 능동과 수동의 담을 낮추는 것이 우선입니다!

① be devoted to

예외적인 경우로 흔히 제시하는 'be devoted to'와 같은 표현도 수동태에서 by를 쓰지 않는 특별한 표현이 아니라, 'devote A to B'라는 구조를 수동태로 표현한 것입니다. transfer, give, dedicate, submit, offer 등과 같이 목적어의 다음에 to가 연결되는 동사들이 이런 부류에 속합니다. "~에게"라는 방향성을 갖는 to의 의미와 어울리는 동사들이기 때문이죠.

The candidates must **submit** the applications *to* the Personnel Department by Friday.
= The applications must **be submitted** *to* the Personnel Department by Friday.
지원자들은 금요일까지 인사과로 지원서를 제출하셔야 합니다.

② be equipped with

'A is equipped with B'라는 표현도 역시 'equip A with B'라는 문장을 수동으로 표현한 것으로 이해하세요. "~로 가득하다"라는 의미인 be filled [crowded, crammed, jammed, congested, boxed, packed, loaded...]와 "~로 덮이다"는 의미인 be covered [surmounted, coated]의 다음에 with가 연결됩니다.

The conference room of the hotel **was filled** *with* a lot of journalists and photographers.
그 호텔의 대회의실은 기자들과 사진기자들로 가득 차있었다.

③ be convinced of

목적어의 뒤에 of이 연결되는 유형의 대표적인 동사들은 advise, assure, convince, inform, notify, remind 등입니다. 이 동사들은 목적어로 반드시 사람 명사를 활용한다는 점도 꼭 기억해두세요.

The feasibility study **convinced** the directors *of* the success of the construction project.
= The directors **were convinced** *of* the success of the construction project by the feasibility study.
이사들은 타당성 조사를 통해 그 건설 사업의 성공을 확신했다.

2. 감정 형용사 부류!

앞에서 감정 동사의 목적어는 사람 명사라고 했잖아요? 그래서 사람의 감정을 나타낸다는 말은 목적어인 사람 명사의 입장에서 감정을 서술하는 방식이기 때문에 수동형으로 표현합니다. 그리고 과거 분사 뒤에 오는 전치사는 대체로 by가 아니거든요.

역시 무작정 암기할 것이 아니라, 굵게 표시한 단어를 기본 개념으로 익혀두세요. 동일한 전치사가 적용된다는 말은 유사한 상황들이라는 의미거든요. 그렇게 해야 나중에 전치사를 공부할 때도 훨씬 체계적일 수 있어요. 예로 들은 단어들을 보면서, '감정의 공약수'를 추출해보세요. 능동적으로 공부해보는 겁니다~

① be surprised at

be **surprised** [alarmed, astonished, astounded, frightened, shocked, amazed] + **at**

'놀람'을 나타내는 표현들은 전형적으로 at이 연결됩니다. 위에 들은 단어들은 모두 정도의 차이는 있지만, '놀라다'라는 감정을 바탕에 깔고 있어요.

Almost everyone **was shocked** *at* the announcement of the merger.

거의 모든 사람이 그 합병 발표에 충격을 받았다.

② be satisfied with

be **satisfied** [gratified, pleased, **dissatisfied**, displeased, disappointed] + **with**

'만족'을 나타내는 단어들은 대체로 with와 함께 쓰입니다. 중간에 있는 dissatisfied는 "불만스럽다"라는 뜻이니까 반대말이 아니냐고 의아하게 생각할 수 있어요. 하지만 하나의 상황을 두고도 반응은 '만족'과 '불만족'으로 엇갈릴 수 있죠? 표면적으로는 반대의 감정이지만 '만족도'라는 스펙트럼으로 이해하면 충분하지 않을까요?

The workers **were dissatisfied** *with* the management's proposal of 3% increase in wages.

노동자들은 경영진이 제안한 3퍼센트 임금 인상안에 만족하지 않았다.

③ be worried about

be **worried** [concerned, troubled] + **about**

'걱정'을 나타내는 표현들의 과거 분사 뒤에는 전형적으로 about이 연결됩니다.

Customers **are concerned** *about* the defect at the brake system of the model Mach Motors released last month.

소비자들은 Mach Motors에서 지난 달에 출시한 모델의 제동 장치에서 발견된 결함에 우려하고 있다.

3. in이 연결되는 경우

be **interested** [engaged, indulged, involved] **in**

주로 '관심, 몰입, 전념' 등의 표현들이 in의 의미와 어울립니다.

The manger of the beauty salon **was interested** *in* replacing all its interior design.

미용실의 매니저는 실내 장식을 모두 교체하는 것에 관심이 있었다.

4. be known의 경우

"유명하다"라는 의미로 쓰인 be known의 뒤에 오는 전치사는 여러 가지입니다. 이때 전치사를 선택하는 기준은 전치사에 연결되는 명사의 의미에 따라서입니다.

① be **known for** an action

for는 주로 "~ 때문에"라는 '이유'를 나타내는 경우가 많아요. 그래서 for의 다음에는 유명한 이유에 해당하는 '행위나 활동, 업적'과 같은 내용의 명사가 연결되는 겁니다. 바로 "~를 해서 유명하다"라는 뜻이고요.

Optimatum Institute is well known **for the state-of-the-art technology in 3D printing.**

Optimatum Institute는 3D 프린팅의 최신 기술로 유명하다.

② be **known as** a position

as는 주로 '직업, 지위, 자격'의 의미를 갖는 명사와 잘 어울리는 전치사입니다. 그래서 as의 뒤에는 유명한 존재의 성격이나 위치 등을 나타내는 명사가 등장하고, "~로서 유명하다"는 의미가 되는 것이죠.

Optimatum Institute is well known **as the leader of the 3D printing.**

Optimatum Institute는 3D 프린팅 분야의 선구자로 유명하다.

③ be **known to** a group

to는 '방향, 대상'을 나타내는 대표적인 전치사입니다. 보편적으로 유명할 수 있지만, 특정 분야나 지역, 혹은 집단에게 주로 알려진 경우도 있거든요. 그래서 be known to의 다음에는 그렇게 알려진 대상에 대한 정보를 주는 명사가 등장해요. 물론 "~에게 유명하다"는 뜻이 되겠죠.

Optimatum Institute is well known **to the 3D printing industry.**

Optimatum Institute는 3D 프린팅 업계에는 잘 알려져있다.

④ be **known by** + 판단의 기준
("~로 알 수 있다")

앞서 표현들에 쓰인 be known은 말 그대로 "알려지다" 즉 "유명하다"의 뜻이고 수동태로만 활용해요. "유명하다"는 말은 남들이 자기를 알아주는 수동적인 상황이잖아요? 그런데 be known의 다음에 by가 오는 경우는 의미가 좀 달라요. 이 표현의 know는 "판단하다"의 의미거든요. 그래서 by의 뒤에는 그런 판단의 기준을 나타내는 명사가 나와요. 물론 능동으로 표현하는 것도 가능하죠. 수동태의 형식을 취한다고 해서, 무작정 같은 종류로 단정할 수는 없는 것이죠.

Don't judge a book **by its cover.**
겉만 보고 가치를 판단하지 마라.

A man is known **by the company** he keeps.
어울리는 친구들을 보면 그 사람의 됨됨이를 판단할 수 있다.

5. by를 쓰는 경우

수동태에서 by를 쓰는 경우는 수동태의 기본 구조라 보통은 별 설명이 없어요. 하지만 막상 문제로 나오면 찾아내기가 그리 만만하지 않아요. 결국 접근 방법을 바꾸지 않으면 쉬워질 수 없어요.

자 'be filled'의 뒤에는 어떤 전치사가 연결되나요? 또 'be surprised'에 연결되는 전치사는 뭐죠? 생각나요? 각각 with와 at이죠? 별로 까다롭게 생각하지는 않을 거예요.

그럼 이제 냉정하게 생각해보죠. with와 at를 선택한 근거가 뭐죠? 'be -ed'라는 수동의 형태인가요? 아니면 fill과 surprise을 보고 연상한 것인가요? 아마 어근의 의미를 통해 어울리는 전치사를 떠올렸을 거예요.

그렇다면 수동태에서 가장 많이 연결되는 전치사는 뭘까요? 바로 수동태의 기본 문형처럼 배우는 by입니다. 가장 빈번하게 활용되지만, by가 아닌 전치사를 물어보는 문제가 더 많고, 그래서 그 유형을 주로 암기하다 보니까 정작 by를 물어보는 문제는 제대로 대응하지 못하는 이상한 상황이 생겨요.

그런데 이런 결과를 낳은 주된 원인은 우리의 공부 방식입니다. 아까 by가 아닌 전치사를 쓰는 경우는 어근의 의미로 접근했어요. 그러면 수동태에서 by를 쓰는 동사는 어떤 것들인가요?

아마 제대로 대답을 못할 겁니다. 배운 적이 없거든요. 그냥 'be + p.p. + by'라는 공식만 일방적으로 주입당했을 뿐이니까요. 구체적인 단어의 의미를 배운 것이 아니라, 그저 과거 분사라는 문법적인 용어만 암기했기 때문에 실제 문제에서는 by라는 전치사를 연상할 연결 고리가 없는 것입니다. 그러니 대답하기 막막한 것은 당연한 일이죠.

그렇다고 by가 갖고 있는 '행위자'의 의미를 말해주는 것도 아니고, 그저 수동태에서는 묻지도, 따지지도 말고 일단 by를 쓰도록 기계적으로 훈련했어요. 그러니 by가 아닌 경우는 이유를 생각하기 보다는 특이하거나, 예외적인 숙어로 대할 수 밖에 없는 것이죠.

그래서 요령이라고 비판할 수도 있겠지만, 일단은 by가 아닌 경우를 철저하게 익혀두세요. 그래서 그런 경우가 아니면 by라고 생각하는 겁니다. 그러면서 '행위자'라는 by의 의미를 적용해서 확인하고요. 좀 막연한 것 같지만, by를 쓰는 경우는 거의 모든 타동사의 주어에 적용될 수 있기 때문에 동사 몇 십 개를 암기한다고 해결될 수 있는 일이 아니기 때문입니다. 전치사 자체의 의미를 정확하게 이해하고, 여유를 갖고 확인하면서 생각을 다져나가세요.

그렇게 해야만 자신이 직접 표현할 때에도 자연스럽게 활용할 수 있어요. 능동 문장을 생각하고 수동태로 고치는 것이 아니라 수동태로 곧바로 표현하는 것이죠.

확인 합시다

1. Cereals are stored ---------- the second shelf of Aisle 4.
   (A) by   (B) in   (C) on   (D) with

2. Emprio Steel's production of this year is ---------- to exceed those of its rivals.
   (A) expect   (B) expectation   (C) expected   (D) expects

3. We, Rent-A-Car, possesses 50 utility vehicles, all of which are equipped ---------- a navigation system.
   (A) to   (B) with   (C) at   (D) by

<정답> 1.(C) 2.(C) 3.(B)

VI. 수동태인듯, 아닌듯...

1. say와 tell의 수동태는 왜 다를까요?

이 부류에 속하는 동사들의 능동과 수동을 구별하는 방법은 사실 굉장히 간단해요. 하지만 요령으로만 접근하면 실제 문제에서 직접 구별하기 쉽지 않을 수 있는 유형입니다. 보통은 해석을 해보거나, 뒤에 나오는 that절을 기준으로 구별하라고 얘기하기도 해요.

하지만 동사의 용법을 명확하게 이해하는 것이 가장 확실한 방법입니다. 너무나도 당연한 얘기지만 TOEIC을 공부하는 분들에게 가장 필요한 것이 아닐까 해요. 어떤 시험도 원칙을 물어보지, 요령을 물어보지는 않잖아요?

say는 '전달 동사'에 속하는 단어인데요. 전달 동사의 특징은 that절을 목적어로 활용할 수 있다는 점입니다. 물론 이 that절도 목적어의 역할이기 때문에 수동태로 표현할 수도 있어요. 그런데 that절이 주어가 되면, 주어가 너무 길기 때문에 문장의 뒤로 도치시키게 됩니다. 그리고 단수이고, 사물이라는 that절의 성격을 나타내는 대명사 it으로 비어버린 주어의 자리를 표시하게 됩니다. 이 it을 가주어라고 하고, that절을 진주어라고 해요.

그러니까 say가 능동이건, 수동이건 that 절은 모두 뒤에 연결되기 때문에 that절의 존재로 구별할 수는 없다는 말입니다. 그보다는 that절의 성격이 진주어인지, 목적어인지를 파악하면 간단하게 구별할 수 있어요.

that절이 만일 진주어라면 그것을 표시하는 가주어 it이 있겠죠! 그렇다면 동사의 뒤에 목적어가 없다는 말이 되니까, is said라는 수동형이 되어야 맞는 것이죠!

반면에 that절이 목적어로 쓰였다면, 주어가 가주어인 it이 아닌 대명사나 명사가 되지 않겠어요? 그럼 뒤에 목적어가 있는 것이니까 능동으로 표현해야 옳겠죠!

announce, assume, believe, expect, imagine, know, order, predict, recommend, report, request, require, say, suggest, think 등이 모두 이런 유형에 속합니다.

Most analysts expected *that* Jaycop Technologies would accept the rival company's offer in the end.

= It was expected *that* Jaycop Technologies would accept the rival company's offer in the end by most analysts.

대부분의 분석가들은 Jaycop Technologies가 결국 경쟁업체의 제안을 수용할 것으로 전망했다.

반면에 tell은 say와 달리 사람 명사를 목적어로 활용할 수 있어요. 그래서 'tell somebody that ~'의 구조로 쓰이게 됩니다. 그리고 tell의 수동태는 항상 사람 목적어를 주어로 활용하기 때문에, 'Someone is told that ~'이라는 구조가 되는 것이죠. tell은 that절을 목적어로 곧바로 활용하지는 않기 때문에 만일 tell의 뒤에 that절이 이어 등장한다면 수동태일 수 밖에 없어요.

advise, assure, convince, inform, notify, remind 등도 모두 이런 부류에 속합니다.

Residents of the building **were informed** *that* the elevators would be inspected next Tuesday morning.
건물의 입주자들은 다음 화요일 오전에 승강기 점검이 있을 것이라는 연락을 받았다.

2. about은 전치사가 아닐 수도 있어요!

about이나 around는 모두 전치사로 흔히 쓰이는 단어들입니다. 일단 전치사로 이해하고 접근하는 것은 바람직해요. 그런데 'about three companies'라는 말을 해석하면 어떻게 될까요? 이렇게 숫자의 앞에 오는 about이나 around는 모두 "대략"이라는 의미로 쓰이거든요. 그렇다면 "대략 3개의 회사들"이라는 뜻이 되겠죠? 그렇다면 "대략"이라는 이 말은 어느 단어를 설명하는 것일까요? "3개"일까요? "회사들"일까요? 그야 당연히 "3개"라는 의미겠지요!

전치사의 뒤에 반드시 명사가 나온다는 말은 전치사와 명사의 의미가 긴밀하게 연결된다는 말입니다. 그런데 이 표현에서 about이라는 말은 three라는 형용사를 설명하고 있어요. 그렇다면 형용사를 설명하니까 전치사가 아니라, 부사로 이해해야 옳지 않을까요?

이 외에도 숫자의 앞에서 '초과'의 의미를 나타내는 'over, more than'이나 "최소"의 뜻을 나타내는 'at least'도 역시 같은 맥락에서 부사로 쓰인 것이랍니다.

The company will *be recruited* about thirty electric engineers next month.
(be recruited ⇨ recruit)

3. turn in은 타동사입니다!!

동사와 부사, 두 단어가 결합해서 하나의 타동사로 쓰이는 경우가 있어요. '구동사 (phrasal verbs)'라고 부르는 표현들인데요. up, down, away, out처럼 부사로 이해하는 단어들과 결합하는 경우는 구별하는 데 별 문제가 없어요. 하지만 in, off, on, over처럼 전치사로도 흔히 쓰이는 표현들과 결합해서 타동사로 쓰이는 경우는 목적어가 없는 것으로 혼동할 수도 있어요.

자주 사용되는 구동사 표현들을 기억해 두세요!!!
call off(~을 취소하다), give in(~에 굴복하다), give up(~을 포기하다),
look up(단어나 항목 등을 찾다), put off(~을 연기하다),
turn down(~을 거절하다), turn in(~을 제출하다), turn on(~을 켜다),
turn off(~을 끄다), turn out(~을 생산하다), take out(~을 꺼내다),
turn over(~을 넘겨주다)

The branch manager ordered me *to be turned* in the final report by 5 o'clock. (to be turned ⇨ to turn)

지점장님은 나에게 최종 보고서를 5시까지 제출하라고 지시하셨다.

4. '자동사 + 전치사'를 조심하세요.

자동사는 목적어가 없기 때문에 원칙적으로 수동태를 만들 수 없어요. 하지만 자동사가 다음에 오는 전치사와 결합해서 의미를 형성하는 경우가 있어요. '자동사 + 전치사'가 하나의 타동사로 쓰인다는 말입니다. 물론 타동사로 활용되기 때문에 수동태로 표현하는 것도 가능하죠.

수동태가 되면 시각적으로 뒤에 오는 전치사 by와 중복되는 것처럼 보여서 어색한 느낌을 받을 수 있어요. 그래서 전치사를 빼는 실수를 하는 경우가 종종 있어요. 바로 이런 점을 주의하라는 것이 출제자가 이 관점의 문제를 출제하는 이유입니다. 절대로 난이도를 높이거나, 함정에 빠뜨리고자 하는 것이 아니고요!!!

deal with(~을 다루다), dispense with(~ 없이 지내다),
dispose of(~를 처리하다, 처분하다), get rid of(~을 제거하다),
laugh at(~을 비웃다), look after(~을 돌보다), look into(~을 조사하다),
look for(~을 찾다), look upon A as B(A를 B로 간주하다),
refer to A as B(A를 B로 간주하다), wait for(~을 기다리다),
think of A as B(A를 B로 간주하다)

Timothy **laughed at** *my plan.*
= *My plan* **was laughed at** by Timothy.

Timothy는 내 계획을 비웃었다.

The task force will **look into** the whole procedure of the project.
= The whole procedure of the project will **be looked into** by the task force.

태스크 포스팀이 그 사업의 전반적 절차를 조사할 것이다.

Practice Test

1. Due to the recent recession, nearly 20 % of the jobs in New Brunswick area have now ------------.
   (A) been disappeared
   (B) disappeared
   (C) disappearing
   (D) disappear

2. We are a marketing strategy consulting company ------------ the top executives around the world.
   (A) are servicing
   (B) service
   (C) serviced
   (D) servicing

3. You are not ------------ to use any of the contents of this book without our written consent.
   (A) permit
   (B) permission
   (C) permitted
   (D) permitting

4. The memorandum about the new policy was ------------ to all the employees in the accounting, sales and marketing offices.
   (A) distribute
   (B) distributing
   (C) distributed
   (D) distribution

5. The receipt that ------------ from the retailer is being checked because an error was detected.
   (A) sent
   (B) was sent
   (C) were sent
   (D) sending

6. Last week every applicant registered for the field trip ------------ the itinerary enclosed with a letter.
   (A) will be sent
   (B) would send
   (C) was sending
   (D) was sent

7. Please make sure that my order ------------ before 6 p.m. because I am going to make a business trip tomorrow.
   (A) is delivered
   (B) delivery
   (C) is delivering
   (D) delivered

8. Ms. Fernandez, the spokesperson of the company, ------------ that the merger opened a new horizon of bio-technology industry.
   (A) explained
   (B) explain
   (C) explaining
   (D) was explained

9. Tickets for the exhibition will ------------ online starting next month.
   (A) be sold
   (B) have been selling
   (C) have sold
   (D) be selling

10. We ------------ that the Intranet will be fixed and ready for use by 5:00 p.m.
    (A) have assured
    (B) have been assured
    (C) assure
    (D) have been assuring

11. Holiwater Construction won the international fame for the restoration project of a 400-hundred-year-old bridge on the Danube river, which ------------ by Marcel Reno, the renowned architect.

    (A) is overseeing
    (B) was overseen
    (C) has overseen
    (D) oversaw

12. Although the position is exhaustive, the ideal candidate ------------ a great opportunity for his or her career.

    (A) offering
    (B) offer
    (C) is offered
    (D) offered

13. The community center has been ------------ a major renovation for the last few months, but it will be reopened for public use next week.

    (A) undergoing
    (B) undergone
    (C) undergo
    (D) underwent

14. Patterson Development has successfully ------------ over 150 construction projects, including roads, shopping malls and bridges for the last 20 years.

    (A) completion
    (B) been completed
    (C) completing
    (D) completed

15. Before the advent of the wrapping machine, shipping a box of items ------------ many hours of a painstaking process by skilled workers.

    (A) was required
    (B) required
    (C) which requires
    (D) requiring

16. The NGO specializes in caring for people who ------------ suffered environmental disasters, such as oil spills, earthquakes, or tsunamis.

    (A) have been
    (B) were
    (C) have
    (D) had been

17. The government's tendency to be more business-friendly ------------ in a steady increase in foreign investment.

    (A) result
    (B) resulted
    (C) have resulted
    (D) was resulted

18. Salespersons are satisfied ------------ the new incentive policy.

    (A) at
    (B) with
    (C) for
    (D) about

19. I want to make sure that the delay of the shipment ------------ by the supplier, who sent the wrong items.

    (A) caused
    (B) has caused
    (C) was caused
    (D) causes

20. Customers need to ------------ that as of 1 August, the fine for illegal parking will be raised to $70.

    (A) inform
    (B) be informed
    (C) have informed
    (D) informing

21. The city council has ----------- luxury taxes by an average of four percent per year for the last three years.
    (A) been
    (B) been increased
    (C) increased
    (D) increase

22. We ----------- the money to your account within three working days.
    (A) has been refunded
    (B) will refund
    (C) will be refunded
    (D) refunding

23. Every level of discrimination based on sex, race, or religion in the workplace ----------- by the Ministry of Employment and Labor.
    (A) is dealt
    (B) is dealt with
    (C) is dealing
    (D) is dealing with

24. Late fees will be ----------- if you return a book/books to the library after 14 days.
    (A) to charge
    (B) charging
    (C) charged
    (D) to be charged

25. These medicines should be prescribed ----------- doctors to patients with severe pain.
    (A) to
    (B) with
    (C) for
    (D) by

26. It ----------- that Ramio Parmaceuticals would invest 5 million dollars in the development of a new antidepressant.
    (A) announces
    (B) announced
    (C) is announcing
    (D) was announced

<정답> 1.(B) 2.(D) 3.(C) 4.(C) 5.(B) 6.(D) 7.(A) 8.(A) 9.(A) 10.(B) 20.(B) 21.(C) 22.(B) 23.(B) 24.(C) 25.(D) 26.(D)
11.(B) 12.(C) 13.(A) 14.(D) 15.(B) 16.(C) 17.(B) 18.(B) 19.(C)

정답 너는 누구냐?

15. Before the advent of the wrapping machine, shipping a box of items ---------- *many hours* of a painstaking process by skilled workers.

(A) was required
(B) required
(C) which requires
(D) requiring

(A) 동사인 것은 맞지만 다음에 hours라는 명사가 있는데, 동사는 수동태라 어울리지 않아요.
(C) 문장에 동사가 없기 때문에 which라는 접속사가 쓰일 수는 없어요.
(D) 동사가 없기 때문에 -ing만으로는 문장이 성립할 수 없는 일이죠.

[해석] 포장 기계가 도입되기 전에는 한 상자의 물품을 선적하려면 숙련된 노동자들이 오랜 시간의 힘든 과정이 필요했다.

(B) before는 전치사로 쓰인 것이니까, 이 문장에는 동사가 필요합니다. 그리고 빈칸의 다음에는 명사가 있으니까 능동태인 것이죠.

Tip (A)는 동사가, (C)는 접속사가, (D)는 동사가 아닌 보기입니다. 동사의 어미는 동사의 형태, 수, 태, 시제를 나타내요. 제가 말하는 '동사의 4대 정신'입니다. 문제에서는 이런 요소들을 복합적으로 다루기 때문에 생각을 끌어내고, 적용하는 순서를 확실하게 알고 있어야 해요.
즉 "동사 자리인가? → 수동태인가? → 수의 일치는? → 시제는?"이라는 순서로 적용하세요. 동사의 어미를 다루는 문법 문제는 그 어떤 것도 이 네 가지 관점을 벗어날 수 없거든요.

2. We *are* a marketing strategy consulting company ---------- *the top executives* around the world.

(A) are servicing
(B) service
(C) serviced
(D) servicing

(A) service는 흔히 명사로 쓰이지만, -ing나 -ed가 붙은 것으로 보아, 동사로 쓰였다는 것을 알 수 있죠! We의 뒤에 이미 are라는 동사가 있으므로, 동사가 또 나올 수는 없어요.
(B) 동사 자리가 아니라고 했는데도, 일편단심 service를 명사로 이해하고 싶으세요? 아무리 그래도 뒤에 명사가 또 연결될 수는 없잖아요!
(C) 지금은 동사가 올 수 없는 구조니까, -ed는 과거 동사가 아니라, 과거 분사입니다. 근데 뒤에 목적어인 명사가 있으니까, 수동도 될 수 없거든요.

[해석] 저희는 마케팅 전략 컨설팅 회사로 전세계 최고 경영자들에게 서비스를 제공하고 있습니다.

(D) 이 자리는 동사가 올 수 없어요. 그리고 뒤에 명사가 있으니까, 능동의 성격을 갖겠죠? 바로 그게 -ing의 정체성입니다. 동사가 아니면서, 능동이라는 표시!

Tip 역시 보기에 동사와 -ing, 그리고 접속사가 있는 것을 감안하세요. 즉 동사가 필요한 자리인지를 확인하는 것이 첫 번째로 해야 할 일입니다!
-ed라는 어미의 성격을 정확하게 이해할 필요가 있어요. 이 어미는 규칙 동사의 과거나 과거 분사에 붙는데, 거의 모든 동사에 적용되거든요. 이 어미가 결합하지 않는 소위 불규칙 동사는 150-200개 정도에 불과하거든요. 즉 의미는 모르는 동사라도, 그 문법적 성격은 파악할 수 있다는 말인데, 참 매력적이지 않나요?
가장 중요한 "구별하는 방법"입니다. -ed가 과거 동사를 표시할 때는 '능동'입니다. 그럼 뒤에 목적어인 명사가 있겠죠? 반면에 과거 분사라면 앞에 being이 생략된 구조거든요. 즉 '수동'이니까 뒤에는 명사가 없죠!

50 능동과 수동

22. We ----------- **the money** to your account within three working days.

(A) has been refunded
(B) will refund
(C) will be refunded
(D) refunding

(A) 주어는 복수인 We인데, 동사는 has? 이건 단수형인데! 이건 배신입니다!!
(C) be -ed라는 형태와 뒤에 있는 the money라는 명사가 충돌해요. 'be -ed'는 뒤에 명사가 없다는 일종의 '목적어 실종 신고'잖아요!
(D) -ing가 동사가 아니라는 설명은 이제 그만 하면 좋겠다는 작은 소망..

[해석] 3영업일 이내에 고객님의 계좌로 대금을 환불해드리겠습니다.

(B) 동사가 있어야 하는 자리이고, 뒤에 명사가 있으니까 능동! 즉 'be -ed'가 아닌 형태를 써야겠죠!

Tip refund라는 동사의 의미가 아니라, 보기에 'be -ed'라는 형태도 있고, 아닌 것도 있다는 것을 발견하는 것이 훨씬 더 중요합니다. 그럼 동사의 뒤에 목적어에 해당하는 명사가 있는지를 확인하는 것이 핵심이겠죠?
영어는 철자가 같아도 품사를 다르게 활용하는 것이 발달했기 때문에 문장에서 관계를 통해, 즉 다른 단어를 보고 판단해야 합니다. 지금은 the에 주목하세요. 관사는 반드시 명사에 결합하기 때문에, the를 통해 명사의 향기를 맡을 수 있어요.

19. I want to make sure that the delay of the shipment ----------- **by** the supplier, who sent the wrong items.

(A) caused
(B) has caused
(C) was caused
(D) causes

(A) want, sent라는 두 개의 동사와 that, who라는 두 개의 접속사가 있기 때문에 동사가 와야 할 자리입니다. 그럼 -ed는 과거 동사인데, 뒤에 목적어가 없기 때문에 능동의 구조가 아니거든요. 이런 경우를 be 동사가 생략된 것으로 보고, 수동으로 해석하면 의미가 통하지 않냐고 주장하는 사람도 있어요. 그러나 be 동사는 생략하면 안됩니다! 동사니까요! 그리고 문장에 있는 대로 해석해야지, 의미가 통하도록 해석해준다면 이해 못할 문장이 어디 있겠어요? 명심하세요! 해석은 문장에 있는 정보를 정확하게 이해하는 과정이고, 문법은 그 정보를 전달하는 표준 규약이라는 점을요!
(B) 현재 완료라는 시제의 개념보다는 'be -ed'가 아닌, 즉 '능동'이라는 관점을 먼저 파악해야 해요. 그래서 시제보다는 태를 먼저 적용하는 겁니다.
(D) 역시 현재라는 시제 보다 능동이라는 점을 먼저 생각하세요.

(C) 전치사와 결합한 명사는 형용사나 부사로 활용되거든요. 그래서 이 문제의 빈 칸 뒤에는 목적어에 해당하는 명사가 없어요. 그래서 수동태로 표현해야 합니다.

Tip 실제로 문법 문제는 몰라서가 아니라, 알고 있는 것을 활용하지 못해 틀리는 경우가 더 많아요. 시험지를 받으면, 공부했던 내용은 모두 사라지고, 머리가 하얘진 경험이 있지 않나요? 모르거나, 기억이 나지 않는 것이 아니라 생각의 순서가 정리되지 않아서, 일종의 '병목현상'이 벌어지는 것이거든요. 하지만 이미 기억되어 있는 정보들이니까, 우선순위를 정해주면 쉽게 해결할 수 있어요.
앞에서 설명했던 "동사의 4대 정신"을 차례로 적용하세요. 그리고 이 모든 것은 여러분이 영어로 표현할 때 적용할 순서입니다. 이 4가지가 익숙해지면, 여러분은 '영어의 소비자'가 아니라, '영어의 생산자'가 되는 겁니다!

[해석] 배송이 지연된 것은 공급업자가 제품을 잘못 보냈기 때문이라는 점을 분명히 밝히고 싶습니다.

5. The *receipt* that ------------ *from* the retailer **is** being checked **because** an error **was** detected.

(A) sent
(B) was sent
(C) <u>were</u> sent
(D) send<u>ing</u>

(A) sent는 과거 혹은 과거 분사입니다. 그런데 지금 빈 칸은 동사가 와야 할 자리인데, 뒤에는 from이라는 전치사가 있을 뿐 명사가 없기 때문에 능동일 수 없어요. 그래도 수동으로 해석하고 싶죠? 그러면 의미가 통하니까요! 그러고 싶으면 be 동사를 쓰세요. 그게 규칙입니다. 그래야 상대방도 여러분의 의도를 정확하게 이해할 수 있어요.

(C) 관계 대명사 that은 단수/복수라는 구별이 없어요. 그래서 그 대명사가 지시하는 선행사인 명사를 통해 간접적으로 판단해야 합니다. 지금은 바로 receipt를 보고 판단하세요. 그리고 receipt는 "영수증"이 아니라, "-s가 없다!"라는 의미로 이해하고요. '단수 명사'라고 고상하게 말하고도 싶지만, 현실적으로 그 개념을 표현하는 방식은 '-s'거든요.

(D) 접속사는 that, because 두 개 있어요. 그리고 동사는 is, was 두 개 있고요. 그래서 빈 칸에는 동사가 필요한데, -ing만으로는 동사로 쓰일 수 없죠.

(B) 동사가 필요한 자리이고, 뒤에는 명사가 없으니까 수동의 형태이고, 주어인 that이 가리키는 대상은 receipt니까, 동사에는 -s가 있어야 한다는 세 가지 조건을 모두 충족하는 보기입니다.

Tip 역시 보기를 보고 출제자의 의도를 읽어내는 것부터 시작하세요. 동사가 아닌 보기가 섞여 있고, was sent라는 수동과 그렇지 않은 보기도 있어요. 그리고 was/were 라는 수가 다른 보기도 있고요. 그렇다면 "동사 자리인가? 수동인가? 단수인가?" 라는 세 가지 요소를 물어보는 문제일 수 있겠죠. 보기가 4개라는 말은 출제자가 물어볼 수 있는 요소가 최대 3가지 밖에 없으니까 하나씩 검증하세요.

혹시라도 send-sent-sent라는 동사 변화를 몰랐다고 자신의 어휘력을 탓하지 마세요. 오히려 (D)의 sending을 보고 활용하지 않은 것을 반성해야 합니다. -ing는 오직 동사의 원형에만 결합한다고 했잖아요!

[해석] 그 소매상이 보내온 영수증에서 오류가 발견됐기 때문에 확인하고 있는 중이다.

11. Holiwater Construction won the international fame for the restoration project of a 400-hundred-year-old bridge on the Danube river, which ------------ **by** Marcel Reno, the renowned architect.

(A) <u>is</u> oversee<u>ing</u>
(B) was overseen
(C) <u>has</u> overseen
(D) oversaw

(A) 'is -ing'를 진행형이라는 '시제'의 개념보다는, '능동'이라는 기준을 먼저 확인해야 합니다. 빈 칸의 뒤에 명사가 없으니 능동일 수는 없어요.

(C) 역시 '현재 완료'라는 시제의 틀보다는 "be -ed가 아니다, 즉 능동이다"라는 점을 확인해야 생각이 명확하게 정리된답니다. oversee는 동사 see에 over가 결합된 동사입니다. 그래서 동사 변화는 see - saw - seen을 기본으로 해요! 그럼 overseen은 과거분사겠죠?

(D) 과거 동사는 능동이거든요. -ed의 성격을 이해하라는 부탁은 지금처럼 -ed가 아닌 불규칙 동사에도 동일하게 적용할 수 있어요.

[해석] Holiwater Construction은 다뷰브강에 있는 400년 된 다리를 복원하는 공사로 국제적인 명성을 얻었는데, 유명한 건축가인 Marcel Reno가 그 프로젝트를 감독했다

(B) 빈 칸의 뒤에 명사가 없기 때문에 수동형으로 표현해야만 하는 것이죠. 오답의 원인을 정확하게 파악하고, 그 오류를 수정하면 정답은 자연스럽게 나와요.

Tip 보기를 읽어보세요. 모두 동사가 제시되고 있어요. 그럼 동사의 자리인지는 물어보지 않겠다고 말해주고 있는 거예요. 또 동사는 is, was, has, 모두 -s가 있어요. 그럼 모두 단수형이니까 수의 관점도 문제삼지 않겠다는 것이죠. 구별되지 않는 것을 물어볼 수는 없으니까요. 물론 (D)의 과거는 수가 구별되지 않으니까 일단 넘어가요. 그럼 이제 동일한 어근을 가진 동사의 어미로 물어볼 수 있는 문법적인 성격은 태와 시제, 두 가지 밖에 없어요. 그러면 반드시 태를 먼저 확인하는 것으로 원칙을 설정하세요.

7. Please make sure **that** my order ------------ **before** 6 p.m. because I am going to make a business trip tomorrow.

(A) is delivered
(B) delivery
(C) is delivering
(D) delivered

(B) delivery는 명사입니다. 그런데 that 이라는 접속사의 뒤에 연결될 동사가 없기 때문에, 적절하지 않아요.
(C) 바로 앞의 11번에서는 oversee이고, 이 문제에서는 deliver이지만 출제자의 의도는 그 두 단어의 의미가 아니라, 'be -ing'라는 일정한 어미의 문법적 특성을 이해하는지 확인하는 것입니다.
(D) 역시 deliver라는 어근에 집착하지 않으면, 오히려 -ed라는 어미에 집중할 수 있을 거예요. (B)에서 봤듯이 이 자리는 동사가 와야 합니다. 그런데 빈 칸의 뒤에 명사가 없기 때문에, 이 -ed는 수동의 과거 분사이고, 동사가 아니기 때문에 잘못된 선택이지요. 만일 'are delivered'였다면 수의 일치까지 확인하라는 것이 출제자의 의도였겠죠!

(A) 동사의 자리이고, 수동이라는 두 가지 조건을 충족하고 있는 형태입니다. (C)와 (D)에서 확인한 오류를 수정하면 충분하지 않을까요? 그래서 오답은 정답으로 가는 피드백입니다.

Tip 역시 'be -ing'와 'be -ed'라는 보기를 보고 어떤 긴장 관계를 느끼느냐가 관건입니다. 물론 그 전에 명사인 (B)의 보기가 적절한 지를 먼저 판단해야 하고요.

[해석] 제가 내일 출장을 가기 때문에 제가 주문한 건은 오늘 오후 6시까지 꼭 배송해주시기 바랍니다.

---

13. The community center has **been** ------------ **a major renovation** for the last few months, but it will be reopened for public use next week.

(A) undergoing
(B) undergone
(C) undergo
(D) underwent

(B) undergo는 go에 under가 결합된 단어입니다. 그래서 go - went - gone 의 동사 변화를 기본으로 해요. undergone은 과거 분사니까, 앞의 be와 연결해서 보면 수동태입니다. 그렇다면 뒤에 명사가 올 수는 없잖아요!
(C) 항상 빈 칸의 주변을 잘 보세요! be 동사의 다음에 동사형이 또 올 수는 없죠.
(D) underwent는 소위 불규칙 동사지만, went를 통해 과거라는 것을 알 수 있죠! 동사의 과거형은 동사로 이해해야 한다고 했던 말을 기억하세요!

[해석] 지역 문화 센터는 지난 몇 개월 동안 대대적인 보수를 했고, 다음 주면 주민들이 사용할 수 있도록 다시 문을 열 것이다.

(A) 정관사 the와 마찬가지로 부정관사인 a 혹은 an도 반드시 명사에만 결합해요. 따라서 관사의 뒤에는 여러분들이 혹시 모르는 단어가 있더라도 명사가 있다는 사실만은 확신할 수 있어야 해요. 직접 표현할 때도 관사 다음에 명사를 빼먹지 않도록 연습하는 것이라고 생각하세요.

Tip 수학에서 등장하는 'ax + bx = (a + b)x'라는 방정식처럼 보기에서도 공약수에 해당하는 공통 요소가 빈 칸의 밖에 있는 경우도 있어요. 7번의 (A)와 (C)는 'be -ing'와 'be -ed'의 성격을 구별하라는 것이었는데, 지금 문제는 빈 칸의 앞에 be가 이미 제시되어 있거든요. 물론 이런 경우가 정답을 찾는 입장에서는 더 편해요. 보기의 변동폭이 작을 수 밖에 없거든요. 즉 빈 칸 완성형 시험에서 빈 칸의 밖에 있는 표현들은 문법적으로 옳은 것들이거든요. 그래서 be 동사가 이미 제시됐으니까, 보기로는 -ing와 -ed가 기본으로 제시될 수 밖에 없어요.

24. Late fees ***will be*** ------------ ***if*** you return a book/books to the library after 14 days.

(A) to charge
(B) charging
(C) charged
(D) to be charged

(A) 'be to'라는 문법적 장치가 추가로 결합했어도, charge는 능동, be charged가 수동입니다. 뒤에 목적어가 없고, 조건의 부사절인 if가 왔으니까, 동사가 능동일 수는 없어요.
(B) 역시 will이 보여주는 '미래'라는 시제보다는 'be -ing'에 초점을 맞추세요. 목적어에 해당하는 명사구가 없다는 점은 이미 확인했죠.
(D) 이 보기는 수동형이 맞아요. 그런데 (C)도 수동형이거든요. 즉 '태'의 관점에서는 구별되지 않아요. 복잡하거나, 어려운 것이라고 생각하지는 마세요. 그냥 그 외의 요소를 물어보는 것일 뿐이거든요.
　이렇게 두 개의 보기로 압축된 경우에는 형태상 차이점에 주목하라고 했었죠? 여기에서는 바로 'be to'라는 표현을 쓰는 것이 타당하냐는 질문입니다. 'be to'는 '미래'를 나타내는 표현입니다. 그런데 앞에는 이미 미래를 나타내는 will이 있어서 중복된 표현이 되기 때문에 옳지 않아요!

(C) 혹시 다음에 있는 if절을 '조건'의 부사절로 이해하지 않고, 의문사로 생각하는 사람도 있을 거예요. 의문사는 명사절로만 쓰이니까, 그렇다면 목적어가 있는 것으로 이해할 수 있지 않느냐는 것이죠. 그런데 의문사절이 연결되는 동사는 그 의미에 맞게, '질문, 의혹'과 같은 의미여야 하거든요. 그런데 charge는 that절과 함께 써서, "~을 비난하다"로 사용되는 경우는 있어도, 의문사절을 목적어로 활용하지는 않아요.

Tip 역시 빈 칸의 앞에 be가 제시되어 있어요. 다만 보기의 형태가 -ing와 -ed 외에 한 가지 더 추가됐어요. 바로 to 부정사입니다. 이런 경우를 흔히 'be to 부정사'라고 부르기도 해요. 자세한 용법은 나중에 부정사에서 다루기로 하고, 일단 경계를 명확하게 설정하세요. 바로 'be -ed'는 수동이고, 그 외의 형태는 모두 능동이라는 확고한 기준을 놓치지만 않으면 아무 문제가 없어요. 그래서 'be to be -ed'가 수동 관계를 나타내는 형태입니다.

[해석] 만일 14일이 지난 뒤에 책을 반납하시면 연체료가 부과됩니다.

---

4. **The memorandum** about the new policy was ------------ ***to*** all the employees in the accounting, sales and marketing offices.

(A) distribute
(B) distributing
(C) distributed
(D) distribution

(A) distributing에서 -ing를 뺀 형태니까 동사라는 것을 알 수 있죠? 그러면 was의 뒤에 또 동사를 쓸 수는 없는 것이고요.
(B) 빈 칸의 뒤에는 명사가 없이 to라는 전치사가 있어요. 즉 목적어가 없으니까 능동의 구조로는 의미를 온전하게 전달할 수 없어요.
(D) 주어인 memorandum과 distribution이 의미상 동의어가 될 수 있을까요? 즉 "회람"과 "배포, 배분"이 같은 의미로 쓰일 수는 없어요.

(C) 빈 칸의 뒤에 목적어인 명사가 없으니까, 수동형으로 표현해야 합니다.

Tip 역시 빈 칸의 앞에 be 동사가 제시된 유형입니다. 13, 24번과 동일한 맥락이지만, 명사까지 제시되는 점이 달라요. be 동사의 다음에 명사가 적절한지 판단하는 방법은 주어와 논리적으로 동일한 대상인지 확인하는 겁니다. 이 기준을 잘 기억해 두세요. 나중에 주격 보어로 형용사가 옳은지, 아니면 명사가 적절한 지를 구별하라는 유형에서도 활용할 수 있거든요.

[해석] 새로운 방침에 대한 회람이 회계, 판매, 영업 부서의 전 직원에게 배포되었다.

16. The NGO specializes in caring for people who ----------- **suffered** *environmental disasters*, such as oil spills, earthquakes, or tsunamis.

(A) have been
(B) were
(C) have
(D) had been

(A) 'been suffered'라는 수동형을 썼어요. 그런데 뒤에 disaster라는 명사가 있다면 정말 난감한 일이죠.
(B) 수동태라는 것이 명확하게 보이죠? 빈 칸이 아닌 곳에 있는 suffered라는 공통요소와 연결해서 생각해야 해요!
(D) 과거 완료라는 시제보다 역시 수동태라는 점을 먼저 생각하려고 노력하세요!

[해석] 그 비정부 기구는 원유 유출, 지진, 혹은 쓰나미와 같은 자연 재해로 고통을 겪는 사람들을 전문적으로 돌보는 활동을 한다

(C) suffered라는 과거 분사의 다음에 명사가 있으므로, 능동의 구조로 표현해야죠. 'have -ed'는 능동이고, 'have been -ed'는 수동이라는 점을 명확하게 이해하고 있어야 해요.

Tip 보기가 모두 동사이고, -s가 붙은 보기가 없어요. 그럼 태와 시제를 생각해야 하는데, 태부터 먼저 적용해야 하는 것 잊지 마세요! 알고 있는 것도 중요하지만, 생각을 끌어내서 적용하는 실천도 중요하답니다.
빈 칸의 뒤에 이미 suffered라는 과거 분사가 있어요. 과거 분사의 앞에 올 수 있는 동사는 오직 have 동사와 be 동사 밖에 없어요. 즉 과거분사와 결합하는 능동과 수동을 이해하라는 의도를 담고 있는 것이죠.

9. Tickets for the exhibition will ----------- *online* starting next month.

(A) be sold
(B) have been selling
(C) have sold
(D) be selling

(B) 'been -ing'도 능동이라는 점을 놓치지 마세요. 과거분사 been도 당당히 be동사에 속하거든요. 하지만 뒤에 있는 online은 부사라 목적어의 역할을 할 수 없어요.
(C) 과거 분사의 앞에 be 동사가 있어야 수동이잖아요! 그러니까 'have -ed'는 능동입니다.
(D) 'be -ing'를 진행형이 아니라, 능동으로 이해해야 한다는 점은 잊지 않았겠죠?

(A) 보기의 형태를 보고, 출제자의 의도를 파악하면 상당히 쉽게 해결할 수 있어요. 결국 (A)처럼 'be -ed'가 아닌 나머지 세 개의 보기는 모두 능동이라는 관점으로 접근하는 겁니다.

Tip 빈 칸의 앞에 will이라는 조동사가 있어요. 그러면 출제자가 확인하고 싶은 것은 무엇일지 미리 짐작해보세요. 바로 동사의 형태, 태, 그리고 시제거든요. 그리고 그 순서대로 적용해서 확인해보세요.
또 제시된 단어와 의미는 다르지만, 바로 앞에서 본 16번과 문법적인 관점은 동일하다는 점을 놓치지 마세요!

[해석] 그 전시회의 입장권은 다음달부터 온라인으로 판매될 것이다.

21. The city council **has** ------------ **luxury taxes** by an average of four percent per year over the last three years.

   (A) been
   (B) been increas<u>ed</u>
   (C) increased
   (D) increase

(A) been의 뒤에 명사가 제시된 구조니까, 주어의 보어라는 말이거든요. 그런데 "시의회"와 "사치세"가 서로 동의어가 될 수는 없잖아요.
(B) 'been -ed'는 수동태, 즉 목적어가 없다는 표시인데, 그러면 다음에 있는 luxury taxes라는 명사는 대체 어떻게 이해하라는 말인지...
(D) increase는 명사로 쓰이기는 해요. 하지만 뒤에 명사가 나오거든요. have 동사는 두 개의 목적어를 활용하는 용법으로는 쓰지 않는다고 했었죠? 물론 목적 보어로 명사가 연결되는 표현 방식도 없고요.

(C) 'have -ed'라는 능동의 형태와 뒤에 있는 명사가 잘 어울리고 있죠!

Tip 이번에는 have 동사가 이미 빈 칸의 앞에 제시된 유형입니다. have 동사까지 보기에 있는 경우보다 오히려 기술적으로 출제자가 물어볼 수 있는 유형은 제한적입니다. 즉 과거 분사가 연결되었는가와 태, 두 가지거든요.
빈 칸의 좌우를 확인해 보는 간단한 습관만으로도 훨씬 더 건강해질 수 있어요.

[해석] 시의회에서는 사치세를 지난 3년 동안 해마다 평균 4% 인상하고 있다.

1. Due to the recent recession, nearly 20 % of the jobs in New Brunswick area **have** now ------------.

   (A) been disappear<u>ed</u>
   (B) disappeared
   (C) disappear<u>ing</u>
   (D) disappear

(A) 자동사는 목적어가 없기 때문에 수동형으로 쓸 수 없어요.
(C) have의 뒤에 있는 now는 부사니까 다음에 오는 동사의 형태를 판단하는 데 아무런 영향도 미치지 않아요. have와 -ing는 함께 쓰일 수 없어요. disappear라는 어근이 아니라, -ing라는 어미와 충돌된다는 점을 정확하게 이해해야 합니다. 어근이 아니라, 어미의 활용에 초점을 맞춰야 직접 표현할 수 있는 기반이 됩니다!
(D) have의 다음에는 과거 분사 혹은 목적어에 해당하는 명사가 와야 합니다. 동사의 원형이 오는 경우는 절대 없어요.

(B) disappear는 "~이 사라지다"라는 뜻으로 자동사입니다. "~을/를"에 해당하는 목적어가 필요 없는 의미입니다.

Tip 만일 뒤에 명사가 없다는 점에서 수동이라고 생각했다면 비록 틀렸지만 생각의 경로는 제대로 잡혀있는 겁니다. 비록 이 문제에서는 적용되지 않았지만, 어떤 점부터 먼저 적용할 것인지 우선순위를 정확하게 인지하고 있다는 의미거든요.
자동사의 수동태는 자주 등장하는 유형이 아니기 때문에 일단은 동사 뒤에 명사가 없으면 수동으로 일단 접근하는 것이 바람직하다는 말입니다. 그러면서 자동사에 대한 이해를 늘려가는 전략이 효율적이거든요.

[해석] 최근의 불황 때문에 New Brunswick 지역의 일자리 가운데 거의 20퍼센트가 사라졌다.

17. The government's **tendency** to be more business-friendly ------------ in a steady increase in foreign investment.

(A) result
(B) resulted
(C) have resulted
(D) was resulted

(A) 주어인 tendency는 -s가 없는 단수형입니다. 그런데 동사인 result에는 -s가 없으니까 복수형이거든요.
(C) 역시 have라는 복수 동사와 주어의 수가 일치하지 않아요.
(D) result는 항상 다음에 in이나, from을 동반해서 사용해야 합니다. 그러면 다음에 명사가 아니라, 전치사구가 연결된다는 말이니까 목적어가 없는 자동사라는 말이거든요. 그래서 수동태로 표현할 수 없어요.

(B) result도 역시 자동사라는 성격을 몰랐으면 틀리기 쉬운 문제입니다. 이렇게 전치사와 연결해서 사용되는 자동사들은 전치사까지 하나의 어구로 익혀두어야 나중에 표현할 때도 활용하기 쉬워져요.

Tip 가장 먼저 할 일은 보기를 비교하는 것입니다. 그래서 서로 어떤 점이 다른지 확인하고, 그 차이점에 초점을 맞춰서 훈련한 순서대로 자신 있게 알고 있는 것을 적용하세요. 지금 보기들은 일단 모두 동사형입니다. 그런데 -s가 있는 보기도, 없는 보기도 있어요. 그러면 수의 일치를 먼저 적용한 다음에 (C)와 (D)의 태를 비교하는 겁니다.

[해석] 좀 더 기업 친화적이고자 하는 정부의 경향으로 외국인 투자가 꾸준하게 증가했다.

---

6. *Last week* every applicant registered for the field trip ------------ **the itinerary** enclosed with a letter.

(A) will be sent
(B) would send
(C) was sending
(D) was sent

(A) 수동인 것은 맞지만, last week이라는 과거의 시점을 나타내는 표현과 미래를 나타내는 will은 서로 엇갈리는 운명입니다.
(B) 일단 뒤에 명사가 있기 때문에 능동일 가능성도 있어요. 그러나 주어인 "applicant"와 목적어인 "itinerary"의 관계를 논리적으로 생각해보면 "일정표"를 발송하는 것은 "현장 학습"의 주최측이거든요. 그런데 주어인 "지원자"는 그 행사를 주관하는 입장이 아니기 때문에 일정표를 발송할 이유가 없다는 점에서 논리적 관계가 성립되지 않아요!
(C) 동사의 형태는 능동입니다. 하지만 문장의 주어인 이 "지원자들"은 편지를 발송하는 행위자가 아니기 때문에 서로 어울리지 않아요.

(D) last week이라는 시간 어구와 was라는 동사의 시제가, 또 applicant라는 단수 명사와 was라는 동사가 각각 잘 어울려요. 그리고 뒤에 명사가 있지만 주어는 send라는 동작의 대상으로 이해하는 것이 타당하기 때문에 수동 표현이 적절합니다.

Tip 보기에 제시된 send라는 동사는 두 개의 목적어가 활용될 수 있는 특성이 있다는 점을 감안해야 합니다. 동사의 뒤에 명사가 하나만 있다면 능동도, 수동도 가능해요. 구조만으로 부족한 경우에는 논리적으로 파악하면 문제가 없어요. 구체적으로는 주어가 그 동작의 행위자인지를 확인해보는 것만으로도 충분합니다. 만일 혼동스러운 경우라면 오해를 피하기 위해서라도 다른 방식으로 표현할 테니까요!

[해석] 현장 견학에 등록한 지원자들 모두에게 편지에 동봉해서 여행 일정표가 지난 주에 발송되었다.

12. Although the position is exhaustive, ***the ideal candidate*** ------------ **a great opportunity** for his or her career.

(A) offer<u>ing</u>
(B) offer
(C) <u>is</u> offer<u>ed</u>
(D) offer<u>ed</u>

(A) -ing는 동사가 아니니까, 더 이상 고민할 이유도 없네요.
(B) 주어는 candidate인데, 동사는 offer입니다. 무엇이 문제인지 찾았어요? 바로 두 단어에 모두 -s가 둘 다 없어요!
(D) 앞에 be 동사가 없으니까 과거 동사로 인정해야겠네요. 그러면 앞 문장의 동사가 현재인 것과 어울리지 않는데, 지금은 시제 진도가 아니니까 일단 넘어가요! 능동인 이 보기가 맞다면 "어떤 직책에 지원하는 사람"이 "경력을 제공하는" 행위자라는 말인가요?

(C) 주어인 "지원자"는 "경력을 쌓을 기회"를 제공받는 입장이어야만 논리적으로 성립할 수 있어요. 그렇게 하려면 수동으로 표시해야 상대방도 그 의미로 받아들이게 됩니다.

Tip offer도 역시 목적어를 두 개 나열할 수 있는 동사입니다. 그리고 목적어가 두 개 등장하는 소위 4형식 동사들은 목적어를 하나만 제시할 수도 있거든요. 그렇기 때문에 4형식 동사라고 해서 단정적으로 접근하지는 마세요. 다음에 명사가 없다면 당연히 수동이 되겠지만, 지금처럼 하나의 명사만 있다면 6번에서 했듯이 그 주어가 동작의 행위자인지 문맥을 확인하세요.

[해석] 그 직책이 무척 힘들기는 하지만, 선정된다면 경력을 높일 수 있는 좋은 기회를 얻는다.

8. ***Ms. Fernandez***, the spokesperson of the company, ------------ **that** the merger **opened** a new horizon of biotechnology industry.

(A) explained
(B) explain
(C) explain<u>ing</u>
(D) <u>was</u> explain<u>ed</u>

(B) 주어인 Ms. Fernandez는 단수가 아니던가요? 그럼 동사에도 단수라는 표시, 즉 -s가 있어야죠. 동사의 단수/복수가 우리말에는 없기 때문에, 우리말 해석으로는 구별할 수 없다는 점을 인정하고, 수를 나타내는 어미를 잘 관찰해야 익숙해집니다.
(C) 접속사 that과 동사 opened가 있으니까 빈 칸에는 동사가 와야 하거든요.
(D) 전달 동사가 수동태인 경우라면 뒤에 있는 that절이 목적어가 아니라, 주어라는 말이거든요. 그렇다면 동사의 앞에는 이 that절을 표시하는 가주어 it이 나와야만 해요. 믿어도 좋아요! 그렇지 않으면 이 that절을 설명할 방법이 없거든요!

(A) 문장의 주어가 it이 아닌 대명사이거나, 명사라면 동사 뒤의 that절은 명사절일 수밖에 없어요. 그리고 명사절이라면 목적어일 수밖에 없고요.

Tip 보기에 전달동사인 explain이 제시되어 있어요. 전달동사라고 해서 반드시 that절만을 목적어로 활용하는 것은 아니지만 바로 다음에는 접속사 that이 있어요. 그리고 (D)와 같은 수동의 보기도 있다는 점에서 전달동사의 수동태를 물어보는 문제라는 사실을 알 수 있어요. 전달동사 뒤에 that절이 존재하기 때문에, 주관적으로 해석할 것이 아니라, that절이 진주어인지, 아니면 목적어인지를 객관적으로 구별해야 합니다.

[해석] 그 회사의 대변인인 Fernandez씨는 그 합병으로 생명 공학업계의 새로운 지평선을 열었다고 설명했다.

26. *It* ---------- **that** Ramio Parmaceuticals would invest 5 million dollars in the development of a new antidepressant.

(A) announces
(B) announced
(C) is announcing
(D) was announced

(A) announces의 현재 형태가 that절에 있는 would라는 과거 시점과 어울리지 않기도 하지만, 'be -ed'가 아니니까 어쨌든 능동이네요.
(B) -ed의 앞에 be 동사가 없으니까 과거동사네요. 아…. 그럼 능동이라는 말인데, 주어인 it은 대체 뭘 가리키는 말인지 모르겠어요……
(C) 'is -ing'네요. 음… 능동이네요…

[해석] Ramio Parmaceuticals에서 새로운 항우울제를 개발하는 데 5백만 달러를 투자할 것이라는 소식이 발표되었다.

(D) 전달동사의 태는 뒤에 오는 that절의 존재가 아니라 주어를 보고 판단해야 하잖아요? 지금처럼 가주어인 it이 있다면, 이 that절은 진주어라는 말이고, 그럼 목적어가 없으니 수동으로 써야 맞아요. Part 6라면 it이 가주어가 아니라, 앞문장의 명사를 가리키는 경우도 있을 수 있어요. 그런 경우라면 그 선행사에 해당하는 명사가 전달동사의 행위자가 맞는 지 확인하면 됩니다. 하지만 전제된 내용이 없는 Part 5에서 주어로 나오는 it은 대부분 가주어일 수 밖에 없어요.

Tip say를 비롯한 "말하다" 부류의 동사들과 think를 기본으로 하는 "생각하다" 부류의 동사들을 전달동사라고 해요. announce도 물론 say 계열의 전달 동사라는 점에 생각의 출발점을 두세요.

20. Customers need to ---------- *that* as of 1 August, the fine for illegal parking will be raised to $70.

(A) inform
(B) be informed
(C) have informed
(D) informing

(A) inform은 반드시 사람 명사가 목적어로 제시되어야 하기 때문에 곧바로 that절을 목적어로 받을 수는 없어요. 이렇게 바로 뒤에 that절이 등장하는 경우라면 'inform someone that ~'의 구조에서 목적어가 주어로 옮겨진 수동태가 아니면 불가능해요.
(C) have -ed도 역시 능동이기 때문에 다음에 that절이 아니라, 사람 명사가 왔어야 맞아요.
(D) need의 뒤에 오는 to는 부정사를 표시하는 기호이기 때문에, -ing로 연결할 수는 없어요.

(B) 아까 본 전달동사들은 목적어로 that절 하나만 필요한 유형들입니다. 그래서 'explain something to someone'의 구조가 되거든요. 그런데 inform 부류의 동사들은 사람 명사와 that 절이라는 두 개의 목적어를 활용하기도 해요. 그리고 수동태로 표현할 때는 항상 사람 목적어를 주어로 활용하기 때문에 이렇게 that절이 곧바로 연결되는 것이죠.

Tip 보기에 모두 inform이라는 단어가 있다는 사실 자체가 힌트입니다. 문법적인 면에서 볼 때, inform을 물어본다면, 기본적으로 그 동사에 결합하는 어미의 성격을 물어보는 보편적인 문제이거나 목적어로 사람 명사를 쓴다는 점, 둘 중 하나라고 판단해도 좋아요.

[해석] 8월 1일부로 불법 주차 과태료가 70달러로 오를 것이라는 사실을 고객들에게 알려야만 한다.

10. We ------------ *that* the Intranet will be fixed and ready for use by 5:00 p.m.

(A) have assured
(B) have been assured
(C) assure
(D) have been assuring

(A) 다음에 that절이 곧바로 왔기 때문에, assure의 용법으로 보아 능동일 수 없어요. assure의 목적어는 사람이거든요!
(C) 제발 일단 우리말로 해석해놓고, 그래도 말이 통하지 않느냐고 일방적으로 주장하지 마세요.
(D) be -ing는 능동이라는 설명은 이제 그만하고 싶다는...

(B) be -ed는 수동태라는 소중한 약속을 보여주는 기호입니다.

Tip assure도 inform처럼 'assure someone that ~'의 구조로 활용하는 표현입니다. 즉 보편적인 용법의 동사가 아니기 때문에 까다롭다고 생각할 수도 있어요. 하지만 성격이 분명한 만큼 문제에 등장하면 출제자가 묻고자 하는 의도가 너무나 명백해지기 때문에 오히려 더 수월하게 판단할 수 있어요. 이 부류의 동사들도 우리말 뜻만 기억하면 용법을 이해하기 힘들어요. 정확하게 표현하기 위한 가이드라인을 소개하는 것이 출제 의도라고 생각하세요.

[해석] 우리는 인트라넷을 수리해서, 오후 5시까지는 사용할 수 있도록 하겠다는 확답을 받았다.

---

14. Patterson Development **has successfully** ------------ *over 150* construction projects, including roads, shopping malls and bridges for the last 20 years.

(A) completion
(B) been completed
(C) completing
(D) completed

(A) has의 뒤에 명사가 오는 경우도 분명 있겠지만, 그러면 앞에 있는 successfully라는 부사의 역할을 설명할 수 없어요. 게다가 명사라면 뒤에 있는 명사와도 연결되지 않거든요.
(B) over를 전치사로 오해하면, 목적어가 없다고 생각할 수도 있어요. 하지만 이 over는 150이라는 형용사를 수식하는 부사입니다. 즉 projects라는 명사의 성격에 영향을 미치는 것은 아니기 때문에 전치사가 아닌 것이죠. 그래서 projects는 동사의 목적어로 이해해야 마땅합니다. 그래서 been -ed라는 수동형과 어울리지 않아요.
(C) has의 뒤에 -ing는 대체 어떤 생각으로 쓴 것일까요?

(D) 사실 over가 전치사가 아니라, 부사라는 점을 이해하면 별 문제가 없어요. around, about처럼 숫자 앞에서 부사로 쓰이는 표현들의 품사를 정확하게 파악하라는 의도를 담은 유형입니다.

Tip 평이한 문제처럼 보이지만, 전치사와 부사를 잘 구별해야 하는 유형입니다. 뒤에 전치사가 연결되는 경우라면 목적어가 없으니까 수동으로 표현해야 합니다. 하지만 부사라면 목적어인 명사와는 문법적인 연결 고리가 없기 때문에 생략해도 상관 없는 어구가 되거든요.

[해석] Patterson Development는 지난 20년 동안 도로, 쇼핑몰, 교량을 포함해서 150건이 넘는 건설 프로젝트를 성공적으로 완수했습니다.

23. Every level of discrimination based on sex, race, or religion in the workplace ------------ **by** the Ministry of Employment and Labor.

(A) is dealt
(B) is dealt with
(C) is dealing
(D) is dealing with

(A) 전치사와 명사가 결합해서 형용사나 부사로 활용되듯이 deal with도 하나의 단어라고 생각해야 합니다. 그래서 수동이 된다 하더라도 with라는 전치사를 빠뜨리지 말아야 하는 것이죠.
(C) deal을 자동사로 쓸 때는 반드시 다음에 전치사가 결합해요. 드물게 deal을 타동사로 활용하는 경우도 있기는 한데, 그렇다면 다음에 목적어인 명사가 있어야 하지 않을까요?
(D) deal with라는 표현을 몰랐다고 하더라도, with라는 전치사의 뒤에 명사가 없으면 이상하죠!

(B) 빈 칸의 다음에는 명사가 없기 때문에 is dealt with라는 수동형을 고르기 쉽지 않을 수 있어요. 게다가 뒤에 by가 있기 때문에 전치사가 중복되는 것처럼 보이기도 하고요. 하지만 그 by는 뒤에 있는 명사와 결합해서 행위자를 나타내는 용도이지, with와는 아무런 상관이 없어요.

Tip '자동사 + 전치사'가 하나의 타동사로 활용되는 유형의 문제입니다. 언뜻 혼동할 수는 있지만 이런 방식으로 활용되는 표현들을 구체적으로 익혀두면 충분히 대응할 수 있어요.

[해석] 직장 내에서 성, 인종, 혹은 종교에 근거한 모든 차원의 차별은 고용 노동부에서 처리되고 있다.

---

3. You **are** not ------------ **to use** any of the contents of this book without our written consent.

(A) permit
(B) permission
(C) permitted
(D) permitting

(A) are의 뒤에 동사를 또 연결할 수는 없어요. 물론 permit이 명사로 쓰이기도 하지만, 그럴 때는 셀 수 있는 명사이기 때문에 관사가 붙어야 하거든요.
(B) -ion은 명사를 표시하는 어미인데, 거의 모두 사물 명사에게 적용됩니다. 그런데 이 문장의 주어는 you라는 사람 대명사이기 때문에 논리적으로 동일한 관계가 성립할 수 없어요.
(D) permit은 타동사이기 때문에 뒤에 목적어인 명사가 있어야 해요. to 부정사가 목적어인 경우를 생각할 수도 있겠지만, permit의 목적어로 to부정사는 동사의 의미상 적절하지 않아요.

(C) permit은 to 부정사를 목적어로 사용하지 않아요. "허락하다"라는 행위가 기본적으로 다른 사람을 대상으로 하는 것이기 때문에, 주로 'permit someone to do'의 구조로 활용하거든요. 따라서 지금처럼 곧바로 to 부정사가 제시된다면 수동인 경우에나 가능해요.

Tip 빈 칸의 뒤에 to 부정사가 있다는 것이 단서입니다. 목적어로 to 부정사가 연결되는 동사라면 당연히 능동태가 되겠죠. 그런 경우에는 수동태로 활용하지 않는 것이 일반적이기도 하거든요. 그래서 TOEIC에서 지금처럼 곧바로 to 부정사가 제시되는 경우라면, 거의 대부분은 목적어의 뒤에 있던 to 부정사를 물어보는 유형이라고 생각하세요. 그리고 이렇게 목적어의 뒤에 오는 어구는 수동태로 표현해도 변하지 않는다는 점을 확고하게 이해하고 있어야 합니다.

[해석] 이 책의 어떤 내용도 저희의 서면 동의를 받지 않고 사용할 수 없습니다.

18. Salespersons **are** *satisfied* ----------- the new incentive policy.

(A) at
(B) with
(C) for
(D) about

(A) at은 '놀람'을 나타내는 감정 형용사인 surprised, alarmed, astonished 등의 어구와 흔히 연결 됩니다.
(C) for는 감정 형용사와 연결되는 경우가 거의 없어요.
(D) about은 주로 '걱정, 근심' 등을 나타내는 감정 형용사인 worried, concerned등과 주로 쓰여요.

(B) '만족, 불만족, 기쁨' 등을 나타내는 감정 형용사와 함께 쓰이는 전치사는 with랍니다.

Tip 보기가 모두 전치사로 구성되어 있으니까 전치사 문제라는 점은 명백하죠! 그렇다면 빈 칸의 앞에 있는 어구나, 뒤에 있는 명사에서 연결될 수 있는 고리를 찾아야 합니다. 이 문제에서는 satisfied라는 감정 형용사가 있는 것에 주목하세요. 감정 형용사의 과거 분사 다음에는 주로 by가 아닌 전치사가 결합합니다.

[해석] 영업사원들은 새로운 상여금 제도에 만족하고 있다.

25. These medicines should **be prescribed** ----------- *doctors* to patients with severe pain.

(A) to
(B) with
(C) for
(D) by

(A) 다음에 '대상'을 나타내는 to patients가 있기 때문에 doctors와 중복된 표현이 되네요.
(B) with의 뒤에 사람 명사가 오는 경우는 주로 "함께"라는 의미를 나타내는 경우가 많아요. 그런데 무엇과 함께인지 그 대상에 대한 정보가 나오지 않기 때문에 문맥이 형성되지 않아요.
(C) for는 행동의 목적이나 이유를 설명하는 의미인데, "의사"가 "처방하다"라는 행위의 목적이나 이유가 될 수는 없잖아요.

(D) 논리적으로 파악할 때, "의사"는 "처방하는" '행위자'이기 때문에 그 의미를 담아내는 전치사인 by가 타당해요.

Tip 역시 보기가 모두 전치사이고, 바로 앞에 prescribed라는 과거 분사가 있는 수동태 문장입니다. 이렇게 수동태의 전치사를 묻는 문제에서는 일단 by가 아닌 전치사들을 사용하는 경우를 먼저 확인하세요. 하지만 이 문제의 prescribe처럼 그 목록에 없는 경우가 있을 거예요. 그럼 그런 경우에는 과감하게 by를 선택하세요.

[해석] 이 약품들은 심한 통증이 있는 환자들에게 의사가 처방해야 한다.

3강 동사의 시제

I. 동사의 시제를 확인하자!

문장에는 반드시 동사가 있어야 하고, 동사에는 '태'와 '시제'라는 두 가지 문법 개념이 항상 표시됩니다. 시제는 '현재, 과거, 미래'라는 기본 시제가 있고, 그 기본형에 '완료형 (have -ed)'과 '진행형 (be -ing)'이라는 두 가지 확장형이 결합된 형태가 있어요.

1. 시제의 일치를 지키자!

어떤 동작이나 상태가 발생하는 시점을 동사의 형태로 나타내는 것을 시제라고 해요. 그리고 동작의 발생 시점이라는 의미와 동사의 형태를 동일하게 표시하는 것을 시제의 일치라고 합니다.

The benefit for the economic minorities *is held* at the community center every December.

경제적 소수자들을 위한 자선 행사가 해마다 12월에 시민 문화회관에서 열린다.

The benefit for the economic minorities *was held* at the community center last Thursday.

경제적 소수자들을 위한 자선 행사가 지난 목요일에 시민 문화회관에서 열렸다.

The benefit for the economic minorities *will be held* at the community center next Thursday.

경제적 소수자들을 위한 자선 행사가 다음 목요일에 시민 문화회관에서 열릴 예정이다.

2. 시제 일치를 확인하는 두 가지 단서!

동사의 시제는 동사의 형태로 표시됩니다. 하지만 동사의 형태만으로는 그 시제가 타당한지 객관적으로 입증할 수 없다는 게 문제입니다. 예를 들어 'He consults with the accountant about the tax cut.'와 'He consulted with the accountant about the tax cut.' 그리고 'He will consult with the accountant about the tax cut.'라는 세 개의 문장은 시제가 서로 다르지만 모두 틀린 표현이 아니거든요.

동사의 수는 주어와 -s라는 어미로, 그리고 동사의 태는 목적어의 존재로 각각 구별 됩니다. 하지만 시제는 go, went, have gone라는 동사의 형태만으로는 어느 시제가 맞는 지 판단할 수 없어요.

그래서 동사의 시제에 관한 문법 문제는 반드시 객관적인 근거가 제시되지 않고서는 판단할 수 없거든요. 그 객관적 근거는 두 가지입니다. 역시 문법이란 두 개의 표현이 서로 적절하게 연결되는 관계라는 점을 생각하세요.

시제 **63**

① 시간 어구를 확인 하세요!

시간 어구를 확인 해서, 그 시점에 적절한 시제인지 판단하는 것이 첫번째 방법입니다. 즉 시간 어구와 연결되는 절대적인 시점을 판단하라는 말이죠. 이때 그 시간 어구를 연결하는 전치사도 함께 고려해야만 해요. "2013년에"와 "2013년부터"는 서술하는 내용이 다르니까요.

Tourists wonder how long **ago** this monument *was* built.
관광객들은 이 기념물이 언제 만들어졌는지 궁금해한다.

The management *accepted* the union's proposal **last Tuesday afternoon**.
지난 화요일 오후에 경영진은 노조의 제안을 받아들였다.

② 다른 동사의 시제를 확인 하세요!

만일 이런 시간 어구가 없다면, 반드시 다른 동사가 있어야만 시제 문제로 성립할 수 있어요. 즉 다른 동사와 논리적으로 연결되는 상대적인 시점을 확인하라는 의도입니다. 이때 그 동사를 연결하는 접속사도 함께 고려해야만 해요. 접속사의 논리적 관계에 따라 동사의 시점을 판단해야 하기 때문입니다.

When Davinson *returned* the audit report, I *noticed* that some pages *were* missing.
Davinson이 회계 보고서를 돌려주었을 때, 나는 몇 쪽이 누락된 것을 알아차렸다.

3. 꼭 알아야 할 시점 어구

❶ 과거: ago, yesterday, last, that, those days…
❷ 현재: usually, sometimes, today, now, these days, nowadays…
❸ 미래: next, tomorrow, coming, upcoming, the end of…

확인합시다

1. At the beginning of the next month, the administrative office ---------- the process of changing personal computers for all its employees.
   (A) will be begun   (B) will begin   (C) has begun   (D) would begin

2. At yesterday's banquet, Shelly KImbell, the treasurer of the company, ---------- awarded for the Employee of the Year.
   (A) is   (B) was   (C) were   (D) has been

3. I ---------- my subscription to the magazine because I had little time to read it.
   (A) canceled   (B) will cancel   (C) cancel   (D) have canceled

<정답> 1.(B) 2.(B) 3.(A)

II. 완료 시제를 알고 싶다!

완료 시제는 'have 동사 + -ed'가 기본형 입니다. 이 기본형에 have 동사의 시제 변화에 따라, had -ed (과거 완료), have [has] -ed (현재 완료), 그리고 will have -ed (미래 완료)라는 세 가지로 구분됩니다.

완료 시제를 관통하는 중심 개념은 '두 시점을 연결한다'는 겁니다. 예를 들어 우리말로 "입사 4년차"라고 하면 '시점'이 아니라, '기간'을 설명하는 것입니다. '시점'에 대한 정보만 전달하는 "4년 전에 입사했다"라는 말과는 다른 것이죠. 그리고 "4년"이라는 '기간'이 완성되는 시점에 따라 각 완료형의 시제를 판단합니다. "올해가 입사 4년차"라면 '현재 완료'이고, "작년이 입사 4년차"였다면 과거 완료라고 해요. 물론 "내년이 입사 4년차"라면 '미래 완료'가 되는 것이고요.

I **have attended** the annual workshop on advertising strategies **since 2010**.
나는 광고 전략에 대한 연례 워크샵에 2010년부터 참석하고 있다.

When we **arrived,** the train for Madrid **had departed**.
우리가 도착할 때는 마드리드행 기차가 이미 출발한 뒤였다.

By the time we **arrive**, the train for Madrid **will have departed**.
우리가 도착할 때 쯤이면 마드리드행 기차는 이미 출발했을 것이다.

1. 현재 완료

현재 완료는 과거의 어떤 시점과 현재의 상황을 'have/has -ed'라는 형태에 담아서 표현하는 방식입니다. 현재 완료와 흔히 어울리는 시간어구로는 'ever, never, since, for, throughout, lately, recently, so far, up to now...' 등이 있어요.

① since와 for를 구별하세요!

현재 완료와 어울리는 전치사 중 가장 대표적인 것이 바로 since와 for 입니다. 둘은 의미가 다르기 때문에 다음에 연결되는 명사의 성격이 달라져요.

"~이후로"라는 의미인 since의 다음에는 '과거를 나타내는 특정한 시간 어구'가 연결됩니다. 예를 들면 since September, since last Tuesday, since two o'clock 처럼요.

반면에 for는 "~동안"이라는 특정하지 않은 기간을 나타내는 의미입니다. 그래서 다음에는 숫자를 동반한 표현이 등장하는 경우가 많아요. 사실 "세 시간 동안"과 "3시부터"의 의미를 구별할 줄 안다면 별 문제가 되지 않지만요.

Sales of games for the tablet PC in Europe **have tripled** *since 2012*.
유럽에서 태블릿 피씨용 게임의 매출이 2012년 이후로 세 배나 증가했다.

For the past three decades, our company **has been** at the forefront of technological innovation.
지난 30년 동안 저희 회사는 기술 혁신의 선두에 있었습니다.

시제 **65**

② since절의 시제를 조심하세요!

암기 위주로 TOEIC을 공부하다 보면, 문법에 대한 이해보다는 빠르고 쉽게 암기하는 방법에 집착하게 되는 경우가 많아요. 암기하는 방법이 공부인 것도 아니고, 그 방법을 시험에서 물어보는 것도 아닌데 말이죠.

"since가 있으면 현재 완료"라고 일방적으로 말하는 경우가 많은데, 굉장히 위험해요. 무작정 이런 공식을 암기하면 오히려 틀릴 가능성도 높아지거든요. since가 접속사로 쓰인 경우에 이렇게 난감한 상황이 자주 등장하는데, 사실 그 용법을 정확하게 이해하면 아무런 문제가 되지 않아요.

since가 접속사로 쓰였다는 말은 문장에서 두 개의 동사가 제시된다는 말이 아니겠어요? 그렇다면 since 절의 동사와 주절의 동사에 대한 시제를 각각 판단해야 하거든요.

since절이 제시하는 것은 현재까지 연결되는 상황이 시작된 시점, 즉 과거의 한 점이기 때문에 과거 시제로 표현해야 합니다. 그리고 그 고정된 과거 시점부터 현재까지 지속되는 상황을 전달하는 부분이 바로 주절입니다. 그래서 주절의 동사는 현재 완료가 됩니다.

비법을 말하는 사람들의 바람대로 빈 칸이 주절에만 있으면 별 문제가 없겠죠. 하지만 시제라는 개념은 문장에서 '접속사, 종속절의 동사, 주절의 동사'라는 세 가지 요소에 담기기 때문에 빈 칸은 그 중 어디에나 제시될 수 있어요. "빈 칸은 움직인다"는 것이죠. 그래서 시제의 일관된 흐름을 이해하면 빈 칸이 어디에 있어도 유연하게 대처할 수 있어요. 그래야 표현할 때에도 논리적으로 서술할 수 있고요.

Since he **sold** his family business, Scott White **has been looking** for a more creative job.

가업을 처분한 이후로 Scott White는 더 창조적인 일을 찾고 있다.

때로는 since가 "~때문에"라는 이유의 접속사로 쓰이는 경우도 있는데, 이때는 주절의 시제는 완료형이 될 이유가 없죠!

2. 과거 완료

현재 완료가 현재의 상황을 전달하는 것이 목적이듯이 과거 완료도 과거 시점을 기반으로 해서 또 다른 과거 시점까지의 상황을 서술하는 용법입니다. 과거 완료와 흔히 어울리는 표현은 by, before 등이 있어요. 전치사 by는 "~까지"라는 뜻으로 특정한 시점까지 완료되는 상황을 주로 나타내거든요. 그리고 부사로 쓰인 before는 문장 맨 뒤에서 "(과거 시점을 기준으로) 그 이전"이라는 의미이기 때문에 역시 과거 완료와 지향하는 바가 비슷하기 때문입니다.

간혹 과거 완료를 '대과거'라고 설명하는 경우가 있는데요. 즉 어떤 시점의 과거보다 더 이전에 일어난 상황을 전달한다는 말이거든요. 하지만 after, before, when, and처럼 동작의 선후관계가 명확한 접속사가 있는 경우에는 접속사의 의미로 어느 절의 동작이 먼저 일어난 일인지 분명하게 이해할 수 있기 때문에 과거 완료 (had -ed)가 아니라, 과거 (-ed)형으로 간결하게 표현해도 상관이 없어요.

① hardly ~ before ~

과거 완료가 활용되는 대표적인 표현 가운데 하나가 바로 'hardly ~ before ~' 입니다. "~하자마자"라는 뜻으로 과거 시점에 발생한 두 가지 동작의 동시성을 나타내는 표현입니다. 이 표현을 신경 써야 하는 이유는 두 가지입니다.

첫째는 시제의 형태인데요. 주절은 'had -ed'이고, before 절은 당연히 과거 시제거든요. 두 문장의 시제가 다르기 때문에 혼동할 여지가 있어요. 하지만 동작의 선후관계를 이해하면 그다지 이상하지 않을 테니까, 복잡하다고 생각하지 마세요. 이 표현은 다양하게 변형되기도 해요. hardly 대신 그와 의미가 비슷한 scarcely 나 seldom을 쓰기도 해요. 그리고 접속사도 before 대신 when을 활용할 수도 있고요. 모두 6가지로 조합할 수 있는 것이죠. 까다롭다고 생각하면 힘들어져요. 다양하게 활용할 수 있다고 긍정적으로 생각해야 쉬워집니다. 31가지나 되는 아이스크림은 복잡하다고 생각하지 않잖아요!

그리고 두 번째 눈 여겨 볼 점은 이 부정어구들이 문장의 맨 앞에 등장하기도 한다는 점입니다. 그렇다면 부정어구가 도치됐으니까 어떤 일이 벌어질까요? 1강에서 배운 것처럼 바로 보조 동사가 도치되는 것이죠. 그런데 시제가 과거 완료였으니까 항상 had가 도치될 수 밖에 없어요. 그럼 표현 하나만 잘 익히면 12가지로 표현할 수 있겠다고 역발상을 해 보세요!

Jane **had** *hardly [scarcely, barely]* **reported** for work *when [before]* she **started** to complain about the transportation.

= *Hardly [Scarcely, Barely]* **had** Jane **reported** for work *when [before]* she **started** to complain about the transportation.

Jane은 출근하자마자 대중교통에 대해 불평하기 시작했다.

② no sooner ~ than ~

이 표현도 'hardly ~ before ~'와 마찬가지로 "~하자마자"라는 뜻입니다. 또 동사의 시제도 같고, 부정어구가 도치되는 용법도 같아요. 다만 sooner라는 비교급 표현을 썼기 때문에 접속사는 than을 활용한다는 차이만 이해하면 됩니다.

The idea **had** *no sooner* **occurred** to him *than* he **wrote** it **down** on the notebook.

= *No sooner* **had** the idea **occurred** to him *than* he **wrote** it **down** on the notebook.

기발한 생각이 떠오르자마자 그는 공책에 적었다.

3. 미래 완료

미래 완료는 미래의 시점을 기준으로 해서, 그때까지 완료되는 행위나 상태를 표현하는 방식입니다. 이 경우에도 역시 '완료'를 나타내는 by라는 전치사가 연결되는 경우가 많아요. 물론 by가 반드시 미래 완료와 함께 쓰이는 것은 아니지만, by가 없으면 미래 완료의 의미를 객관적으로 전달하기 힘들다는 점을 감안하세요. 참고로 "~까지" 라는 우리말 의미만 생각하고 until과 혼동하는 경우도 있어요. 그런데 until은 '특정한 시점까지 지속되는 동작이나 상태'를 나타낸다는 점에서 미래 완료와는 어울리지 않아요.

I **will have finished** the monthly sales report *by 5*.

오후 5시까지는 월 매출 보고서를 끝내겠습니다.

확인합시다

1. Jennifer Caterings has been rated as the top caterer in the area ---------- 30 years.
   (A) since   (B) for   (C) at   (D) by

2. The working environment has improved greatly ---------- James Cameron was promoted to the vice president last December.
   (A) after   (B) before   (C) since   (D) until

3. By 2070, the world ---------- up almost all of its oil reserves.
   (A) will be using   (B) will have used   (C) use   (D) have been used

4. The development company ---------- a feasibility study for the project before it entered the bid.
   (A) has begun   (B) is beginning   (C) will begin   (D) had begun

<정답> 1.(B) 2.(C) 3.(B) 4.(D)

III. 부사절의 미래 표현

1. 시간/조건의 부사절에서 미래는 현재로!

when이나 if를 비롯한 시간이나 조건을 나타내는 접속사들은 보통 부사절과 주절의 시점이 동일해요. 그래서 부사절의 미래 시제 (will + 동사의 원형)는 간결하게 현재 시제로 표현합니다. 물론 동사의 형태만 현재일 뿐, 의미는 미래 상황을 나타내는 것이죠. 접속사와 주절의 미래 동사를 통해 부사절도 미래라는 의미를 이해할 수 있으니까 오해하지는 않을 것이라는 공감대가 형성되어 있다고 이해 하세요. 간혹 이런 부사절에 현재 완료 (have -ed)가 등장하는 경우가 있는데, 이것은 미래 완료 (will have -ed)를 줄인 것이랍니다. 그리고 실용문이 많이 등장하는 TOEIC의 특성상, 주절이 명령문의 구조인 경우도 많다는 점도 참고하세요.

2. 하지만 주절의 시제는 미래입니다.

보통은 부사절의 시제가 현재라는 점만 강조하는 경우가 많아요. 하지만 현재형으로 된 동사를 미래의 의미로 온전하게 이해할 수 있는 것은 주절의 동사가 미래를 유지하고 있기 때문이거든요. 그러니까 부사절에만 빈 칸이 오는 것이 아니라, 부사절을 통해 주절의 시제를 이해하라는 의미에서 주절에도 빈 칸이 등장할 수 있는 것이죠. "빈 칸은 움직인다"니까요!!

When the ship **comes** in, I **will buy** a brand-new car.
형편이 좋아지면, 최신형 자동차를 살 것이다.

If Ted **arrives** on time, it **will be** a big help.
만일 Ted가 제 시간에 도착한다면, 큰 도움이 될 것이다.

If there **is** any question, ***contact me at any time***.
궁금한 점이 있으면 언제건 연락하세요.

3. 시간이나 조건의 접속사는 다양합니다

'시간'과 '조건'을 나타내는 부사절을 이끄는 접속사는 when과 if가 대표적입니다. 하지만 이 두 가지 접속사 외에도 시간과 조건을 나타내는 접속사들이 여럿 있어요. 이 접속사들이 제시되는 경우에도 미래의 상황은 미래가 아니라, 현재로 표현해야 합니다.

시간의 접속사 : when, before, after, until, as soon as, while, just as...
조건의 접속사 : if, suppose, supposing, provided (that), on condition (that), as long as, so long as, in case, unless

4. 명사절은 미래로 쓰세요!!!

미래 사실을 현재형으로 표현하는 것은 시간이나 조건을 나타내는 부사절에서 가능한 용법입니다. 따라서 명사절에서는 반드시 미래 시제를 사용해야 합니다.
시간이나 조건의 부사절을 이끄는 접속사들 중에서 이렇게 명사절의 접속사로도 사용될 수 있는 것은 when과 if 밖에 없어요. 그런데 if/when이 명사절로 쓰인 것인지, 아니면 부사절을 이끄는 용도로 쓰인 것인지 어떻게 알 수 있을까요?
사실 '명사절에서는 미래를 활용한다'는 조항도 중요하지만 시험에서는 명사절과 부사절을 구별하지 못한다면 별 도움이 되지 않거든요. if나 when이 명사절을 이끄는 경우는 해석하려고 애쓰지 말고, 명사의 역할을 생각하세요. 즉 명사절은 동사의 앞에서 주어, 혹은 동사나 전치사의 뒤에서 목적어로 사용되거든요.

Please let me *know* when I **will receive** my item I ordered.

제가 주문한 물품을 언제 받을 수 있는 지 알려주세요.

3. 전달동사와 that절의 동사의 시제!

say와 think로 대표되는 전달동사는 목적어로 that절을 활용합니다. that절의 내용이 담고 있는 어떤 '사실'을 전달하는 것이죠. 이 전달동사가 현재 시제일 때는 전달하는 내용을 담고 있는 that절의 시제는 과거도, 미래도 모두 가능해요. 하지만 과거 시제일 때는 that절의 동사도 역시 과거 시점에 기반을 두고 있어야 논리적으로 연결될 수 있어요.
이때 사용되는 과거 기반의 시제는 과거, 과거 완료, 그리고 '과거에서 본 미래'를 나타내는 would, 주로 세 가지입니다.

said [reported, **thought**, believed...] (that) 주어 + 과거 [would, had -ed] ~

Financial Herald **reported that** the purchase of Buick stock *had been considered* by the Moticello Group before.

Financial Herald의 보도에 따르면, Buick의 주식 매입을 Moticello Group이 과거에 이미 검토한 적이 있다고 한다.

확인합시다

1. The stock price of the company will increase sharply if the news of the new investment ---------- out.
   (A) will come   (B) came   (C) comes   (D) come

2. After all the entries for the event have been turned in, the General Manager ---------- the most impressive catchphrase.
   (A) was choosing   (B) will choose   (C) choose   (D) has chosen

3. The company thought the shipment ---------- behind schedule due to the holiday season.
   (A) can arrive   (B) is arriving   (C) will arrive   (D) would arrive

<정답> 1.(C) 2.(B) 3.(D)

IV. 진행형은요?

1. 현재와 현재 진행형의 차이가 뭐죠?

진행형은 'be -ing'가 기본 구조인데요. 특정한 시점에 진행 중인 동작을 표현하는 것이 기본 용법입니다. 반복적인 행동이라는 의미를 갖는 현재 시제와는 달리, 습관의 의미는 없고 일시적이고, 일회적인 동작을 나타냅니다.

'Josephine takes a taxi this morning.' "조세핀은 오늘 아침에 택시를 탄다."
뭔가 이상하죠. takes라는 현재 동사는 그 동작이 일시적인 것이 아니라, 반복적으로 이뤄진다는 것을 의미해요. 그런데 this morning이라는 시간 어구는 일시적인 시점이지, 반복적인 기간의 의미가 아니기 때문에 이해되지 않았던 거예요. 이상하다는 느낌이 없었다면, 아마도 "택시를 탔다"라고 해석했을 겁니다. 과거 시제에는 반복의 의미가 없으니까 의미가 통하는 겁니다. 자기도 모르게 어떻게 표현해야 논리적인지 알고 있다는 증거인 셈이죠.

그런데 this morning을 'every morning'이나 'in the morning'이라고 해보세요. 그러면 의미가 통하죠? 시간 어구를 일회적이 아닌 반복적, 혹은 일반적인 어구로 했기 때문에 그런 어감의 현재 시제와 어울리는 것이거든요. 이런 점에서 '반복의 정도'를 나타내는 빈도 부사는 당연히 현재 시제와 짝이 맞는 것이죠.

2. 진행형을 쓰지 못하는 동사도 있나요?

맞아요. 모든 동사가 진행형으로 표현할 수 있는 것은 아닙니다. 'be -ing'는 진행형이란 특정한 시점에 진행 중인 동작을 담아내는 그릇이거든요. 그래서 '상태'를 나타내는 동사는 진행형을 쓸 수 없어요.

Ultimately the success of the business *is depending* on consistent management strategies. (is depending ⇨ depends)
결국 사업의 성공은 일관된 경영 전략에 달려 있다.

3. '상태 동사'의 종류

❶ 존재, 소유, 상태 : be, exist, have, possess, belong to, appear, disappear, consist, seem, contain, depend, lie, resemble...

❷ 지각, 감각 : hear, see, feel, taste, smell, like, love, hate, prefer, fear, desire, differ, envy...

❸ 사고, 지식 : know, mean, believe, want, remember, forget, suppose, think, realize, need, recognize, mind...

Practice Test

1. Many customers began closing their accounts at First Credit Bank because it ------------ its fee for money transfer services.
   (A) will raise
   (B) raises
   (C) raised
   (D) raising

2. Electronics Megastore has announced that it will ------------ earlier for its 10th anniversary next week.
   (A) have opened
   (B) have to be opened
   (C) have been opened
   (D) have to open

3. After the five hours' talkathon, the board of directors finally ------------ to approve the expansion plan.
   (A) decided
   (B) decides
   (C) deciding
   (D) decide

4. It was predicted that the law firm's profits of the last quarter ------------ those of the rival by 20%.
   (A) would be exceeded
   (B) will increase
   (C) would exceed
   (D) are exceeded

5. The price of the product ------------ by 20% over the last four months owing to scarcity of raw materials.
   (A) has increased
   (B) are increasing
   (C) have increased
   (D) is increasing

6. Last quarter Dermont Cosmetics ------------ its perfume production facility and increased profits significantly.
   (A) has expanded
   (B) was expanded
   (C) expanded
   (D) expand

7. ------------ she began working at our branch, Ms. Foster has contributed to changing our work ethics.
   (A) After
   (B) When
   (C) Since
   (D) Before

8. Today's computer processors has faster speed, more brilliant performance, and lower prices than it ------------ five years ago.
   (A) had
   (B) did
   (C) has done
   (D) does

9. We will ship the remainder of your order as soon as it ------------.
   (A) will arrive
   (B) arrives
   (C) is arrived
   (D) arrived

10. Because traces of toxic materials were found in the underground parking lot, all the residents ------------ to be evacuated from the office building.
    (A) had
    (B) has
    (C) having
    (D) have

11. The reunion ------------ on 27th, September in the Pine Room at San Pedro Hotel.
    (A) to be held
    (B) has been held
    (C) hold
    (D) was held

12. If the city issues the building permit next week, the library ------------ next April.
    (A) will be completed
    (B) is completed
    (C) will complete
    (D) will have completed

13. By the end of 2030, the communications satellite ------------ 270,000 km through space.
    (A) travels
    (B) has traveled
    (C) will have traveled
    (D) will travel

14. Following a series of intensive consultations starting next Wednesday, Slater Consulting ------------ a specific improvement program to fit your company's needs.
    (A) had been creating
    (B) was created
    (C) having created
    (D) will create

15. The museum will ------------ closed for safety if the security system malfunctions again.
    (A) have been
    (B) have to be
    (C) has been
    (D) have

16. It is estimated that outdoor gear markets in Korea ------------ a tenfold increase for the last decade.
    (A) has experienced
    (B) have experienced
    (C) have been experienced
    (D) experienced

17. ------------ had the conference started when the attendees began complaining about the heating of the room.
    (A) Nearly
    (B) Lately
    (C) Negatively
    (D) Hardly

18. Industry analysts ------------ that by 2025 two out of every three personal computers sold will be a laptop model.
    (A) are predicted
    (B) predict
    (C) predicted
    (D) will predict

19. This has been our worst financial predicament since we ------------ from shipbuilding industry five years ago.
    (A) withdraw
    (B) withdrew
    (C) have withdrawn
    (D) withdrawing

20. When the president of the organization ------------ a keynote speech at the conference, several people left in protest.
    (A) made
    (B) makes
    (C) making
    (D) has made

21. By the time Mr. Schultz joined our firm as a senior financial analyst, he ------------ in the futures trading sector for seven years.
    (A) has worked
    (B) works
    (C) will work
    (D) had worked

<정답> 1.(C) 2.(B) 3.(A) 4.(C) 5.(A) 6.(C) 7.(C) 8.(B) 9.(B) 10.(A) 11.(D)
12.(A) 13.(C) 14.(D) 15.(B) 16.(B) 17.(D) 18.(B) 19.(B) 20.(A) 21.(D)

정답 너는 누구냐?

6. *Last quarter* Dermont Cosmetics ------------ **its** perfume production facility and increased profits significantly.

(A) has expanded
(B) was expanded
(C) expanded
(D) expand

(A) last quarter는 과거의 고정된 시점을 의미하기 때문에 과거와 현재를 연결해서 표현하는 현재 완료와 어울리지 않아요.
(B) was -ed는 수동의 형태인데, 뒤에 its라는 소유격이 있어요. 그럼 명사도 있다는 말이니까, 수동과는 서로 맞지 않아요.
(D) 주어인 고유 명사의 형태는 복수지만, 하나의 회사를 의미하기 때문에 단수로 취급해요.

(C) 동사의 시제를 결정하는 시간 어구는 일반적으로 문장의 맨 뒤에, 또는 맨 앞에 오는 것이 원칙이라는 점을 활용하세요.

Tip 시제를 다루고 있다고 해서, 앞에서 공부했던 동사의 어미에 관한 규칙들을 잊으면 안됩니다. 동사의 어미를 다루는 마지막 단계니까, 모든 요소를 고려하도록 하세요. 항상 보기에 나온 동사의 어미들의 차이점을 포착하고, 그에 대해 객관적으로 따져보세요.

[해석] 지난 분기에 Dermont Cosmetics는 향수 생산 시설을 확장해서, 수익을 상당히 증가시켰다.

---

14. Following a series of intensive consultations starting *next Wednesday*, Slater Consulting ------------ **a specific improvement program** to fit your company's needs.

(A) had been creating
(B) was created
(C) having created
(D) will create

(A) next가 전해주는 미래의 시점과 had는 격하게 어울리지 않아요!
(B) 일단 뒤에 있는 관사로 명사의 존재를 노골적으로 드러내는데, was -ed라는 철없는 수동태는 정말 난감하네요. 거기다 next와 어울리지도 않는 was까지! 정말 왜 이러는 걸까요?
(C) 일단 문장에 동사가 없는데, 이 대책 없이 해맑기만 한 -ing은 어쩌자는 걸까요?

(D) 오답이 되는 이유를 파악하고, 바로 잡으면 그게 정답이 아닐까요? next라는 미래 시점과 will이라는 미래 조동사가 호응해요. 또 뒤에 명사가 있으니까 동사는 능동이 되어야 하거든요!

Tip 문제가 좀 길다고 긴장하지 마세요. 문제가 아무리 길어도 빈 칸은 하나고, 보기는 네 개뿐이거든요. 그리고 문제가 길수록 문법적인 난이도는 낮은 경우가 더 많아요. 그러니 제발 주눅들지 말고, 반대로 생각을 하자고요.
이 문제도 create라는 동사의 어미 형태들을 제시하고 있어요. 그러면 '동사의 4대 경신'이라고 알려줬던 범위를 벗어나는 문법은 없다는 말이니까 하나씩 검증해 보자고요.

[해석] 다음 수요일부터 시작해서 집중 컨설팅을 몇 차례 한 뒤에 Slater Consulting에서는 귀사의 요구에 맞는 특별 개선 프로그램을 만들 것입니다.

8. Today's computer processors ***has*** faster speed, more brilliant performance, and lower prices than it ------------ five years **ago**.

   (A) had
   (B) did
   (C) has done
   (D) does

(A) 일단 과거 동사라는 점에서 ago와 어울리기는 해요. 그런데 had의 뒤에 목적어가 없는 경우는 대동사밖에 없어요. 대동사라면 앞 문장에 나온 동사를 확인해야 하는데, 앞에 있는 동사는 has 입니다. 하지만 이 has는 뒤에 과거 분사가 아니라, 목적어가 연결되었으므로, 일반동사입니다. 그리고 일반 동사라면 대동사는 do를 써야만 해요.

(C) 현재 완료가 전달하고자 하는 상황은 현재입니다. 과거와 연결하지만 결국 현재 상황에 초점을 맞추고 있거든요. 그래서 ago라는 과거 시점어구와는 절대로 함께 쓸 수 없어요.

(D) 앞 문장의 동사가 현재인 것은 신경 쓰지 마세요. 그 문장이 전달하는 의미는 today라는 현재 시점어구와 연결되는 내용이거든요. 빈 칸이 있는 뒤에 ago라는 과거 지향의 표현이 있으니 현재는 잘못된 시제입니다.

(B) ago는 "(현재 시점에서) ~전"이라는 뜻 이거든요. 그래서 ago가 제시하는 상황은 항상 과거 사실일 수 밖에 없어요. 이런 맥락에서 ago는 현재를 나타내는 현재 완료나 관재를 기준으로 하는 과거 완료와 함께 쓰지 않아요.

Tip 시제를 판단하는 제 1규칙은 시점을 나타내는 어구를 통해서입니다. 다른 동사나 다른 절의 동사에 연결된 시간어구는 일차적인 고려 대상이 아닙니다.

[해석] 오늘날의 컴퓨터 프로세서는 5년 전보다 속도도 더 빠르고, 성능도 더 뛰어나고, 가격은 더 낮다.

3. After the five hours' talkathon, ***the board*** of directors finally ------------ to approve **the expansion plan**.

   (A) decided
   (B) decides
   (C) deciding
   (D) decide

(B) 'five hours'가 시간 어구이긴 하지만, 미래나 과거라는 시점을 명확하게 나타내지는 않기 때문에 이 문제에서는 고려할 필요가 없어요. 이렇게 특정한 시간 어구가 없는 상태에서 과거와 현재를 구별하라는 문제는 현재의 의미를 적용해서 확인해야 합니다. 현재는 '반복적인 행동'을 의미하거든요. 그래서 현재 시제가 옳다면, "5시간의 토론"이나 "그 확장 계획"이 반복적이고, 일상적인 행위라는 의미가 되어야 합니다. 그런데 특정한 대상을 나타내는 the가 있어서 그렇게 이해하기는 힘들어요.

(C) 동사가 필요한 문장인데, 꿋꿋하게 계속 등장하는 이 -ing!

(D) 일단 주어가 the board라는 단수 명사니까, 동사에는 -s가 붙어서 수를 일치시켜야죠!

(A) 현재 시제의 의미를 정확하게 이해하지 못하면, 막연하게 해석해서 선택할 위험이 있어요. 우리말로 해석해서 의미가 통하니까 영어의 시제도 그래야 한다는 규칙은 없는 것이잖아요! 객관적인 기준을 설정하도록 해야 합니다.

Tip 동사형이 아닌 보기가 있다는 점이 가장 먼저 눈에 들어와야 해요. 그런 다음에 -s라는 어미의 차이점을 확인하세요. 그런 다음 남는 두 개의 보기를 집중적으로 따져보세요. 특정한 시간 어구가 없는 경우에 대응하는 방법을 훈련할 수 있는 문제입니다.

[해석] 5시간 동안의 마라톤 회의를 하고 나서, 이 사회에서는 그 확장 계획을 승인하기로 결정했다.

20. **When** the president of the organization ------------ a keynote speech at the conference, several people **left** in protest.

   (A) made
   (B) mak<u>es</u>
   (C) mak<u>ing</u>
   (D) <u>has</u> made

(B) 동시성을 나타내는 접속사 when이 있고, 다른 문장의 동사가 left라는 과거입니다. 그렇다면 makes는 어울리지 않아요. 동사에 -s가 결합하는 경우는 오직 현재시제 뿐입니다.
(C) when이라는 접속사와 left라는 동사가 있으니까, 지금 우리에게 필요한 것은 오직 동사입니다!
(D) 현재 완료도 역시 현재에 기반한 시제라고 했었죠? 그리고 when은 고정 시점을 의미하기 때문에, 두 점의 연결을 나타내는 현재 완료와 어울리지 않기도 하고요.

(A) when이라는 접속사는 두 개의 동작이 동시적인 시점에 발생한다는 것을 나타내는 접속사입니다. 그렇다면 when으로 연결되는 문장에서는 동사의 시제가 서로 같아야 하지 않을까요?

Tip 빈 칸에 제시된 것에는 구체적인 시점 어구는 없어요. 이런 경우에는 다른 문장의 동사와 접속사를 보고 상대적으로 시점을 판단해야 합니다.

[해석] 그 단체의 회장이 회의에서 기조연설을 할 때, 몇 사람이 항의하면서 나가버렸다.

1. Many customers **began** closing their accounts at First Credit Bank **because** it ------------ its fee for money transfer services.

   (A) will raise
   (B) raises
   (C) raised
   (D) rais<u>ing</u>

(A) because라는 접속사는 원인과 결과의 관계를 나타낼 뿐, 시점과는 관련이 없어요. 하지만 '결과'에 해당하는 내용이 began이라는 과거 사실인데, 그의 원인이 미래일 수는 없죠!
(B) 만일 일반적이고, 반복적인 행동을 나타내는 현재 시제인 raises가 맞다면, 그 원인에 대한 결과를 나타내는 주절도 역시 현재 시제가 되어야 마땅하지 않을까요?
(D) 접속사 because와 동사 began이 있어요! 동사가 필요한 자리잖아요!

(C) 이유를 나타내는 because절의 동사의 시제를 물어보고 있어요. 그러면 주절이 바로 그 원인의 결과가 되는 데, 과거 동사 began이 제시되고 있거든요. 결과가 과거라면, 그의 원인은 그보다 시점상 먼저 발생해야 논리가 성립하지 않을까요?

Tip 동사의 형태가 아닌 (D)를 제외하면, 모두 능동입니다. 따라서 시제만 고려하면 되는 데, 시점을 나타내는 어구도 접속사도 없거든요. 이럴 때는 부사절의 접속사가 보여주는 논리적 관계를 바탕으로 시점을 판단해야 합니다.

[해석] First Credit Bank에서 송금 서비스의 수수료를 인상했기 때문에, 많은 고객들이 거래를 끊기 시작했다.

10. ***Because*** traces of toxic materials **were** found in the underground parking lot, all the resident**s** ------------ to be evacuated from the office building.

(A) had
(B) ha<u>s</u>
(C) hav<u>ing</u>
(D) have

(B) 주어는 all인데, all 자체는 수의 구별이 없어요. 그래서 뒤에 있는 명사를 통해 판단해야 하는 데, 지금 명사는 residents라는 복수거든요. has는 -s로 끝나는 단수잖아요.

(C) because와 were가 있으니까, 동사가 필요한 자리라는 점을 제일 먼저 판단하도록 하세요. 어쨌든 오답은 걸러내겠지만, 생각의 순서를 정하는 훈련이라고 받아 들여 주세요.

(D) 과거 시제는 일회적이고, 구체적 사건인데 비해, 현재 시제는 반복적, 일반적 행동을 의미한다고 했죠?

(A) 1번과는 달리 원인을 나타내는 because 절이 단서이고, 그를 통해 주절의 시점을 판단하라는 유형입니다. 빈 칸이 어느 절에 있건, because라는 접속사가 보여주는 논리적 관계가 달라지는 것은 없지 않겠어요?

Tip 역시 -ing, -s, -ed (비록 have는 규칙 동사가 아니지만)라는 어미의 차이점에 주목하세요. 출제자가 보기를 제시하는 순서대로 여러분이 생각을 전개할 필요는 없죠! 그래서 동사냐 → 수 → 수동 → 시제 순서대로 알고 있는 정보를 자신 있게 적용해 보세요.

[해석] 지하 주차장에서 유독 물질의 흔적이 발견되었기 때문에, 그 사무용 건물의 모든 입주자들은 건물에서 소개되어야만 했다.

16. It is estimated that outdoor gear market**s** in Korea ------------ **a tenfold increase** *for the last decade*.

(A) <u>has</u> experienced
(B) have experienced
(C) have <u>been</u> experience<u>d</u>
(D) experience<u>d</u>

(A) 주어를 보고 수의 일치를 확인할 때, 주절의 주어가 아니라, 그 동사의 주어를 찾아야 해요. it이라는 주어는 is라는 동사의 주어일 뿐, 빈 칸에 들어갈 동사의 수와는 아무런 상관이 없어요. that 절의 주어는 markets입니다. 그래서 has와 수의 충돌이 발생해요.

(C) been -ed는 수동을 표시하는 어미잖아요? 그런데 뒤에는 관사로 시작하는 명사가 있단 말입니다!

(D) last만 보면, 과거를 고르는 조건반사를 어찌할까요? last의 앞에 in, for, over, throughout 등의 전치사가 결합되면 '기간'의 의미가 되기 때문에 과거와는 어울리지 않아요.

(B) last가 있다고 과거 시제라고 단정하면 곤란해요. last year는 우리말로 "작년에"라는 뜻입니다. 물론 과거 시점에 해당하는 의미입니다. 그런데 for the last three years라고 하면 무슨 뜻인가요? 이러면 "지난 3년 동안"이라는 의미가 되거든요. 이 뜻은 '시점'이 아니라, '기간' 즉 두 시점을 연결하는 의미가 되잖아요. 그래서 과거가 아니라, 현재 완료와 어울리는 거예요.

Tip 첫 번째 고려할 점은 -s의 존재겠죠! 그 다음은 been -ed고요. 그런 다음에 남는 보기는 차이점에 주목하면 생각의 갈래를 잡을 수 있을 거예요. 그리고 last가 있을 때 동사의 시제를 정확하게 판단할 수 있어야 해요.

[해석] 한국의 아웃도어 용품 시장은 지난 10년 동안 10배 증가한 것으로 추정되고 있다.

5. The **price** of the product ----------- by 20% ***over the last four months*** owing to scarcity of raw materials.

(A) has increased
(B) are increasing
(C) have increased
(D) is increasing

(B) 일단 주어인 price와 동사 are는 서로 수의 개념이 일치하지 않아요.
(C) have도 역시 복수이기 때문에 단수인 price와 어울리지 않아요.
(D) last의 앞에 전치사가 붙건 아니건, last가 현재 시제와 연결되는 경우는 없어요. 절대로!

(A) 이처럼 last의 앞에 in, for, over, throughout 등의 전치사가 붙는 경우에는 the가 결합하는 것도 정확하게 익혀두세요. 또 last 대신 past를 활용하기도 한다는 점도 함께 알아 두세요.

Tip 보기는 모두 동사형인데, -s가 있는 보기가 두 개라는 큰 얼개부터 찾으세요. 그럼 수의 관점으로 먼저 접근한 다음에 남은 보기 두 개의 차이점에 주목하는 것이 올바른 순서입니다.

[해석] 원자재가 부족하기 때문에 그 제품의 가격은 지난 4개월에 걸쳐 20%가량 인상됐다.

19. This **has been** our worst financial predicament ***since we*** ----------- from shipbuilding industry five years ago.

(A) withdraw
(B) withdrew
(C) have withdrawn
(D) withdrawing

(A) since 절의 내용은 현재까지 연결되는 상황이 시작되는 과거의 고정된 시점을 의미해요. 그래서 주절의 시제는 현재 완료이고, since절의 동사는 과거입니다.
(C) since만 보면, 무조건 현재 완료를 선택하는 것은 자신이 없어서 그래요. 여유를 갖고 빈 칸의 위치가 어딘지를 잘 보세요. 게다가 since 절의 뒤에는 명백한 과거를 나타내는 ago도 있잖아요.
(D) 비록 이 단어의 뜻을 몰라도, 두 가지는 알 수 있죠! 바로 -ing는 동사가 아니라는 점과, -ing를 뺀 withdraw가 동사형이라는 것이요. 그런데 지금은 has been이라는 동사와 since라는 접속사가 있으니까 동사가 필요한 자리라 적절하지 않네요. since가 전치사로도 쓰이지 않느냐는 의문을 갖는다면, we라는 주어가 있는 것에 주목하세요. 주어의 뒤는 동사 자리잖아요!

(B) withdraw의 동사 변화를 모른다면, with를 빼고 보세요. with와 draw가 결합된 단어거든요. 그럼 동사 변화는 draw와 마찬가지로 'withdraw – withdrew – withdrawn'이 되겠죠.

Tip 문장에서 시제의 개념이 표현되는 부분은 세 군데입니다. '동사, 전치사, 그리고 시간어구'이거나 '접속사, 접속사 뒤의 동사, 주절의 동사'거든요. 이 세 요소에 고르게 흐르는 시점의 의미를 이해하고, 정확하게 표현하는 것이 시제의 일치라는 문법을 훈련하는 이유입니다. 거꾸로 말하면 시제를 다루는 TOEIC 문법 문제는 이 세 부분 중 어느 하나에 빈 칸이 있다는 말입니다. 그럼 나머지 두 개의 빈 칸이 모두 판단의 근거가 되고, 힌트가 되겠죠. 그것을 충분히 활용하세요. 그래서 5번과 19번은 물리적으로는 멀리 떨어져 있지만, 동일한 관점을 다룬 문제입니다.

[해석] 우리가 5년 전에 조선업계에서 철수한 이후로 이번에 최악의 재정 위기를 겪고 있다.

11. The **reunion** ------------ *on* 27th, September in the Pine Room at San Pedro Hotel.

(A) to be held
(B) has been held
(C) hold
(D) was held

(A) 문장에는 동사가 없어요. 그런 마당에 동사가 아니라는 표시인 to를 저렇게 당당하게 드러낼 수가....
(B) 시점을 보여주는 명확한 어구는 없어요. 하지만 현재 완료가 과거와 현재의 두 시점을 연결하는 개념인데 반해, on 이라는 전치사는 고정된 시점을 의미하기 때문이 근본적으로 현재 완료와는 안어울려요.
(C) reunion은 뭐죠? 이 질문에 뜻부터 대답하면 안됩니다. 해석을 하는 것 자체가 잘못이 아니지만, "동창회"라고 뜻을 꺼내는 순간, '단수'라는 문법성은 증발해버리거든요. 그런데 지금 이 보기의 hold는 -s가 없는 복수 동사입니다.
(D) 일단 단수고, 수동이라는 점에서는 (B)와 (D)가 적절해요. 그런데 둘의 차이는 현재 완료와 과거라는 시제의 관점이거든요. 지금처럼 현재 완료인지, 과거인지를 물어보는 문제는 전치사를 통해 접근하는 것이 확실해요.
즉 since, for, throughout같은 전치사들은 현재 완료가 전달하는 두 시점의 연결이라는 개념과 어울려요. 하지만 in, on, at처럼 고정된 개념을 나타내는 전치사들은 현재 완료와 쓰일 수가 없는 것이죠.

Tip 동사에 다양한 형태의 어미가 결합된 보기를 읽어내는 순서를 활용하는 문제입니다. A의 to, B와 D의 -s를 순차적으로 확인하세요.

[해석] 동창회가 9월 27일에 San Pedro Hotel의 Pine Room에서 열렸다.

---

7. ------------ she began working at our branch, Ms. Foster *has contributed* to changing our work ethics.

(A) After
(B) When
(C) Since
(D) Before

(A) after는 동작의 선후관계만 제시할 뿐, 그 동작의 지속성과는 아무런 상관이 없어요. 그래서 after가 현재 완료와 쓰이지는 않아요.
(B) when은 고정 시점이기 때문에 현재 완료와는 어울리지 않아요. when절이 과거일 때, 주절의 동사가 과거 완료가 되는 경우는 있어요.
(D) before 역시 after처럼 동작의 선후 관계만 나타낼 뿐, 현재 완료와는 쓰이지 않아요. before가 접속사나 부사로 쓰일 때 과거 완료와 연결되는 경우는 있지만요.

[해석] 우리 지점에서 근무하기 시작한 이후로, Foster 씨는 우리의 직업적 윤리관을 바꾸는 데 기여하고 있다.

(C) has -ed라는 현재 완료가 결정적인 단서입니다. '시간'의 접속사 중에서 이렇게 현재 완료와 어울리는 접속사는 오직 since밖에 없어요.
동사의 시제를 물어봤던 이전 문제와는 달리, 동사의 시제를 근거로 접속사를 판단하라는 문제라는 점을 생각하세요. 시제의 흐름과 '빈 칸은 움직인다'라는 말도 생각하시고요.

Tip 보기가 모두 접속사로 구성되어 있는 유형입니다. 그리고 모두 시간 개념을 나타내는 접속사들입니다. 이렇게 시간 접속사를 구별하는 경우라면, 진행형과 어울리는 while, 완료형과 어울리는 since를 물어보는 경우가 대부분입니다. 현실적으로 when에는 after의 뜻도 있기 때문에 구별하기 쉽지 않거든요. 물론 after와 before를 구별해야 하는 경우라면 논리적으로 선후 관계를 확인해야겠고요.

17. ---------- ***had*** the conference ***started* when** the attendees ***began*** complaining about the heating of the room.

(A) Nearly
(B) Lately
(C) Negatively
(D) Hardly

(A) "거의"라는 의미인 nearly는 도치를 발생시키는 능력이 전혀 없어요.

(B) "최근에"라는 뜻의 lately가 문장의 앞에 와도 주어와 동사가 도치되는 경우는 없어요.

(C) negatively는 "부정적으로"라는 의미의 부사일 뿐, 부정어가 아녜요. 즉 "어떤 행동을 하지 않는다, 아니다"라는 의미의 부정이 아니라, 어떤 행동이 긍정적이지 않다는 말이거든요. '부정'이라는 글자에 현혹되지 마세요.

(D) 주어와 동사를 도치되게 만드는 가장 기본적인 경우가 바로 부정어가 문장의 앞에 올 때라는 것을 다시 기억하세요. "~하자마자"라는 뜻의 'hardly ~ when ~'이라는 표현을 기억하는 것 보다 바로 이 도치의 원인을 더 중요하게 생각하세요.

Tip had라는 동사의 앞에 빈 칸이 있어요. 그럼 동사의 앞이니까, 주어인 명사가 올 자리라고 생각해야 합니다. 그런데 보기에 제시된 단어들이 모두 부사거든요. 그럼 주어가 아니라는 말이잖아요? 이런 경우를 바로 도치라고 하죠! 그리고 보조 동사의 앞에 빈 칸이 왔다는 말은 도치의 원인이 되는 표현을 찾으라는 출제자의 부탁입니다! 그까짓거 들어 주자고요!!

[해석] 회의가 시작하자마자 참석자들은 난방에 대해 불평하기 시작했다.

21. **By the time** Mr. Schultz ***joined*** our firm as a senior financial analyst, he ---------- in the futures trading sector **for seven years**.

(A) has worked
(B) works
(C) will work
(D) had worked

(A) 현재 완료는 현재에 기반을 둔 표현입니다. 그런데 by the time이라는 접속사가 연결하는 시점은 주로 과거 완료나 미래 완료가 됩니다.

(B) 뒤에 있는 for seven years라는 '기간'의 시간어구와 현재 시제는 어울리지 않아요.

(C) for seven years는 말 그대로 기간이기 때문에 역시 고정된 시점을 나타내는 will work라는 미래와 어울리지 않아요.

(D) 다음에 과거 시제가 나온다는 점은 since와 같기 때문에 혼동하기 쉬워요. since는 그 과거 시점부터 지금까지 지속되는 상황을 의미하기 때문에 주절의 시제는 현재 완료가 됩니다. 반면, by the time의 뒤에 과거가 오면, "과거의 그 시점까지는"이라는 의미로 그 이전의 과거 상황을 말하게 되기 때문에 과거 완료가 주절에 등장해요. by the time의 뒤에는 관계 부사 when이 생략된 것으로 보는 견해도 있어요.

[해석] 선임 금융 분석가로 우리 회사에 올 때, Schultz씨는 선물 거래 분야에서 이미 7년을 일한 상태였다.

Tip for seven years 자체로는 어느 시점의 7년인지 정확하게 알 수 없어요. 이 문제의 보기들은 모두 동사이고, 수와 태는 모두 문제가 없어요. 이런 경우라면 시제 말고는 물어볼 대목이 없어요.
그리고 명백한 시점 어구가 없는 경우에는 다른 문장의 동사와 접속사를 통해서 확인하는 방법 밖에는 없어요. 물론 Part 6라면 앞이나 뒤의 문장이 형성하는 문맥도 고려해야 합니다.

2. Electronics Megastore has announced that it **will** ------------ earlier for its 10th anniversary *next week.*

(A) have opened
(B) open
(C) have been opened
(D) be to open

(A) 미래와 미래 완료를 구별하는 기준 가운데 하나는 전치사 by의 존재입니다. '완료'를 나타내는 by가 없기 때문에 미래 완료는 어울리지 않아요.
(C) 역시 next week이라는 고정된 미래 시점과 have been이라는 미래 완료는 어울리지 않아요.
(D) be to 부정사는 미래를 나타내는 의미이므로, 이미 앞에 있는 will과 중복된 의미가 됩니다. 불필요하게 유사한 의미의 표현을 중복하는 것도 문법적으로 틀린 문장입니다.

(B) 미래를 나타내는 시간 어구인 next가 있으니까 일단 미래 시점을 생각하세요. 보기를 크게 보면 완료와 완료가 아닌 경우로 볼 수 있어요. 이럴 때는 전치사가 결정적 단서가 됩니다!

Tip 미래를 중심으로 한 문법 문제는 세 가지 유형입니다. 첫째는 미래와 현재의 구별, 둘째는 미래와 미래 완료의 구별, 그리고 셋째는 부사절의 미래입니다. 그런데 지금처럼 will이라는 조동사가 이미 빈 칸의 앞에 제시되어 있는 경우라면, 미래와 미래완료의 구별이 출제자의 의도입니다.

[해석] Electronics Megastore의 발표로는 다음주 10주년 기념일에는 더 일찍 개점할 것이라고 한다.

15. The museum will ------------ *closed* **for safety** if the security system malfunctions again.

(A) have been
(B) have to be
(C) has been
(D) have

(A) 완료란 두 시점의 연결이거든요. 미래 완료도 마찬가지로 미래의 특정한 시점을 제시하고, 그때까지 완료되는 동작이나 상태를 표현하는 방식입니다. 하지만 지금은 그 기준이 되는 시점이 없는데 미래 완료는 뚱딴지맞아요!
(C) will 다음에 원형도 아닌 has는 대체 저렇게 뻔뻔하게 있어도 되는 건지 모르겠어요.
(D) 역시 미래 완료이기 때문에 적절하지 않네요. (A)와는 능동과 수동이라는 차이가 있지만, 둘 다 미래 완료라는 점에서 묶어서 접근하는 것이 효율적입니다.

(B) have to는 '의무'를 나타내는 표현입니다. 그리고 have의 뒤에 과거 분사가 연결되는 경우를 '완료'라고 하거든요. 그래서 이 보기는 미래 완료가 아니라, 미래라는 점을 잘 구별해야 해요.

Tip 역시 빈 칸의 앞에 will이라는 조동사가 있다는 단서를 활용하세요. 그리고 'will have -ed'와 'will have to'를 혼동하지 말아야 해요. 'will have -ed'는 미래 완료지만, 'will have to'는 미래 시제거든요. TOEIC에서 보기로 빈번하게 등장하는데요. 이때 '의무'의 의미가 꼭 필요한 경우는 거의 없어요. 오히려 조동사로 활용된 have -ed와 일반 동사로 쓰인 have to do를 구별하는데 초점을 맞추세요

[해석] 만일 보안 시스템이 또 오작동을 일으킨다면 안전을 위해 그 미술관은 폐쇄되어야만 한다.

13. ***By* the end of 2030**, the communications satellite ------------ 270,000 km through space.

(A) travels
(B) has traveled
(C) will have traveled
(D) will travel

(A) 'the end of' 자체로는 구체적인 시점을 나타내지 못해요. 하지만 다음에 미래 시점인 2030년이 있기 때문에 미래의 색을 띠게 됩니다. 그래서 현재 시제는 어울리지 않아요.
(B) 현재 완료는 현재에 초점을 맞추고 있는 시제 표현이기 때문에 2030년이라는 미래 시점과 적절한 관계가 성립하지 않네요.
(D) 일단 미래 시제인 것은 맞아요. 하지만 '완료'를 나타내는 by가 있어서, 단순 미래 시제로는 의미를 제대로 전달하기에 충분하지 않아요.

(C) 미래 시점이 성립된 이후에는 주로 (D)처럼 미래 완료냐, 아니냐는 관점을 주로 물어봐요. 이렇게 완료를 쓸 것인지 판단하는 경우에는 전치사로 확인하는 게 바람직해요. 그래야 표현할 때에도 올바른 근거를 제시할 수 있거든요.

Tip 시간어구는 문장의 맨 앞이나 끝에 온다고 했던 말을 잘 기억하세요. 2030년이라는 미래 시점을 나타내는 표현과 '완료'의 의미를 전달하는 by! 이 두 가지 단서를 포착해서 접근하세요.

[해석] 2030년 말 무렵이면, 그 통신 위성은 27만 km의 우주 공간을 비행하게 될 것이다.

---

9. We **will ship** the remainder of your order ***as soon as*** it ------------.

(A) will arrive
(B) arrives
(C) is arrived
(D) arrived

(A) 시간의 부사절에서 미래를 쓰는 것은 어색해요.
(C) arrive는 자동사이기 때문에 수동태로 표현할 수 없어요!
(D) 동시성을 나타내는 as soon as의 의미로 보아 지금처럼 과거 동사가 되려면 주절의 시제도 과거가 돼요.

[해석] 고객님이 주문하신 물건의 나머지는 도착하는 즉시 보내드리겠습니다.

(B) 두 동작의 동시성을 강조하는 as soon as도 역시 시간의 부사절을 이끄는 접속사입니다. "~하자마자"라는 뜻이기 때문에 동작의 선후관계가 없는 것은 아니지만 동일한 시점으로 표현합니다.

Tip 시간이나 조건의 부사절에서는 미래 시제 대신 현재로 표시한다는 규칙에 대한 문제입니다. 시간이나 조건의 의미를 나타내는 접속사는 if, when 이외에도 여러 가지가 있다는 점을 잊지 말아야 합니다.

---

12. ***If* the city issues** the building permit next week, the library ------------ **next April**.

(A) will be completed
(B) is completed
(C) will complete
(D) will have completed

(B) next라는 미래 시점과 is라는 현재 동사는 참 어색하죠.
(C) 미래인 것은 맞지만, 다음에 목적어가 없기 때문에 능동은 적절하지 않아요.
(D) next April은 "다음 4월"이라는 '시점'을 나타내기 때문에 완료 시제와는 어울리지 않아요.

[해석] 만일 시에서 다음 주에 건축 허가를 발급한다면, 도서관은 다음 4월에 완공될 것이다.

(A) 시간이나 조건의 부사절은 미래 대신 현재를 써요. 하지만 주절의 시제는 정확하게 미래로 표현해야 의미를 알 수 있어요.

Tip 시간이나 조건의 부사절의 미래 시제 표현을 물어보는 문제입니다. 하지만 빈 칸의 위치가 어디인지 잘 확인해야 합니다. 미래 대신 현재를 쓴다는 규칙을 영혼 없이 암기하고, 적용하면 잘못된 판단을 하기 쉽거든요.

18. *Industry analysts* ------------ that by 2025 two out of every three personal computers sold **will be** a laptop model.

(A) are predicted
(B) predict
(C) predicted
(D) will predict

(A) 전달동사가 수동태라는 것은 뒤에 있는 that절이 목적어가 아니라, 주어라는 말이거든요. 그렇게 주어가 뒤로 도치된 구조라면 그 자리에는 가주어 it이 있어야 해요. 지금처럼 명사가 있다면 절대로 수동이 될 수가 없어요.
(C) 전달동사가 과거라면 that절의 내용도 그 시점에 관찰한 내용이 되기 때문에 과거나 과거 완료, 혹은 would가 되어야 합니다.
(D) 예측하는 내용이 미래 상황인 것이지, 예측하는 행위 자체가 미래 시점에 일어나는 행동인 것은 아니죠!

(B) 주어가 명사이기 때문에 전달동사의 다음에 있는 that절은 목적어일 수 밖에 없어요. 그러면 동사는 능동태로 표현해야죠. 또 predict가 "예측하다"라는 의미이고, that절은 그 예측의 내용이라는 점에서 미래 시제가 됩니다.

Tip "예상하다"의 뜻인 predict도 전달동사에 속하는 놈입니다. 모두 동사형으로 제시되었으니까 태와 시제를 고려하면 충분하지 않을까요? 전달동사의 능동과 수동을 구별하는 방법을 다시 기억에 떠올리세요. 그리고 that절의 동사가 will이라는 미래 시제라는 점도 단서로 활용하세요.

[해석] 업계 분석가들의 예측으로는 2025년 무렵이면 판매되는 개인용 컴퓨터의 세 대 중 두 대는 노트북 컴퓨터일 것이라고 한다.

4. It *was predicted* that the law firm's profits of the last quarter ------------ **those** of the rival by 20%.

(A) would be exceeded
(B) will increase
(C) would exceed
(D) are exceeded

(A) 뒤에 those라는 대명사가 있기 때문에 수동으로 표현할 수는 없겠죠.
(B) 해석을 하면 잘 구별되지 않을 수도 있어요. 하지만 전달동사가 과거 시제이기 때문에 will이라는 미래는 어울리지 않아요.
(D) 음... 총체적으로 잘못됐네요. 앞의 was predicted와 are라는 현재 시제가 엇갈리고, are- ed와 뒤에 있는 대명사가 어울리지도 않고요.

(C) 전달동사의 태와는 상관 없이, 전달동사가 과거라면 that절의 동사는 과거, 과거 완료, 또는 would입니다.

Tip 전달동사의 과거 시제가 제시된 것이 결정적인 단서입니다. 그리고 동사가 제시되면 항상 수, 태, 시제를 복합적으로 차분하게 적용하면 어렵지 않게 문제를 해결할 수 있을 겁니다.

[해석] 그 법률회사의 지난 분기 수익은 경쟁 회사의 수익을 20퍼센트 가량 초과할 것으로 예측되었다.

4강 가정법

I. should가 생략되는 경우

접속사 that의 앞에 '의무, 당위성'의 의미를 갖는 표현들이 오는 경우에 that절에 있는 조동사 should가 흔히 생략됩니다. 그 어구들과 should는 '의무'라는 공통점을 갖고 있기 때문입니다. 그래서 의미가 중복되는 조동사 should가 흔히 생략되고 동사의 원형이 남아있는 구조가 됩니다.

이렇게 that절에서 should가 생략되는 경우는 모두 세 가지가 있어요. 물론 생략된다는 사실을 그저 암기하려고 하지 말고, 생략되는 이유를 이해하려고 해보세요. 이 세 가지 유형에서 that의 앞에 있는 표현들은 모두 생략된 should의 의미를 상쇄할 수 있는 '의무'라는 개념을 바탕에 두고 있다는 점을 생각하면서요!

1. '의무'의 전달동사

say 계열의 전달 동사들 중에는 '의무'의 뜻을 갖고 있는 동사들이 있어요. 흔히 '주장, 고집, 제안, 명령'이라는 복잡한 제목을 붙여가면서 힘들게 외웠던 동사들입니다. 암기하는 것에만 초점을 맞추면 몸도 힘들고 문법의 소비자에 머물지만, 원리를 이해하면 생산자의 입장에서 볼 수 있어요. "명령하다, 제안하다, 촉구하다, 권고하다"라는 행동들은 모두 "~해야 마땅하다"라는 의미를 기본 개념으로 깔고 있잖아요. 단어를 일일이 외우기 전에 이렇게 공통의 특성을 파악하고 접근하면 훨씬 더 효율적이고, 새로 등장하는 단어를 봐도 문제가 되지 않아요.

이런 동사들은 어떤 행동이 마땅히 할만하다는 의미를 내포하고 있어요. 그래서 그 내용을 말하는 that절에 should라는 조동사가 어우러지는 것이죠. '의무'라는 공약수를 갖기때문에 should를 생략하고 간결하게 쓰지만, 조동사의 의미가 사라지는 것은 아니기 때문에 동사의 원형으로 생략된 should의 흔적을 감지하는 것입니다.

그리고 이 표현은 수동태로 활용되는 경우도 많아요. 즉 수동태에서 배웠던 것처럼 가주어 it을 활용한 'it is -ed that ~'의 구조로도 쓰인다는 말입니다. 그런데 이 경우에도 that절의 동사는 원형을 써야 해요. 수동태가 된다는 것은 행위자와 대상의 관계만 달라질 뿐, that절의 내용은 영향을 받지 않으니까요. order라는 동사를 예로 들면, 'order that ~'과 'it is ordered that ~'은 명령을 하는 쪽이냐, 아니면 명령을 받는 쪽이냐는 관점의 차이만 있을 뿐, 명령의 내용이 달라지는 것은 아니잖아요!

의무의 타동사들로는 advise, agree, ask, beg, command, decree, demand, direct, insist, intend, move, order, plead, pray, prefer, propose, recommend, request, require, rule, stipulate, suggest, urge 등이 있어요.

He *insisted* that I **conduct** a survey on consumer satisfaction as soon as possible.
그는 내가 가능한 빨리 소비자 만족에 대한 조사를 해야 한다고 주장했다.

I *was advised* that I **take** the online classes about the history of Wall Street provided by the institute.
나는 그 연구소에서 제공하는 월스트리트의 역사에 대한 온라인 강의를 들어보라는 충고를 들었다.

2. '의무'의 형용사

두 번째 유형은 that의 앞에 형용사가 오는 경우인데요. that절에 있는 should가 생략된다고 하면, 이 형용사의 어떤 속성이 should와 통하는 점이 있다는 말이 아닐까요? 바로 advisable, essential, imperative, important, natural, necessary, obligatory, recommended, urgent과 같은 형용사들이 뒤에 있는 that절에서 should가 생략되도록 유도하는 단어들입니다.

이 형용사들이 갖고 있는 공통점이 바로 '의무, 당위성'입니다. 어떤 단어의 품사가 바뀐다고 해서 기본 의미 자체가 달라지는 것은 아니거든요. 그래서 동사일 때와 마찬가지로, '의무'의 상황을 전달하는 것은 다를 바 없어요. 이 표현도 역시 가주어를 활용한 'it is necessary that ~'이라는 구조로 활용합니다.

It is very *important* that the toner cartridge **be** shaken well before use.
사용하시기 전에 토너 카트리지를 잘 흔들어주는 것이 매우 중요합니다.

It is *imperative* that all the salespeople **attend** the meeting every Monday morning.
모든 판매직원들은 매주 월요일 오전 회의에 반드시 참석해야 합니다.

3. '의무'의 명사

품사가 달라져도 단어의 기본 개념은 변화가 없다는 점을 감안하면 쉽게 이해할 수 있을 겁니다. order, pressure, suggestion처럼 '의무'의 뜻을 담고 있는 명사의 다음에 that절이 연결되는 경우에도 흔히 should가 생략됩니다. 이 that절은 그 명사의 내용을 설명하는 동격입니다.

According to the today's paper, the governor assented to the *suggestion* that the relief **be** sent to the victims of the disaster immediately.
오늘 신문에 의하면 재난 피해자들에게 즉시 구호물자를 보내야 한다는 제안에 주지사가 동의했다고 한다.

4. 생략된 should를 왜 알아야 할까요?

그런데 한 가지 의문점이 있어요. 어차피 앞에 있는 단어와 that절의 should가 의미가 중복되기 때문에 생략된다면, 정보의 가치가 낮은 것이거든요. 즉 should가 생략됐다는 사실을 모른다고 하더라도 의미를 이해하는 데는 아무런 지장이 없다는 것이죠. 근데 왜 굳이 이런 경우를 공부해야 하는 것일까요? 궁금해 본 적이 있나요? 아니면 정답을 찾을 수 있는 능력에 만족했나요?

생략되고 없는 should의 추억을 떠올려야 하는 이유는 이런 것입니다. 자, 'he be'라는 표현은 옳은 것일까요? 뭔가 이상하죠? 그럼 'he know'라고 하면요? 역시 이상하죠? 그럼 'he not know'라고 하면 어떨까요? 더 이상은 참고 있을 수가 없죠?

이런 표현들은 분명 잘못된 것들입니다. 그런데 이 표현들이 should가 생략된 것이라면 어떨까요? 그렇다면 'he should be' 'he should know' 그리고 'he should not know'가 원래 표현이겠죠? 이런 표현은 납득할 수 있을 거예요!

그래서 should가 생략되는 이런 경우를 문법 문제를 통해 공부하는 이유는 이와 같은 표현들이 가능할 수 있다는 것을 이해시키기 위한 것입니다. 이런 표현들이 이상하다고 생각한다면, 직접 활용할 가능성은 아예 없지 않을까요?

확인합시다

1. We request that the goggle you received ---------- returned with a copy of the invoice.
   (A) be   (B) is   (C) will be   (D) has

2. It has been suggested that every employee of the Personnel Department ---------- overtime until the yearly review is finished.
   (A) worked   (B) work   (C) works   (D) will work

3. It is highly essential that any opinion about a new project ---------- without prejudice.
   (A) accepts   (B) be accepted   (C) accept   (D) is accepted

<정답> 1.(A) 2.(B) 3.(B)

II. 조동사의 과거형 – 과거가 아닙니다!

will, can, may, shall의 과거형인 would, could, might, should가 현대 영어에서는 과거라는 시점의 의미가 거의 사라졌어요. 물론 조동사마다 정도의 차이가 있지만요. 실제로 should를 "~해야 한다"라는 의무의 뜻으로 이해하는데, 이 의미에는 '과거'의 어감은 전혀 없잖아요? 그래서 would, could, might, should의 형태만 보고 과거라고 성급하게 판단하지 말아야 해요.

1. would + 동사 원형

그래서 'would [could, might, should] + 동사의 원형'은 과거가 아니라, 현재의 상황을 나타내는 것입니다. 과거 조동사는 그야말로 의미만 나타낼 뿐, 시점을 결정하는 요소가 아니거든요. 과거라는 의미가 탈색됐다고 생각하면 되겠죠.

2. would + have -ed

그럼 '과거 사실'을 나타내려면 어떻게 해야 할까요? 그럴 때는 'would [could, might, should] have -ed'로 표현하면 됩니다. 시제에서 공부했던 완료형이 두 시점을 연결하는 의미인데 비해, 이 완료형은 시점의 차이를 나타내는 용법으로 조금 달리 이해해야 합니다.

As there **were** ambulances and tow trucks on the road, I thought there **must have been** a traffic accident.
도로에 구급차와 견인차가 있는 것으로 보아, 교통사고가 난 게 분명하다고 생각했다.

Some employees **could have known** that our office **would relocate** to San Jose.
우리 사무실이 San Jose로 이전할 것이라는 사실을 몇몇 직원은 알고 있었을 수도 있다.

그런데 would, should, could, might는 과거형인데 왜 과거의 의미가 없는 것일까요? 바로 현대 영어에서는 가정법을 표시하는 용도로 주로 쓰이고 있어서 그렇습니다. 가정법의 주절에서 전달하는 '의도, 가능성, 유감' 등 여러 감정을 바로 조동사에 담아서 표현하거든요. 그래서 가정법의 주절에 조동사의 과거형이 쓰이는 겁니다

III. if가 있는 가정법

1. 가정법의 핵심

가정법에는 두 가지 핵심이 있어요. 첫째는 의미상 핵심인데요. 가정법은 실제 사실을 반대로 진술하는 표현이라는 점입니다. 즉, 긍정의 상황은 부정으로, 부정의 상황은 긍정으로 서술하는 겁니다. 실제와 반대의 상황을 조건으로 해서, 그에 연결되는 추측이나 감정을 전달하는 것이 가정법의 의도거든요.

그리고 '형태상 핵심'이란 바로 이렇게 실제 사실과 다르게 말하고 있다는 점을 상대가 오해하지 않도록 하는 안전 장치를 말하는 겁니다. 상대방에게 잘못된 정보를 주면 안되잖아요. 가장 기본적인 방법이 바로 시제를 다르게 활용하는 겁니다.

2. 가정법 과거

If 주어 + 과거~, 주어 +
would [could, might, should] +
동사원형 [be -ed] ~

가정법의 시제에 대한 명칭은 if절의 동사를 기준으로 붙인 겁니다. 그러니까 '가정법 과거'라면, if절의 동사는 과거 시제라는 말이겠지요. 그리고 가정법 과거에서 전달하는 내용은 과거가 아니라, 현재 사실입니다.

이상하다고 생각하지 말고, 왜 그렇게 의도적으로 다른 시제를 사용하는 지 생각해보세요. 바로 현재의 사실을 반대로 전달하고 있다는 것을 알려주는, 일종의 배려인 것이죠. 이때 다른 부사절과 마찬가지로, if절이 주절의 뒤에 오는 경우도 있어요.

그리고 주절의 내용을 전달할 때는 방금 배운 조동사의 과거형을 사용합니다. 현재의 사실을 나타내니까, 동사의 형태는 'would + 동사 원형'이 되겠죠.

If we **were** a little more cooperative, we **would solve** most of our difficult problems.

We **would solve** most of our difficult problems **if** we **were** a little more cooperative.

만일 우리가 조금만 더 힘을 합친다면, 어려운 문제들을 대부분 해결할 것이다.

3. 가정법 과거 완료

If 주어 + had -ed ~, 주어 +
would [could, might, should] +
have -ed [have been -ed] ~

그렇다면 '가정법 과거 완료'는 그 이름만으로도 용법과 구조를 이미 짐작할 수 있지 않을까요? 일단 '가정법'이라고 했으니까 과거의 사실을 반대로 표현한 것이겠네요. 그럼 주절의 형태는 'would have -ed'가 되지 않을까요? 그리고 '과거 완료'라고 했으니까, if절의 동사는 당연히 'had -ed'가 되겠고요! 이런 사실들을 조합하면 이런 구조가 되지 않을까요? 암기하려고 하지 말고, 직접 표현하는 입장으로 만들어 보세요.

If Mr. Hendrix *had asked* me, I *would have told* him the answer.
I *would have told* him the answer *if* Mr. Hendrix *had asked* me.
Hendrix씨가 나에게 물어봤다면 내가 대답을 했을 것이다.

4. 나! 가정법이야!!!

① was가 아니라, were!

시제를 다르게 표현하는 것 외에도 감출 수 없는 가정법만의 특징이 있어요. 가장 대표적인 것이 바로 주어가 단수인데, was가 아니라 were를 쓴다는 겁니다. 구어체에서는 were를 쓰기도하지만, 시험에서는 객관적인 표현을 써야 합니다.

If **anyone** *were* asked who the busiest person in the office is, he or she might name Ms. Tyler.
사무실에서 가장 바쁜 사람이 누구냐고 질문을 받는다면, 누구나 Tyler씨의 이름을 댈 것이다.

② if가 없어요!

물음표도 없으니까 의문문도 아닌데 주어와 동사가 도치되고 if가 생략되는 경우가 있어요. 물론 일반적인 문장에서는 절대로 있을 수 없는 일이죠! 하지만 가정법이니까요. 단 도치될 수 있는 동사는 오직 were, should, had뿐입니다.
if절이 주절의 뒤에 오는 경우에도 도치될 수 있어요. 이 유형은 주절의 뒤에 있는데다, 접속사 if가 생략되기 때문에 구조를 쉽게 파악하기 어려울 수 있어요.

Had I *been* in his shoes, I *would have taken* the offer without giving it a second thought.
I *would have taken* the offer without giving it a second thought *had* I *been* in his shoes.
내가 만일 그의 입장이라면, 두 번 생각하지 않고 그 제안을 받아들였을 것이다.

확인합시다

1. ---------- the engine give any signs that it is running hot, it would be better to contact our technical support team as soon as possible.
   (A) If   (B) Will   (C) Should   (D) Had

2. If Ms. Lee ---------- the enough money on hand, she would have bought the digital camera that was on discount sale.
   (A) had   (B) had had   (C) have had   (D) should have had

3. Had she followed the after-surgery directions carefully, she would ---------- back in good shape much quicker.
   (A) have had   (B) have been   (C) have   (D) be

<정답> 1.(C) 2.(B) 3.(B)

IV. 이런 가정법도...

1. 가정법 혼합 시제가 뭔가요?

가정법 혼합 시제란 가정법 과거와 가정법 과거완료의 형태가 함께 등장하는 경우를 말해요. 말 그대로 if절과 주절의 시점이 서로 다르다는 말이거든요. 주로 if절은 과거의 사실, 즉 had -ed로 나타나고, 주절은 'would + 동사 원형'으로 현재의 사실을 나타내는 표현입니다.

이렇게 두 동사의 시점이 다르기 때문에 if절에 과거, 주절에 현재를 나타내는 명확한 시간 어구가 제시되지 않으면 객관적으로 구별하기 힘들어요. 이렇게 제약이 있다 보니 실제로 출제되는 빈도는 극히 낮아요.

If I **had taken** the lectures *last year*, I **would be** much better at the program *now*.
내가 작년에 그 강연을 들었다면, 지금은 그 프로그램을 훨씬 더 능숙하게 다룰텐데.

2. if가 없어요!

때로는 without이 if절을 대신하는 경우가 있어요. without 자체는 "~이 없이"라는 뜻일 뿐 항상 가정법을 나타내는 것은 아닙니다. 다만 실제 상황과 다른 맥락에서 표현하는 가정법의 용도로 활용되는 경우라면, 조동사의 과거형이 주절에 등장하겠죠. without 이외에도 유사한 의미로 but for 또는 except for라는 전치사를 사용하기도 합니다.

그리고 전치사의 뒤에는 동사가 아니라, 명사가 연결되는데, 명사에는 시제가 표현되지 않아요. 그래서 이런 전치사가 제시된 경우에는 주절의 동사 형태를 통해 시점을 이해해야만 합니다.

Without the Internet, the benefits of distant e-learning **would be** impossible.
인터넷이 없다면, 원거리 온라인 학습의 혜택은 불가능할 것이다.

Without your help, I **could not have finished** the report on time.
너의 도움이 없었다면 나는 보고서를 제 시간에 완성하지 못했을 것이다.

3. it is time that ~

'it is time that ~'은 "~어떤 행동을 해야 할 때다"라는 뜻인데요. 가정법 과거에 해당하는 관용적 표현입니다. 이 말의 의미는 어떤 행동을 하는 것이 마땅한 시점이라는 것이지, 그 행동이 실제로 발생했다고 말하는 것은 아니거든요. 그런 점에서 가정법의 의미를 담고 있다는 겁니다.

그래서 that절의 동사는 'should + 동사의 원형'을 써요. 바로 가정법 과거의 주절에서 보던 형태죠. 근데 if절의 형태를 가져와서, that절에 과거 동사를 활용하기도 해요. 이 두 가지 표현은 의미상 차이가 없으니까, 함께 기억해둬야 해요. 그리고 조금 더 구어적으로는 time에 high나 about을 붙여 사용하기도 합니다.

I think that **it is time that** we ***should take*** a decisive step to the problem.
I think that **it is time that** we ***took*** a decisive step to the problem.
이제는 우리가 그 문제에 대해 단호한 조치를 취할 때라고 생각한다.

4. wish that ~

wish의 다음에 that절이 목적어로 연결되면, '실현 가능성이 희박한 소망'이라는 의미로 쓰여요. 즉 미래의 시점에서 실행되지 않을 상황이라는 점에서 가정법의 상황을 담고 있어요. 이때 that절의 동사는 과거 또는 과거 완료를 활용해요. 과거 동사가 오면 wish의 시점과 동일하다는 의미이고, 과거 완료를 쓰면 wish의 시점보다 앞선 상황을 의미해요. 물론 이 경우에도 was 대신 were를 씁니다! 가정법이니까요!

I **wish** that I ***were*** skilled at the program.
내가 그 프로그램에 능숙하면 좋겠다.

I **wish** that I ***had signed*** up for the power yoga class yesterday.
어제 파워 요가 강습을 등록했으면 좋았을걸.

Practice Test

1. ------------ you have any problem with our products, please be free to contact our customer service center.
   (A) Were
   (B) Should
   (C) Can
   (D) Had

2. If Mr. Clapton had sent the survey results earlier, I ------------ a more reliable presentation report by now.
   (A) would have had
   (B) have
   (C) would have
   (D) have had

3. The customer requested that the computer he ordered last week ------------ delivered to his new address in Manchester.
   (A) were
   (B) have
   (C) be
   (D) was

4. We wouldn't ------------ this caterer the wedding banquet had we known that it was notorious for substandard services.
   (A) give
   (B) have given
   (C) be given
   (D) have been given

5. It is important that the survey assigned to our team ------------ completed by the end of the month, as we must begin a new project next month.
   (A) has been
   (B) was
   (C) be
   (D) have

6. The feasibility study on the project of building a new plant in Bogota should ------------ last week.
   (A) finish
   (B) have finished
   (C) be finished
   (D) have been finished

7. ------------ he had been fluent in Japanese, Mr. Choe might have understood the sales report from the Osaka office.
   (A) Unless
   (B) While
   (C) As
   (D) If

8. It is recommended that rates of commission ------------ at the time of renewal of our lease.
   (A) are reconsidered
   (B) be reconsidering
   (C) reconsider
   (D) be reconsidered

9. ------------ we found the defect earlier, the recall of the product could have been made immediately.
   (A) Should
   (B) If
   (C) Were
   (D) Had

10. If Mr. Moralrez were to be promoted to the marketing director, we ------------ the initiative in South America market.
    (A) would had
    (B) would have had
    (C) would have
    (D) had had

11. The Chairman of the Board of Directors made it clear at the news conference that he would not give in the pressure that he ------------ down from his position.
    (A) step
    (B) steps
    (C) would step
    (D) stepped

12. Spokesperson for the company claimed that if they had known the products contained a hazardous substance, they would ------------ immediately.
    (A) have eliminated
    (B) be eliminated
    (C) eliminate
    (D) have been eliminated

13. ------------ the emergence of a major competitor, the investment in Research and Development would not have been so important.
    (A) In
    (B) For
    (C) Without
    (D) Because of

14. If it ------------ possible to find a suitable replacement for Ms. Fernandez, we would be less inconvenienced by her retirement.
    (A) was
    (B) were
    (C) has been
    (D) had

15. It is extremely necessary that every employees ------------ that recess is not only a physical process.
    (A) is recognized
    (B) will recognize
    (C) recognize
    (D) be recognized

16. ------------ the full scholarship, I could not have graduated from the business school.
    (A) But if
    (B) Thanks to
    (C) Otherwise
    (D) But for

17. According to the yesterday's article in Economy Today, it is time that IT companies ------------ their business-to-business model to an online-to-offline one.
    (A) switched
    (B) were switched
    (C) should be switched
    (D) switch

18. Due to the recent increase in the cost of electricity the management requests that all employees ------------ sure to turn off lights when they are not in use.
    (A) are
    (B) be
    (C) have
    (D) were

19. If the intern ------------ the rules which were stated in the manual, he would not have been in such a predicament.
    (A) followed
    (B) had followed
    (C) had been followed
    (D) follow

20. Had the management noticed any sign of the seriousness of the situation, perhaps some measures ------------.
    (A) might have been taken
    (B) was taken
    (C) might take
    (D) might have taken

<정답> 1.(B) 2.(C) 3.(C) 4.(B) 5.(C) 6.(D) 7.(D) 8.(D) 9.(D) 10.(C) 11.(A) 12.(D) 13.(C) 14.(B) 15.(C) 16.(D) 17.(A) 18.(B) 19.(B) 20.(A)

정답 너는 누구냐?

18. Due to the recent increase in the cost of electricity the management ***requests*** that all employees ----------- sure to turn off lights when they are not in use.

(A) are
(B) be
(C) have
(D) were

(A) 주어가 employees라는 복수 명사기 때문에 마음이 끌릴 수 있어요. 사실 request를 보고, should가 생략된 경우라는 것을 떠올리기만 하면 그리 까다롭지 않아요.
(C) have는 조동사로 과거 분사와 어울리거나, 타동사로 목적어가 있어야 해요. sure는 형용사니까 어느 경우와도 어울리지 않아요.
(D) should가 생략되었다는 것을 어떻게 알 수 있겠어요? 조동사의 뒤에 남은 동사의 원형이 바로 그 화석과도 같은 존재랍니다.

[해석] 최근에 전기요금이 인상됐기 때문에, 경영진에서는 사용하지 않을 때는 전등을 꼭 꺼줄 것을 요청하고 있다.

(B) 난데 없이 be라는 동사의 원형을 고른다는 것이 그리 쉬운 일은 아녜요. 상당히 어색하거든요. 그런데 왜 그런 이상한 보기를 제시했는지도 한번쯤 역으로 생각해보세요.

Tip that절에서 should가 생략되는 유형을 묻는 문제입니다. 이 문법은 that절의 내용과는 아무런 관련이 없거든요. 그러니까 해석하려고 하지 말고, should가 생략되는 이유를 이해하는 것이 우선입니다. should가 생략되는 문제의 유형은 that의 앞에 동사가 있는 경우, 그 동사가 수동인 경우, 그리고 that의 앞에 형용사나 명사가 오는 경우 모두 네 가지 뿐이니까, 확실하게 기억해두세요.

---

3. The customer ***requested*** that **the computer** he ordered last week ----------- delivered to his new address in Manchester.

(A) were
(B) have
(C) be
(D) was

(A) 모든 것을 떠나서, 일단 주어가 the computer인데 are를 쓰는 것은 수의 일치가 아니잖아요!
(B) 이 짧은 보기에 이렇게 여러 가지로 틀릴 수 있는 것도 대단한 일이긴 해요. 우선 delivered의 뒤에 명사가 없으니까 have -ed라는 수동태가 될 수도 없고요. 그리고 requested라는 과거 동사와 현재 시제도 서로 어울리지 않아요.
(D) 상당히 조심해야 하는 보기입니다. 일단 (A)의 were가 틀렸다는 것을 쉽게 파악했다면 was라는 단수형이 굉장히 크게 다가올 수 있거든요. 게다가 과거 시제라는 점에서 requested와도 어울린다는 생각도 들고요.
(C) request라는 '의무'를 나타내는 동사의 목적어로 오는 that절에서는 조동사 should가 생략된 구조이기 때문에 동사의 원형을 써야 한다는 점을 잘 기억하세요. 몰라서가 아니라, 생각나지 않아서 틀리는 유형이거든요!

Tip that의 앞에 있는 동사가 과거 시제인 경우입니다. 원칙적으로 전달동사의 시제가 이렇게 과거인 경우에 that절의 동사도 역시 과거가 되는 것이 논리적입니다. 그래서 '의무'라는 속성을 고려하지 않으면 일단 과거 동사부터 눈에 들어오기 쉽다는 점에서 조심해야 하는 유형입니다.

[해석] 그 고객은 지난 주에 주문한 컴퓨터를 맨체스터의 새 주소로 배송해야 한다고 요청했다.

8. It is **recommended** that rates of commission ------------ **at the time** of renewal of our lease.

   (A) are reconsidered
   (B) be reconsidering
   (C) reconsider
   (D) be reconsidered

(A) is recommended라는 수동형이라고 해서 '의무'의 색채가 흐려지는 것은 아니잖아요!
(B) 원형을 쓴 것까지는 잘 했어요. 하지만 능동과 수동이라는 관점은 모든 동사에 예외 없이 적용되는 관점이니까 항상 주목하고 있어야 해요. 'be -ing'는 수동이 아니잖아요!
(C) 'be -ed'라는 형태가 아닌 동사는 모두 능동이라는 점을 잊지 마세요! 익숙해질 때까지는 적극적으로 생각해야 합니다!

(D) recommend라는 의무의 동사와 at the time이라는 명사가 아닌 어구에 대한 이해를 통해 동사의 올바른 형태를 찾으세요. 해석을 시도하면 오류가 발생할 가능성이 높아져요.

Tip that의 앞에 있는 '의무'의 동사가 수동태인 유형입니다. 권고를 하는 쪽이냐, 아니면 받는 쪽이냐는 입장의 차이만 있을 뿐, 권고의 내용은 차이가 없어요. 따라서 that절에서 should가 생략되는 현상도 달라지지 않아요.

[해석] 우리는 임대 계약을 갱신할 때 수수료의 비율을 재고해야 한다는 권고를 받고 있다.

---

5. It is **important** that the survey assigned to our team ------------ completed **by the end** of the month, as we must begin a new project next month.

   (A) has been
   (B) was
   (C) be
   (D) have

(A) 주어가 단수인 survey라는 점에서 유혹을 받을 수도 있지만, should가 생략된 흔적을 남겨야 한다는 점을 명심하세요.
(B) 역시 단수형이라는 점에 현혹되지 마세요. 생략된 should를 느끼지 못하면 자칫 (A)의 보기와 함께 시제라는 관점으로 접근할 수 있는 위험한 보기입니다.
(D) have를 복수형으로 보면 주어와 수가 일치하지 않아서 틀렸다고 생각할 수 있어요. 하지만 원형을 써야 한다는 점을 감안하면 굉장히 위험한 판단이거든요. 그러나 'have -ed'라는 이 보기만 능동이고, 나머지는 모두 수동태라는 차이가 있다는 점을 포착했다면 속지 않았을 거예요. 그래서 항상 수동이라는 점을 보기의 차이를 통해 떠올리는 것이 중요한 겁니다.

(C) "어떤 행동을 하는 것이 중요하다"라는 말은 실제로 그 행위를 했다는 것이 아니라, 그렇게 해야 한다는 의미라는 점에서 important라는 형용사도 역시 '의무'의 개념으로 분류됩니다.

Tip that절에서 should가 생략되는 유형에서는 현실적으로 보기에 제시되는 동사의 형태가 다양할 수 없어요. 일단 동사의 원형이 돼야 하기 때문이죠. 결국 일단 원형으로 제시된 보기가 두 개 이상이라면 능동과 수동의 관점 외에는 질문할 방법이 없다는 점을 적극적으로 활용하세요.

[해석] 다음달에는 새로운 프로젝트를 시작해야 하기 때문에 우리 팀에 배정된 조사를 이번 달 말까지 완료하는 것이 중요하다.

15. It is extremely ***necessary*** that **every employee** ------------ that recess is not only a physical process.

(A) is recognized
(B) will recognize
(C) recognize
(D) be recognized

(A) 생략된 조동사 should를 생각하면 원형이 아닌 are는 배신입니다!
(B) '의무'의 형용사 necessary와 will은 서로 어울리지 않아요.
(D) be라는 원형이 있다는 점은 맞아요. should의 추억을 제대로 느낀 것이죠. 그런데 recognize는 전달동사거든요. 하지만 주어가 가주어 it이 아니기 때문에 수동이 될 수는 없어요.

[해석] 모든 직원이 휴식은 단지 신체적인 과정만이 아니라는 것을 인식하는 것이 매우 중요하다.

(C) 항상 보기의 차이를 주목하세요. (A), (C)는 수동이지만, be -ed가 아닌 나머지 두 개는 능동이거든요. 그리고 빈 칸의 다음에 that이 있다는 점에서 recognize가 전달 동사라는 것을 파악하는 겁니다. 그리고 전달 동사의 태는 주어가 가주어인 it이냐, 아니냐라는 것이 기준이라는 점을 적용하세요. 혹시라도 기억이 잘 나지 않는다면 어떻게 해야 하는 지 알죠? 수동태를 다시 복습하면 돼요! 그렇게 기억해서 다음에 틀리지 않으면 되잖아요!

Tip 일단 that의 앞에 있는 necessary 역시 '의무'의 형용사라는 점을 생각하세요. 그래서 원형을 찾은 다음에는 능동과 수동의 기준을 적용하면 쉽게 해결할 수 있을 거예요. 그 단계를 차분하게 하나씩 적용하면, 그 과정에서 생각도 정리되고, 자신감도 찾을 수 있을 거예요.

11. The Chairman of the Board of Directors made it clear at the news conference that he would not give in the ***pressure*** that he ------------ down from his position.

(A) step
(B) steps
(C) would step
(D) stepped

(B) 비록 정답은 아니지만, 이 보기를 고른 분은 칭찬하고 싶어요. 주어가 단수라는 점을, 우리말로 해석해서는 도저히 찾을 수 없는 영어의 관점을 알고 있다는 뜻이거든요. 이 문제를 틀렸다는 사실보다는 자기가 알고 있는 것에 가치를 두세요!
(C) pressure의 뒤에 있는 that절은 "압력"의 내용을 설명하는 동격이거든요. "압력"이란 어떤 행동에 대한 강제적인 의미이기 때문에 would가 아니라, should와 어울리는 것이죠.
(D) 음... 원형이 아니라는 말만 해도 해설로 충분하지 않을까요?

(A) pressure라는 명사도 '당위성'을 나타냅니다. "(어떤 행동을 해야 한다) 압박, 압력" 이라는 뜻이거든요. 따라서 that절에서는 should가 생략되었다는 증거를 찾아야 합니다. 주어인 he라는 단수와도, made와 would가 보여주는 과거 시점과도 어색해 보이지만 should의 느낌을 통해서요!

Tip that절에서 should가 생략되는 마지막 유형이 바로 '의무'의 명사가 오는 경우입니다. 자주 등장하지 않기 때문에 익숙하지 않을 수 있어요. 하지만 앞에서 본 유형들과 같은 맥락에서 정리하면 훨씬 더 경제적입니다.

[해석] 기자회견에서 이사회의 의장은 사임하라는 압력에 굴복하지 않을 것이라는 점을 분명하게 밝혔다.

6. The feasibility study on the project of building a new plant in Bogota **should** ----------- *last week.*

(A) finish
(B) have finished
(C) be finished
(D) have been finished

(A) last week은 명사가 아니라, 부사라는 점을 놓치지 마세요. 뒤에 명사가 없으니 수동형은 적절하지 않죠. 그리고 last week, next month, this year 처럼 last, next, this가 시간 어구와 함께 쓰일 때는 부사로 활용된다는 점도 참고하세요.

(B) 뒤에 목적어가 있다는 표시인 have -ed와 last week이라는 부사는 어울리지 않아요.

(C) 조동사의 과거형은 과거라는 시점의 의미가 약해졌어요. 그래서 should의 뒤에 동사의 원형이 오는 경우는 현재의 사실을 나타냅니다.

(D) should의 뒤에 have -ed라는 완료형이 오면 과거의 사실을 나타낸다는 점에서 last week라는 과거 시점과 어울려요.

Tip 조동사의 과거형의 시점을 파악하는 문제입니다. 그런데 이 구체적인 문법 사항보다 일반적인 기준을 먼저 적용하는 것이 좋아요. 그래서 보기를 하나씩 접근하지 말고, 공통점과 차이점을 빨리 포착해서 묶어서 접근하는 것이 효율적입니다. 즉 (A), (B)는 'be -ed'가 아니고, (C)와 (D)는 'be -ed'라는 점을 고려하라는 말입니다.

[해석] 보고타에 새 공장을 건설하는 프로젝트에 대한 타당성 조사는 지난 주에 완료했어야만 했다.

---

14. *If it* ----------- **possible** to find a suitable replacement for Ms. Fernandez, we **would be** less inconvenienced by her retirement.

(A) was
(B) were
(C) has been
(D) had

(A) 주어가 단수라는 점에서 was가 당연하다고 생각할 수 있어요. 하지만 if와 would라는 형태를 통해 가정법이라는 것을 끌어내야 합니다.

(C) if라는 부사절에 있는 현재 완료는 미래 완료 대신 쓰인 것인데, 그러면 주절에 있는 would와 어울리지 않아요.

(D) had의 뒤에는 과거 분사도, 명사도 아닌, 형용사 possible입니다. 이 난감함을 뭐라고 해야 할지...

[해석] 대신하기에 적합한 사람을 찾는 것이 가능하다면, Fernandez씨가 퇴직해도 덜 불편할 것이다.

(B) 가정법에서는 was 대신 were를 쓴다는 점을 꼭 기억해야 합니다. 물론 특이한 용법이라고 생각할 수도 있지만, 이런 문제를 통해 그런 표현을 익혀두라는 것이 출제자의 의도라고 생각하세요. 함정이라고 받아들이지 말고요.

Tip 가정법은 기본적으로 동사의 시제를 통해 표현합니다. 그런데 가정법 문장에는 시간어구가 등장하지 않는 경우가 많아요. 따라서 if절이 있는 구조로 출제될 수 밖에 없어요. if절이 없으면, 주절만으로 가정법을 판단하기 쉽지 않거든요.
따라서 가정법 문제에서 빈 칸이 제시될 수 있는 부분은 if, if절의 동사, 주절의 동사, 이 세 부분 밖에 없어요. 가정법의 관점은 내용에 대한 것이 아니라, 동사의 형태에 대한 것이기 때문이죠. 결국 이 세 부분의 형태에 주목해서 가정법의 흐름을 찾아보세요. 이제부터 보여드리는 문제들은 바로 그 빈 칸의 위치를 어떻게 이동시키는가를 확인하면서 보세요. 물론 빈 칸이 없는 나머지 두 부분이 가정법의 형태를 판단할 수 있는 단서가 되겠죠!

10. *If Mr. Moralrez were* to be promoted to the marketing director, we ------------ the initiative in South America market.

(A) would had
(B) would have had
(C) would have
(D) had had

(A) 휴... would라는 조동사의 뒤에 had라는 이 보기는 정말... 아무리 오답이어도 최소한의 도리는 지켜줬으면...
(B) 이 보기는 가정법 과거완료의 주절에서 활용되는 형태로, 과거 사실을 나타냅니다. if절의 가정법 과거와는 시점이 동일하지 않아요.
그럼 가정법 혼합시제가 아니냐고 생각할지 모르겠네요. 하지만 그런 표현이 객관적으로 성립되기 위해서는, 내용의 논리성도 중요하지만 주절의 내용이 과거 사실이라는 것을 입증할 수 있는 과거 시점이 제시되어야 합니다.
(D) 주어가 단수인데 동사가 was가 아닌 were라는 점에서 가정법임을 알 수 있죠? 그렇다면 가정법의 주절에는 조동사의 과거형이 있어야 한다는 점에서, 어울리지 않네요.

(C) 빈 칸이 없는 쪽에 있는 if라는 접속사와 were라는 동사를 통해 가정법 과거 문장이라는 것을 알 수 있어요. 그리고 가정법 과거는 현재 사실을 반대로 표현하거든요. 'would + 동사 원형'은 현재 사실을 나타내는 구조라는 점을 확인하세요.

Tip 앞의 14번이 if절에 빈 칸이 있는 유형이었어요. 이번에는 주절에 빈 칸이 있는 유형입니다. 빈 칸의 위치가 달라졌죠? 문법이란 두 개 이상의 어구들이 서로 어울리는 관계거든요. 그렇다면 빈 칸에 들어갈 적절한 표현은 빈 칸이 아닌 곳에 있는 단서를 근거로 판단하면 되지 않을까요? 아까 문제에서는 주절의 동사를 단서로 if절의 동사를 찾았어요. 그럼 이번에는 if절의 동사를 기준으로 주절의 동사를 찾으면 되지 않을까요?

[해석] 만일 Moralrez씨가 판매 담당 이사로 승진한다면. 우리는 남미 시장에서 주도권을 잡을 것이다.

---

7. ------------ he *had been* fluent in Japanese, Mr. Choe *might have understood* the sales report from the Osaka office.

(A) Unless
(B) While
(C) As
(D) If

(A) unless는 "만일 ~하지 않으면"이라는 의미로 부정의 의미를 담고 있는 조건의 접속사입니다. 하지만 가정법에 활용하지는 않아요. "~이 아니라면"이라는 해석만으로는 '부정의 조건'도 역시 '조건'이라는 맥락이기 때문에 '가능하지 않을까'라는 미련을 갖게 되니까 조심하세요. 한국어가 아니라, 영어의 규칙을 생각해야 하거든요.
(B) while은 조건을 나타내는 접속사가 아닙니다. 가정법에 활용하지 않아요.
(C) as는 '이유, 시간, 양태' 등을 의미하는 접속사거든요. 그래서 '가상의 조건'을 전제로 서술하는 가정법에는 어울리지 않아요.

(D) 가정법에서 주어의 앞에 올 수 있는 어구는 if이거나 도치된 보조 동사입니다. 그런데 주어의 뒤에 had been이 있으니까 접속사를 찾아야 하는 것이죠.

Tip 역시 빈 칸이 아닌 곳에서 단서를 찾아야 해요. 'might have understood'를 통해 가정법 과거 완료 문장이라는 것을 알 수 있어요. 그 다음에는 빈 칸이 어디 있는지 잘 보세요. 문장의 맨 앞에 있거든요. 이런 경우에는 if라는 접속사를 물어보던가, 보조 동사가 도치된 경우를 물어보던가, 둘 중 하나입니다. 보기가 모두 접속사만 제시되었기 때문에 쉽게 방향을 결정할 수 있는 유형입니다.

[해석] Choe씨가 일본어에 능통했다면. 오사카 지점에서 보내온 판매 보고서를 이해했을 것이다.

19. *If* the intern ----------- **the rules** which were stated in the manual, he ***would not have been*** in such a predicament.

(A) followed
(B) had followed
(C) had <u>been</u> followed
(D) follow

(A) if절의 동사가 과거가 되면 가정법 혼합 시제인데 실제로 활용되는 경우는 굉장히 드문 경우이고, 어떤 문법 문제에서도 다뤄지는 경우는 거의 없어요. 출제되는 빈도가 적다고 몰라도 좋다거나, 무시하라는 말은 아닙니다.
다만 일차적으로는 더 빈번하게 활용되는 기준을 적용하고, 아니면 방향을 수정하는 것이 올바른 순서가 아닐까요?

(C) if절에 과거 완료가 온 것은 맞아요. 그런데 (B)도 과거 완료인데, 어떤 점이 다른가요? 빈 칸의 뒤에 명사가 있다는 점을 감안하면, 수동태는 무리겠죠.

(D) if절의 동사가 현재 시제니까 직설법이라는 말이거든요. 그렇다면 주어가 intern이라는 단수이기 때문에 동사에는 -s가 있어야 수 일치가 가능하죠.

(B) 주절의 동사가 'would have been'인데, '조동사의 과거 + have -ed'라는 형태는 과거 사실을 나타내니까, 가정법 '과거 완료'에서 사용해요. 그러면 if절의 동사는 당연히 과거 완료가 되겠죠!

Tip 이번에도 빈 칸이 if절에 있는 유형이니까, 주절의 동사를 근거로 가정법 과거 완료를 이해하라는 것이 출제자의 주문입니다. 그렇다면 주절의 동사를 보고, 가정법의 시제를 판단하면 충분하지 않을까요? 그리고 not은 부사이기 때문에 동사의 형태에는 아무런 영향을 미치지 않아요.

[해석] 만일 그 인턴 직원이 지침서에 명시된 규칙을 따랐더라면, 그런 곤경에 빠지지는 않았을 것이다.

1. ----------- you ***have*** any problem with our products, please be free to contact our customer service center.

(A) Were
(B) Should
(C) Can
(D) Had

(A) 처음에 공부했던 도치의 규칙을 생각해보세요. 도치란 보조동사의 위치가 바뀐 것이거든요. 그렇다면 뒤에 남아있는 동사는 애초에 아무런 영향도 받지 않겠죠? 그런데 지금 뒤에 있는 동사는 have라는 원형인데요. were와 동사, 또는 동사 원형이 연결되는 방식은 영어에서는 절대 없어요!

(C) 의문문도 아닌데, 주어와 동사가 도치되는 경우라면 오직 가정법에서만 가능해요. 과거형이 아닌 can은 가정법에서 활용하지 않아요.

(D) 어찌됐던 had가 도치된 것이라면 다음에 있는 동사는 과거 분사가 되어야 하지 않을까요?

(B) 일단은 have와 be라는 두 개의 동사를 연결하는 접속사가 없으니까, 접속사를 찾는 것이 우선입니다. 그런데 보기가 모두 보조 동사거든요. 그렇다면 보조 동사가 도치됐다는 말인데, 가정법에서는 were, should, had만이 도치될 수 있어요. 그런데 뒤에 남은 동사가 have라는 원형이거든요. 그럼 동사의 원형과 함께 쓸 수 있는 보조 동사를 찾아야겠죠.

Tip 7번과 빈 칸의 위치가 같다는 점에 주목하세요. 다양해 보이는 문제들을 일정한 시각으로 읽어내는 것이 중요하거든요. 하지만 접속사만 제시됐던 7번 문제의 보기와는 달리, 이 문제의 보기는 모두 보조동사라는 점을 빨리 파악하세요.

[해석] 혹시라도 저희 제품에 문제가 있으면, 저희 고객 서비스 센터로 연락해주시기 바랍니다.

9. ----------- we *found* the defect earlier, the recall of the product *could have been made* immediately.

(A) Should
(B) If
(C) Were
(D) Had

(A) 일단 뒤에 남아있는 동사의 형태를 확인해야겠죠. 근데 found는 과거 또는 과거 분사이기 때문에 조동사 should와 어울리지 않아요. 혹시라도 found를 "설립하다"라는 의미의 타동사로 생각할 수도 있겠지만, 그러면 목적어인 the defect와 논리적인 관계가 성립하지 않죠.

(B) 이렇게 도치된 유형에서 가장 조심할 보기인데요. could have been made를 통해 가정법이라는 것을 알았을 때, 기계적으로 if를 고르기도 하거든요. 그러고는 그냥 해석으로 확인하는데, 어떻게든 의미가 통하는 방향으로 해석하도록 교육을 받았거든요. 하지만 틀린 문장은 해석이 되지 않아야 하잖아요! 그런데 if가 되면 가정법 과거 문장이 된다는 점만 고려해도 틀릴 이유가 없지 않을까요?

(C) were가 도치되면, 가정법 과거가 되고 말아요. 게다가 were는 뒤의 found와 결합해서 수동태라는 말이 되거든요. 그런데 found의 뒤에 있는 the defect라는 명사와 충돌해요.

(D) 가정법 과거 완료라는 명칭은 if절의 동사를 기준으로 한 것입니다. if의 존재보다는 과거 완료라는 부분에 더 초점을 맞추세요. 지금 문제에서는 found만 있을 뿐, 과거 완료의 요건이 충족되지 않았어요. 과거 완료는 오직 'had -ed'일 때만 적용되는 명칭입니다.

Tip 역시 앞서 본 7번, 1번과 빈 칸의 위치가 같아요. 하지만 보기에 보조동사뿐만 아니라, if도 있다는 점이 달라요. 가정법이라고 if가 자동적으로 연상되면 오히려 틀리기 쉬운 유형입니다. 가정법 과거 완료의 동사 형태를 정확하게 파악하세요.

[해석] 그 결점을 더 일찍 발견했더라면, 그 제품을 즉각 회수할 수 있었을 것이다.

---

12. Spokesperson for the company claimed that *if* they *had known* the products contained a hazardous substance, they *would* ----------- *immediately*.

(A) have eliminated
(B) be eliminated
(C) eliminate
(D) have been eliminated

(A) 앞에 가정법 과거 완료가 제시되었기 때문에, 완료형을 쓴 것까지는 맞죠. 그런데 빈 칸의 다음에는 목적어인 명사가 없으니까 'have -ed'라는 능동형으로는 그 의미를 올바르게 전달할 수 없어요.

(B) if절의 동사가 had known이라는 점에서, would의 뒤에 원형이 올 수는 없어요.

(C) 역시 would의 뒤에 원형이 연결되기 때문에, 가정법 과거의 주절 형태가 되거든요. 하지만 현재 시점을 나타내는 명확한 시간어구도 없기 때문에 가정법 혼합시제로 이해할 수도 없고요.

(D) 가정법 과거 완료의 if절이 제시된 경우에 주절은 당연히 'would have -ed'가 올바른 동사 형태입니다.

Tip 이번에는 빈 칸이 주절에 있는 경우입니다. 그렇다면 9번 문제와는 반대쪽에 있는 유형이니, 단서도 반대쪽에서 찾아야겠죠. 일단 빈 칸의 바로 앞에 would라는 조동사가 있는데 네 개의 보기가 모두 원형이 제시됐어요. 그러면 가정법의 시제와 태를 판단하는 것 외에는 물어볼 수 있는 문법적 관점이 없어요.

[해석] 그 회사의 대변인이 주장하는 바로는 그 제품이 유해한 성분을 포함하고 있다는 사실을 알았다면, 즉시 폐기했을 것이라고 한다.

20. *Had* the management *noticed* any sign of the seriousness of the situation, perhaps some measures ----------- .

(A) might have been taken
(B) was taken
(C) might take
(D) might have taken

(B) if절이 있는 가정법의 주절에는 반드시 조동사의 과거형이 있어야 해요.
(C) 과거의 사실을 나타내려면 might의 뒤에 완료형을 써야 하지 않을까요?
(D) might의 뒤에 완료형이 왔다는 점에만 초점을 맞추면 틀릴 수 밖에 없겠죠? 수동과 능동의 보기가 섞여 있는 이유가 무엇인지 생각해보세요.

(A) 가정법은 직설법보다 활용할 수 있는 동사의 형태가 더 적어요. 즉 출제자가 선택할 수 있는 동사의 문법적인 형태가 많지 않다는 말이거든요. 그래서 동사의 시점과 태라는 두 가지 요소를 반드시 염두에 두고 있어야 합니다.

Tip 영어에서 의문문도 아닌데, 문장의 처음에 had가 등장할 수 있는 경우는 오직 가정법 과거완료에서 if가 생략되고, had가 도치된 경우 밖에는 없어요. 그렇다면 주절도 역시 과거 사실을 나타내기로 약속한 동사 형태를 활용해야 합니다.

[해석] 경영진에서 그 상황이 심각하다는 어떤 징후라도 포착했었다면, 아마도 어떤 조치들이 취해졌을 것이다.

4. We *wouldn't* ----------- the **caterer** our wedding banquet *had* we *known* that it was notorious for substandard services.

(A) give
(B) have given
(C) be given
(D) have been given

(A) had known이라는 과거 완료가 제시되어 있으니까 과거를 나타내는 형태로 써야죠.
(C) be given은 수동형이지 완료형이 아닙니다. 그래서 가정법 과거의 주절 형태인걸요.
(D) 뒤에 the caterer과 banquet라는 두 개의 목적어가 제시되어 있으니까 수동으로 쓸 수는 없겠죠.

(B) 물론 이 유형에서 빈 칸이 had나 known에 제시될 수도 있어요. 하지만 문장에서 가정법의 특징이 드러나는 부분은 두 개의 동사와 접속사, 세 군데 뿐이잖아요. 그럼 이 셋 중 어느 하나에 빈 칸이 제시될 뿐이라고 생각하세요.

Tip 20번과는 달리 단서가 되는 if절이 주절의 뒤에 있어요. 이런 구조는 if절이 주절의 앞에 나올 때보다는 눈에 잘 띄지 않아요. 게다가 if가 생략되고, had가 도치된 구조이기 때문에 가정법의 여러 유형 중에서 가장 찾아내기 쉽지 않은 경우입니다. 복잡하다고 생각하지 말고, 20번으로 가서 도치된 조건절을 주절의 뒤에 옮겨 보세요. 그런 다음에 이 문제와 비교해 보면 어렵지 않게 이해할 수 있을 거예요.

[해석] 이 출장 연회업체가 기준 이하의 서비스로 악명이 높은 곳이라는 사실을 알았다면, 우리는 결혼식 피로연을 맡기지 않았을 것이다.

17. According to the yesterday's article in Economy Today, ***it is time that*** IT companies ----------- ***their*** business-to-business model to an online-to-offline one.

(A) switched
(B) w̲e̲r̲e̲ switch̲e̲d̲
(C) should b̲e̲ switch̲e̲d̲
(D) switch

(B) 과거인 것은 맞지만, 수동의 형태라는 점을 감안하세요. their와 같은 소유격의 다음에는 반드시 명사가 있거든요. 그렇게 해서 뒤에 목적어에 해당하는 명사인 model을 찾을 수 있어요.
(C) should를 활용한 것은 맞지만, 역시 수동태로는 뒤의 명사를 설명할 수 없어요. 물론 should switch였다면 맞아요. 능동과 수동은 모든 동사에게는 피할 수 없는 운명입니다!
(D) 'it is time that'이라는 표현의 의미를 생각하지 않고 우리말 뜻으로만 접근하면 선택할 수 있는 위험한 보기입니다. 게다가 복수인 것도, 능동인 것도, 현재인 것도 아무 문제가 없어 보이거든요!

(A) 이 문제에서 정답은 switched라는 과거 시제이지만, (C)의 보기도 옳은 형태로 고쳐서 익혀두세요. 다음에 이 유형의 문제를 접하면 should switch가 정답으로 제시될 수도 있으니까요.

Tip if 절이 없는 가정법의 관용 표현을 묻는 문제입니다. 'it is time that ~'의 뒤에 올 수 있는 표현은 과거 동사이거나 'should + 동사 원형'입니다. 두 표현의 의미 차이는 없기 때문에 항상 두 가지로 모두 표현할 수 있도록 익혀두어야 합니다.

[해석] Economy Today에 어제 게재된 기사에 따르면, IT 기업들이 기업 대 기업 모델에서 온라인 대 오프라인 모델로 변환해야 할 때라고 한다.

---

13. ----------- the emergence of a major competitor, the investment in Research and Development ***would not have been*** so important.

(A) In
(B) For
(C) Without
(D) Because of

(A) 전치사 in은 사실적인 표현이기 때문에 가정법에 쓰이지는 않아요.
(B) for도 가정법에서 활용하지는 않아요.
(D) because of은 '이유'를 설명하기 때문에, '조건'의 개념을 전제로 하는 가정법과는 어울리지 않아요.

(C) 사실 without이 항상 가정법과 어울리는 것은 아닙니다. 뒤에 나오는 명사의 의미에 따라 실제 사실을 나타내는 직설법이 연결될 수도 있거든요. 문장에서 마주치면 뒤에 있는 동사의 형태를 보고, 직설법인지, 가정법인지를 구별해서 해석하면 됩니다. 이 문장처럼 'would have -ed'가 제시되면 가정법의 맥락으로 이해하세요.

Tip 일단 보기에 모두 전치사가 제시됐어요. 그렇다면 전치사가 나올 자리라는 점은 분명하다는 말이거든요. 이렇게 문장의 처음에 오는 전치사를 묻는 문제의 대부분은 논리성을 따져야 하는 유형입니다. 그런데 가정법 과거 완료에서 사용하는 동사의 형태가 제시됐다는 점이 결정적인 단서입니다. 즉 if절을 대신할 수 있는 전치사를 찾으라는 문제라는 것이죠.

[해석] 주요 경쟁업체가 출현하지 않았더라면, 연구 개발에 투자하는 일이 그렇게 중요하지는 않았을 것이다.

16. ----------- the full scholarship, I *could not have graduated* from the business school.

(A) But if
(B) Thanks to
(C) Otherwise
(D) But for

(A) if는 접속사니까 다음에 동사가 있어야 해요.
(B) thanks to는 "~덕분에, ~때문에"라는 의미로 '이유'를 나타내는 전치사니까 가정법에 사용할 수 없어요.
(C) otherwise는 "그렇지 않다면"이라는 조건의 의미를 갖기 때문에 가정법과 연결되는 경우가 많아요. 하지만 부사이기 때문에 뒤에 있는 명사와 연결할 수는 없어요.

[해석] 전액 장학금이 아니었다면, 나는 경영 대학원을 졸업할 수 없었을 것이다.

(D) but for도 역시 "~이 없었다면"의 의미로 13번에서 확인한 without과 마찬가지로 가정법에서 if 대신 사용되기도 해요. 사실 if를 대신한다기 보다, 'if it had not been for ~'와 유사한 의미니까 다양한 표현으로 이해하세요. 굳이 숙어처럼 암기하려고 애쓰지는 말고요.
때로는 'if not for ~'라고 더 줄여서 표현하기도 해요. 낯설겠지만, 정보의 가치가 없는 주어 it과 동사를 생략해보면 금방 이해할 수 있을 거예요.

Tip 역시 if절을 대신해서 사용되는 전치사를 묻는 문제입니다. 하지만 보기에 접속사도 있다는 점에서 일단 제시된 동사의 개수를 파악해서, 접속사가 필요한 자리인지 먼저 확인하세요.
그리고 if가 조건절을 이끈다는 점에서 if를 'on the condition that ~'이라고 다른 식으로 표현하기도 해요. condition의 뜻이 "조건"이니까 이 표현의 의미는 "~라는 조건으로" 입니다.

2. *If* Mr. Clapton *had sent* the survey results earlier, I ----------- a more reliable presentation report *by now*.

(A) would have had
(B) have
(C) would have
(D) have had

(A) 비록 이 문제를 틀리더라도 일단은 if절의 과거 완료를 보고, 동일하게 would have -ed를 생각하는 것이 바람직해요. 활용 빈도가 훨씬 더 높으니까요!
다만 마지막에 있는 현재의 시간 어구를 통해 판단을 유연하게 조정하는 쪽으로 훈련하는 것이 생각의 흐름을 정리하는데 도움이 될 거예요.
(B) if절의 동사가 had sent라면, 가정법 과거 완료거든요. 그렇다면 주절에는 조동사의 과거형이 필요하죠!
(D) 역시 조동사의 과거형이 제시되지 않으면 직설법 문장이 되기 때문에 조건절의 내용과 연결되지 않아요.

[해석] 만일 Clapton씨가 조사 결과를 더 일찍 보내줬다면, 지금쯤은 더 신뢰할 수 있는 프레젠테이션 보고서가 될 텐데.

(C) 분명 if절의 형태는 가정법 과거 완료, 즉 과거의 사실입니다. 일반적인 가정법의 논리 전개로는 주절도 역시 그 조건에 따른 과거의 상황을 전달합니다. 그런데 지금처럼 by now라는 현재 시점을 나타내는 명백한 어구가 있다면, 서로 다른 시점의 상황을 전달하려는 의도라고 이해하세요. 바로 가정법 혼합 시제라는 경우지요

Tip 시간 어구는 문장의 맨 앞이나 마지막에 온다고 했었죠? 일반적으로 가정법 문장에서는 시간 어구가 없는 경우가 많은데, 마지막에 by now라는 어구가 있다는 것에 주목해야 해요. 바로 가정법 혼합 시제입니다. 아주 드물게 제시되기 때문에, 미리 생각하지 말고 주절이 현재 사실임을 명확하게 나타내는 시간 어구에 주목해서 확인하세요.

5강 부정사와 동명사

I. 준동사란 무엇인가요?

1. 준동사는 쉬워요!

준동사는 부정사, 동명사, 분사, 세 가지를 묶어서 부르는 말인데, 이 세 가지 요소를 관통하는 공통의 규칙을 이해한 다음에 개별적인 용법을 공부하는 것이 효과적입니다. 준동사는 모두 절을 구로 간결하게 줄이는 장치라는 공통점이 있거든요. 즉 동사로 쓸 때 지켜야 했던 보조 동사, 수, 태, 시제 등의 규칙에서 벗어날 수 있다는 점에서 훨씬 편리한 표현들입니다.

준동사는 모두 종속절이 줄어든다는 공통점이 있어요. 구체적으로는 접속사, 중복되는 주어, 보조 동사라는 요소들이 생략되고, 문장이 줄었다는 표시로 동사의 원형에 to나, -ing라는 장치를 붙여주게 됩니다. 결국 준동사는 정보의 가치가 낮은 이 세 가지 요소를 생략해서 간결하게 표현하는 것이 목적이기 때문에, 동사 뒤의 구조는 전혀 달라질 이유가 없는 것이죠! 참 편하죠!!

그럼 to나 -ing가 붙은 단어들은 더 이상 동사로 쓰이지 않는다는 말로 이해하면 되겠죠? 그래서 준동사는 문장에서 명사나 부사, 혹은 형용사라는 다른 품사로 활용되는 겁니다.

모든 동사에서 태와 시제는 반드시 구별된다고 했었죠? 그래서 준동사 세 가지 중에서 부정사와 동명사는 '시점의 구별'이라는 관점에서, 현재 분사와 과거 분사는 '태의 구별'이라는 점에서 묶어서 이해할 수 있어요. 그래서 문법 시험에서 부정사와 분사를 구별하라는 경우는 굉장히 드물어요. 문법적 공감대를 갖고 있는 부정사와 동명사를, 그리고 현재 분사와 과거 분사를 서로 구별할 줄 아느냐고 물어보는 것은 당연하지 않겠어요?

He is sure ***that he will*** **take** the initiative in the negotiation.
= He is sure of **taking** the initiative in the negotiation. (명사절이 압축된 경우)
그는 협상에서 자기가 주도권을 잡을 것으로 확신하고 있다.

Since it was **established** 17 years ago, Sanders Advertising has been a leading company in the industry.
= **Established** 17 years ago, Sanders Advertising has been a leading company in the industry. (부사절이 압축된 경우)
17년 전에 설립된 이후로, Sanders Advertising은 업계의 선도적인 기업이었습니다.

All employees **who work** at the construction site should always wear safety helmets.

= All employees **working** at the construction site should always wear safety helmets. (형용사절이 압축된 경우)

건설 현장에서 근무하는 모든 직원들은 항상 안전모를 착용해야 한다.

2. 모든 준동사는 부사로 수식해요!

준동사는 결국 동사의 원형에 to나 -ing를 결합한 형태이고, 줄임말이니까 준동사의 뒤는 동사일 때와 달라지지 않아요. 그래서 모든 준동사를 수식하는 품사는 형용사가 아니라 반드시 부사인 겁니다. 물론 그 위치는 항상 왼쪽이고요.

He is responsible for **carefully** checking the CCTV cameras on the premises.

그는 이 건물의 CCTV 카메라들을 꼼꼼하게 점검하는 일을 책임지고 있다.

I was told **not to be** late for the rehearsal.

나는 리허설에 늦지 말라는 말을 들었다.

3. 준동사의 완료형은요!

'완료'라는 용어는 'have 동사와 과거 분사가 결합한 형태'를 의미하니까, 준동사의 완료형은 'to have -ed'와 'having -ed'라는 두 가지 형태입니다.

동사의 완료 시제는 두 시점의 동작을 연결하는 것이 주된 목적입니다. 반면에 준동사는 실제 동사가 아니기 때문에 독립적으로는 시제를 표현할 수가 없어요. 그래서 완료형으로 쓴 준동사는 문장의 동사가 나타내는 시점보다 앞선 상황이라는 것을 나타내는 것이 주된 용법입니다.

부정사, 동명사, 분사 모두에 동일하게 적용되기 때문에, 개별적으로 접근할 것이 아니라, 준동사라는 큰 개념으로 묶어서 이해하는 것이 훨씬 더 효율적입니다.

Catherine **seems to have majored** in law at the college.

= It **seems** that Catherine **majored** in law at the college.

Catherine은 대학에서 법학을 전공했던 것 같다.

Having reviewed the draft report carefully, Martin **decided** it should be rewritten as there were too many errors in the statistics.

= After he **had reviewed** the draft report carefully, Martin **decided** it should be rewritten as there were too many errors in the statistics.

초안 보고서를 꼼꼼하게 검토한 뒤에, Martin은 통계수치에 오류가 너무 많아서 새로 작성해야겠다고 결심했다.

II. 사역 동사와 지각 동사

1. 목적어의 뒤에 to 없는 부정사가 사역 동사의 핵심!

have, let, make를 묶어서 '사역 동사'라고 해요. 그런데 이 용어를 너무 마음에 두지는 말고, 단순한 분류 기호 정도로만 받아들이세요. 사실 이 동사들을 모두 "시키다"라는 의미로 묶기는 힘들어요.

또 이런 '사역'의 의미를 갖는 동사들은 이 외에도 더 있기도 하고, 우리말로 옮긴 문법 용어가 오히려 혼동을 유발하는 난감한 상황이 발생하기 때문에 '사역' 이라는 말의 뜻에 비중을 두지 않는 것이 더 좋아요. 언젠가는 납득할 수 있는 이름을 붙일 날이 오겠죠!

그래서 '사역의 의미'를 갖는 동사들은 많지만, '사역 동사'라는 이름으로 분류되는 동사는 저 세 가지입니다. bid도 사역 동사에 속하기는 하지만, 자주 등장하는 단어가 아니라서 소개하지 않는 경우가 많아요.

사역 동사의 문법적 특징은 오직 하나입니다. 바로 목적어의 뒤에 동사의 원형, 즉 'to 없는 부정사'가 연결된다는 것입니다. 목적어와 to 없는 부정사가 수동의 관계라면, 원형인 be가 생략되고 과거 분사만 남는 구조가 됩니다. 물론 그 과거 분사의 뒤에는 목적어인 명사가 없겠죠!

The situations in Greece *made* the company **reconsider** its investment plans.
그리스의 상황 때문에 그 회사는 투자 계획을 재검토해야 했다.

I will never *let* this mistake **happen** again.
이런 실수를 다시는 하지 않겠다.

The department head *had* Mr. Page **finish** the report in the afternoon.
부서장이 Page에게 보고서를 오후에 완성하라고 시켰다.

2. 목적어의 뒤에 to 없는 부정사가 지각 동사의 핵심!

지각 동사란 feel, hear, listen to, notice, observe, overhear, see, smell, watch처럼 감각을 나타내는 동사들입니다. "~이 ~하는 것을 보다 [듣다, 느끼다]"라는 것이 기본 서술 방식이기 때문에 목적어의 뒤에는 목적어가 하는 행위를 나타내는 정보가 연결됩니다. 이런 서술 구조는 사역 동사와 동일해요. 그리고 그 동작을 to 없는 부정사로 표현한다는 특징도 사역 동사와 동일하고요.

이미 진행 중인 동작을 하도록 시킬 수는 없기 때문에 목적어의 뒤에 현재 분사가 올 수는 없어요. 하지만 지각 동사는 '진행 중인 행위'를 느끼고, 보거나, 들을 수 있기 때문에 현재 분사가 오는 것도 가능해요. 하지만 그 점을 객관적으로 구별하기는 쉽지 않아서, 문법 문제로 물어보는 경우는 드물어요.

I *saw* pedestrians **cross** the street at a crosswalk.

나는 보행자들이 횡단보도를 건넌 것을 봤다.

I *saw* pedestrians **crossing** the street at a crosswalk.

나는 보행자들이 횡단보도를 건너고 있는 것을 봤다.

3. 사역 동사의 수동태에서는 to 부정사!

사역 동사나 지각 동사를 수동태로 표현하면 뒤에 오던 to 없는 부정사는 to 부정사로 달라집니다. 변한다는 사실에만 초점을 맞추면 복잡하다고 생각하기 쉬워요. 하지만 원칙을 생각하세요. make라는 사역 동사가 수동태가 되면 'is made'가 되거든요. 그러면 is라는 상태의 표현이 동사가 되기 때문에 사역 동사의 규칙을 적용할 수 없거든요. 사역 동사일 때 to없는 부정사를 쓰라는 말은, 사역 동사가 아니면 to있는 부정사를 쓰라는 말이 아닐까요?

I *made* John **clean** his desk.

= John *was* made **to clean** his desk.

나는 John에게 자기 책상을 치우도록 했다.

I *heard* them **shout** something.

= They *were* heard **to shout** something.

나는 그들이 뭐라고 소리치는 것을 들었다.

확인합시다

1. It is better to have the itinerary ---------- before the business trip.
   (A) to recheck   (B) recheck   (C) rechecking   (D) rechecked

2. Ms. Morrison overheard the supervisor ---------- about the rumor on the phone.
   (A) to talk   (B) talking   (C) to have talked   (D) talked

3. Strangely enough, Mr. Timberland was not observed ---------- for the day.
   (A) leave   (B) being left   (C) having left   (D) to leave

<정답> 1.(D) 2.(B) 3.(D)

III. to 부정사 이해하기!

1. to는 '미래'입니다!

to 부정사의 to는 '결과'를 의미하는 전치사의 용법에서 유래된 것입니다. 그래서 to 부정사는 동사보다 이후의 상황을 나타내요. 이런 맥락에서 to 부정사는 기본적으로 미래 지향적인 의미를 갖는다는 점을 명확하게 인식하면 암기하려고 애쓰지 않아도 됩니다.

2. 동사 + to do

일반적으로 '희망, 결정, 노력, 목적, 시도' 등 미래의 상황을 의미하는 동사들의 다음에 to 부정사가 연결됩니다. 무작정 암기할 것이 아니라, 동작의 선후관계라는 맥락에서 접근하면 쉽게 익힐 수 있어요. 굵게 표시한 첫 단어들을 중심 개념으로 삼아서, 미래의 의미를 느껴보세요.

want, aspire, demand, desire, hope, long, wish...

decide, agree, choose, consent, determine, offer, plan, prepare, promise, refuse, schedule...

attempt, afford, aim, endeavor, fail, intend, manage, mean, struggle, tend, try, seem...

The company ***wants* to *hire*** more salespeople.
그 회사는 판매직원을 더 고용하기를 원하고 있다.

Mr. Kane, the branch manager, ***decided* to *relocate*** to an office building in the downtown.
지점장인 Kane씨는 시내의 사무실로 이전하기로 결정했다.

3. 동사 + 목적어 + to do

목적어의 뒤에 오는 이 to 부정사를 흔히 목적보어라고 하는데, 그런 용어는 그리 중요하지 않아요. 이 표현 구조의 기본 의미는 "~해서 (목적어가) ~하다"라는 뜻입니다. 즉 to 부정사가 나타내는 동작은 동사보다 나중에 발생하는 행동이고, 목적어가 의미상 주어가 된다는 점을 분명하게 이해하고 있으면 충분하거든요.

advise, allow, ask, cause, enable, encourage, expect, forbid, force, induce, inspire, instruct, invite, order, permit, persuade, prompt, request, require, urge...

Mutual trust *caused* the two competing companies **to form** strategic partnership.

서로 신뢰했기 때문에, 경쟁 관계인 두 회사가 전략적 제휴를 맺었다.

Most speculators *expected* stock prices **to nose-dive** within three days.

대부분의 투자가들은 3일 이내에 주가가 폭락할 것으로 예상했다.

확인합시다

1. Carlton, the multinational hotel chain, announced yesterday that it planned -------- 20% of Gradina Hotel Group of Spain.
   (A) to purchasing   (B) to purchase   (C) purchased   (D) purchasing

2. Our building has a policy of not permitting residents -------- out until the utilities are paid completely.
   (A) moving   (B) to move   (C) moved   (D) move

3. All the tenants are expected -------- the premises no later than the end of the month.
   (A) to be vacated   (B) vacating   (C) to vacating   (D) to vacate

<정답> 1.(B) 2.(B) 3.(D)

---

4. 명사 + to do

보통은 명사를 수식하는 to 부정사의 형용사 용법이라고 설명하는 경우가 많아요. 하지만 형용사 용법이라는 말은 사실 그다지 중요한 것이 아니니까 신경 쓰지 않아도 좋아요. 그보다는 왜 to 부정사라는 형태가 굳이 필요한지, 그리고 어떤 명사들과 어울리는지 그 원칙을 이해하는 것이 훨씬 더 중요하니까요.

먼저 "품사가 달라져도 의미가 변하지 않는다!"는 규칙부터 이해하세요. 품사가 달라진다는 말은 문장에서 수행하는 역할이 달라진다는 말이지, 의미 자체가 달라지는 것은 아니거든요.

그래서 '미래성'을 갖고 있는 동사들의 명사형 다음에 to 부정사가 연결되는 경우가 대부분입니다. 즉 plan, promise와 같은 동사들이 명사가 되어도 '미래성'이라는 그 기본 개념은 변하지 않는 것이거든요. 그리고 동사로 활용하지 않는 명사들도 '미래'라는 to 부정사의 의미를 고려해서 확인해보세요. 암기하지 않아도 이해할 수 있을 겁니다. 역시 굵게 표시한 단어를 기본 개념으로 설정하세요.

failure, decision, determination, promise, proposal, tendency, urge…

approval, authority, license, permission, permit…

intention, ability, attempt, desire, effort, endeavor, inability, longing, plan, potential, promise…

chance, method, opportunity, outlook, prospect, right, time, way…

I would appreciate it if you give me an **opportunity to attend** the festival.
그 축제에 참가할 기회를 주신다면 고맙겠습니다.

We have to examine various **ways to increase** the public awareness of our new brand.
우리는 새 브랜드의 인지도를 높일 다양한 방법을 검토해야 한다.

5. 형용사 + to do

문법책이나 TOEIC 교재에서 흔히 to 부정사의 부사적 용법이라고 소개하는 표현 방식입니다. 물론 이 용어도 전혀 중요하지 않습니다! 물론 모든 형용사가 to 부정사를 동반하는 것은 아니지만, 형용사의 뒤에 준동사가 오는 경우는 오직 to 부정사만 가능해요. 문법적 기능으로 볼 때, 동명사나 분사는 형용사의 뒤에 곧바로 연결될 수 없거든요. 자주 등장하는 형용사들을 소개하겠지만, 이 단어들이 아니더라도 형용사의 뒤에 오는 준동사를 물어보는 경우는 오직 to 부정사 외에는 없다는 점을 분명하게 기억해두세요.

언젠가 'be responsible'의 뒤에 오는 준동사를 물어보는 문제를 암기한 적이 없어서 틀렸다는 분을 본 적이 있거든요. 특정한 단어를 알고 있는 것도 중요하지만, 개별 단어들을 움직이는 큰 그림을 그리면서 훈련하는 것이 더 효율적입니다.

able, anxious, bound, designed, difficult, eager, easy, eligible, free, hard, hesitant, likely, pleased, possible, prepared, qualified, ready, reluctant, responsible, unable, usual, willing...

We are very **happy to offer** a free tour of the winery to our club members.
클럽 회원님들에게 포도주 양조장 무료 관광을 제공하게 돼서 무척 기쁩니다.

If there is any defect in the item you purchased, we are **willing to refund** your money in full.
만일 구입하신 물품에 결함이 있다면, 기꺼이 전액 환불해드리겠습니다.

6. it과 함께 쓰는 to 부정사

① 주어 또는 목적어 자리에 있는 it은 뒤에 to 부정사가 있다는 표시!

주어나 목적어의 자리에 오는 대명사 it은 가주어, 혹은 가목적어로 쓰인 경우가 많아요. 주어나 목적어의 자리에 있던 to 부정사구는 정보의 단위가 길기 때문에 흔히 뒤쪽으로 도치됩니다. 이렇게 이동한 to 부정사의 원래 용도를 it으로 표시하는 경우를 바로 가주어, 또는 가목적어라고 부르는 겁니다. 따라서 it을 보고, 뒤에 나올 to 부정사를 대비하라는 것이 글을 쓴 사람의 의도라고 생각하세요.

An unhappy thing about warehouse stores is how much easier they make *it* for you **to buy** more than you need.

창고형 할인 매장에 대해 불편한 사실은 필요 이상으로 구매하기가 무척 더 쉽다는 점이다.

② 부정사의 의미상 주어는 for로 표시

모든 동사에는 주어가 있듯이, 모든 준동사에도 주어가 있어요. 어쨌든 동사의 형태를 변형시킨 것이니 동작의 의미가 포함되어 있으니까요. 그런데 준동사는 동사가 아니기 때문에, 준동사의 주어도 '의미상 주어'라고 해요. to 부정사의 의미상 주어를 표시하는 전치사는 for입니다.

Your payment has to be received within three days of reservation in order *for the discount* **to apply**.

할인이 적용되려면 예약하신 날로부터 3일 이내에 대금을 지불하셔야 합니다.

확인합시다

1. The Manchester branch made every effort to ---------- their sales.
   (A) improvement (B) improve (C) improved (D) improving

2. One of the keys to the survival of any business is its ability ---------- to rapid changes in the environment.
   (A) adapts (B) adapting (C) of adapting (D) to adapt

3. This building is equipped with central air-conditioning systems, so be certain ---------- with the janitor to learn how to operate your A/C.
   (A) for check (B) to checking (C) to check (D) checking

4. It was Beck's job to ---------- all of the ideas that the employees had come up with for increasing sales.
   (A) classification (B) classifying (C) classified (D) classify

<정답> 1.(B) 2.(D) 3.(C) 4.(D)

IV. 동명사 품기!

1. -ing는 과거를 바라봅니다!

to 부정사가 '이후의 동작'이라는 '미래 상황'을 표현하는 것과 달리, -ing는 '동시성'이나 '과거 상황'을 나타내요. 즉 -ing는 동사의 동작과 동일한 시점이거나, 혹은 그 이전 시점에 일어나는 상황이라는 점을 표시하는 장치라는 말입니다.

준동사는 동사가 아니기 때문에, 독자적으로는 문장이 성립할 수 없어요. 그래서 반드시 동사가 필요합니다. 비록 동사는 아니지만, 준동사도 동작을 의미하기 때문에 그 동작의 발생시점은 존재합니다. 물론 동사가 아닌 준동사가 동사처럼 '현재, 과거, 미래'라는 객관적인 시점을 나타낼 수는 없어요. 동사와 연결해서 "이전, 동시, 그리고 이후"라는 상대적인 시점은 표시할 수 있어요. 이때 '이후'를 표시하는 기호가 to이고, '이전'이나 '동시'를 표현하는 장치가 -ing인 것이죠. 동명사라는 말보다 굳이 -ing라고 하는 것은 어색한 그 용어보다는 그 어미의 의미를 이해하자는 의도입니다.

2. 동명사는 주어 또는 목적어입니다!

to 부정사가 문장에서 명사, 형용사, 부사라는 다양한 역할을 수행하는 반면, 동명사는 명사의 역할만 해요. 그래서 위치도 문장의 앞에서 주어, 동사나 전치사의 뒤에서 목적어로 쓰입니다.

명사로 활용된다는 점에서는 to 부정사와 비슷하지만, 두 가지 차이가 있어요. 주어로 쓰이는 경우에 to 부정사는 주로 가주어 it으로 표시하고, 뒤로 도치됩니다. 하지만 동명사는 명사로만 쓰이기 때문에 대개는 뒤로 도치시키지 않아요. 그러니까 문장의 처음에는 to 부정사보다 -ing가 오는 것이 일반적이겠지요. 물론 가주어 it을 쓸 일도 없고요.

그리고 to 부정사의 to가 원래 전치사였어요. 그러면 전치사의 뒤에 to 부정사가 연결되면 전치사가 중복되는 다소 난감한 구조가 되지 않을까요? 그래서 전치사의 뒤에 to 부정사는 쓰지 않습니다. 하지만 -ing는 가능합니다. 결국 주어나 전치사의 뒤에 오는 경우에 동명사를 사용하는 것은 특정한 단어와 함께 암기해야 할 필요가 전혀 없는 것이죠. 물론 전치사에 해당하는 단어들을 꼭 알아두어야겠지만요.

Answering telephone calls *was* Jefferson's sole responsibility as an intern.

전화 응대를 하는 것이 Jefferson이 인턴 직원일 때 했던 유일한 업무였다.

You can park in the parking lot beside the building that has a limit of 30 minutes **without** *paying the parking fee*.

이 건물 옆의 주차장에 30분까지 무료로 주차하실 수 있습니다.

3. 동사 + -ing

동사의 목적어로 활용되는 동명사는 그 동사와 호응하는 관계이기 때문에 반드시 기억해야 합니다. 역시 무작정 암기하지 말고, -ing라는 어미의 의미와 동사의 의미를 연결해서 이해하세요. -ing는 앞에 있는 동사와 동시적인 상황이라는 맥락을 나타내는데, 주로 "상상하다, 피하다, 정지하다"에 해당하는 의미의 동사들입니다.

또는 기본적으로 이전의 상황을 대상으로 하는 '회상하다, 고백하다, 기억하다'와 같은 과거 지향적인 동사들의 뒤에 -ing가 연결됩니다.

❶ 상상하다 **imagine**, anticipate, appreciate, bear, consider, deny, detest, dislike, enjoy, forgive, include, mind, recommend, require, risk, suggest, try...

❷ 피하다 **avoid**, cannot help, escape, miss...

❸ 정지하다 **finish**, discontinue, delay, give up, quit, postpone, put off...

❹ 회상하다 **recall**, admit...

They ***anticipated*** moving to a more spacious office next year.

그들은 내년에는 더 넓은 사무실로 이전할 것으로 기대했다.

His lawyer advised that Tim ***delay*** signing the contract.

그의 변호사는 팀에게 계약서에 서명하는 일을 미뤄야 한다고 충고했다.

확인합시다

1. -------- successful methods to reduce growing customers' complaints about our service was the main topic of the yesterday's meeting.
   (A) Find (B) Found (C) Finding (D) Findings

2. The article in the travel magazine recommended -------- Malibu Discoveries, the local travel agency, because they are very knowledgeable and give thorough explanations.
   (A) using (B) use (C) to use (D) used

3. The general affairs division is considering -------- the contract with the supplier for another year.
   (A) renewal (B) renew (C) renewing (D) renewed

<정답> 1.(C) 2.(A) 3.(C)

4. 동명사냐? 명사냐?
'제 품사 우선의 법칙'이란 없다!!!

동명사와 명사를 구별하라는 유형의 문제가 간혹 등장해요. 난이도가 높은 경우처럼 포장하는 데 사실은 굉장히 간단해서 쉽게 이해할 수 있어요. 동명사와 명사는 모두 명사라는 점에서 구별하기 힘들 것이라는 이상한 믿음을 간직하고 있는 것이나 아닌지 모르겠어요. 아니면 공부하는 사람들의 불안함을 이용하는 것인지도 모르겠고요. 혼동하지 않기 위해서 공부하는 것인데, 혼동스럽다는 생각을 계속 주입시키는 것이나 아닌지요?

물론, 간혹 애매한 경우도 있어요. 그런데 그런 경우라면 일상 생활에서 사용되는 경우는 있어도, 객관적으로 구별해야 하는 시험에서 다룰 수는 없지 않을까요? 분명 두 개의 표현이 서로 다르고, 그것을 구별하는 경계선이 있다는 점에서 접근하면 무척이나 간단하거든요. 명사와 동명사가 있으면 명사를 우선한다는 식의 소위 '제 품사 우선의 법칙'이라는 문법은 없어요. 그런 자의적이고, 애매한 방법은 잊어버리고, 원칙에 충실하자고요!

용법이 서로 다르면 문장에서 연결하는 방식이 달라요. 동명사와 명사는 모두 명사로 사용되지만 두 가지 점이 달라요! 첫째는 수식하는 단어의 품사입니다. 동명사는 준동사이기 때문에 부사로 수식하지만, 명사는 형용사만이 수식할 수 있거든요. 그리고 관사도 형용사의 일종이기 때문에 관사가 있다면 그 다음은 동명사가 아니라, 명사를 연결해야 하는 것이죠!

두 번째는 뒤의 구조입니다. 타동사의 경우에는 반드시 뒤에 목적어가 있어야 하잖아요? 그리고 동명사는 준동사, 즉 동사일 때의 속성을 유지하고 있기 때문에 뒤에 여전히 목적어인 명사가 연결됩니다. 하지만 명사의 경우에는 뒤에는 명사가 또 나열될 수 없기 때문에, 전치사로 연결해야 하거든요. 이때 가장 많이 활용되는 전치사가 of입니다!

❶ ...his charges relating to the fact that he *arbitrarily* **used this blog's contents**
(use를 동사로 사용했을 때 - 수식은 부사로, 뒤에는 명사)

❷ ...his charges relating to *arbitrarily* **using this blog's contents**
(use를 동명사로 사용했을 때 - 수식은 부사로, 뒤에는 명사)

❸ ...charges relating to **the** *arbitrary* **use of this blog's contents**
(use를 명사로 사용했을 때 - 수식은 형용사로, 뒤에는 전치사 + 명사)

The program we have just watched is an interview recorded before ***the manufacture of*** Karel Reisz's film.
우리가 방금 본 프로그램은 Karel Reisz가 영화를 제작하기 전에 녹화된 인터뷰이다.

5. to! 넌 누구냐?

to는 두 가지 용도로만 활용됩니다. 첫째는 전치사이고, 둘째는 부정사를 표시하는 기호입니다. 따라서 항상 to가 제시되는 표현에서는 그 성격을 분명하게 파악하는 것이 기본이겠죠. 보통 교재들에서 필수 숙어라고 보여주는 표현들을 보면 마음이 불편해요.

우선 이 표현들은 to가 전치사로 활용된 경우를 소개한 것에 불과하거든요. 혼동하기 쉬운 표현이라고 '협박'을 하는 책에 현혹되지 말고, 'to something' 혹은 'to doing'이라는 식으로 처음부터 뒤에 오는 어구까지 덩어리로 익혀두면 아무 문제가 없어요.

그리고 이 표현들은 전치사 to를 활용하는 많은 경우들 중에서 자주 등장하는 몇 가지에 불과하니까, 이것으로 만족하면 위험해요. 나중에 전치사를 공부하면서 to가 활용되는 경우를 기본으로 접근하면 오히려 부담되지 않을 겁니다.

또 이 표현들을 보통은 동명사가 연결되는 관용적인 표현으로 소개하는 데, 이 또한 정확하지 않아요. 이 표현들에 등장하는 to의 다음에는 동명사만 연결되는 것이 아니라, 명사도 물론 사용할 수 있거든요. to는 전치사니까, 당연한 일이 아닐까요?

그러니까 동명사의 관용 표현이 아니라, 전치사의 예로 기억하는 것이 더 좋아요. to 부정사와 혼동할 것이라고 선배들이 틀을 잡은 이후로 아무 비판 없이 확대 재생산된 막연한 두려움일 뿐이니까, 항상 to의 성격을 이해하겠다 마음을 갖고 있는 것으로도 충분합니다. 생각하는 만큼 눈에 들어오는 법이거든요.

❶ come [go] near [close] to 명사 / -ing " ~할 뻔하다"
He **came near to missing** the train. 그는 하마터면 기회를 놓칠 뻔했다.

❷ be used [accustomed, acclimated] to 명사 / -ing "~하는데 익숙하다"
He has **been used to** living in that strange city.
그는 그 낯선 도시에서 생활하는 일이 익숙해졌다.

❸ look forward to 명사 / -ing "~을 고대하다, 기대하다"
He is **looking forward to going** to the Disneyland this weekend.
그는 이번 주말에 디즈니랜드에 가는 것을 고대하고 있다.

❹ when it comes to 명사 / -ing "~의 문제라 하면, ~에 관해서는"
When it comes to making a contract, Steve is second to none in our department.
계약을 성사시키는 일에 관해서는 Steve가 우리 부서에서 최고다.

❺ object [be opposed] to 명사 / -ing "~하는 것을 반대하다"
The supervisor **objected to changing** their plans at this late date.
감독관은 이렇게 늦은 시기에 계획을 변경하는 것에 반대했다.

❻ be committed [devoted, dedicated] to 명사 / -ing "~에 전념하다"
We are proud of our employees who **are committed to providing** the best services.
최고의 서비스를 제공하는 데 전념하는 저희 직원들이 자랑스럽습니다.

6. 동명사와 연결되는 관용적인 표현

그럼 정말로 동명사만 연결되는 몇 가지 경우를 알려드릴게요. 이 표현들은 모두 뒤에 오는 동명사의 의미와 전치사 in의 개념이 중복되기 때문에 in이 탈락되는 공통점을 갖고 있어요. 따라서 다음에 동명사가 아니라, 명사가 오는 경우에는 문맥이 달라지기 때문에 전치사도 달라진다는 것도 주의하도록 하세요.

❶ have difficulty [trouble, a hard time, struggle] (in) -ing "~하느라 고생하다"
   have difficulty [trouble, a hard time, struggle] with 명사 "~때문에 고생하다"
The police **had a hard time (in) locating** the suspect.
경찰은 그 용의자의 위치를 추적하는 데 어려움을 겪었다.

He **had difficulty** with the monthly performance evaluations.
그는 월 업무 평가 때문에 힘들어했다.

❷ spend one's time [money] (in) -ing "~하는데 (돈이나 시간)을 쓰다"
　spend one's time or money on 명사 "~에 (돈이나 시간)을 쓰다"

I *spent four hours* (in) **analyzing the sales report** last night.
나는 어젯밤에 4시간을 들여서 매출 보고서를 분석했다.

I *spend too much time* **on clothes** before reporting for work.
나는 출근하기 전에 옷차림에 시간을 너무 많이 투자한다.

❸ be busy (in) -ing "~하느라 바쁘다"
　be busy with 명사 "~때문에 바쁘다"

I *was busy* **helping** my wife in the kitchen.
나는 부엌에서 아내를 돕느라 바빴다.

My wife *is always busy* **with gardening**.
아내는 항상 정원일로 바쁘다.

확인합시다

1. Hotchins Apparel has begun ---------- of a new line of winter clothes targeted at teenagers.
   (A) production   (B) to produce   (C) producing   (D) produced

2. Marsha Wilson said she couldn't reply your e-mail because she had trouble ---------- the Internet during the business trip.
   (A) use   (B) uses   (C) to use   (D) using

3. We are looking forward to ---------- from you as soon as possible.
   (A) hear   (B) heard   (C) hearing   (D) being heard

<정답> 1.(A) 2.(D) 3.(C)

Practice Test

1. Chemical product manufacturer Chemakin announced its plan to ----------- for Chapter 11.
   (A) filing
   (B) files
   (C) file
   (D) filed

2. Various systems have been created to help employees ----------- their time more efficiently.
   (A) manage
   (B) managing
   (C) manager
   (D) management

3. Gallaco's, the 50-year-old local restaurant in the Queens area, is in trouble ------------ customers to fast-food chains.
   (A) lose
   (B) lost
   (C) to lose
   (D) losing

4. The unexpected avalanche caused the shipping truck ----------- locked in the mountain.
   (A) being
   (B) to be
   (C) was
   (D) be

5. It doesn't take a long time ----------- early adapters to respond to changes in digital technology.
   (A) for
   (B) with
   (C) by
   (D) about

6. The Internet provides a whole new world for shoppers who are accustomed to ----------- to a market.
   (A) go
   (B) going
   (C) goes
   (D) be going

7. Carroton spokesperson says that the company expects to ----------- about 15 percent more trucks than it did last year.
   (A) producer
   (B) produce
   (C) producing
   (D) be produced

8. This notice is to let you ----------- that the workshops for new employees will take place for three days next month.
   (A) knowing
   (B) known
   (C) to know
   (D) know

9. The car manufacturer lost its reputation in an unsuccessful ----------- to conceal the defect of the new hybrid model.
   (A) result
   (B) avoidance
   (C) attempt
   (D) opposition

10. ----------- video a wide view, set the 'panorama' mode, and push the red button located on the top of the body.
    (A) If
    (B) To
    (C) For
    (D) In order

11. We will be able ------------ the bluetooth speaker you ordered last Monday in three days at the latest.
    (A) to deliver
    (B) delivering
    (C) delivery
    (D) to be delivered

12. The inspectors found that the factory manager had failed to take necessary care in ------------ quality control.
    (A) monitoring
    (B) monitored
    (C) was monitoring
    (D) had monitored

13. Musicians complain that P2P websites ------------ music to be easily copied and sent over the Internet.
    (A) makes
    (B) allows
    (C) shares
    (D) imitates

14. After Alice Grass spent three months ------------ for the bid, she was told that it was cancelled due to some unknown reasons.
    (A) to preparing
    (B) preparing
    (C) to prepare
    (D) for prepare

15. The small restaurant, famous for its Indian cuisine, decided to ------------ a chain store.
    (A) open
    (B) opens
    (C) opened
    (D) opening

16. These days a lot of business is transacted online, so there is a growing need for the ability ------------ on the Internet.
    (A) to interacting
    (B) of interacting
    (C) to interact
    (D) interacting

17. Copyright laws requires that it is illegal to ------------ the contents of this book without permission.
    (A) copying
    (B) be copied
    (C) copied
    (D) copy

18. The company is about to discontinue ------------ vans and trucks at the Detroit factory.
    (A) manufacturing
    (B) manufacture
    (C) to manufacture
    (D) manufactured

19. Next Tuesday, Mr. Logan will fly to Shanghai ------------ with the Chinese delegation.
    (A) met
    (B) meets
    (C) to meet
    (D) meeting

20. We are asking all of the managers, who were responsible for shipping matters, ------------ a proposal to improve our delivery operations in the Marlboro area.
    (A) submits
    (B) submitted
    (C) to submit
    (D) submitting

21. The video conference systems provide extraordinary value for all attendees by ------------ costs and time.

    (A) reduce
    (B) reduction
    (C) reducing
    (D) to reduce

22. We offer a variety of recreations, so we ------------ you to join any activities that you might be interested in.

    (A) enforce
    (B) discourage
    (C) encounter
    (D) encourage

23. Ms. Larkin decided to move to a new apartment, because her neighbors continued ------------ a lot of noise through the night.

    (A) to making
    (B) made
    (C) to make
    (D) makes

24. Many residents attended the benefit held by the Central Library, where they heard a speaker from a Non-governmental organization ------------ about the need for greater support for the needy.

    (A) to talk
    (B) talked
    (C) to talked
    (D) talk

25. Our recent ------------ to improve production efficiencies have focused on the introduction of the state-of-the-art automation technologies.

    (A) suggestions
    (B) anticipations
    (C) efforts
    (D) considerations

26. The Internet makes it possible for buyers and sellers all over the world to trade with one another without actually ------------ together.

    (A) meet
    (B) meeting
    (C) to meet
    (D) a meeting

27. The addition of another sponsor will make it possible for our band ------------ the charity concert for the homeless next month.

    (A) to throw
    (B) throwing
    (C) throw
    (D) throws

28. Environmentalists ------------ to raise people's interest in the use of pesticides and chemical fertilizers in the production of fruit and vegetable crops.

    (A) will
    (B) hope
    (C) anticipate
    (D) believe

29. Mr. Kundera is described as a wise leader with the ------------ to reach an agreement among the conflicting parties.

    (A) compatibility
    (B) ability
    (C) reliability
    (D) vulnerability

30. The illustration software is so outdated that illustrators have a great deal of difficulty ------------ their jobs efficiently.

    (A) perform
    (B) performed
    (C) performing
    (D) performs

31. The store is holding a stock of summer clothing in clearance sale to ----------- room for the new autumn collection.
    (A) making
    (B) make
    (C) makes
    (D) made

32. Heyes Industries Ltd. encourages its employees ----------- in its health-care program.
    (A) participation
    (B) participating
    (C) participant
    (D) to participate

33. This manual is designed to ----------- a clear definition of when our databases get updated and who has the responsibilities for the updates.
    (A) providing
    (B) provided
    (C) provision
    (D) provide

34. The analysts at Westlake Investment took every possible means to research the Chinese chemical company they considered ----------- in.
    (A) to invest
    (B) investing
    (C) invest
    (D) invested

35. All recently hired staff are required ------------ the orientation unless they have made other arrangements.
    (A) to attend
    (B) attending
    (C) attended
    (D) attendance

36. Our laboratory is developing the technology that we will need ----------- our position as the leader in the industry.
    (A) to regain
    (B) to be regained
    (C) regaining
    (D) regains

37. Your reservation will be confirmed if you pay a 10% deposit within three days of ----------- of this e-mail.
    (A) receive
    (B) to receive
    (C) receiving
    (D) receipt

38. Mr. Bernard had his secretary ----------- the materials of the representation and distribute them to all the attendees.
    (A) copy
    (B) to copy
    (C) copying
    (D) copied

39. When entering the building, failure ----------- unauthorized storage units will result in confiscation.
    (A) declare
    (B) declaring
    (C) to declare
    (D) declamation

40. The security personnel checked visitors' identification cards at the front gate prior to ----------- them into the factory.
    (A) allow
    (B) allowing
    (C) allows
    (D) allowed

<정답> 1.(C) 2.(A) 3.(D) 4.(B) 5.(A) 6.(D) 7.(B) 8.(D) 9.(C) 10.(B) 11.(A) 12.(A) 13.(B) 14.(B) 15.(A) 16.(C) 17.(D) 18.(A) 19.(C) 20.(C) 21.(C) 22.(D) 23.(C) 24.(D) 25.(C) 26.(B) 27.(A) 28.(B) 29.(B) 30.(C) 31.(B) 32.(D) 33.(D) 34.(B) 35.(A) 36.(A) 37.(D) 38.(A) 39.(C) 40.(B)

정답 너는 누구냐?

38. Mr. Bernard **had** his secretary ------------ **the materials** of the representation **and distribute** them to all the attendees.

(A) copy
(B) <u>to</u> copy
(C) copy<u>ing</u>
(D) cop<u>ied</u>

(B) had의 뒤에 명사가 있고, 준동사가 오는 구조라면 사역 동사로 활용된 경우입니다. 그리고 사역 동사의 특징은 목적어의 뒤에 동사의 원형이 연결되는 것이기 때문에 to는 어울리지 않아요.
(C) 사역 동사는 목적어의 뒤에 -ing가 올 수 없어요. 그리고 지금은 병렬 구조로 연결되는 and의 뒤에 있는 distribute와 어울리지도 않아요.
(D) 동사 자리가 아니니까, 이 -ed는 과거 분사로 이해할 수 밖에 없어요. 그렇다면 앞에 사역 동사인 had와 연결되는 원형 be가 생략된 구조이기 때문에 수동형인데, 뒤에는 the로 시작하는 명사가 있어서 서로 맞지 않아요.

(A) 일단 앞에 had라는 동사가 있기 때문에 동사의 자리가 아닙니다. and의 뒤에 있는 distribute는 과거가 아니기 때문에 had에 연결되는 것이 아닙니다. 따라서 접속사의 개수에 포함시키지 말아야 합니다. 동사를 연결하는 and가 아니기 때문이죠.

Tip 보기에 copy라는 동사의 변형된 어미들이 등장했어요. 그럼 일단 동사의 자리인지 확인하는 것이 순서입니다. 만일 동사 자리가 아니라면, 준동사의 형태를 판단하는 것이 그 다음 순서고요. 물론 능동과 수동의 구별은 동사일 때나 준동사일 때나 모두 적용되는 규칙이라는 점은 항상 명심하고 있어야 하고요.

[해석] Bernard는 비서에게 프레젠테이션의 자료를 복사해서 참석자 모두에게 배포하도록 했다.

8. This notice **is** to **let** you ------------ **that** the workshops for new employees **will take** place for three days next month.

(A) know<u>ing</u>
(B) kno<u>wn</u>
(C) <u>to</u> know
(D) know

(A) 이미 진행 중인 동작을 하라고 하는 것은 논리적으로 불가능해요. 그래서 사역 동사는 뒤에 -ing가 올 수 없어요!
(B) 사역 동사의 뒤에 과거 분사가 왔으니까 동사의 원형인 be가 생략된 수동 구조입니다. 그런데 know는 전달동사 입니다. 그렇다면 뒤의 that절이 아니라, 앞에 있는 의미상 주어를 봐야 해요. 대명사인 you가 의미상 주어이므로, 수동이 될 수는 없어요.
(C) 사역 동사와 to 부정사는 절대로 서로 연결되지 않아요!

[해석] 이 공지는 신입 사원들을 위한 워크숍이 다음 달에 3일 동안 열린다는 것을 알려드리기 위한 것입니다.

(D) 일단 is와 will take라는 두 개의 동사가 있고, that이라는 접속사가 하나 있으니까 동사가 있을 수는 없어요. 그러면 앞에 있는 동사를 확인하면 to let이거든요. to let이건, letting이건, let이라는 사역 동사의 용법은 유지하고 있는 것이니까 동사의 원형이 와야 하겠죠. 그 다음으로 물어볼 수 있는 관점은 능동과 수동 밖에 없어요. 새로운 것은 없으니까, 공부했던 것을 이제는 자신 있게 적용하세요.

Tip know가 있으니까, 우선은 동사가 필요한 상황인지 판단하는 것이 우선입니다. know와 같은 형태의 보기는 동사이거나, to가 없는 부정사이거나 둘 중 하나입니다. 따라서 일단 동사 자리가 아니라고 판단되면, 원형 부정사의 경우를 생각하는 것이 올바른 적용 순서입니다. 그리고 to가 없는 원형 부정사는 앞에 지각 동사나 사역 동사가 오는 경우 밖에 없으니까, 그 점을 적극적으로 확인해보세요.

24. Many residents **attended** the benefit held by the Central Library, **where** they **heard** a speaker from a Non-governmental organization ------------ about the need for greater support for the needy.

(A) to talk
(B) talk<u>ed</u>
(C) <u>to</u> talked
(D) talk

(A) 지각 동사의 개념은 동시적인 상황에 대한 감각이기 때문에 미래를 의미하는 to와는 함께 쓸 수 없어요.
(B) 지각 동사의 뒤에도 물론 -ed가 올 수는 있어요. 그런데 그 -ed는 원형 be가 생략된 구조라서, 수동을 나타내는 것으로 이해해야 합니다. 하지만 talk는 자동사로 주로 쓰이기 때문에 수동형이 될 수 없어요. 태의 관점을 항상 잊지 말고 적용하세요.
(C) 음... 이 난감한 형태는 뭘까요? to가 전치사라면 뒤에 명사나 -ing가 와야 할 것이고, 부정사라면 동사의 원형이 와야 하는데... 이렇게 자유분방한 결합은 영어에서 사용하지 않습니다!
(D) 동사는 attended와 heard, 그리고 접속사는 where가 있으니까 동사가 올 수는 없어요. 그리고 앞에 heard라는 지각 동사가 있으니까 to가 없는 동사의 원형이 와야겠고요.

Tip 역시 talk가 동사일 수도 있으니까, 동사가 필요한 상황인지 먼저 판단하세요. 그래서 동사의 자리라면 태, 수, 시제라는 관점을 확인하세요. 동사 자리가 아니라면, 태와 to가 필요한 경우인지, 혹은 -ing가 필요한지를 확인하면 되겠죠!

[해석] 중앙 도서관에서 주최한 자선 행사에 많은 주민들이 참석해서, 비정부 기구에서 나온 연사가 가난한 사람들에게 더 많은 도움을 줄 필요성에 대해 연설하는 것을 들었다.

2. Various systems **have been created** to *help* employees ------------ **their time** more efficiently.

(A) manage
(B) manag<u>ing</u>
(C) manag<u>er</u>
(D) manage<u>ment</u>

(B) help의 뒤에 -ing가 오는 경우는 help의 앞에 cannot이라는 조동사가 오는 경우 밖에 없어요. 그런 경우에 help는 avoid와 같은 의미가 되기 때문에 -ing가 목적어로 연결되는 것이거든요.
(C) 앞에 이미 employees라는 사람 명사가 있는데, manager라는 상반된 관점의 사람 명사가 또 나올 수는 없어요.
(D) 앞으로는 employees, 뒤로는 their time이라는 명사가 있는데, 또 명사가 올 수는 없죠. 물론 여러 개의 명사가 나열되는 경우도 있기는 하지만 그럴 때는 앞의 명사들이 모두 뒤의 명사를 설명하는 형용사의 역할인 경우입니다. 그런데 their와 같은 한정사는 항상 형용사보다 먼저 쓰기 때문에 빈 칸에 형용사의 역할을 하는 어구가 올 수는 없어요.

[해석] 다양한 시스템이 개발돼서 직원들이 시간을 더 효율적으로 사용할 수 있도록 돕고 있다.

(A) help의 뒤에는 to 부정사를 쓰기도 하고, to가 없는 부정사를 쓰기도 해요. to가 없는 경우가 to를 쓴 경우보다 직접적인 도움이라는 어감의 차이는 있어요. 하지만 객관식 문법 시험에서 구별하기는 쉽지 않은 부분이니 참고만 하셔도 됩니다. 특히 help의 뒤에는 지금처럼 목적어가 있기도 하지만, 중복되는 경우에는 생략되거든요. 그리고 to마저 없으면 'help do'가 되는데, 동사가 두 개 나열된 것처럼 보여요. 잘못된 표현이 아니니까 예쁘게 봐주세요.

Tip 보기를 보면 manage라는 공통의 어근이 있어요. 역시 동사의 자리인지 확인하고, 정해놓은 매뉴얼대로 하나씩 차분하고, 자신있게 적용하는 겁니다. 한 가지 주의할 점은 이렇게 사역 동사, 지각 동사, help의 뒤에 to없는 부정사가 오는 경우에 이 형태를 동사로 판단하지 않도록 주의하세요.

7. Carroton spokesperson says that the company **expects** to ----------- about 15 percent more trucks than it did last year.

(A) producer
(B) produce
(C) producing
(D) be produced

(A) producer는 명사니까, to는 전치사라는 말이 되는데, expect는 주로 타동사로 쓰이니까 연결될 수 없어요. 그리고 셀 수 있는 명사라면 반드시 관사를 붙이거나 복수형으로 쓰세요.
(C) expect의 뒤에 오는 to는 부정사를 표시하는 기호이지 전치사가 아닙니다.
(D) 숫자의 앞에서 "대략"이라는 의미를 나타내는 about이나 around는 전치사가 아니라, 부사라고 설명했던 것 기억하나요? 즉 뒤에 trucks라는 목적어가 있는 것입니다. be -ed는 목적어를 담아낼 수 없어요.

[해석] Carroton의 대변인이 밝히기를 작년보다 트럭 생산량이 15퍼센트 증가할 것으로 예상하고 있다고 한다.

(B) expect는 "예상하다, 기대하다"라는 의미니까, 당연히 말을 한 이후의 상황을 대상으로 한 표현이 아닐까요? 그런 상황을 전달하는 것으로 약속한 기호가 뭘까요?

Tip 빈 칸의 앞에 to가 있어요. 이렇게 to를 제시한 경우에는 사실 to의 성격을 물어보는 문제로 단정해도 좋을 정도로 출제자의 의도가 명확해요.
그러면 보기에 동사의 원형과 -ing가 제시되는 이유도 생각해봐요. to의 성격이 전치사가 아니면 to 부정사잖아요? 그러면 뒤에 올 수 있는 어구도 결국 동사의 원형이 아니면, -ing 둘 중 하나 밖에 없는 것이죠.
그래서 처음 표현을 익힐 때, to까지만 외우면 이런 문제에 항상 마주치게 됩니다. to 부정사인 경우에는 'to do'까지, 예를 들면 'expect to do'라고 입력을 해두면 별 문제가 없어요. 곧바로 올바른 표현을 할 수 있도록 훈련하면 간단하게 해결할 수 있다는 점을 납득하면 좋겠어요.

15. The small restaurant, famous for its Indian cuisine, **decided** to ----------- a chain store.

(A) open
(B) opens
(C) opened
(D) opening

(B) to의 뒤에 -s가 붙는 단어라면 명사일 수 밖에 없는데, 그러면 뒤에 있는 명사와 연결되지 않아요.
(C) to의 뒤에 -ed가 연결되는 경우는 없다고 했을 텐데요. 그래도 어떻게 안되겠냐고 생각하는 분들을 위해서 한 가지 경우가 있기는 해요. 다음 진도인 분사에서 구체적으로 볼 텐데요, -ed라는 형용사가 있고 뒤에 수식 받는 명사가 있는 구조가 있기는 해요. 지금은 관사가 있어서 해당되지 않지만요. 형용사는 관사의 뒤에 오거든요!
(D) opening을 동명사로 보면 가능할 것도 같지만, decided라는 동사가 갖는 미래 지향적인 의미와 -ing의 의미가 어울리지 않아요. 명사라고 하면 물론 뒤의 명사와 나열할 수 없고요.

(A) decide는 "~하기로 결정하다"라는 뜻이기 때문에 기본적으로 말하는 시점 이후의 상황을 전달하는 속성을 갖고 있어요. 따라서 뒤에는 '미래'를 나타내는 to 부정사가 흔히 연결되지요.

Tip open이라는 단어는 동사, 형용사, 명사로 쓰입니다. 이렇게 여러 가지 품사로 활용되는 일은 영어에서는 흔히 있는 현상이니까, 주변에서 어우러지는 단어들과 연결해서 판단하면 문제가 되지 않아요. 그래야 의미를 모르는 단어가 등장해도 구조를 파악할 수 있는 힘이 생겨요.

[해석] 인도식 요리로 유명한 그 작은 식당은 체인점을 개설하기로 결정했다.

36. Our laboratory is developing the technology that we will *need* ----------- our position as the leader in the industry.

(A) to regain
(B) to <u>be</u> regain<u>ed</u>
(C) regain<u>ing</u>
(D) regain<u>s</u>

(B) 보기에 be -ed라는 수동형이 있는 경우에는 항상 태의 관점을 확인해야죠. 뒤에 있는 명사와 be -ed라는 형태는 어울리지 않죠! 자나깨나 수동 조심!

(C) need의 뒤에 동명사가 오는 경우도 있지만, 빈 칸 뒤에 명사가 있어요! 이런 능동의 관계에서는 to 부정사로만 표현해야 합니다.

(D) regain도 역시 동사, 명사로 활용됩니다. 동사라면 to와 맞지 않아요. 또 명사라면 뒤에 명사가 또 나열될 수도 없고요.

[해석] 우리 실험실에서는 업계의 선두 주자라는 우리의 위치를 다시 찾는 데 필요할 기술을 개발하고 있다.

(A) need도 역시 미래성을 갖는 의미이기 때문에 to 부정사와 어울리는 것이 일반적입니다.

Tip need의 목적어로는 to 부정사와 동명사가 모두 가능하다고 설명하는 경우가 많은데, 이렇게 애매하게 말하면 그 부담은 고스란히 여러분의 몫이 됩니다.
need의 목적어로 -ing가 가능한 것은 맞아요. 하지만 그것은 수동의 상황에서만 가능합니다. 즉 "This flower needs **to be watered**."처럼 수동 관계일 때만 "This flower needs watering."이라는 표현도 가능하다는 말입니다.
만일 "You need to water this flower."처럼 능동인 관계라면 "You need watering this flower."라고 할 수는 없어요. 조금 복잡하다고 생각할 수는 있겠지만, 혼란을 줄이는 과정이라고 생각하세요.

28. Environmentalists ----------- *to raise* people's interest in the use of pesticides and chemical fertilizers in the production of fruit and vegetable crops.

(A) will
(B) hope
(C) anticipate
(D) believe

(A) 조동사의 뒤에는 동사의 원형이 와야 하지 않을까요?

(C) anticipate는 expect와 유사한 뜻이지만, to 부정사가 아니라, 동명사가 목적어가 됩니다. 참 웃기죠? 마음에 들지는 않겠지만, 이 단어가 보기에 있으면 오히려 출제자의 의도가 무엇인지 더 쉽게 눈치챌 수 있지 않을까요?

(D) believe의 목적어로 명사나 that절은 가능하지만 to 부정사는 적절하지 않아요. 혹시 그런 경우를 본 적이 있다고 생각한다면, 'believe + 목적어 + to be'처럼 목적어의 뒤에 보어로 연결되는 표현입니다.

[해석] 환경론자들은 과일과 야채를 생산하는 과정에서 살충제와 화학 비료를 사용하는 문제에 대해 사람들의 관심을 높이기를 바라고 있다

(B) hope를 비롯한 '소망, 희망, 열망'의 표현들은 모두 미래에 시선을 두고 있어요.

Tip 이 문제는 상당히 중요해요. 앞서 문제들과는 달리 보기에 제시된 단어들의 어근이 모두 다르거든요. 이런 경우는 보통 어휘 문제라고 단정하는 경향이 있어요.
물론 그런 경우가 많지만, 일단은 문법적인 관점에서 접근하는 것이 바람직해요. 그래야 해석이라는 주관적 판단이 아니라, 문법이라는 객관적 기준으로 파악할 수 있거든요.
문법이란 두 어구가 연결되는 관계라는 점을 항상 염두에 두세요. 앞에서 봤던 문제들은 동사를 보여주고 그 뒤에 있는 to 부정사를 물어보는 유형들이었어요. 하지만 이 문제는 미래성을 나타내는 to 부정사와 어울리는 의미의 동사를 찾으라는 문제입니다. 이 두 가지 유형의 문법적인 난이도는 차이가 없거든요. 그럼 익숙함의 문제이지 않을까요?

4. The unexpected avalanche ***caused*** the shipping truck ----------- locked in the mountain.

(A) being
(B) to be
(C) was
(D) be

(A) cause라는 동사는 의미상 원인에 해당하는 정보가 주어에, 결과에 대한 정보는 목적어 이하에 나와요. 즉 원인과 결과라는 시점상 차이가 있기 때문에 동시성을 나타내는 -ing와는 어울릴 수가 없어요.
(C) 뒤에 명사가 있으니까 caused는 능동의 과거 동사거든요. 그럼 접속사가 없으니까 동사가 또 올 수는 없죠.
(D) 앞에 사역 동사도, 지각 동사도 없으니까 동사의 원형이 올 이유가 전혀 없어요.

(B) 지금까지 봤던 문제들처럼 to 부정사와 -ing는 대부분은 바로 앞에 있는 단어를 보고 판단하면 됩니다. 그런데 지금 문제에 나오는 truck은 동작의 시점과는 아무런 관련이 없어요. 이런 경우에는 동사까지 범위를 넓혀서 확인하세요.

Tip 물론 가장 먼저 할 일은 보기의 형태를 확인하고, 출제자와 눈높이를 맞춰야겠죠. 일단은 동사가 필요한지 확인해야겠네요. 그리고 to와 -ing를 구별하려면 준동사의 특성으로 볼 때 오른쪽 구조는 차이가 없기 때문에 판단할 수 없거든요. 그래서 오직 왼쪽에 있는 구체적인 단서를 통해 구별할 수 밖에 없어요. to와 -ing는 문장의 내용보다는 특정 단어와 연결되는 용법이라는 점을 참고하세요.

[해석] 예기치 못한 눈사태로 배송 트럭이 산속에 갇혀버렸다.

20. We **are *asking*** all of the managers, **who were** responsible for shipping matters, ----------- **a proposal** to improve our delivery operations in the Marlboro area.

(A) submi<u>ts</u>
(B) submitt<u>ed</u>
(C) to submit
(D) submit<u>ting</u>

(A) are asking과 were라는 두 개의 동사를 연결하는 who라는 접속사가 있으니까 동사가 필요한 자리가 아니죠.
(B) 동사 자리가 아니니까, -ed는 과거 분사라고 봐야겠죠? 그럼 수동이라는 말인데, 뒤에는 명사가 있어요.
(D) 두 개의 comma는 삽입어구를 표시하는 장치입니다. 그래서 who부터 matters까지를 빼고 보면 asking이라는 핵심 단서를 찾을 수 있을 겁니다. -ing가 아니라, ask라는 어근이 단서입니다.
연결되는 두 개의 어구 사이에 수식어구가 삽입되는 경우는 문장에서 흔히 사용되는 구조니까 함정이라고 생각하지는 마세요.

(C) ask는 "~에게 부탁해서 ~하게 하다"라는 의미이기 때문에 목적어가 수행하는 행동은 주어가 부탁한 시점보다 이후 상황이 되거든요. 그래서 to 부정사로 표시하는 겁니다.

Tip 문제의 길이가 좀 길죠? 부담스럽다면 해석부터 하려는 의도가 있는지 생각해보세요. 출제자의 의도를 정확하게 파악해서, 구체적인 근거를 찾는다면 문제의 길이는 크게 관련이 없어요. 문제가 길면 문법적인 판단은 오히려 더 간단한 경우가 많으니까. 길다고 미리 긴장하지 마세요. 아무리 길어도 결국 빈 칸은 하나 같아요! 4번과 문법적 관점은 같다는 점을 생각하세요.

[해석] 배송 문제에 권한이 있는 모든 매니저들께서는 Marlboro 지역의 배송 운영을 개선할 제안서를 제출해 줄 것을 부탁 드립니다.

32. Heyes Industries Ltd. ***encourages*** its employees ------------ in its health-care program.

(A) particip<u>ation</u>
(B) participat<u>ing</u>
(C) particip<u>ant</u>
(D) to participate

(A) encourage는 보통 사람 명사를 목적어로 취해요. 물론 사물 명사를 목적어로 해서, "~을 장려하다"라는 의미도 가능해요. 그래서 participation을 목적어로 생각하면 구조도, 의미도 통할 것 같아요. 하지만 그렇게 되면 앞에 있는 employees는 형용사의 역할이 되기 때문에 복수형이 될 수 없어요.

(B) 앞에 이미 명사가 있기 때문에, 이 -ing는 동명사로 볼 수 없어요. 명사가 또 중복될 수는 없잖아요. 동사의 어미가 갖는 의미를 생각하지 않고 해석하면 가능할 것 같다는 생각이 들지도 몰라요. 하지만 -ing는 '동시성'을 의미하는 어미인데, encourage라는 연속성의 동사와 의미가 통하지 않아요.

(C) participant는 "참가자"라는 의미의 명사입니다. 그렇다면 앞에 있는 employees라는 사람 명사와 의미가 중복됩니다.

(D) encourage도 "~에게 용기를 줘서 ~하게 하다"라는 의미입니다. 당연히 encourage하는 상황 다음에야 목적어가 어떤 행동을 하겠죠!

Tip 보기에는 동사가 없어요. 그런데 바로 앞에 목적어인 명사가 있거든요. 그렇다면 두 개의 목적어를 요구하는 동사가 아니라면 빈 칸에 명사가 올 수는 없어요. 결국 to와 -ing라는 두 개의 어미를 구별하라는 문제로 범위를 좁힐 수 있어요.

[해석] Heyes Industries Ltd.에서는 직원들에게 회사의 건강 관리 프로그램에 가입할 것을 장려하고 있다.

---

22. We offer a variety of recreations, so we ------------ you ***to join*** any activities that you might be interested in.

(A) enforce
(B) discourage
(C) encounter
(D) encourage

(A) enforce는 "~을 실행하다"라는 뜻이거든요 그러니까 사람이 아니라, 사물이 목적어가 됩니다.

(B) discourage는 목적어가 사람이기는 하지만, "못하게 하다"라는 '금지, 방해'의 의미이기 때문에 목적어의 뒤에는 유사한 의미인 from이 연결됩니다.

(C) encounter의 목적어가 사람인 경우는 "우연히 마주치다"라는 뜻이거든요. 그래서 목적어의 뒤에 to 부정사가 연결될 이유가 없어요. 동사의 의미가 목적성이 없기 때문에, '목적'의 to 부정사로 볼 수도 없고요.

(D) 바로 앞의 32번 문제와 문법적인 관계는 동일하지 않나요? 32번은 encourage를 통해 to 부정사를 확인하라는 주문이었지만, 이번에는 그와 반대 방향으로 물어봤을 뿐이거든요. 어느 쪽으로 물어보건, 연결되는 관계를 정확하게 이해하고 있으면 문제가 없지 않을까요?

Tip 보기에 나온 단어들의 어근이 서로 다르다는 것에 주목하세요. 28번과 마찬가지로 일단은 어휘 문제로 판단할 수도 있겠지만, 문법적인 근거를 찾으려고 시도하는 것이 훨씬 유리해요.

[해석] 저희는 다양한 레크리에이션을 제공하고 있습니다. 관심이 있으시면 참여하시기를 권해드립니다.

13. Musicians complain that P2P websites ----------- music *to be* easily copied and sent over the Internet.

(A) makes
(B) allows
(C) shares
(D) imitates

(A) make는 사역 동사니까 뒤에 동사의 원형이 와야 하겠죠. 만일 make의 뒤에 to 부정사가 연결된다면 '목적'을 나타내는 경우인데, 의미상 주어는 make의 주어가 되거든요. 그런데 웹사이트가 복제되고, 전송되는 대상일 수는 없잖아요!

(C) share는 "공유하다"라는 의미이기 때문에 목적어의 다음에는 함께 공유하는 대상에 대한 정보가 with로 나타나요. 그리고 share는 시점의 의미가 없기 때문에 목적어의 뒤에 to 부정사가 있다면 '목적'의 의미로 이해해야 하는데, 그럼 역시 논리적으로 성립하지 않아요.

(D) imitate는 "~을 모방하다"라는 뜻이니까 시점의 의미가 없어요. 이런 경우에 목적어의 뒤에 오는 to 부정사의 그 목적어를 직접 설명하는 경우가 아니면, '목적'의 의미입니다.

(B) allow는 "~가 ~하는 것을 허락하다"라는 의미거든요. 그럼 허락을 받고 난 다음에 어떤 상황이 발생하게 되니까, 'allow someone to do'라는 구조로 그 의미를 담아내야 하는 것이죠.

Tip 이 문제도 역시 보기에 제시된 단어들의 어미는 모두 -s가 붙어있어요. 그래서 어근의 의미 차이를 구별하라는 어휘 문제로 생각할 수 있어요. 하지만 문법적인 연결 고리부터 확인하는 것이 우선입니다. 22번 문제와 같은 관점의 문제인데, 여러분이 접근하는 과정도 동일했는지 점검해보세요.

[해석] 음악가들은 P2P 웹사이트들 때문에 인터넷으로 음악을 쉽게 복사하고 전송할 수 있다고 불평하고 있다.

---

35. All recently hired staff *are required* ----------the orientation unless they *have made* other arrangements.

(A) to attend
(B) attend**ing**
(C) attend**ed**
(D) attend**ance**

(B) require의 뒤에 목적어로 동명사가 연결되는 경우는 가능해요. 그런데 attending이라는 동명사가 목적어라면 be -ed라는 수동태와 어울리지 않잖아요. 참고로 동명사를 목적어로 하는 경우는 수동태로 표현하지 않는 것이 원칙이고요.

(C) 뒤에 명사가 있기 때문에 이 -ed는 동사로 봐야 하지 않을까요? 그렇다면 이미 are라는 동사가 있기 때문에 동사가 있을 필요는 없는데요.

(D) -ance로 끝나는 단어들은 거의 예외 없이 명사입니다. 앞의 동사가 수동태인데, 명사가 연결될 수는 없지 않을까요? 게다가 뒤에도 명사가 있어요.

[해석] 최근에 채용된 직원들은 모두 별도의 약속이 없다면 오리엔테이션에 참석해야 합니다.

(A) 'require someone to do'라는 구조에서 목적어인 사람 명사를 주어로 활용한 수동태 문장입니다. 이 구조에서 능동과 수동의 차이는 요청을 하는 쪽과 요청을 받는 쪽이라는 관점의 차이일 뿐, 요청의 내용과는 아무 상관이 없어요. 그리고 능동과 수동이란 목적어까지만 구조가 달라질 뿐, 목적어 뒤는 아무런 변화가 없잖아요? 그러니까 수동태라고 해서 목적어의 뒤에 연결되던 to 부정사를 놓칠 이유는 없어요.

Tip 어근이 같은 단어들이 제시됐어요. D와 같은 명사형이 동사형 보기들 사이에 끼어 있는 것은 동사의 어미만으로 보기를 모두 만들기 힘든 탓이기도 해요. 어쨌든 이 질적인 요소가 보기에 있지만, 명사는 문장에서 주어나 목적어라는 명확하고도 제한적인 역할을 한다는 것을 분명하게 이해하고 대응 하자고요.

1. Chemical product manufacturer Chemakin announced its **plan to** ------------ for Chapter 11.

   (A) filing
   (B) files
   (C) file
   (D) filed

(A) 사실 우리말로는 -ing이건, to 부정사이건 쉽게 구별되지 않아요. 따라서 해석이 아니라, 영어의 용법을 고려해야 합니다. -ing가 연결되면 to는 전치사라는 말됩니다. 그런데 plan이라는 명사 뒤에 연결되는 전치사는 'of something'이나 'for someone'이거든요.
(B) to의 다음에 -s가 붙는 단어가 왔다면, 그 단어의 품사는 오직 명사입니다. 그럼 to는 전치사라는 말이 되는데, plan과는 어울리지 않아요.
(D) to의 뒤에 -ed만 연결되는 구조는 없어요. to와 어울릴 수 있는 동사의 원형도, 명사도 아니거든요.

(C) plan은 "계획하다"라는 동사로 쓰일 때나, "계획"이라는 명사일 때나 앞으로의 일을 대상으로 하는 기본 개념은 동일해요. 그래서 동사일 때와 마찬가지로 명사로 쓰인 plan의 뒤에는 to 부정사가 연결됩니다.

Tip 빈 칸의 바로 앞에 to가 있고, 어근이 동일한 보기가 있다는 점을 활용하세요. 즉 to의 뒤에는 -ing나 동사의 원형이 연결되겠죠? 그리고 그런 경우라면 변별적 요소는 그 앞에 있는 단어였고요! 이번에는 명사가 그 단서가 되는 유형일 뿐입니다.

[해석] 화학 제품 제조업체인 Chemakin에서는 파산 신청을 할 계획이라고 발표했다.

16. These days a lot of business is transacted online, so there is a growing need for the **ability** ------------ on the Internet.

    (A) to interacting
    (B) of interacting
    (C) to interact
    (D) interacting

(A) ability의 뒤에 전치사 to가 연결되는 표현은 없어요.
(B) 상당히 조심해야 하는 보기입니다. 유사한 의미인 capability의 뒤에는 of -ing로 연결되는 표현이 있거든요. 하지만 ability는 for나 in은 가능하지만, of과 함께 쓰지는 않아요.
(D) 이 -ing를 동명사로 이해하면 명사인 ability와 연결되지 않아요. 분사로 이해한다면 ability가 의미상 주어가 되는데, "능력" 자체가 행위자가 되기에는 논리적이지 않아요.

(C) "~에게 능력을 줘서 ~할 수 있게 하다"라는 의미인 'enable someone to do' 처럼 'the ability'의 뒤에도 여전히 to 부정사가 연결됩니다! "능력"이란 기본적으로 앞으로 할 일에 대한 판단이라고 이해하면 되지 않을까요? 참고로 부정어인 inability의 뒤에도 역시 to 부정사가 연결됩니다!

Tip 역시 빈 칸의 바로 앞에 명사가 있는 것에 주목하세요. 이런 경우라면 뒤에 오는 어구는 to 부정사이거나, 전치사이거나, 혹은 분사가 되거든요. 품사가 달라진다고 해서 의미 자체가 달라지는 것은 아니라는 점을 활용해서, 일정한 흐름으로 이해하세요.

[해석] 요즘에는 많은 업무들이 온라인 상으로 거래가 이루어진다. 따라서 인터넷으로 상호업무를 할 수 있는 능력이 더욱 필요하다.

39. When entering the building, ***failure*** ------------ unauthorized storage units **will result** in confiscation.

(A) declare
(B) declar**ing**
(C) to declare
(D) declarat**ion**

(A) will result라는 동사가 이미 있으니 동사가 필요한 상황이 아닙니다. when은 접속사이기는 하지만, 뒤에 있는 entering이 동사가 아니기 때문에 동사를 연결하는 기능이 아니라, 의미의 명확성을 위한 장치일 뿐입니다. 그래서 접속사의 개수에 포함시키지는 말아야 해요.
(B) -ure는 사물 명사에 적용되는 어미입니다. 물론 동명사의 의미상 주어는 -'s라는 어미로 표시하는데, 사물 명사인 경우에는 이 소유격을 쓸 수 없으니까, 그냥 명사형이 됩니다. 하지만 논리적으로 "실패"가 "신고하다"의 행위자가 될 수는 없잖아요!
(D) 앞에도 명사, 뒤에도 명사! 그런데 또 명사! 대체 나보고 어떻게 하라는 말인가요?

(C) "~하지 못하다"라는 의미의 동사인 fail은 뒤에 to 부정사가 연결됩니다. 그렇다면 그 동사의 명사형 다음에도 역시 to 부정사가 연결되는 것은 당연하지 않을까요?

Tip 어근이 비슷한 단어들이 제시되었으니 각각의 품사를 정확하게 판단해야죠. -ing는 오직 동사에만 결합하니까, 그 어미를 뺀 (A)의 declare는 동사라고 추론할 수 있겠죠! 그럼 동사가 필요한지 먼저 확인해야죠! 그리고 (D)의 -ion은 명사형 어미입니다.

[해석] 건물에 들어올 때, 승인 되지 않은 저장 장치를 신고하지 않으면 압수됩니다.

9. The car manufacturer lost its reputation in an unsuccessful ------------ ***to conceal*** the defect of the new hybrid model.

(A) result
(B) avoidance
(C) attempt
(D) opposition

(A) result는 "결과"라는 의미인데 그 이후의 상황이 또 제시되기는 힘들지 않을까요? 명사인 result의 다음에는 to 부정사가 아니라, of이 연결됩니다.
(B) 동사인 avoid는 미래성을 나타내지 않기 때문에 to 부정사와 어울리지 않아요. 같은 맥락에서 명사형인 avoidance의 뒤에도 to 부정사가 아니라, of으로 연결해요.
(D) "반대하다"라는 의미를 갖는 표현들은 기본적으로 다음에 반대하는 대상이 제시되어야 논리적으로 충족됩니다. 그 대상을 나타내는 전치사가 바로 to 입니다. 그래서 object, be opposed, objection, opposition 모두 뒤에는 to가 나와요. 그리고 이 to는 전치사니까 명사가 연결되어야 마땅하죠!

(C) "시도하다"라는 의미인 attempt는 동사로도, 명사로도 활용됩니다. 물론 미래 지향적인 의미이므로 다음에는 to 부정사가 연결됩니다. 동사일 때도! 명사일 때도요!

Tip 이 문제도 역시 어근이 다른 명사들이 제시되고 있어요. 해석을 시도해도 좋겠지만, 빈 칸의 주변에서 문법적인 근거를 찾아보려고 시도해 보세요. 바로 앞에 있는 39번의 경우와는 반대로 빈 칸 뒤에 있는 to 부정사를 근거로 해서 판단해 보세요.

[해석] 그 자동차 제조업체는 하이브리드 신모델의 결함을 감추려는 시도가 성공하지 못하면서 명성을 잃었다.

25. Our recent ----------- *to improve* production efficiencies have focused on the introduction of the state-of-the-art automation technologies.

(A) suggestions
(B) anticipations
(C) efforts
(D) considerations

(A) "제안, 암시"라는 뜻인 suggestion의 뒤에는 for, about, on 등의 전치사나 that절이 연결됩니다.

(B) 조심해야 하는 단어입니다. anticipate라는 동사일 때처럼 to 부정사와 어울리지 않아요. of으로 연결하세요.

(D) consideration은 "고려, 심사숙고"라는 의미로 뒤에는 to부정사가 아니라 for나 of이 어울려요. 물론 동사형인 consider의 뒤에도 to 부정사가 연결되지 않아요.

(C) '노력'이라는 말은 미래의 상황에 대한 현재의 행동을 의미하잖아요? 그래서 effort를 비롯해서 try, endeavor처럼 유사한 맥락에 있는 표현들 모두 노력의 목표 지점인 미래의 상황을 담아내는 to 부정사가 뒤에 연결되는 것이죠.

Tip 방금 본 9번 문제와 유사한 상황이죠? 보기가 모두 명사입니다. 이번에도 빈 칸의 뒤에 있는 to 부정사와 연결될 수 있는 문법적 친화력이 있는 명사를 고르려고 시도해보는 겁니다. 일관되게 말이죠!

[해석] 생산 효율성을 개선하려는 우리의 최근 시도는 최신 자동화 기술을 도입하는 것에 초점을 두고 있다.

29. Mr. Kundera is described as a wise leader with the ----------- *to reach* an agreement among the conflicting parties.

(A) compatibility
(B) ability
(C) reliability
(D) vulnerability

(A) compatibility는 "공존 가능성"이라는 뜻입니다. 그래서 다음에는 형용사인 compatible일 때와 마찬가지로 with와 어울려요. to 부정사가 연결되지는 않아요.

(C) reliability는 "신뢰성"이라는 의미인데, 미래 시점과는 논리적인 접점이 없어요. 그래서 to 부정사가 아니라, 전치사 of이 연결됩니다.

(D) vulnerability는 "취약함"이라는 뜻인데, 다음에 to가 연결되기는 해요. 하지만 그 to는 부정사가 아니라, 전치사입니다. 즉 어떤 대상에게 취약한지를 나타내는 정보가 연결되는 것이죠. 그래서 앞에서 설명했듯이 to가 연결된 표현은 처음부터 to의 성격을 구별해서 입력해야 하는 겁니다.

(B) 16번에서는 빈 칸의 앞에 있는 the ability를 단서로 해서, to 부정사를 판단했거든요. 그렇다면 이 문제는 질문의 방향만 반대일 뿐 문법적인 연결 관계는 차이가 없잖아요? 그렇다면 난이도나 어휘력이 아니라, 문제에 접근하는 방식에서 실마리를 찾아야 하지 않을까요?

Tip 보기에 제시된 단어들은 모두 -bility라는 어미가 결합된 명사들입니다. 무작정 하나씩 대입하면서 의미가 통하는 것을 찾아도 정답을 고를 수는 있을 겁니다. 하지만 그것은 상대의 정보를 받아들이는 쪽이거든요. 자신의 의사를 전달하려고 할 때, 즉 독해와는 반대 방향으로 적용할 때는 표현하는 방식을 모르면 온전하게 활용할 수 없어요.

[해석] Kundera는 갈등 관계인 당사자들 사이에서 합의를 끌어내는 능력을 갖춘 현명한 지도자라는 평가를 받고 있다.

11. We will be *able* ----------- the **bluetooth speaker** you ordered last Monday in three days at the latest.

(A) to deliver
(B) deliver**ing**
(C) deliver**y**
(D) to be deliver**ed**

(B) 이 -ing를 이해할 수 있는 방법이 없어요. -ing는 동명사 아니면 분사인데, 동명사라고 하면 형용사 able의 수식을 받을 수가 없고요. 분사라면 형용사의 역할인데, 그 앞에 분사의 수식을 받을 수 있는 명사도 없거든요.

(C) able은 "할 수 있는"이라는 의미이므로, 주로 생명이 있는 대상에게 적용하는 형용사입니다. 그래서 delivery를 수식하기에는 어색해요. 게다가 뒤에 명사가 있어서, 빈칸에 명사가 또 나올 수도 없겠죠.

(D) 분사를 공부할 때를 대비해서 능동과 수동은 항상 신경 쓰세요. be -ed는 목적어가 없다는 표시잖아요!

(A) 명사 ability, 동사 enable과 같은 맥락이지만, 품사만 다른 able이라는 형용사 뒤에도 to 부정사가 연결되는 것은 당연하지 않을까요? 품사가 변하더라도 일관된 관점을 갖고 문제에 접근했는지 점검해 보세요.

Tip (C)의 명사를 제외하면 모두 준동사 형태의 보기입니다. 그렇다면 빈 칸의 왼쪽에서 연결되는 어구를 적극적으로 찾아보는 것이 제일 먼저 해야 할 일이죠. 바로 앞에 형용사가 있다는 것이 절대적인 단서가 되겠네요. 16번과 29번에서 the ability라는 명사와 to 부정사의 관계에 대해 공부했던 것을 이해했다면, 동일한 시선으로 봐야 하지 않을까요?

[해석] 지난 월요일에 주문하신 블루투스 스피커는 늦어도 3일 이내에 배송해드릴 것입니다.

---

33. This manual is *designed* to ----------- **a clear definition** of when our databases get updated and who has the responsibilities for the updates.

(A) provid**ing**
(B) provid**ed**
(C) provis**ion**
(D) provide

(A) to를 전치사로 생각하면 -ing 붙은 것도 납득이 되고, 해석을 해봐도 의미가 전달됩니다. 하지만 우리말 해석이 아니라, 영어의 규칙이 우선이라고 했죠? be designed는 "~하기로 계획되다, 고안되다"라는 의미거든요. 즉 이후의 용도나 목적을 설정하고 있는 것이죠. 그래서 이 to는 동사의 원형이 연결되는 미래성의 부정사로 이해해야 정확해요.

(B) 이렇게 to가 빈 칸의 앞에 나오는 경우에는 출제자가 보여줄 수 있는 문법적인 형태가 더 적어요. 그래서 to의 뒤에 -ed가 붙은 형태를 자꾸 반복할 수 밖에 없는 것이죠. to 뒤에 -ed는 명사를 수식하는 형용사일 때나 가능해요. 그런데 뒤에 관사가 나오잖아요? 형용사가 관사의 앞에 올 수는 없으니까 수식관계도 성립할 수 없죠!

(C) 뒤에 이미 명사가 있는데, 명사를 또 나열하겠다고요? 대체 왜요?

(D) '예정, 계획, 일정' 등을 나타내는 단어들은 모두 미래 지향적이라는 점은 이해할 수 있을 거예요. 그래서 plan, schedule, bound와 같은 단어들과 to 부정사가 서로 어울리는 것이죠. 다양한 품사의 단어들이 일정한 모습으로 to 부정사와 연결되는 맥락을 파악하세요.

Tip designed와 연결되는 적절한 형태의 준동사를 찾으라는 문제입니다. 형용사의 바로 뒤에 수식 받는 명사가 나오지 않는 경우에는 다양한 어구들이 연결될 수 있어요. 그런데 지금처럼 준동사를 선택하라는 문제인 경우에는 사실 걱정할 필요가 없어요. 원칙적으로 형용사의 뒤에 나올 수 있는 준동사는 오직 to 부정사 밖에 없거든요. 동명사는 형용사의 뒤에 올 수 없고, 분사 역시 형용사의 뒤에서 수식하는 용법은 존재하지 않으니까요.

[해석] 이 매뉴얼은 우리의 데이터베이스가 업데이트를 하는 시기와 업데이트의 책임자를 명확하게 밝히기 위해 고안된 것이다.

17. Copyright laws requires that *it* is illegal **to** ----------- **the contents** of this book without permission.

(A) copying
(B) be copied
(C) copied
(D) copy

(A) -ing가 오면 to는 전치사가 되는데, 그러면 명사어구가 아니죠. 명사에 전치사가 결합되면 형용사나 부사로 쓰이니까요. 그럼 it의 역할을 설명할 수가 없어요. 적절한 선행사도 없고요.

(B) 뒤에 명사가 있는데, 수동형이면 앞뒤가 맞지 않아요.

(C) 빈 칸의 뒤에는 명사가 있어요. 그렇다면 -ed는 과거 동사라는 말이 되거든요. 능동의 구조니까요. 그러면 앞에 있는 to와 연결될 수 있는 방법도 없어요. 또 requires와 is라는 동사를 접속사 that이 연결하고 있으니까, 동사가 올 자리도 아니고요.

[해석] 허락을 받지 않고 이 책의 내용을 복사하는 것은 불법이라고 저작권법에서 규정하고 있다.

(D) Part 5는 문제마다 개별적인 소재를 다루기 때문에 지금처럼 문장의 주어 자리에 it이 오면 가주어인 경우가 대부분입니다. it이라는 대명사가 지칭할 대상이 그 앞에 제시되지 않으니까요. 가주어란 원래 주어 역할을 하던 to 부정사가 뒤로 도치되고, 그 자리를 표시하는 장치입니다.

Tip 역시 준동사의 종류를 선택하는 문제입니다. 가주어 it의 용법을 이해하고 있으면 쉽게 해결할 수 있겠지만, 워낙에 it과 to 부정사는 다소 멀리 떨어져있기 때문에 연결 관계가 잘 보이지 않을 수 있어요. 항상 대명사의 선행사를 찾으려고 시도하면, 독해력을 늘리는 데에도 도움이 될 거예요. 또 가주어의 특징 중 하나는 it이 나타내는 의미가 없기 때문에 연결되는 동사도 is가 대부분이라는 겁니다.

27. The addition of another sponsor will make *it possible for our band* ----------- the charity concert for the homeless next month.

(A) to throw
(B) throwing
(C) throw
(D) throws

(B) 일반적으로 동명사는 가주어나 가목적어로 대신 표시하지 않아요. 명사, 형용사, 혹은 부사로 다양하게 활용되는 to 부정사와 달리, 동명사는 주어나 목적어로 역할이 제한되기 때문에 도치된다 해도 혼동할 여지가 적거든요.

(C) "앞에 make가 있으니까, 사역 동사를 물어보는 것 아닌가요?"라고 생각하셨나요? 사역 동사의 기본 표현 구조는 'make + 명사 + 동사의 원형'이고, 동사의 원형이 목적 보어로 사용되는 형식이거든요. 지금은 possible이라는 형용사가 이미 보어로 쓰이고 있으니까 사역 동사가 아닌 겁니다. 그러면 원형을 쓸 이유도 없겠죠!

(D) 이미 will make라는 동사가 있으니까 동사가 또 필요하지는 않겠죠.

[해석] 후원자를 한 명만 더 추가하면 다음달에 우리 밴드가 노숙자를 위한 자선 음악회를 열 수 있을 것이다.

(A) 'make it possible to do'라는 가목적어의 가장 대표적인 표현이 등장했어요. 하지만 it이 가목적어라는 결론을 무작정 끌어내기 보다 과정을 생각해봐요. sponsor는 사람 명사니까, it으로 대신할 수 없어요. 그리고 addition을 지칭한다면 주어와 같으니까 itself가 됐어야 하거든요. 결국 왼쪽에서 it의 흔적을 찾을 수 없으니 오른쪽을 확인해보는 것이죠.

Tip 가목적어의 용법을 묻는 문제입니다. 핵심은 그런 의도를 어떻게 빨리 파악하고, 구체적인 규칙을 적용하느냐이겠죠. 사실 문제를 풀어야 하는 사람들의 입장에서는 "이 문제는 무엇을 물어보는 것이다"라는 다소 여유 넘치는 충고보다는 "무엇을 물어보는지를 찾아내는 방법"이 더 다급하고 근본적인 과제가 아닐까요? 사실 그것만 파악되면 훨씬 쉬워지거든요. 가목적어는 대부분 make와 함께 쓰여요. 간혹 find나 consider가 쓰이는 경우도 있고요.

5. It doesn't take a long time ----------- early adapters **to respond** to changes in digital technology.

(A) for
(B) with
(C) by
(D) about

(B) with가 사람 명사와 쓰이면 주로 "함께"라는 의미를 가져요. 그런데 앞에는 누구와 함께인지 그 정보가 없어서 의미가 연결되지 않아요.
(C) by에는 행위자를 나타내는 의미가 있으니까 부정사의 의미상 주어로 가능할 것이라고 생각할 수도 있어요. 하지만 'be -ed by ~'라는 수동태 구조에서도 알 수 있듯이 행위자를 나타낼 때 by는 일반적으로 그 동작의 뒤쪽에 오거든요.
(D) 사람 명사의 앞에 about이 오면 주로 "~에 대해"라는 의미로, '걱정'의 대상이나 '대화, 생각' 등의 소재를 나타내거든요. 그런데 지금 앞에는 그와 어울릴만한 어구가 없어요.

(A) 모든 동사의 앞에 주어가 있듯이, 모든 준동사의 앞에는 의미상 주어가 있어요. 문장의 주어와 동일해서 생략되는 경우가 아니면 의미상 주어가 드러날 수 밖에 없어요. 부정사의 의미상 주어는 문장의 목적어이거나, 전치사 for로 표시하는 것이 원칙입니다.

Tip 부정사의 의미상 주어로 쓰이는 전치사를 묻는 문제입니다. 이 문제는 명확한 특징이 있어요. 물론 보기가 모두 전치사로 구성되어 있고요.
일반적으로 전치사는 앞에 있는 특정어구와 연결되는 구조를 갖거든요. 하지만 의미상 주어란 뒤에 있는 준동사와 관련된 표시이기 때문에 앞에는 연결될 수 있는 단어가 있을 수가 없어요.
굉장히 간단할 수도 있지만, 숙어로 전치사를 암기해서는 찾을 수 없기 때문에 무척 난감할 수도 있는 유형입니다.

[해석] 얼리 어댑터들이 디지털 기술의 변화에 대응하는 데는 오래 걸리지 않는다.

---

23. Ms. Larkin **decided** to move to a new apartment, **because** her neighbors **continued** ----------- a lot of noise through the night.

(A) to mak<u>ing</u>
(B) made
(C) to make
(D) makes

(A) to 부정사와 동명사를 모두 활용하는 단어들의 목적어로 이처럼 to -ing라는 정체불명의 표현은 곤란해요. 게다가 이러면 to가 전치사가 되는데, 'to -ing'라는 전치사구는 목적어가 될 수 없잖아요!
(B) 이 made는 대체 뭘까요? decided와 continued라는 동사를 연결하는 because가 있으니 과거 동사는 아니겠고요. 뒤에 명사가 있으니 수동의 과거분사도 아니고요!
(D) 동사 자리가 아니라는 점을 또 말할 필요는 없겠죠? 사실 make가 명사로 쓰일 수도 있어요. 영어의 동사는 대부분 명사로도 활용되거든요. 하지만 지금은 뒤에 있는 명사와 충돌해요.

(C) continue의 뒤에는 to 부정사도, 동명사도 모두 가능해요. 두 가지 표현의 차이가 없으니까, 항상 문제를 통해 두 가지로 모두 표현하는 훈련을 하도록 하세요.

Tip to 부정사와 동명사를 모두 목적어로 받을 수 있는 동사들도 있어요. 주로 "시작, 계속"의 의미를 나타내는 'start, begin, continue'는 의미상 차이가 전혀 없어요. 그리고 "좋아하다, 싫어하다"라는 의미인 'like, love, prefer, hate'는 '일반적 상황' 혹은 '특정한 상황'이라는 약간의 의미 차이가 있기는 해요.

[해석] Larkin은 새 아파트로 옮기기로 결심했다. 계속해서 이웃 사람들이 밤새도록 무척 소란스러웠기 때문이었다.

10. ----------- *video* a wide view, set the 'panorama' mode, and push the red button located on the top of the body.

(A) If
(B) To
(C) For
(D) In order

(A) if는 접속사이기 때문에 다음에는 반드시 주어와 동사가 있어야 합니다.
(C) for는 전치사이기 때문에 뒤에는 명사가 와야 해요. video를 명사로 이해하면, 뒤에 있는 명사와 연결될 방법이 없어요.
(D) in order의 뒤에는 to 부정사나 that 절이 연결됩니다. 주어도 아닌데 동사의 앞에 이렇게 버티고 있으면 민폐입니다.

(B) '목적'의 의미는 오직 to 부정사만 가능해요. '목적'이라는 말이 기본적으로 미래의 상황을 나타내는 것이잖아요. 종종 for와 혼동을 하는 데, for는 주로 '일반적인 목적이나 용도'의 의미를 나타내고, -ing보다는 명사와 주로 쓰여요

Tip 주절의 앞에 comma가 있는 것에 주목하세요. 이렇게 comma로 분리될 수 있는 경우는 오직 부사어구 뿐입니다. to 부정사가 지금처럼 주절의 앞에 오는 경우에는 몇 가지 관용적 표현을 제외하고는 모두 "~하기 위해"라는 '목적'의 의미로 이해하세요.

[해석] 와이드 뷰로 녹화하려면, '파노라마' 모드로 설정하고, 본체의 상단에 있는 빨간 단추를 누르세요.

31. The store **is *holding*** a stock of summer clothing in clearance sale **to** ----------- **room** for the new autumn collection.

(A) mak*ing*
(B) make
(C) mak*es*
(D) made

(A) 전치사 to와 연결되는 표현이 앞에 없어요. 구체적으로는 앞에 목적어나 동사 둘 중 하나와 의미가 연결되어야 하거든요. hold와 전치사 to는 어울리지 않아요.
(C) is라는 동사가 있어요. 접속사가 없으니까, 동사가 또 나올 수는 없어요. 게다가 to 뒤에 -s가붙은 단어라면 명사 밖에 없잖아요! 근데 뒤에 room이라는 명사가 이미 있거든요.
(D) 동사의 자리는 아닌데, 뒤에 명사가 있으니 수동일 수도 없고!

[해석] 가을 신상품을 진열할 공간을 만들기 위해 그 매장은 여름 재고품을 대폭 할인해서 판매하고 있다.

(B) 앞에 있는 어구들 중에는 지금까지 공부했던 to 부정사를 요구하는 특정한 단어가 없어요. 그러면 동사를 확인하세요. '목적'이란 행동의 원인이기도 하니까, 보기에 제시된 동작과 논리적인 인과 관계가 성립하는 지 확인하세요. "공간 확보"가 "할인 행사"의 이유가 될 수 있겠죠.

Tip '목적'의 의미로 쓰이는 to 부정사의 위치는 주로 두 군데입니다. 첫째는 10번처럼 문장의 맨 앞에서 comma로 분리되는 알기 쉬운 경우이고요. 둘째는 문장의 뒤에 오는 유형인데요. 이런 경우는 plan, effort, ability, encourage, enable처럼 미래 시점과 연결되는 특정한 단어와 어울리는 것이 아니라서 일정한 패턴으로 파악하기 쉽지 않을 수 있어요.
결국 문맥으로 판단해야 하는데 '목적'의 의미로 쓰일 때를 부사적 용법이라고 하는 것은 동사를 수식하기 때문입니다. 또 '목적'의 경우에 의미상 주어는 앞에 있는 명사가 아니라, 문장의 주어라는 점들을 참고해서 논리적으로 생각하세요.

19. Next Tuesday, Mr. Logan **will fly** to Shanghai ------------ with the Chinese delegation.

(A) met
(B) meet<u>s</u>
(C) to meet
(D) meet<u>ing</u>

(A) 접속사가 없으니 met은 과거 동사가 아니겠죠. 그럼 과거 분사니까 형용사라는 말이거든요. 그렇다면 수식을 받는 명사가 Shanghai가 되기 때문에 의미가 통하지 않아요.
(B) will fly가 이미 있어요. 그런데 접속사는 없으니까 동사 자리가 아니죠.
(D) -ing는 주로 동시적인 상황이나, 이전 시점의 상황을 나타내거든요. 그럼 fly와 meet라는 동작의 선후관계가 꼬이잖아요. 물론 -ing가 담당하는 구조적 역할인 명사나 형용사가 올 수 있는 자리가 아니라는 점도 고려하세요.

(C) 앞에 있는 Shanghai라는 명사는 '장소'의 의미일 뿐, 시간 개념과는 아무 상관이 없어요. 그리고 동사인 fly도 역시 이런 의미와 관련이 없고요. '목적'의 의미로 해석하려는 선입견을 갖지 말고, 'fly and meet'라는 연속성의 의미로 내려가면서 이해하면 to가 갖는 '미래성'의 의미도 더 쉽게 익숙해지지 않을까요? 훨씬 더 빠르고, 자연스럽게 해석하게 되는 것은 덤으로 받는 선물이고요.

Tip '목적'의 의미를 나타내는 to 부정사가 문장의 뒤쪽에 주로 오는 경우도 사실 '연속 동작'이라는 관점에서 이해하세요. 결국 '목적'이라는 것은 동사의 시점보다 이후의 상황을 나타내는 것이잖아요.

[해석] 다음 화요일에 Logan는 중국 대표단을 만나기 위해 항공편으로 상하이로 갈 것이다.

---

18. The company **is** about to *discontinue* ------------ **vans and trucks** at the Detroit factory.

(A) manufacturing
(B) manufac<u>t</u>ure
(C) <u>t</u>o manufacture
(D) manufactured

(B) -ure로 끝나는 단어는 주로 명사로 쓰입니다. 그런데 지금은 -ing, -ed가 붙은 보기가 있는 것으로 보아 동사로도 활용된다는 점을 짐작할 수 있어요. 하지만 명사라면 뒤의 명사와 충돌하고, 동사라면 is라는 동사와 중복되네요.
(C) to 부정사를 쓰면 discontinue 이후에도 manufacture라는 동작이 발생한다는 말이 되니까 "중단"이라는 말과 논리적으로 연결되지 않아요.
(D) -ed를 뒤에 있는 명사를 수식하는 분사로 본다면 일단 구조는 성립할 수 있어요. 하지만 그러면 discontinue의 목적어가 vans and trucks가 되거든요. 자동차 자체를 중단하는 말은 논리적으로 성립될 수 없잖아요.

(A) "어떤 행동을 멈추다"라는 말은 그 이후의 동작이 없다는 의미잖아요. 즉 미래의 의미가 아니라, 멈추는 순간 진행되던 동작도 끝이 되는 동시적인 상황을 나타낸다는 점에서 -ing가 연결됩니다. '완전 정지'를 의미하는 'stop, finish, discontinue, give up, quit'과 '일시 정지'를 나타내는 'delay, postpone, put off' 등이 이런 범주에 속하는 동사들입니다.

Tip 동명사를 목적어로 하는 동사에 대한 이해를 물어보는 문제입니다. 동명사의 역할 중에서 특정 단어들과 함께 익혀두어야 하는 경우인데, 이런 부류의 동사들이 그렇게 많지는 않으니까, 잘 챙겨두세요. 물론 '동시성' 혹은 '과거 지향'이라는 -ing의 기본 개념을 마음에 담고 말이죠.

[해석] 그 회사는 Detroit 공장에서 밴 승용차와 트럭의 생산을 중단할 예정이다.

34. The analysts at Westlake Investment **took** every possible means to research the Chinese chemical company they *considered* ------------ in.

(A) to invest
(B) investing
(C) invest
(D) invested

(A) consider는 동시적인 상황을 의미하기 때문에 미래성을 나타내는 to 부정사를 목적어로 하지 않아요.

(C) took과 considered라는 동사가 있고, 이를 연결하는 관계 대명사 which가 they의 앞에 생략됐어요. 따라서 동사가 올 수는 없어요. 게다가 모두 과거 시제인데, 혼자만 현재가 될 정당한 근거, 즉 시간어구도 없고요.

(D) 목적격 관계 대명사 which가 있다는 말은 invest가 수동이 될 수는 없다는 말이잖아요. which가 바로 목적어의 역할이니까요. 그렇다고 동사 자리도 아니고요.

(B) consider, imagine, suggest, anticipate 처럼 말하는 동시의 상황을 나타내는 동사들은 역시 -ing를 목적어로 해요. 특히 anticipate는 expect와 유사한 의미이지만, expect와 달리 to 부정사가 아니라, -ing가 목적어라는 점을 주의하세요. 우리말로 해석해서는 도저히 감을 잡을 수 없는 부분이거든요.

Tip 특정한 동사와 어울리는 준동사의 형태를 선택하라는 문제거든요. 수동의 경우를 물어보지 않는 이상, 준동사의 형태를 결정하는 요소는 오직 앞에 있는 특정한 어구라는 점을 적극적으로 활용하세요.

[해석] Westlake Investment의 분석가들은 모든 수단을 동원해서 투자를 고려하고 있는 중국의 화학 회사를 조사했다.

12. The inspectors **found that** the factory manager **had failed** to take necessary care *in* ------------ quality control.

(A) monitoring
(B) monitor**ed**
(C) **was** monitoring
(D) **had** monitored

(B) 과거 분사로 생각해서 "감독된 품질 관리"라고 생각할 지도 모르겠어요. 그러면 이미 care가 필요 없는 상태가 아닐까요?

(C) 전치사 뒤에 동사가 올 수는 없어요. 게다가 found와 had failed, 그리고 that이 있어서 동사 자리도 아니고요.

(D) had는 뒤에 과거 분사가 왔으니까 완료를 나타내는 조동사입니다. 그런데 보조 동사는 모두 동사를 보조하거든요. 즉 동사의 자리가 아니면 보조 동사도 존재 이유가 없어요.

(A) 거의 모든 전치사의 뒤에는 to 부정사가 아니라, -ing가 결합되기 때문에, 특정 단어를 암기할 필요는 없어요. 단지 전치사에 해당하는 단어들의 목록을 기억해두는 것으로 충분해요. 개별 단어가 아니라 전치사 집단에 공통적으로 적용되는 조항이니까요.

Tip 역시 준동사와 동사가 제시된 보기라는 점을 포착하는 것이 우선입니다. 그 다음 동사 자리가 아니라는 점에서 준동사의 형태라는 다음 단계로 초점을 좁히는 것이고요. 그러면서 앞에서 판단의 근거를 찾으면 되는 것이죠. 전치사에 연결되는 준동사는 -ing입니다. except는 다음에 to 부정사가 연결되는 경우가 있지만, 그 외의 전치사들은 to 부정사와 연결되지 않아요.

[해석] 조사관들은 공장 책임자가 품질 관리를 감독하는 데 필요한 주의를 기울이지 않았다는 점을 밝혀냈다.

26. The Internet **makes** it possible for buyers and sellers all over the world to trade with one another ***without actually*** ------------ together.

(A) meet
(B) meeting
(C) to meet
(D) a meeting

(A) 혹시 without이라는 전치사를 놓쳤다고 하더라도, 동사가 makes 밖에 없으니까 동사가 올 수는 없어요. without을 접속사로 오해하는 경우도 많은데, 그렇다면 뒤에는 동사가 아니라, 주어부터 있어야 하지 않을까요? 그래서 어떤 단어를 모른다고 무작정 짐작하지 말고, 그에 대한 규칙을 적용해서 확인하세요! 그게 복습이거든요.
(C) to 부정사도 분명 명사의 용법이 있긴 하지만 전치사의 뒤에서는 쓰지 않아요. to 부정사의 to가 원래 전치사였으니 상당히 어색하지 않겠어요?
(D) 관사가 있으니까, meeting은 명사겠군요. 그러면 전치사의 뒤니까 가능하다고 생각할 수도 있지만, 바로 앞에 왜 부사가 있는지 생각해봐요. 부사가 명사를 수식하지는 않겠죠?

(B) without도 전치사에 속하는 단어이기 때문에 뒤에는 -ing나 명사가 목적어로 와야 해요. 전치사의 뒤에 오는 경우에는 to와 -ing가 갖는 시점의 차이가 상당히 희석되기 때문에 전치사에 해당하는 단어들을 충분히 기억해두는 것이 좋아요.

Tip 전치사의 뒤에 오는 준동사의 형태를 물어본다는 점에서는 12번과 같아요. 다만 준동사를 수식하는 부사가 추가되면서 둘의 거리가 조금 더 멀어졌다는 차이가 있을 뿐이죠. 이렇게 수식어구나 삽입어구로 둘 사이의 거리가 멀어져도, 전치사와 동명사의 문법적인 관계는 약해지지 않아요.

[해석] 인터넷으로 전세계의 구매자와 판매자가 실제로 만나지 않고서도 서로 거래를 하는 것이 가능해졌다.

40. The security personnel **checked** visitors' identification cards at the front gate ***prior to*** ------------ them into the factory.

(A) allow
(B) allowing
(C) allow<u>s</u>
(D) allow<u>ed</u>

(A) senior, superior, inferior처럼 prior도 라틴어에서 유래된 형용사로 비교의 의미를 품고 있어요. 그래서 뒤에 오는 to는 비교 대상을 나타내는 전치사이지, 이후의 동작을 나타내는 to 부정사가 아닙니다.
(C) 동사는 checked 하나 밖에 없기 때문에 동사가 필요한 자리가 아닙니다.
(D) 뒤에 명사가 있으니까, -ed는 과거인데 동사 자리가 아니거든요.

[해석] 공장으로 들어가기 전에 보안 요원이 정문에서 방문객들의 신분증을 검사했다.

(B) prior to는 "~이전에"라는 의미이기 때문에 해석상으로는 동사보다 이후의 상황을 나타내니까 to 부정사로 써도 맞지 않겠냐고 생각할 수도 있어요. 하지만 prior to는 그 이전의 상황을 나타내는 쪽에 무게 중심을 둔 표현이거든요.

Tip 전치사의 뒤에 연결되는 준동사를 물어보는 문제라는 문법적인 관점은 12번, 26번과 같아요. 다만 그 전치사가 to라는 점만 달라요. 아무래도 to의 이중적인 성격 때문에 다른 전치사들보다는 좀 더 조심할 필요는 있어요.
to 부정사를 공부할 때처럼 to의 뒤에 doing 또는 something이라는 말을 붙여서 덩어리로 입에, 눈에 익혀두세요. 내 입에서, 내 손에서 올바른 형태가 나오면 전치사라는 용어에 지배당할 필요는 없거든요. 결국 써먹기 위해 공부하는 것이니까요. 그래야 TOEIC도 제 자리를 찾고, 여러분들이 받은 점수도 고스란히 노력의 결과로 인정받겠죠.

6. The Internet **provides** a whole new world for shoppers **who are** *accustomed to* ------------ to a market.

   (A) go
   (B) going
   (C) go<u>es</u>
   (D) <u>be</u> going

(A) "익숙하다"는 표현이 논리적이기 위해서는 무엇에 익숙한지 그 대상을 연결해야 합니다. 그래서 뒤에 오는 to는 대상을 나타내는 전치사로 이해해야 옳아요. 그러니 동사의 원형을 쓸 수는 없지요.
(C) provide와 are라는 두 개의 동사, who라는 접속사, 그럼 동사 자리는 아니죠!
(D) 전치사의 뒤에 동사의 원형은 가까이 하기에는 너무도 먼 사이입니다!

[해석] 인터넷은 시장에 직접 가는 것에 익숙한 소비자들에게 전혀 다른 세상을 제공하고 있다.

(B) "~에 익숙하다"라는 말은 현재의 상황을 대상으로 하는 표현이지, 앞으로의 행동에 대한 의미는 아니거든요. 이런 맥락에서 뒤에 to 부정사가 연결되지는 않아요. 형용사의 뒤에 오는 to가 무조건 to 부정사를 표시하는 것은 아닙니다!

Tip 역시 빈 칸의 앞에는 to가 있는 경우에는 to의 두 가지 속성을 구별하는지를 물어보는 것이기 때문에 동사의 원형과 -ing로 보기를 구성해요. 두 가지 뿐이니까, 단 격적으로 생각하지 말고, 차분하게 확인하세요.
참고로 "~에 익숙하다"라는 의미를 갖는 표현들은 거의 모두 to와 연결되고, 이 to는 물론 전치사입니다. 이런 표현들로는 'be used [acclimated, accustomed, allergic, immune, responsive, sensitive, susceptible] to'가 있어요.

21. The video conference systems **provide** extraordinary value for all attendees **by** ------------ *costs and time*.

    (A) reduce
    (B) reduction
    (C) reducing
    (D) to reduce

(A) 이미 provide가 동사의 역할을 하고 있으니 동사의 자리도 아니고, 전치사 by가 앞에 있으니 동사로 연결할 수도 없어요.
(B) 전치사의 뒤라는 점에서 명사가 올 수는 있어요. 하지만 뒤에도 이미 명사가 있기 때문에 전치사가 없이 곧바로 나열할 수는 없어요. 만일 뒤에 of이 있었다면 가능해요.
(D) 전치사가 버젓이 앞에 있는데, to 부정사라니! 너무 노골적인데요!

[해석] 화상 회의 시스템은 비용과 시간을 줄여줌으로써 참석자들 모두에게 특별한 가치를 제공한다.

(C) 전치사가 있다는 점에서 무작정 -ing를 고르면 나중에 틀릴 가능성을 미리 훈련하는 것이나 마찬가지입니다. 동사일 때와 구조가 동일한 준동사의 속성상 타동사인 reduce의 동명사 뒤에는 전치사가 아니라, 목적어가 와야만 해요.

Tip 전치사를 보여주고, 뒤에 오는 어구를 묻는 경우는 주로 두 가지입니다. 앞의 문제들처럼 to와 -ing를 구별하라는 것이 첫 번째이고요. 두 번째는 바로 전치사의 뒤에 올 수 있는 대표적인 어구인 명사와 -ing를 구별하라는 것입니다.
이런 경우는 명사와 준동사의 용법을 명확하게 구별하고 있어야 하는데, 관사를 비롯한 형용사가 앞에 있는지 그리고 뒤에 전치사가 있는지 두 가지 관점에서 확인하면 전혀 문제가 없어요.

37. Your reservation **will be** confirmed **if** you **pay** a 10% deposit within three days **of** ------------ **of** this e-mail.

(A) receive
(B) to receive
(C) receiving
(D) receipt

(A) will be, pay라는 두 개의 동사와 if라는 접속사가 있으니까 동사는 필요 없죠. 게다가 앞에 전치사 of이 있는 걸요.
(B) 전치사 of이 있는데, 이어서 to를 나열하는 이 용기는 대체 어떻게 된 것일까요?
(C) 전치사가 보인다고 곧바로 -ing를 고르면 틀리기 쉬운 문제입니다. receive는 타동사이기 때문에 뒤에 목적어가 있어야 하거든요. 만일 뒤에 of이 없었다면 -ing가 옳은 표현입니다.
(D) receipt는 명사이기 때문에 뒤에 있는 this e-mail이라는 명사와 곧바로 나열할 수 없어요. 이렇게 명사를 연결해주는 장치가 바로 전치사입니다.

Tip 역시 앞에 전치사가 있어요. 보기에 -ing와 명사가 모두 있으면 반드시 앞에서 수식하는 단어의 품사와 뒤의 연결 방식을 확인해야 합니다. 혹시 자동사가 제시된 경우라면, 뒤에 전치사가 연결되는 구조는 동일하니까, 앞의 수식어구를 확인하면 되고요.

[해석] 이 이메일을 받으시고 3일 이내에 10%의 예약금을 납부하셔야 예약이 확정됩니다.

14. After Alice Grass **spent three months** ------------ for the bid, she was told that it was cancelled due to some unknown reasons.

(A) to preparing
(B) preparing
(C) to prepare
(D) for prepare

(A) "~에 대해서"라는 to의 의미를 어떻게든 살려가면서 해석하면 안될 것도 없다는 자신감을 가질지도 모르겠어요. 하지만 'spend time'이라는 표현이 보여주는 동시적인 상황을, to로는 담아낼 수 없어요.
(C) '목적'의 의미로 해석하면, to 부정사도 가능하지 않을까라는 유혹도 느낄 수 있어요.
(D) 음... for는 전치사인데, prepare는 동사거든요. 이 낯선 조합은 뭐죠?

(B) "~하는 데 시간을 쓰다"라는 표현에서 시간을 보내는 시점과 그 동작을 하는 시점은 동일하거든요. 그래서 원래는 'spend one's time in doing'인데 동시성을 나타내는 -ing의 의미와 in의 의미가 중복되면서 생략된 구조입니다. in을 써도 틀리지는 않지만, 생략하는 쪽으로 거의 굳어졌어요.
'be busy -ing'의 경우에는 in이 생략된 형태로 정리됐고요. 형용사 뒤에 오는 준동사는 to 부정사 밖에 없는데, 이 표현이 바로 예외가 되는 셈입니다.

Tip 동명사만 활용하는 관용적인 표현은 많지 않으니까 확실하게 기억해두기만 하면 문제가 없어요. 고정된 표현들이기 때문에 변형될 여지가 크지 않거든요.

[해석] Alice Grass는 3개월을 투자해서 그 입찰을 준비했는데, 몇 가지 알려지지 않은 이유로 취소됐다는 말을 들었다.

30. The illustration software is so outdated **that** illustrators **have a great deal of difficulty** ----------- their jobs efficiently.

(A) perform
(B) perform**ed**
(C) perform**ing**
(D) perform**s**

(A) have를 보고 사역 동사라고 생각하면 동사의 원형을 선택할 수도 있겠어요. 그런데 사역 동사라면 앞에 있는 목적어가 원형 부정사의 의미상 주어가 되거든요. 그런데 무생물인 trouble이 "수행하다, 실행하다"라는 perform의 행위자가 될 수는 없잖아요!
(B) -ed는 정말 꿋꿋하게 등장하죠? 너무 많이 나타나서 지겹겠지만, 동사에 결합되는 어미가 어차피 -s, -ed, -ing, 그리고 앞에 오는 to 밖에 없는 것이 영어 문법이니 출제자도 어쩔 수 없겠죠. 그 또한 극한직업인 것 같네요. 어쨌든 동사가 올 상황도 아니고, 뒤에 목적어가 있으니 수동도 아니고요.
(D) 동사는 is와 have가 있고, that이라는 접속사가 있으니 동사가 저렇게 당당하게 있을 자리는 아닙니다!

(C) 힘들어 하는 시점과 일을 하는 시점이 동일하거든요. 그래서 'have difficulty' 뒤에는 동시성을 나타내는 -ing가 연결됩니다. in이 생략되고 남은 형태라고 이해해도 좋고요.

Tip 'have difficulty -ing' 표현을 묻는 문제입니다. 이 -ing를 동명사로 보는 견해도 있고, 분사로 판단하기도 해요. 생략된 in을 추측하겠다면 동명사로 보는 것이고, 사라진 in은 잊기로 마음먹는다면 분사로 이해하는 것이고요. 어느 쪽이건 나름의 근거가 있으니까 편할 대로 생각하세요. 아님 아예 그런 생각을 하지 않아도 전혀 문제가 되지 않아요.

[해석] 그 일러스트레이션 소프트웨어는 너무 구식이기 때문에 일러스트레이터들은 효율적으로 작업하기 무척 힘들다.

3. Gallaco's, the 50-year-old local restaurant in the Queens area, **is in trouble** ------------ **customers** to fast-food chains.

(A) lose
(B) lost
(C) to lose
(D) losing

(A) 이미 is라는 동사가 있고, 접속사가 없기 때문에 동사가 올 수는 없어요. 그리고 앞에 사역 동사나 지각 동사가 있는 것도 아니니까 lose를 원형 부정사로 이해할 여지도 없고요.
(B) lost는 과거 아니면 과거 분사입니다. 동사의 자리가 아니니까 과거는 당연히 아니겠고, 뒤에 명사가 있으니까 수동의 과거 분사도 당연히 아니겠군요!
(C) 고객들을 잃는 상황과 어려움을 겪는 일은 동일한 시점이니까 to 부정사로 연결할 이유가 없어요.

(D) 역시 'in trouble'의 뒤에 전치사 in이 생략된 구조이기 때문에 동명사가 연결되어야 옳아요.

Tip 보통 교재에서는 'be in trouble'이라는 표현을 소개하지는 않아요. 하지만 표현의 글자가 중요한 것이 아니라, 담긴 의미가 중요한 것이 아닐까요?
또 보통은 'difficulty, a hard time, trouble'과 같은 부정적인 경우만을 소개하는데 그 이유가 먼지 정말 모르겠어요. 간단하게 "즐겁게 ~하다"라고 해도 두 가지 상황이 동시에 발생하는 것이잖아요? 그럼 'have fun (in) -ing'라고 하면 되거든요. 우리는 아무래도 영어를 공부할 때 즐거우면 안 되는 운명이라는 말인지 참 납득하기 힘들죠?

[해석] Queens 지역에서 50년을 영업한 Gallaco's는 패스트푸드 체인점들에게 고객을 빼앗겨서 어려움을 겪고 있다.

6강 분사

부정사, 동명사와 함께 준동사에 속한 마지막 주인공이 바로 분사입니다. 준동사라는 용어를 공유한다는 점에서 공통의 속성을 짐작할 수 있을 겁니다. 먼저 접속사, 주어, 보조동사를 생략해서 간결해진 표현이라는 공통점이 있겠고요. 또 타동사였다면 뒤에는 목적어, 자동사였다면 전치사가 연결되는 등, 동사일 때 가졌던 특성은 그대로 유지하고 있어요. 즉 앞은 줄어들고, 뒤는 그대로 유지되는 구조라는 공통점이 있는 것이죠.

'동작의 시점'으로 구별하는 부정사/동명사와 달리 분사는 능동과 수동의 관점에 초점을 맞춘다는 차이가 있어요. 그래서 분사를 이해하기가 훨씬 더 쉬울 수 있답니다. 부정사와 동명사는 시점이 결정되는 특정한 단어를 암기해야 했지만, '태'라는 구조의 관점에서 활용하는 분사는 특정 단어와는 아무런 관련이 없으니 별도로 암기할 단어도 없는 것이죠. 수동태에서 공부했던 내용들을 확인만 하면 됩니다.

보통 교재에서는 분사를 '현재 분사, 과거 분사, 전치수식, 후치수식' 등 여러 가지로 분류해요. 그냥 크게 두 가지로만 나눌게요. 바로 '분사구문'과 '분사'입니다. 그리고 '능동과 수동'의 개념을 항상 바탕에 깔고 있기만 하면 간단하게 이해할 수 있어요.

I. 분사구문이란 줄임말입니다!

1. 분사구문 - 부사절을 간단하게!

분사구문은 '줄임'이라는 준동사의 원칙이 적용된 경우니까, 생략 대상은 접속사, 주어, 보조동사, 세 가지입니다. 그리고 절의 구조가 해체되었으니, 더 이상은 동사가 아니라고 표시해주면 됩니다. 이 표시는 바로 -ing, 오직 하나입니다!

'분사구문을 만드는 공식' 이라고 알려주는 것을 암기 하지 말고 준동사의 공통점만 기억하세요. 바로 접속사, 주어, 보조동사를 생략하고, 동사에 -ing!

When you order computers for your department, you must submit the new Order Form, O537S.
= **Ordering** computers for your department, you must submit the new Order Form, O537S.
부서에서 컴퓨터를 주문할 때, 반드시 새로운 주문 양식인 O537S을 제출해주셔야 합니다.

As she was recognized as an excellent lawyer, Jeanne Wolfe was hired to work for the top law firm.
= **(Being) Recognized** as an excellent lawyer, Jeanne Wolfe was hired to work for the top law firm.
뛰어난 변호사로 인정받았기 때문에, Jeanne Wolfe는 업계 최고의 법률 사무소에 취업했다.

두 번째 예문을 보통 '수동 분사구문'이라고 하는데, 그런 용법이 별도로 존재하는 것이 아니라, 수동태 문장이 줄어든 경우에 불과한 것이거든요. 분사구문의 어미는 -ing 하나만 사용합니다! 동사도 아니고, 의미도 없는 being이 생략되고 남은 결과가 과거 분사일 뿐인 것이죠. 수동 분사구문이라는 말을 하려면, 수동 부정사 구문이라는 말도 해야 하지 않을까요?

2. 분사구문 - 관계절을 가볍게!

분사구문의 두 번째 유형은 관계절이 줄어든 경우입니다. 구체적으로는 주격 관계 대명사가 생략되는 경우인데요. 관계 대명사란 접속사와 대명사가 하나로 결합된 단어이고, 정보의 가치가 없기 때문에 부담 없이 생략되는 겁니다. 그리고 물론 동사의 원형에 –ing로 생략됐다는 사실을 표시하면 되는 것이고요.

The information *which lists* our branches in the southern area can be found on our website.
= The information **listing** our branches in the southern area can be found on our website.
남부 지역에 있는 저희 지점 목록에 대한 정보는 저희 웹사이트에서 확인하실 수 있습니다.

The historic building *which had been* **burnt down** by the arson was restored through a crowd funding campaign.
= The historic building (*having been*) **burnt down** by the arson was restored through a crowd funding campaign.
방화로 소실됐던 역사적 건물이 크라우드 펀딩으로 복원되었다.

3. 아니! 분사에 왠 접속사? 이렇게 친절할 수가!

분사구문은 동사가 없어지는 구조이기 때문에 접속사도 역할이 없어져요. 그래서 접속사를 생략하는 것이 원칙입니다. 하지만 의미를 정확하게 전달하기 위해서, 의도적으로 접속사를 남겨두는 경우도 있어요.

Hearing the news, Charles remembered the memo which was sent by Michelle.
= **When [After, Before, As soon as, While Because] he heard** the news, Charles remembered the memo which was sent by Michelle.

이 예문의 경우에는 "그 뉴스를 들었을 때" 뿐만 아니라, "듣고 나서, 듣기 전에, 듣자 마자, 듣는 동안, 들었기 때문에"라고 다양하게 이해할 수도 있어요. 그렇다면 분사구문으로 표현해서 간결해지기는 했지만, 원래 말했던 의도가 무엇이었는지 정확하게 전달되지 않아요. 구조 규칙에는 어긋나지만, 의미 전달이 더 중요한 가치라는 점에서 이런 경우에는 접속사를 남겨둡니다. 때로는 '대명사 주어 + be 동사'가 생략된다고 설명하는 경우도 있는데, 그렇게 이해해도 상관 없고요.

이런 경우는 부사절의 접속사, 특히 '시간' 개념의 접속사들에서 주로 발생해요. 관계 대명사는 자체의 의미가 없기 때문에 생략해도 혼동할 여지가 없거든요.

대부분의 교재에서 '분사구문의 의미'라고 설명하는 것도 같은 맥락입니다. 부사절의 접속사는 주절과 부사절의 논리 관계를 나타내는 데, 분사구문에서는 접속사가 생략되거든요. 그래서 그 문맥을 고려해서 이해하라는 말인 것이죠. 그런데 접속사가 남아있다면 그 의미로만 이해하면 되니까 고마울 뿐이죠!

At the company's 10th anniversary ceremony, ***after* introducing** himself, Carl Simon, marketing director, made a brief speech about the history of the company.

창립 10주년 기념식에서 마케팅 담당 이사인 Carl Simon가 직접 자기를 소개하고 나서 회사의 역사에 대해 간략하게 연설했다.

***As* mentioned** during the job interview, you will be mainly in charge of monitoring customers' complaint.

면접에서 언급했듯이 당신은 소비자들의 불만을 모니터링하는 업무를 주로 하게 될 것입니다.

확인합시다

1. The company is famous for making extraordinary flavors of ice cream, ---------- yogurt, olive and vanilla.
   (A) include   (B) included   (C) includes   (D) including

2. ---------- by the presentation yesterday, the general manager of the hotel decided to replace the firm mattresses of suite rooms for the extra-firm ones.
   (A) Impressed   (B) Impressive   (C) Impressing   (D) Impression

3. This letter is to show the total amount ---------- for each order for the last three months.
   (A) pay   (B) paying   (C) paid   (D) pays

4. Several food trucks were set up in the piazza to meet the needs of people -------- the festival.
   (A) attending   (B) attend   (C) who attends   (D) attended

<정답> 1.(D) 2.(A) 3.(C) 4.(A)

II. 분사 - 분사구문의 진화

분사구문은 종속절을 줄인 준동사입니다. 즉 -ing/-ed의 뒤에 동사일 때와 동일한 어구들이 연결됩니다. 그런데 이 어구들이 사라지고, -ing/-ed가 형용사로 진화하는 현상이 벌어집니다. 이런 경우를 '분사구문'과 구별해서 '분사'라고 해요.

분사는 완전한 형용사이기 때문에, 일반 형용사와 동일한 규칙을 적용 받아요. 즉 분사구문은 어구의 길이가 길기 때문에 항상 수식을 받는 명사의 뒤에 있어요. 하지만 분사는 한 단어이기 때문에 다른 형용사들처럼 명사의 앞에서 수식합니다. 물론 관사도, 소유격도 그 앞에 올 수 있고, 다른 형용사들과 함께 쓰일 수도 있어요. 또 주어나 목적어의 보어로 활용되기도 합니다.

1. 형용사인 -ing와 -ed는 구조가 아니라, 의미로 구별하세요.

분사구문은 동사의 구조를 유지하고 있기 때문에, 뒤에 목적어가 있느냐는 구조로 능동/수동을 구별합니다. 하지만 분사는 형용사의 역할을 하는 단어이기 때문에 구조가 아니라, 의미로 구별해야 합니다. 즉 분사와 수식 받는 명사의 관계가 행위자인지, 대상인지에 따라 -ing와 -ed를 구별해야 하는 것이죠.

'수식'이라는 말은 "논리적으로 가장 밀접한 관계"라는 말입니다. 따라서 '형용사가 명사를 수식한다'는 말은 형용사의 의미는 명사와 가장 밀접한 관계를 형성한다는 뜻입니다. 따라서 분사도 뒤에 있는 명사와 의미 관계를 확인해야 하는 것이죠.

2. -ing는 뒤의 명사가 행위자입니다!

분사와 수식 받는 명사가 능동의 관계일 때는 -ing를 써요. 그것은 뒤의 명사가 그 분사가 나타내는 동작의 행위자라는 의미입니다. 동작의 행위자에 대한 정보만 제공한다는 말은 행위자 위주로 서술한다는 말이고, 그런 관점을 바로 능동이라고 하거든요. 그래서 능동의 관계를 나타내는 -ing로 표시하는 것이죠. 이러한 맥락에서 '-ing + 명사'의 구조는 주로 "~이 ~하다"라는 의미 관계가 성립하는 것이죠.

I tried not to disturb *the child* who was sleeping.
=I tried not to disturb *the sleeping child*.

나는 자고 있는 아이를 깨우지 않으려고 애썼다.

We've been advised to replace *the existing air conditioning systems*, which don't work properly.

제대로 작동하지 않는 현재의 공조 시스템을 교체하라는 충고를 받았다.

3. -ed는 뒤의 명사가 행위자입니다!

분사의 수식을 받는 명사가 그 분사와 수동 관계인 경우에는 과거 분사를 써요. 그것은 그 명사가 분사가 나타내는 동작의 대상, 즉 목적어라는 의미입니다. 그래서 '-ed + 명사'의 구조는 주로 "~을 ~하다"라는 의미 관계가 성립해요. 동작의 대상에 대한 정보를 제공한다는 말은 대상에 초점을 맞추는 것이고, 그런 관점을 바로 수동이라고 하잖아요. 그리고 수동의 관점을 보여주는 어미가 바로 -ed이고요.

The wind blew in through *the window* which was broken.
=The wind blew in through *the* **broken** *window*.

깨진 창문으로 바람이 불어왔다.

You need ***a*** **written** ***authorization*** to dispose of construction waste in a landfill.

건축 폐기물을 쓰레기 매립장에 처리하려면 서면 허가증이 있어야 한다.

확인합시다

1. As ---------- above, Mr. Sanders is ultimately responsible for marketing and advertising decisions.
   (A) were mentioning   (B) mentioning   (C) mentioned   (D) have mentioned

2. Initially, your ---------- loan application will be sent to the loan officer, who must check your credit standing before making any preliminary decision.
   (A) completing   (B) completed   (C) completion   (D) completely

3. Enclosed you will find the ---------- edition of our brochure and free samples of several of our products.
   (A) revising   (B) revision   (C) revised   (D) revise

<정답> 1.(C) 2.(B) 3.(C)

III. 감정 형용사: 사물 -ing, 사람 -ed!

감정 형용사는 감정 타동사(amuse, bore, concern, confuse, disappoint, disgust, embarrass, excite, impress, interest, move, please, satisfy, surprise, touch, worry)의 활용에서 파생된 용법입니다. 형용사이기 때문에, 명사의 앞에서 수식하기도 하고, 동사의 뒤에서 주어나 목적어를 설명하는 보어로 활용되기도 해요. 어떤 경우로 쓰였건 사물이 사람의 감정을 유발하는 관계라는 관점은 동일해요. 그래서 사물 명사에게 적용되면 능동의 관점에서 -ing로, 사람 명사를 대상으로 하면 -ed로 표시하는 것이죠.

1. 뒤에 명사가 있다!

수식 관계니까 당연히 그 명사가 우선입니다. 사람이면 –ed, 사물이면 – ing!!

He informed me of the **disappointing** *sales figures* yesterday.
어제 그는 나에게 실망스러운 매출 실적을 주었다.

The **excited** *hooligans* threw stones at the police.
흥분한 훌리건들이 경찰에게 돌을 던졌다.

2. 뒤에 명사가 없다? 그럼 앞을 보자!

형용사의 용도는 뒤의 명사를 수식하거나, 앞의 명사를 설명하거나, 둘 중 하나입니다. 따라서 수식 받는 명사가 없다면, 앞에 있는 주어, 혹은 목적어를 확인하세요. 물론 그 명사가 사람이면 –ed, 사물이면 – ing입니다!!

His demonstration of the new product was very **satisfying**.
그의 제품 시연은 매우 만족스러웠다.

We are looking for *an applicant who* is **interested** in living in a foreign country. 우리는 해외 거주에 관심이 있는 지원자를 원하고 있습니다.

I found *his proposal* **interesting**. 나는 그의 제안이 흥미롭다고 생각했다.

확인합시다

1. In spite of the ---------- competition, we at New Haven Advertising are enjoying a continuous upward trend this year.
   (A) overwhelm   (B) overwhelmed   (C) overwhelms   (D) overwhelming

2. While I am impressed with Ms. Jacob's overall qualifications, I am ---------- that her resume shows several unexplained gaps of more than a year.
   (A) concerning   (B) concerns   (C) concerned   (D) concern

3. While some of the economic numbers have been ---------- because they did not meet expectations, it is obvious our economy is still growing even if not at the fast rate some were expecting.
   (A) disappointing   (B) disappointed   (C) disappoint   (D) disappointment

<정답> 1.(D) 2.(C) 3.(A)

IV. 분사! 여기까지!!

1. 자동사의 분사!

자동사는 목적어가 없기 때문에 수동태로 표현할 수 없어요. 그래서 분사구문일 때도, 분사일 때도 -ed를 붙일 수는 없다는 말이거든요. 분사의 용법이라고 새롭게 보지 말고, 수동태에서 공부한 것을 활용한다고 생각하세요!

Sam Peterson wanted to have the report fine-tooth-combed before finally **consenting** to the investment plan.

<small>Sam Peterson은 그 투자 계획에 최종적으로 동의하기 전에 보고서를 샅샅이 살펴보고 싶어했다.</small>

The **presiding** *director* announced that the question and answer session would be limited to 20 minutes.

<small>사회를 보던 이사는 질의와 응답 시간은 20분을 제한한다고 말했다.</small>

2. with 분사구문이 뭘까요?

동시적인 상황이나 이유를 나타내는 경우에 with를 활용하는 경우가 있어요. 이런 경우에는 주절의 주어와 다른 경우입니다. 그래서 with의 뒤에 분사가 곧바로 오지 않고, 명사가 먼저 와요.

Maggie stood on the cliff, **with** her hair *waving* in the wind.
= Maggie stood on the cliff, **while** her hair *was waving* in the wind.

<small>Maggie는 바람에 머리를 날리면서 절벽 위에 서있었다.</small>

간혹 'with + 명사'의 뒤에 분사가 없는 경우가 있는데, 이럴 때는 being이 생략된 경우로 이해하면 됩니다.

Leonard lay on the couch **with** his eyes *open*.
= Leonard lay on the couch **while** his eyes *were open*.

<small>Leonard는 눈을 뜬 채 소파에 누워있었다.</small>

확인합시다

1. A recent World Bank study indicates that over the next several years, as the ---------- world population puts pressure on the food supply, wheat will displace rice as the developing world's number one food source.
   (A) grow (B) grown (C) growing (D) growth

2. Staff ---------- in the office after 10 p.m. are required to switch all the electrical devices off before leaving.
   (A) will remain (B) remaining (C) remain (D) have remained

3. Catherine was very busy working on a report by herself, ---------- swear streaming down her face.
   (A) as (B) with (C) when (D) amid

<정답> 1.(C) 2.(B) 3.(B)

Practice Test

1. Take advantage of our annual warehouse sale when we sell everything half the retail price, ------------ the items on the list.
   (A) excluded
   (B) excluding
   (C) exclusive
   (D) excludes

2. ------------ the mistake made last time, Mr. Blackmore decided to deal with the problem in a different way to avoid a recurrence.
   (A) Remembers
   (B) Remembered
   (C) When remembered
   (D) Remembering

3. I didn't know what made him so ------------ when I talked about my investment plan.
   (A) embarrass
   (B) embarrassing
   (C) embarrassingly
   (D) embarrassed

4. Candidates were informed that the audition for the Austin Ballet Theatre would be held at the newly ------------ Duncan Hall.
   (A) renovate
   (B) renovated
   (C) renovating
   (D) renovation

5. I was informed that my package would be delivered in six or seven hours, ------------ on the traffic conditions.
   (A) depending
   (B) depended
   (C) depend
   (D) depends

6. Last Thursday Halong, Ltd., a telecommunications company ------------ network services to China's eastern four provinces, announced that it had acquired another IT business.
   (A) providing
   (B) provided
   (C) provider
   (D) provision

7. Buses are the most ------------ transportation in many Latin American countries.
   (A) prefer
   (B) preferred
   (C) preferring
   (D) preference

8. Travelers should carry their passports all the time ------------ staying in a foreign country.
   (A) while
   (B) or
   (C) with
   (D) during

9. ------------ in the heart of Jakarta, Hotel Shangri-La offers various opportunities for both leisure and business activities.
   (A) Locating
   (B) Located
   (C) Location
   (D) Having located

10. According to a news release, the MegaMart, the largest distributor of the Asia, would acquire Nosmart for $10 billion, ------------ its plans to expand into East Asia.
    (A) confirms
    (B) confirmed
    (C) confirming
    (D) confirmation

11. The travel industry showed great growth last year, ----------- car rental companies accounting for the largest share.
    (A) by
    (B) and
    (C) for
    (D) with

12. Products ----------- in outlet stores are usually discounted by 30 - 70 percent because they are out-of-season stock.
    (A) are sold
    (B) which selling
    (C) selling
    (D) sold

13. Once ----------- to the market, the tablet PC became so popular that it couldn't be put on display for one day.
    (A) was introduced
    (B) introduced
    (C) introducing
    (D) has introduced

14. To make a ----------- impression on their guests, the hotel created a brochure with colorful and attractive photographs.
    (A) last
    (B) lasting
    (C) lasted
    (D) lasts

15. For proper maintenance of your Xevious computer, we recommend that you purchase from one of our ----------- dealer shops.
    (A) authorized
    (B) authorizing
    (C) authority
    (D) authorize

16. Yesterday Linscom Technologies threw its seventh anniversary banquet, ----------- its retiring employees with prizes.
    (A) honor
    (B) which honoring
    (C) honored
    (D) honoring

17. There were more than 50 customer service representatives ----------- on the telephones during the peak time.
    (A) who work
    (B) works
    (C) working
    (D) worked

18. ----------- to the security supervisor, Ms. Woods has authority to access some confidential reports.
    (A) To promote
    (B) promoting
    (C) Promoted
    (D) Promotion

19. There are some ----------- procedures that you must abide by in conducting a feasibility study.
    (A) establishing
    (B) establish
    (C) established
    (D) establisher

20. The first year's sales of the low-alcohol beverage were so ----------- that the firm decided to discontinue manufacturing it.
    (A) disappointment
    (B) disappoint
    (C) disappointing
    (D) disappointed

21. ---------- your payment, please be sure to write your name and e-mail address.
    (A) Remittance
    (B) Remit
    (C) Remitting
    (D) Remitted

22. After ---------- the training session, employees will be able to use the new software that makes it easy to conduct business through the Internet.
    (A) finishing
    (B) finished
    (C) finish
    (D) have finished

23. The customer service center reports that there has been a steady increase in the number of customers ---------- about the recently released air-conditioners.
    (A) complained
    (B) complaint
    (C) complain
    (D) complaining

24. Before installing this software, please read entirely the instructions ---------- in this box.
    (A) providing
    (B) provided
    (C) provision
    (D) to provide

25. I am so ---------- to accept your invitation to make a keynote speech at the symposium on Environment and Development in Berlin next month.
    (A) pleasure
    (B) please
    (C) pleasing
    (D) pleased

26. Candidates must present a resume and two letters of recommendation when ---------- for the position of the Human Resources Manager.
    (A) apply
    (B) applied
    (C) to apply
    (D) applying

27. The Espressophile is a chain of coffee stores ---------- a large selection of espresso.
    (A) sells
    (B) sold
    (C) selling
    (D) sell

28. Next June, Dream Makers will release a ---------- adventure movie based on the mega-hit novel Missing Treasure Hunters.
    (A) fascinate
    (B) fascinating
    (C) fascinated
    (D) fascinates

<정답> 1.(B) 2.(D) 3.(D) 4.(B) 5.(A) 6.(A) 7.(B) 8.(A) 9.(B) 10.(C) 11.(D) 12.(D) 13.(B) 14.(B) 15.(A) 16.(D) 17.(C) 18.(C) 19.(C) 20.(C) 21.(C) 22.(A) 23.(D) 24.(B) 25.(D) 26.(D) 27.(C) 28.(B)

정답 너는 누구냐?

21. ---------- ***your payment***, please **be** sure to write your name and e-mail address.

    (A) Remitt**ance**
    (B) Remit
    (C) Remitt**ing**
    (D) Remitt**ed**

(A) -ance로 끝나는 단어는 거의 대부분 명사입니다. 그런데 다음에 소유격으로 시작하는 명사가 있으니까 명사를 또 나열할 수는 없어요.

(B) remitting이라는 형태에서 -ing를 빼면 동사형이라는 것을 기억하죠? 주어가 없이 동사의 원형이라면 명령문이라는 말인데, 뒤에 있는 동사 be와 연결해 줄 접속사가 없어요.

(D) -ed는 과거 동사이거나 과거 분사이거나, 둘 중 하나입니다. 동사라고 하면, 접속사가 없으니까 적절하지 않고요. 과거 분사라고 하면 being이 생략된 구조, 즉 수동태인데 빈 칸 뒤에 목적어인 명사가 있어요.

(C) -ing와 -ed라는 가장 대표적인 보기가 제시됐어요. 이런 경우에는 반드시 동사의 자리인지를 확인하는 것이 우선입니다. 그리고 만일 동사의 자리가 아니라면, 능동/수동을 확인하는 것이 올바른 순서입니다. 절대로 '태'의 관점부터 먼저 적용하지 마세요!

Tip 분사구문을 다루는 문제라고 선입견을 갖지 말고, 일단은 매뉴얼대로 하나씩 확인하는 과정을 몸에 익히는 것이 더 중요해요. 분사가 그 동안 공부했던 동사의 어미에 대한 마지막 문법이지만, 새롭게 학습할 내용은 없거든요.

[해석] 대금을 송금하실 때, 반드시 이름과 이메일 주소를 적어주시기 바랍니다.

2. ---------- ***the mistake*** made last time, Mr. Blackmore **decided** to deal with the problem in a different way to avoid a recurrence.

    (A) Remember**s**
    (B) Remember**ed**
    (C) **When** remembered
    (D) Remember**ing**

(A) 일단 주어가 없는데, -s가 붙은 동사가 올 수는 없는 일이죠! 절대로!

(B) -ed라는 어미의 가능성을 하나씩 대입해보세요. 일단 과거라고 하죠. 근데 뒤의 decided와 연결할 접속사가 없어요. 또 과거 분사라면 수동인데, 뒤에는 the가 있으니까 명사가 있다는 점은 분명하죠. 그럼 -ed의 두 가지 가능성은 모두 해당이 없어요.

(C) 접속사의 뒤에는 반드시 주어와 동사가 제시되어야 합니다. 물론 분사구문에서 접속사가 남아 있을 수도 있지 않느냐고요? 그렇다면 -ed는 과거 분사라는 말인데 뒤에 있는 명사는 어쩔 거냐고요?

(D) 개인적으로는 이런 생각을 조심스럽게 해봐요. -ing를 '현재 분사'라는 용어로 불러도 좋은데, 현실감이 부족하지 않나요? 현재 분사는 사실 '현재'라는 시점과는 아무 상관이 없거든요. 그래서 -ing를 '동사가 아니면서, 능동'이라는 표시로 이해하면 어떨까요?

Tip 사실 동사의 어미는 종류가 많지 않기 때문에, 문제를 낼 수 있는 방법이 많지 않아요. 문제를 무작정 많이 풀어보려고 하지 말고, 꼼꼼하게 생각을 하면서 자기가 알고 있는 것을 확인하고, 활용할 수 있도록 생각의 순서를 정리하는 훈련 과정으로 생각하세요.
그리고 보기를 확인할 때는 틀린 것이라고 단정하고 접근하지 마세요. 일단은 그 보기가 옳다고 생각하세요. 그런 다음 어떤 점에서 어색한지 확인하는 것이 더 효과가 좋거든요.

[해석] Blackmore는 지난 번에 했던 실수를 기억하고, 반복하지 않으려고 다른 방식으로 그 문제를 다루기로 결심했다.

18. ---------- *to* the security supervisor, **Ms. Woods has** authority to access some confidential reports.

(A) To promote
(B) promot**ing**
(C) Promot**ed**
(D) Promot**ion**

(A) to 부정사는 이렇게 주절과 comma로 분리될 수 있어요. 하지만 빈 칸의 뒤에 명사가 없기 때문에 능동일 수는 없어요! 기억하죠? 'be -ed'가 아닌 형태는 모두 능동입니다!

(B) -ing의 두 가지 의미 중에서 일단 동사 자리가 아니라는 점은 맞아요. 그런데 목적어가 없어서 능동이라는 두 번째 의미는 성립되지 않아요.

(D) comma로 분리되었으니까, 부사어구가 되어야 하는데 -ion은 명사형 어미거든요. 혹시라도 동격이 아니냐고 의문을 품는 분들을 위해 한 마디만 더 하면, -ion은 사물을 나타냅니다. 그런데 주어는 사람 명사이기 때문에 동격이라고 할 수 없어요. 물론 comma가 한 개라는 점에서 -ing라는 표시는 타당해요. 하지만 동격의 구조도 아니고요. 동격이 되려면 두 개의 comma로 분리되거나 아예 comma가 없어야 해요.

(C) -ed는 두 가지 맥락으로 접근하세요. 영어에서 -ed는 과거, 혹은 과거 분사 두 가지 용법 밖에 없으니까, 둘 중 한 가지 조건이 충족되지 않으면 틀리거든요. 일단 has라는 동사가 있으니까, 과거일 수는 없겠죠! 그런데 뒤에 명사가 없으니까, being이 생략되고 남은 과거분사, 즉 수동인 점은 타당해요.

Tip 21번, 2번과 마찬가지로 주절과 comma로 분리되어 있어요. 이런 구조는 오직 부사 어구만이 가능해요. 하지만 부사절이었건 관계절이었건 분사구문의 문법 원리는 같아요.

[해석] 보안 감독관으로 승진해서, Woods는 비밀 보고서를 열람할 수 있는 권한이 있다.

---

9. ---------- *in* the heart of Jakarta, Hotel Shangri-La **offers** various opportunities for both leisure and business activities.

(A) Locat**ing**
(B) Locat**ed**
(C) Locat**ion**
(D) **H**aving locat**ed**

(A) 동사의 자리가 아니니까, -ing는 일단 가능성이 있어요. 그런데 -ing는 능동인데, 다음에 목적어인 명사가 없어요.

(C) 부사어구의 자리이기 때문에 명사가 나올 수는 없어요. 논리적으로도 "장소, 위치"라는 location이 "호텔"과 동의어가 될 수도 없고요.

(D) have -ed는 능동이라는 점을 잊지 마세요.

(B) offers라는 동사는 있지만, 접속사가 없기 때문에 동사의 자리가 아닙니다. 그리고 뒤에 명사가 없기 때문에 수동이고요. 이 두 가지 조건을 충족시킬 수 있는 어미가 바로 -ed입니다!

Tip 18번과 동일하게 comma로 분리된 구조입니다. 그럼 같은 관점을 적용해야죠. 문제에 제시된 단어의 의미에 집착하면, 문제들의 공통점을 포착하기 힘들어요. 문장의 내용은 모두 다를테니까요. 그래서 분사구문의 기본적인 구조와 어미의 형태라는 객관적인 기준으로 접근해야 다양한 문장을 일관되게 보는 시각이 형성될 수 있어요.

[해석] Hotel Shangri-La는 자카르타의 중심부에 위치하고 있어서, 레저와 업무 활동을 할 수 있는 다양한 기회를 제공하고 있습니다.

27. The Espressophile **is** a chain of coffee stores ------------ *a large selection* of espresso.

(A) sell<u>s</u>
(B) sold
(C) selling
(D) sell

(A) is라는 동사가 있고, 접속사가 없기 때문에 동사가 나올 수는 없죠.
(B) 동사의 자리가 아니기 때문에 sold를 과거 동사로 볼 수는 없고요. 뒤에 명사가 있기 때문에 수동을 표시하는 과거 분사라고 볼 수도 없고요.
(D) 동사의 자리는 물론 아니고, 앞에 사역 동사나 지각 동사가 없으니까 원형 부정사로 이해할 수도 없어요.
　이렇게 어미 변화가 없는 경우는 현재 동사이거나 원형 부정사, 둘 중 하나라는 점을 잊지 마세요.

(C) 동사의 자리가 아니고, 뒤에 명사가 있기 때문에 능동입니다. 그리고 바로 이런 두 가지 문법적인 상황을 담아내는 어미가 바로 -ing인 것이죠!

Tip comma로 분리되지 않은 것으로 보아 관계대명사가 생략된 분사구문입니다. 하지만 능동과 수동이라는 규칙과 판단의 기준은 부사절의 압축된 분사 구문과 동일해요. 그리고 sell(이)라는 동사는 -ed가 결합되지 않는 불규칙 동사입니다. 불규칙 동사라도 과거와 과거 분사가 같은 경우는 -ed와 동일한 관점으로 판단하세요.

[해석] The Espressophile은 다양한 에스프레소 메뉴를 판매하는 커피 체인점이다.

6. Last Thursday Halong, Ltd., **a** telecommunications company ------------ *network services* to China's eastern four provinces, **announced that** it **had acquired** another IT business.

(A) providing
(B) provid<u>ed</u>
(C) provid<u>er</u>
(D) provis<u>ion</u>

(B) announced와 had acquired라는 두 개의 동사와 that이 있으니까, 동사의 자리는 아닙니다. 그리고 뒤에 명사가 있기 때문에 이 -ed는 수동으로 이해할 수도 없어요.
(C) -er이 붙는 단어는 명사입니다. 명사가 너무 많이 나열됐다는 생각에서 피하고 싶은 지도 모르겠어요. 하지만 명사의 개수가 문제가 아니고, 앞에 있는 부정관사를 보세요. 여기에 명사가 들어가면 복합명사가 되거든요. 즉 형용사 역할을 한다는 말이 되는데, 그러면 'a ~ services'가 명사어구가 되는 데, 단수인 a와 services라는 복수 명사는 연결될 수 없어요.
(D) -ion도 명사를 나타내는 어미라는 점에서 (C)와 같은 맥락에서 적절하지 않아요.

(A) 동사 자리는 아니고, 뒤에 목적어가 있기 때문에 능동입니다. 그리고 이런 문법성을 표시하는 어미가 바로 -ing라는 점을 물어보니까 27번과 같은 문제입니다. -ing는 모든 동사에 적용되는 어미입니다. 예외는 절대 없으니까 자신 있게 확인하세요.

Tip '동사 자리 판단 → 단수/복수 → 능동/수동 → 시제'라는 동사의 어미를 판단하는 4단계를 활용하세요. 물론 보기에서 어떤 차이가 있는 지를 포착해서 유연하게 접근하는 것도 잊지 마시고요.

[해석] 지난 목요일에 중국의 동부 4개성에 네트워크 서비스를 제공하는 통신 회사인 Halong, Ltd.는 또 다른 IT 기업을 인수했다고 발표했다.

24. Before installing this software, please **read** entirely the **instructions** ------------ *in* this box.

(A) providing
(B) provided
(C) provision
(D) to provide

(A) -ing는 동사가 아니면서, 능동이라는 표시잖아요? 근데 뒤에 목적어가 없는 걸요!
(C) 명사가 들어가면 복합 명사가 되거든요. 근데 앞에 있는 명사는 형용사의 역할을 하는데 복수형일 수는 없잖아요!
(D) 빈 칸의 뒤에 명사가 없어요!

[해석] 이 소프트웨어를 설치하기 전에, 상자에 있는 설명서를 모두 읽으시기 바랍니다.

(B) 동사의 자리는 아니고, 뒤에 명사가 없기 때문에 provided의 앞에는 being이 생략된 구조로 이해해야 해요. 즉 수동의 과거 분사라는 말입니다.

Tip before는 접속사가 맞지만, 뒤에 동사가 아니라 installing이라는 동사가 아닌 형태가 연결되기 때문에 접속사의 개수에 포함시키지 말아야 해요. 그래서 동사는 read 밖에 없기 때문에 동사가 필요한 자리가 아니라는 점을 파악해야 합니다.

---

12. Products ------------ *in outlet stores* **are** usually discounted by 30 - 70 percent **because** they **are** out-of-season stock.

(A) are sold
(B) which selling
(C) selling
(D) sold

(A) 동사 are가 두 개 있고, because라는 접속사가 있기 때문에 동사가 또 나올 수는 없어요.
(B) 관계 대명사의 '관계'라는 말은 접속사라는 뜻이거든요. 그래서 관계 대명사의 뒤에는 동사가 있어야 해요. 관계 대명사의 뒤에 -ing가 연결되는 경우는 절대 없어요. 또 두 개의 are를 연결하는 because가 있어서, 접속사가 더 필요하지는 않아요.
(C) 동사의 자리가 아닌 것은 맞지만, 다음에 목적어가 없기 때문에 능동의 -ing는 어울리지 않아요.

(D) 동사의 자리가 아니고, 목적어가 없는 수동입니다. 이런 상황을 표시하는 장치가 바로 과거 분사입니다! 24번과 대체 뭐가 다른가요?

Tip 다양한 단어와 내용이라는 표면적인 변수에 현혹되지 말고, 그 바탕에 깔려 있는 일정한 문법적인 관점을 적용하세요. 그래야 의미를 모르는 단어가 나오더라도 구조를 파악할 수 있어요.

[해석] 아웃렛 매장에서 판매되는 제품들은 철이 지난 재고품들이라 대개 30-70퍼센트 가량 저렴하다.

---

16. Yesterday Linscom Technologies **threw** its seventh anniversary banquet, ------------ *its retiring employees* with prizes.

(A) honor
(B) which honoring
(C) honored
(D) honoring

(A) 접속사가 없기 때문에 동사가 올 수 없어요.
(B) 관계 대명사의 뒤에 -ing가 연결되는 경우는 절대 없다고 했죠.
(C) 뒤에 명사가 있으니까 능동이고, 그러면 -ed는 과거 동사라는 말이거든요. 그런데 threw라는 동사만 있고, 접속사가 없으니까 동사일리가 없어요.

[해석] 어제 Linscom Technologies는 창업 7주년 연회를 개최해서, 퇴직하는 직원들을 표창했다.

(D) 동사의 자리가 아닙니다. 그리고 빈 칸의 다음에 소유격 its가 있어요. 소유격의 뒤에는 반드시 명사가 나오거든요.

Tip 빈 칸의 앞에 comma가 있는 것에 주목하세요. 이렇게 comma의 뒤에 동사가 나오는 경우는 거의 없거든요. 이런 경우에는 무조건 무엇이 정답이라는 식의 비법을 말하는 교재도 있는데, 여러분도 생각이 있는 사람들인데, 무작정 영문도 모르고 남이 시키는 대로 할 수는 없는 일이잖아요! 여러분의 능력으로도 충분히 납득할 수 있거든요.

10. According to a news release, the MegaMart, the largest distributor of the Asia, **would acquire** Nosmart for $10 billion, ----------- *its plans* to expand into East Asia.

(A) confirm<u>s</u>
(B) confirm<u>ed</u>
(C) confirming
(D) confirm<u>ation</u>

(A) would acquire라는 동사 하나 밖에 없기 때문에 동사가 나올 수는 없어요.
(B) 동사의 자리는 아니죠. 그런데 뒤에 명사가 있어요.
(D) 빈 칸의 뒤에 있는 명사가 있는데 명사가 또 나열될 수는 없어요. its와 같은 소유격도 관사처럼 명사 어구의 시작을 알리는 장치입니다. 따라서 plans를 설명할 복합 명사라면, 소유격의 뒤에 와야 해요.

(C) 동사의 자리가 아닙니다! 뒤에 명사가 있는 능동의 구조입니다! 이 상황을 표시하는 어미가 무엇이었던가요?

Tip 16번과 같은 구조의 문제라는 점을 파악해야 해요. 즉 문법적 관점은 같으니까, 접근하는 과정도 동일했는지 확인해보세요.

[해석] 뉴스 보도에 따르면, 아시아에서 제일 큰 유통업체인 MegaMart가 100억 달러에 Nosmart를 인수할 것이고, 그래서 동아시아로 확대하려는 계획을 뒷받침할 것이라고 한다.

1. Take advantage of our annual warehouse sale **when** we **sell** everything half the retail price, ----------- *the items* on the list.

(A) exclud<u>ed</u>
(B) exclud<u>ing</u>
(C) exclus<u>ive</u>
(D) exclud<u>es</u>

(A) 동사의 자리가 아니라는 점에서는 -ed가 타당하지만, 뒤에 명사가 있기 때문에 수동일 수는 없어요.
(C) 뒤에 관사가 있어요. -ive는 주로 형용사를 나타내는 어미인데, 형용사는 관사의 뒤에 오는 것이 원칙입니다. 제한적인 몇 가지 경우를 제외하고는 형용사가 관사의 앞에 나오는 일은 없습니다.
(D) -s는 오직 현재 시제의 동사에게만 적용되는 어미입니다. 결국 분사 문제의 핵심은 동사의 자리에 대한 이해와 능동/수동에 대한 판단, 이 두 가지인 것이죠.

(B) 단어도 다르고, 내용도 다르지만, 문제의 성격은 10번과 같아요! 이쯤되면, -ing의 성격을 규정해 볼까요. "나, 동사 아냐!" "나, 능동이야!"

Tip exclude라는 동사에 다양한 어미가 결합된 보기들이 제시되어 있어요. 그렇다면 동사의 어미에 적용되는 공통 규칙으로 확인해보세요. 그리고 관계 부사 when이 있어요. 관계 부사도 역시 접속사라는 점을 놓치지 마세요. 그래서 take와 sell이라는 두 개의 동사, 그리고 when이라는 접속사가 있어서 동사가 필요한 자리가 아닌 것이죠.

[해석] 저희의 연간 창고 할인 행사를 이용하세요. 목록에 기재된 품목을 제외하고, 모든 제품을 소매가의 절반에 판매합니다.

22. *After* ------------ *the* training session, employees will be able to use the new software that makes it easy to conduct business through the Internet.

(A) finishing
(B) finish<u>ed</u>
(C) finish
(D) <u>have</u> finished

(B) 주어가 없기 때문에, 이 -ed는 동사일 수 없어요. 그런데 뒤에 명사가 있기 때문에 수동의 과거 분사일 수도 없어요. 결국 -ed의 두 가지 활용법이 모두 해당 없는 셈이지요.
(C) 주어가 없이 동사가 나올 수는 없어요. 우리말에서는 주어가 없이 표현하기도 하기 때문에 해석으로 접근하면, 의미가 통한다는 점에서 맞는 것으로 오해하기 쉬워요.
(D) 역시 동사이기 때문에 접속사의 뒤에 곧바로 연결될 수 없어요.

[해석] 훈련 기간을 끝내고 나면, 직원들은 인터넷을 통한 업무를 수월하게 해주는 이 프로그램을 사용할 수 있을 것입니다.

(A) 동사의 자리가 아니라는 점은 주어가 없다는 사실로 확인했고, 뒤에 명사가 있으니 능동이라는 표시를 해야겠죠!

Tip 분사구문에서 접속사가 남아있는 유형의 문제인데, 정답을 찾는 입장에서 보면 이런 유형이 훨씬 더 간단해요.
일반적인 분사구문의 문제는 동사의 자리인지 파악하고, 능동과 수동을 확인하는 두 단계 과정을 거쳐야 합니다. 하지만 이렇게 접속사가 있고, 바로 빈 칸이 있는 경우라면 동사가 나올 수는 없는 구조입니다. 접속사의 뒤에는 반드시 주어와 동사가 있어야 문장이 성립하거든요. 따라서 지금처럼 주어가 없는 상태에서 동사가 있을 수는 없는 것이죠.
결국 동사의 자리인지는 확인할 필요가 없고, 곧바로 능동과 수동만 구별하면 되니까, 훨씬 더 간단하죠.

13. *Once* ------------ *to* the market, the tablet PC became so popular that it couldn't be put on display for one day.

(A) <u>was</u> introduced
(B) introduced
(C) introdu<u>cing</u>
(D) <u>has</u> introdu<u>ced</u>

(A) 주어도 없이 was라는 동사를 쓸 수 없어요. 아무리 해석이 되더라도, 아무리 정보의 가치가 낮아도 동사의 앞에는 주어를 쓰세요! 그게 원칙입니다!!
(C) 빈 칸의 뒤에 명사가 없기 때문에 능동으로 쓸 수는 없겠죠.
(D) 동사의 앞에 주어를 반드시 써야 한다는 것은 문장 구성의 기본 규칙입니다. 정답을 찾는 것에만 만족하지 말고, 상대에게 의미를 정확하게 전달할 수 있는 구조를 익히는 과정으로 생각하세요.

(B) 동사의 자리가 아니면서, 목적어가 없는 수동의 상황을 표현하는 어미가 바로 -ed 입니다!

Tip 역시 빈 칸의 앞에는 접속사가 있고, 보기에는 주어가 제시되지 않았어요. 그렇다면 역시 동사가 올 수 있는 구조는 아니라는 말이 되겠죠!
분사구문에 접속사가 남아 있는 구조는 접속사의 의미를 정확하게 전달하기 위한 안전장치입니다. 문제의 정답을 찾는 단계를 넘어서 문장을 올바르게 구성하는 감각을 기르는 연습이라고 생각하세요.

[해석] 일단 시장에 소개되자, 그 태블릿 피씨는 너무나 인기를 끌어서 진열되면 하루도 못 가서 팔려나갔다.

26. Candidates must present a resume and two letters of recommendation *when* ------------- *for* the position of the Human Resources Manager.

    (A) apply
    (B) appli<u>ed</u>
    (C) <u>to</u> apply
    (D) apply<u>ing</u>

(A) 역시 접속사의 뒤에 주어도 없는데, 동사를 쓸 수는 없어요.
(B) 이 보기를 골랐다면, 비록 틀렸지만 격려를 받을 충분한 자격이 있어요. 13번처럼 뒤에 명사가 없으니까, 수동이라고 판단했다면 생각을 전개하는 우선순위는 적절하게 형성된 것이거든요.
(C) 이렇게 접속사가 남아 있는 구조는 부사절에서나 가능한데, 부사절의 접속사 뒤에 to 부정사가 연결되는 경우는 없어요. 만일 'how to do, when to do'와 같은 표현들이 생각난다면 그 경우는 의문사이고, 명사절입니다!

(D) 뒤에 명사가 없어서 수동이라고 생각할 수도 있지만, apply for는 자동사이므로 수동형을 쓸 수는 없어요.

Tip 역시 접속사가 남아있는 경우의 분사구문에 대한 질문입니다. 22번, 13번과 동일한 위치에 빈 칸이 있는 것을 놓치지 마세요. apply for라는 자동사가 눈에 들어오지 않았다면 수동태 항목을 복습하세요.

[해석] 인력 자원 부장 직책에 응모할 때, 지원자들은 이력서와 두 통의 추천서를 제출해야만 합니다.

8. Travelers should carry their passports all the time ------------- *staying* in a foreign country.

    (A) while
    (B) or
    (C) with
    (D) during

(B) or는 등위 접속사입니다. 즉 오른쪽에 있는 -ing와 동일한 성격인 -ing가 앞에도 있어야 하거든요. 부득이한 경우에는 다른 형태의 준동사가 연결되는 경우도 없지는 않지만 지금은 그나마도 없어요.
(C) with의 뒤에는 -ing가 아니라, 명사가 연결되는 것이 일반적입니다.
(D) 오해하기 쉬운 보기입니다. 다음에 -ing가 연결되기 때문에, 그리고 해석을 해봐도 어울리기 때문에 당연하다고 생각하기 쉽거든요. 하지만 during의 뒤에는 구체적인 시점을 나타내는 명사가 연결되는 것이 원칙이에요. 즉 during의 뒤에 동명사는 어울리지 않는다는 말입니다. 전치사 뒤에 동명사라는 공식이 무조건 적용되는 것은 아닙니다. 많지 않지만 동명사를 싫어하는 전치사도 있거든요.

(A) 접속사의 뒤에 주어가 없이 빈 칸이 있으면, 분사 외에는 올 수 없다는 점에서 접근하면 됐어요. 그런데 지금은 반대로 -ing를 먼저 제시해주고, 연결 장치를 찾으라는 유형인데요, 이때는 접속사를 선뜻 고르지 못하는 경우가 많아요. 왠지 낯설어 보이거든요. 이와 유사하게 'while in Paris (파리에 있는 동안)'처럼 being이 생략된 경우도 대표적으로 물어보는 표현이니 기억해두세요.

Tip 22, 13, 26번은 모두 분사구문에서 접속사가 남아 있는 경우의 문제들이었어요. 모두 접속사의 뒤에 빈 칸이 있고요. 그런데 이 문제는 역방향으로 물어보고 있는 유형입니다. 문법을 검이 아니라, 연결되는 관계로 훈련하면 빈 칸이 움직이는 것에는 아무런 영향을 받지 않는다는 점을 꼭 기억하세요. 정말 큰 도움이 됩니다.

[해석] 외국에 체류하는 동안 여행객들은 여권을 항상 휴대해야 한다.

14. To make a ------------ *impression* on their guests, the hotel created a brochure with colorful and attractive photographs.

(A) last
(B) lasting
(C) last<u>ed</u>
(D) lasts

(A) last는 형용사로도 쓰이지만, 의미 자체가 한정적이기 때문에 the와 함께 쓰이는 것이 원칙입니다. 그리고 지금은 -ing, -ed가 붙은 어미가 있는 것으로 봐서, 동사로 쓰인 경우를 물어본다는 것을 짐작할 수 있어요!

(C) 과거 분사가 명사를 수식할 때는 뒤의 명사가 목적어의 관계라는 점을 이해하고 해석해야 해요. 그렇지 않으면 객관적으로 구별하기보다, 자기가 이해할 수 있는 쪽으로 해석하는 함정에 빠질 수 있거든요.

(D) 관사의 다음에 동사가 나오는 경우는 있을 수가 없어요!

(B) last가 동사일 때는 "~이 오래가다, 지속하다"라는 뜻의 자동사입니다. 즉 뒤에 있는 "인상"이라는 명사가 "지속하는" 행위자라는 점에서 능동의 관점입니다!

Tip 관사나 소유격이 오면 반드시 명사가 뒤에 있어야 해요. 그런데 빈 칸의 뒤에 명사가 제시됐어요. 그렇다면 이 빈 칸에는 오직 형용사만 가능해요. 원칙적으로는 '형용사, -ing, -ed, 명사'가 가능해요. 명사의 앞에서 형용사의 용도로 쓰이는 표현들이 영어에서는 이 네 가지 뿐이거든요. 그 중에서 두 가지 분사가 제시되는 경우부터 구별하자고요.

[해석] 투숙객들에게 오래가는 인상을 심어주기 위해서, 호텔에서는 화려하고, 매력적인 사진을 담은 안내책자를 만들었다.

15. For proper maintenance of your Xevious computer, we recommend that you purchase from one of **our** ------------ *dealer shops*.

(A) authoriz<u>ed</u>
(B) authoriz<u>ing</u>
(C) author<u>ity</u>
(D) author<u>ize</u>

(B) "판매점"은 인가 받은 물품을 판매하는 곳이지, "인증하는" 행위를 하는 곳은 아니죠.

(C) 명사가 오면 복합 명사가 되거든요. 그러면 앞의 명사가 '목적'을 나타내는 형용사 역할입니다. 그런데 대리점의 목적이나 용도가 "권위, 승인"은 아니잖아요.

(D) -ize는 오직 동사에게만 나타나는 어미입니다. 설마 지금 관사의 뒤에서 동사를 쓰려고 생각한 것은 아니겠죠?

[해석] Xevious 컴퓨터를 적절하게 관리하기 위해서 인가를 받은 판매점에서 구입하시기를 권장합니다

(A) "판매점"은 "우리가 인가한" 대상이라는 의미 관계가 성립하거든요. 즉 수식 받는 명사는 분사가 나타내는 동작의 목적어에 해당하니까, -ed로 표시해야죠.

Tip 소유격과 명사의 사이에 빈 칸이 있으니까, 적절한 형용사를 찾으라는 문제입니다. 이런 경우는 분사구문이 아니라, 완전한 형용사로 진화한 분사를 이해하는 지를 물어보는 것입니다.
분사구문에서는 뒤에 명사가 있는 지를 확인했지만, 이런 경우는 명사는 어차피 존재하기 때문에 구조로 구별해서는 안 됩니다. 이 문장에서도 뒤의 명사는 분사의 의미와 상관 없이 앞에 있는 소유격 때문에 필요한 것이거든요. 이렇게 명사를 수식하는 분사, 즉 형용사는 의미를 보충해주는 장치이지 필수 요소는 아니기 때문입니다. 그래서 명사의 존재가 아니라, 명사와 의미 관계를 고려해야 합니다.

4. Candidates were informed that the audition for the Austin Ballet Theatre would be held at the **newly** ------------ ***Duncan Hall.***
 (A) renov<u>ate</u>
 (B) renovat<u>ed</u>
 (C) renovat<u>ing</u>
 (D) renovat<u>ion</u>

(A) -ate로 끝나는 단어는 형용사이거나 동사입니다. 그런데 -ed, -ing가 붙은 보기가 있는 것으로 봐서 동사로 쓰였다는 것을 추론할 수 있어요.
(C) -ing가 되면 능동 관계를 나타내거든요. 그럼 수식 받는 명사가 동작의 행위자라는 말이 되는데, "건물"이 "보수하는" 행위자가 될 수는 없는 일이죠.
(D) 항상 빈 칸의 좌우를 잘 보세요. 앞에 -ly로 끝나는 단어, 즉 부사가 있어요. 복합명사는 비록 형용사의 역할을 하지만, 뒤의 명사까지 묶어서 하나의 의미 단위로 이해하기 때문에 그 앞에는 부사가 아니라, 형용사가 와야 해요.

(B) "건물"과 "보수하다"는 동작과 대상이라는 관계가 설정됩니다. 즉 동작의 목적어에 해당되는 정보를 중심으로 서술하는 맥락이기 때문에 -ed라는 어미로 그 수동의 관계를 표시해야죠.

Tip 이렇게 해석해야 하는 경우를 부담스러워할 수도 있어요. 그런데 문법을 적극 활용해보세요. 이 자리에 오는 분사는 형용사잖아요? 형용사는 명사를 수식하고요. 그럼 빈 칸에 오는 분사가 이 문장에서 논리적으로 연결되는 대상은 오직 뒤에 있는 명사 하나뿐이라는 말이거든요. 그럼 문장의 다른 요소들은 일단 보류하고, 그 명사와 분사가 어떤 관계인지만 확인하세요.
해석을 하지 말라는 요령을 말하려는 것은 아니고, 단어들의 관계를 적극적이고도 구체적으로 확인하자는 말입니다!

[해석] Austin Ballet Theatre에 지원한 사람들은 새롭게 보수된 Duncan Hall에서 오디션이 열릴 것이라는 안내를 받았다.

19. There are **some** ------------ ***procedures*** that you must abide by in conducting a feasibility study.
 (A) establish<u>ing</u>
 (B) establish
 (C) establish<u>ed</u>
 (D) establish<u>er</u>

(A) "절차"가 무엇인가를 "확립하는" 행위자가 될 수는 없죠.
(B) 선택형 시험에서는 다른 보기가 도움을 주는 경우도 많아요. 이 단어를 모를 수도 있는 거잖아요! 그 정도 단어는 알지 않냐는 식으로 오만하지는 말자고요! 모르는 단어가 있는 것은 자연스럽고, 보편적 현상이지 무능하다는 증거가 될 수는 없거든요!
그럼 -ed, -ing라는 다른 보기의 어미를 보고, 최소한 동사라는 점은 짐작할 수 있지 않나요? 그럼 동사 자리가 아니라는 것은 판단할 수 있잖아요? 요령을 알려주려는 것이 아니라, 알고 있는 정보를 활용하는 방법을 말하고 싶어서요.
(D) "설립하는 사람"을 위한 "절차"라는 논리적 관계가 성립할 수는 없어요.

(C) established는 분사라는 준동사에서 시작했지만, 이제는 "확립된, 제정된, 정평이 나있는"이라는 의미로, 독립된 형용사로 쓰입니다.

Tip 명사를 수식하는 분사의 용법을 구별하는 문제는 해석이 아니라, 논리적으로 점검해야 합니다. 무슨 차이가 있냐고 생각할 수 있지만, 한국어로 의미가 통하냐는 질문을 하는 영어 문제란 근본적으로 존재할 수 없잖아요? 한국 사람들이 쓰는 표현을 물어보는 것이 아니라, 영어를 대상으로 한 시험이니까요.

[해석] 타당성 조사를 할 때 준수해야만 하는 확립된 몇 가지의 절차가 있다.

7. Buses are **the most** ------------ ***transportation*** in many Latin American countries.
   (A) prefer
   (B) preferred
   (C) prefer<u>ring</u>
   (D) prefer<u>ence</u>

(A) 앞에 관사가 있어요. 그럼 뒤에는 반드시 명사가 있어야 하고, 그 명사까지가 하나의 의미 단위가 되는 것입니다. 바로 transportation까지거든요. 그 사이에 동사가 있을 수는 없어요.
(C) "대중 교통"이 무언가를 "선호하는" 행위자가 될 수는 없지 않을까요?
(D) 복합 명사의 구조가 되는데, "선호"라는 명사가 "대중 교통"의 목적이나 용도가 될 수는 없겠죠.

(B) 과거 분사라면 '동작과 대상'이라는 관계로 이해하라는 주문이니까 "대중 교통"은 "사람들이 선호하는" 대상이라는 논리관계가 성립하는 것을 알 수 있어요.

Tip 무작정 해석하면 '우리 어감에 익숙한가?'라는 잘못된 기준이 적용될 수 있어요. 명사와 분사가 논리적인 관계가 성립하는지를 확인해야 올바르게 판단할 수 있어요. 자신의 논리력도 향상시킬 수 있고요. 명심하세요! 해석이란 문장에 쓰인 대로 문법이라는 객관적인 잣대로 이해하는 것이지, 자기가 이해할 수 있도록 의미를 조정하는 것이 아닙니다!

[해석] 남미의 많은 국가들에서는 버스가 가장 선호하는 대중 교통 수단이다.

28. Next June, Dream Makers will release **a** ------------ ***adventure movie*** based on the mega-hit novel Missing Treasure Hunters.
    (A) fascinate
    (B) fascinating
    (C) fascinat<u>ed</u>
    (D) fascinat<u>es</u>

(A) -ing, -ed가 결합된 보기가 보이죠? 관사 뒤니까 fascinate라는 동사의 자리가 아닙니다.
(C) 감정 형용사의 어미가 -ed니까 '그 명사가 감정을 느끼게 하는 대상'이라는 관계가 설정되는데, 수식 받는 명사가 사물이거든요. 논리적으로 판단하면, 사물에게 어떤 감정을 느끼게 할 수는 없는 일이죠.
(D) -s는 오직 동사나 명사에만 결합하는 어미랍니다. fascinate의 명사형은 fascination입니다.

(B) 형용사를 판단할 때는 항상 뒤에 수식 받는 명사가 있는지 확인하세요. 있다면 수식 관계를 반드시 일차적으로 고려해야 하거든요.

Tip 앞에 관사가 있고, 뒤에 명사가 있어요. 그럼 역시 형용사로 쓰인 분사의 용법을 고려하라는 문제인데, 보기에 있는 단어들이 감정 동사에서 파생된 형태들이거든요. 이런 경우에는 '사물'이 '사람'에게 '감정을 야기시킨다'는 관점에서 접근하세요.

[해석] 다음 6월에 Dream Makers에서는 대히트를 기록했던 소설인 'Missing Treasure Hunters'를 원작으로 하는 매혹적인 모험 영화를 개봉할 것이다.

25. *I* am so ------------ to accept your invitation to make a keynote speech at the symposium on Environment and Development in Berlin next month.

(A) pleas<u>ure</u>
(B) please
(C) pleas<u>ing</u>
(D) pleas<u>ed</u>

(A) -ure는 명사, 특히 사물 명사를 나타내는 어미입니다. 그런데 so는 부사거든요. 부사가 명사를 수식할 수는 없어요.
(B) 이미 am이라는 동사가 있으니까, please라는 동사가 또 올 수는 없죠! 그리고 so가 이렇게 동사의 바로 앞에 오는 용법도 없고요.
(C) -ing가 되면 문장의 주어인 사람 명사가 기쁨을 주는 행위자라는 말이거든요. 사람이 감정의 원인인 경우도 있으니까 무조건 틀리지는 않아요. 하지만 문맥상 어울리지도 않고, 누구에게 기쁨을 주는 지에 대한 정보도 있어야 좀 더 논리적이겠지요? 그래서 -ing가 붙는 감정 형용사 뒤에는 대상을 나타내는 전치사 to가 연결되는 경우가 많아요.
(D) 뒤에 수식 받는 명사가 없으니, 앞에서 형용사가 설명할 수 있는 명사를 찾아보세요. 사람 명사인 I 밖에 없어요. 사람은 감정을 유발시키는 원인, 즉 행위자가 아니라, 감정이 유발되는 대상이라는 점에서 -ed로 표시해야 타당합니다.

Tip 보기에 제시된 단어들이 감정 동사에서 비롯된 단어들입니다. 형용사의 두 가지 용법은 명사를 앞에서 수식하거나, 뒤에서 설명하는 것입니다. 따라서 뒤에 명사가 없다면, 앞에 있는 명사를 확인하는 것이 올바른 순서입니다. 이런 경우를 바로 명사의 보어로 쓰인 용법이라고 해요.

[해석] 너무나 기쁜 마음으로 초대를 받아들여 다음 달에 베를린에서 열리는 환경과 개발에 관한 심포지엄에서 기조연설을 하겠습니다.

3. I didn't know what **made** *him* so ------------ **when** I talked about my investment plan.

(A) embarrass
(B) embarrass<u>ing</u>
(C) embarrass<u>ingly</u>
(D) embarrass<u>ed</u>

(A) 음…동사의 자리가 아닌 점은 너무 명백한 것 같은데, 직접 근거를 설명해보세요. 말로 설명하면 효과가 훨씬 좋거든요!
(B) -ing를 골랐다면 him이 감정을 일으키는 행위자라고 판단했다는 말이 되는데요.
(C) '목적어를 어떤 상태로 만들다'라는 make 동사의 용법으로 볼 때, 빈 칸에는 목적어를 설명하는 형용사가 필요하거든요. 우리말로 해석하면 부사가 적당해 보일 수도 있어요.
그러니까 조심하라고 그럴 것 같죠? 조심하지 말고, 해석부터 하려고 하지 않는 습관을 먼저 기르세요. 그러고 나면 형용사와 부사를 구별하는 구체적인 방법을 알려드릴게요!
(D) 수식 받는 명사가 없을 때, 감정 형용사의 형태는 무작정 주어를 볼 것이 아니라, 앞에 있는 명사를 보는 것이 안전해요. 형용사가 명사를 설명할 때, 즉 보어로 쓰일 때는 주어의 뒤, 아니면 목적어의 뒤 밖에 없거든요.

Tip 뒤에 수식 받는 명사가 없다는 점에서는 25번과 같은 경우입니다. 하지만 주의할 점은 25번은 am이라는 자동사였기 때문에 앞에 있는 명사가 주어 밖에는 없었어요. 그런데 이 문제에서는 made라는 동사가 있어요. 즉 목적어와 목적보어까지 제시되는 구조라는 말입니다. 무작정 문장의 주어를 찾는 것이 아니라, 의미상 주어를 확인해야 하거든요. 목적보어란 전적으로 목적어에 대한 설명이니까, 지금은 what이 아니라, him이 판단의 기준이 되는 겁니다.

[해석] 나의 투자 계획에 대해 말했을 때, 그가 그렇게 당혹스러워 했던 이유를 나는 몰랐다.

20. The first year's **sales** of the low-alcohol beverage were so ------------ **that** the firm decided to discontinue manufacturing it.

(A) disappoint<u>ment</u>
(B) disappoint
(C) disappoint<u>ing</u>
(D) disappoint<u>ed</u>

(A) -ment는 명사형이잖아요. 그런데 앞에는 부사인 so가 있어요. 이건 정말…
(B) disappoint는 동사겠죠? 근데 앞에 이미 were라는 동사가 있고요. 할 말이 없네요…
게다가 흔히 "너무나 ~ 해서 ~ 하다"라고 알고 있는 'so ~ that' 표현 인데요. so뒤에는 형용사나 부사가 연결됩니다.
(D) 감정 형용사가 -ed라면 당연히 사람 명사에 대한 설명으로 이해해야겠죠? 그런데 앞에는 사람을 의미하는 명사가 전혀 없어요.

(C) 뒤에는 수식 받는 명사가 없고, 앞에 있는 동사는 자동사인 were이거든요. 그러면 주격 보어라는 말이니까 주어를 확인하세요.

Tip 감정 형용사의 용법에 대해서는 여러 가지 공식들을 많이 얘기해요. 제 말도 공식일지 모르겠어요. 하지만 원칙을 정확하게 알아두세요. 사물 명사가 감정의 원인이라는 점에서 -ing, 사람 명사는 대상이라는 관점에서 -ed를 쓴다는 원칙만 이해하고 있으면 모든 공식이라는 것들은 잊으셔도 됩니다.

[해석] 알코올 도수가 낮은 음료의 첫 해 판매 실적이 너무 실망스러웠기 때문에, 회사에서는 생산을 중단하기로 결정했다.

---

17. There **were** more than 50 customer service representatives ------------ **on** the telephones during the peak time.

(A) who work
(B) work<u>s</u>
(C) work<u>ing</u>
(D) work<u>ed</u>

(A) 보기에 관계 대명사라는 접속사가 있고, work라는 동사가 있으니까 일단 문장은 성립해요. 하지만 앞의 동사가 were라는 과거 시점인데, 이 문장이 현재 시제인 것에 대해 납득할 근거가 없어요.
(B) -s가 붙었으니까, 동사이거나 명사일텐데요. 이미 were가 있으니까 동사일 수는 없고, 앞에 representatives라는 복수명사가 있으니까 복합 명사가 될 수도 없고요.
(D) 동사의 자리가 아니고, 뒤에 명사가 없다는 점에서 수동이라고 생각했다면 잘 틀리셨어요! 기분 나빠지지는 마세요. 목적어가 보이지 않아서 수동의 과거 분사를 선택한 것은 칭찬받아 마땅해요. 자동사보다는 타동사가 제시될 가능성이 훨씬 높으니까, 정답을 찾을 가능성도 높다는 뜻이 잖아요. 다만 많이 나오지는 않는 자동사의 경우를 좀 더 주의하면 되는 것이죠.

(C) work는 타동사의 용법이 없는 것은 아니지만, on이나 for, at과 같은 전치사와 연결해서 자동사로 주로 활용된다는 점을 잊지 마세요.

Tip 자동사의 분사를 물어보는 유형입니다. 자동사는 목적어가 없기 때문에 수동태로 표현할 수가 없잖아요. 명사를 수식하는 분사의 용법에서도 자동사는 역시 과거 분사를 활용하지 않아요.
간혹 자동사의 과거 분사로 '완료'의 의미를 나타내는 경우도 있는데, 문법 문제에서 다루는 경우는 거의 없으니까 아주 천천히 익혀두세요. 어떤 것부터 적용할 것인지 생각의 순서를 정하는 것이 전략적인 접근입니다.

[해석] 업무가 몰리는 시간에는 50명이 넘는 고객 서비스 직원들이 전화 응대를 했다.

23. The customer service center **reports that** there **has been** a steady increase in the number of customers ------------ *about* the recently released air-conditioners.

   (A) complain**ed**
   (B) complain**t**
   (C) complain
   (D) complain**ing**

(A) reports, has been이라는 동사와 that이라는 접속사가 있기 때문에 동사일 수는 없어요. 과거 분사라면 complain은 자동사이기 때문에 수동의 관점이 성립될 수 없고요.
(B) 철자를 조심하세요. complaint는 명사입니다. 그걸 몰랐다면, (C)의 complain이 동사라는 점에서 생각을 연결하세요. 다른 보기가 힌트가 될 수 있다는 점도 잊지 마세요.
(C) 동사의 자리도 아니고, 앞에 사역 동사나 지각 동사도 없으니까 원형일 수가 없지요.

(D) complain은 "불평하다"라는 의미에서 추가 정보를 전달하는 전치사와 함께 쓰여요. complain about something (~에 대해 불평하다), complain to someone (~에게 불평하다)라는 표현들을 기억하세요. 또 타동사로 쓰이기도 하는 데 그때는 'complain that ~'의 구조로 that절과 함께 쓰이는 전달 동사입니다.

Tip 자동사로도, 또 타동사로도 활용되는 단어들은 많아요. 하지만 객관적인 관점을 다루는 문법 문제의 특성상 자동사로만, 혹은 자동사 위주로 사용되는 단어들을 주로 물어볼 수 밖에 없는데, 그런 동사의 수는 그리 많지 않아요. 또 시험에서 빈번하게 나오는 단어는 더 적을 수 밖에 없고요. 자동사의 목록이 잘 기억나지 않는다면 수동태에서 자동사를 설명한 부분을 복습하세요.

[해석] 고객 서비스 센터에서 보고한 바로는 최근에 출시한 에어컨에 대해 불만을 나타내는 고객의 수가 꾸준하게 증가하고 있다고 한다.

5. **I was** informed **that** my package **would be** delivered in six or seven hours, ------------ *on* the traffic conditions.

   (A) depending
   (B) depend**ed**
   (C) depend
   (D) depend**s**

(B) -ed가 있는데, 동사의 자리도 아니고, depend는 자동사이기 때문에 수동형이 될 수도 없잖아요!
(C) was informed, would be delivered라는 동사와 that이라는 접속사가 있어요. 동사 자리가 아닙니다.
(D) comma의 바로 뒤에 동사가 나오는 경우는 거의 없어요. 주어와 동사라는 밀접한 관계를 분리시킬 이유가 없으니까요. 그런 경우를 봤다고요? 앞에 comma가 하나 더 있는 삽입어구일 겁니다.

(A) depend도 항상 on과 함께 쓰이는 대표적인 자동사입니다. 익숙해질 때까지는 자동사라는 말을 들으면 곧바로 '수동태는 안돼'라는 의미로 받아들이면 어떨까요?

Tip 동사의 뒤에 전치사가 곧바로 연결되는 경우는 자동사입니다. 이런 경우는 그 전치사까지 한 덩어리로 익혀두는 것이 여러모로 실질적인 도움이 됩니다.

[해석] 내 소포가 교통 상황에 따라 6-7시간 뒤에 배달될 것이라는 안내를 받았다.

11. The travel industry showed great growth last year, ------------ **car rental companies *accounting*** for the largest share.

(A) by
(B) and
(C) for
(D) with

(A) 주어도, 목적어도 아닌 companies를 전치사로 연결하려는 시도는 아주 훌륭해요. 그런데 문맥상 accounting의 의미상 주어인데, 분사의 의미상 주어를 by로 나타내는 경우는 없어요. by에는 '행위자'의 의미가 있지 않느냐고 생각할 수도 있겠지만, 그런 경우에 by는 그 행위를 나타내는 표현의 오른쪽에 위치하게 되거든요.

(B) and는 등위 접속사이기 때문에 양쪽이 대칭적인 구조로 연결되어야 해요. 그런데 앞 문장에는 -ing가 없어요. 만일 accounting이 아니라 동사형으로 제시됐다면 접속사가 필요합니다.

(C) for가 준동사의 의미상 주어로 쓰이는 경우는 오직 to 부정사일 때만입니다. 분사의 의미상 주어로는 쓰지 않아요.

(D) 분사의 의미상 주어는 명사가 원칙입니다. 그리고 일반적으로 with의 뒤에 명사는 가능해도, -ing는 거의 연결하지 않거든요. 그래서 이 용법은 반드시 뒤에 '명사 + 분사'라는 구조라는 점을 기억하세요.

Tip 이 문제의 보기는 주로 전치사가 제시되었어요. 전치사는 일반적으로 앞에 있는 특정한 어구나 뒤에 있는 명사와 연결되거든요. 그런데 이 with는 단지 because나 while의 의미를 표시하는 용도일 뿐, 특정 단어와 연결되는 것이 아닙니다. 즉 연상할 수 있는 고리가 없기 때문에 용법을 기억해 두지 않으면, with를 끌어내기 쉽지 않아요.

[해석] 작년에 관광업계는 크게 성장했는데, 자동차 대여업체들이 가장 큰 몫을 차지했다.

7강 명사와 관사

I. 명사의 역할과 위치를 파악하세요!

단어 형태인 명사뿐만 아니라, 부정사, 동명사, 명사절 등도 모두 명사의 기능을 하고, 이런 어구들을 통틀어 '명사 상당어구'라고 부르기도 해요. 하지만 그 모든 것은 명사의 역할과 그에 따른 위치라는 바탕에서 이해할 수 있어요. 그래서 일단은 명사라는 단어에 초점을 맞추고 접근하세요.

"-이/-을"과 같은 조사가 주어와 목적어의 역할을 규정하는 한국어와 달리, 영어의 명사에는 이런 역할을 표시하는 어미가 없어요. 그래서 위치, 다른 말로 하면 다른 단어와 연결되는 관계를 통해 역할이 규정됩니다. 즉 '품사가 역할을 정의하고, 역할은 위치가 규정한다'는 것이죠.

1. 동사의 앞

한국어도, 영어도 문장의 시작은 그 내용의 주인공이 누구인지를 밝히는 것으로 시작합니다. 문장의 주인공을 알려주는 이 정보는 문장의 시작점에 두는 것이 당연한 일이겠고, 이 역할을 하는 단어를 '주어'라고 해요. 영어에서 주어로 활용될 수 있는 품사는 오직 명사 밖에 없어요. 따라서 동사의 앞에는 반드시 주어가 필요하고, 그 주어는 반드시 명사입니다. 그곳이 바로 명사가 존재하는 자리입니다.

Users *have* experienced the value of this program which saves them unnecessary waiting time.

사용자들은 불필요한 대기 시간을 줄여주는 이 프로그램의 가치를 경험하고 있다.

2. 타동사의 뒤

타동사의 뒤에는 반드시 그 동작의 대상에 대한 정보가 필요하고, 이것을 '타동사의 목적어'라고 해요. 목적어로 사용될 수 있는 품사도 물론 명사만 가능합니다.

The research *shows* **a sign** of improvement in sales.

그 조사는 매출이 호전될 기미를 보여주고 있다.

Please *check* **the manual** before calling our customer service center.

서비스 센터에 전화하시기 전에 사용 설명서를 확인해주세요.

3. 전치사의 뒤

전치사는 독자적으로는 존재할 수 없고, 반드시 명사와 결합해서만 쓰일 수 있어요. 그래서 전치사의 다음에는 반드시 명사가 있어야만 하고, 그 명사를 '전치사의 목적어'라고 해요. 하지만 이 용어를 너무 강조할 필요는 없어요.

그보다는 전치사의 역할을 명확하게 이해하세요. 전치사는 주어나 목적어로 활용되지 않는 명사의 역할을 바꿔주는 전환장치로 이해해도 좋거든요. 그래서 '전치사 + 명사'라는 하나의 덩어리는 형용사 혹은 부사로 활용됩니다.

An amount *of* **love** you gave our company for 30 years will always be remembered.

지난 30년간 우리 회사에 주신 큰 사랑은 영원히 기억될 것입니다.

The customer repeatedly complained *about* **the inconvenience** our mistake had caused.

그 고객은 우리의 실수로 인해 겪은 불편함에 대해 반복해서 불평했다.

4. 관사나 소유격의 뒤

관사(a, an, the)나 소유격(my, your, his, her, its, our, their)은 '한정사'로 분류되는 표현들인데, 한정사란 반드시 명사와 결합하는 속성을 가진 형용사를 부르는 말입니다. 그래서 관사나 소유격이 있으면 그 뒤에는 반드시 명사가 있다는 말이고, 그 명사까지가 하나의 의미 단위를 형성하는 것이죠.

Last year the **company** laid off 4,000 workers due to its financial crisis.

작년에 그 회사는 재정 위기 때문에 4천명의 노동자를 일시 해고했다.

You can contact our office at *your* **convenience**.

언제건 편하실 때 제 사무실로 연락해주세요.

확인합시다

1. ---------- which are not guaranteed by the 10% deposit at the time of booking are canceled without notice.
   (A) Reserving   (B) Reserved   (C) Reservations   (D) Reserves

2. Yesterday I arranged ---------- with the car rental company by phone.
   (A) insurable   (B) insure   (C) insurance   (D) insuring

3. The new policy will come into ---------- as of the first of September.
   (A) affect   (B) effect   (C) reflect   (D) infect

4. Lopus Construction signed an ---------- for a 300-million-dollar project to build the 110-story skyscraper.
   (A) agree   (B) agreeing   (C) agreed   (D) agreement

5. This letter is to inform you that your ---------- has been processed.
   (A) application   (B) apply   (C) applied   (D) applying

<정답> 1.(C) 2.(C) 3.(B) 4.(D) 5.(A)

II. 명사의 수를 확인하세요!!

모든 명사에는 단수 혹은 복수라는 수의 개념이 표시됩니다. 그리고 이 수의 표시가 적절한 지 확인하는 기준은 두 가지입니다.
첫째는 '수의 일치'라는 관점을 통해서인데, 영어에서 이 관계가 성립하는 경우는 오직 세 가지 유형 뿐입니다. 바로 '주어와 현재 동사' 그리고 '한정사와 명사' '명사와 대명사'입니다. 일단은 '주어와 동사'의 수 일치부터 시작하세요.
둘째는 이런 '수의 일치'라는 관계가 설정되지 않는 경우인데요. 이럴 때는 그 명사가 셀 수 있는 명사인지, 아니면 셀 수 없는 명사인지를 판단하라는 유형입니다. 이런 경우에는 관사를 통해 접근할 수 있어요.

1. 주어와 동사는 수가 일치해야 합니다!

어떤 명사가 하나의 개체를 의미하면 단수, 둘 이상이면 복수라고 해요. 그리고 복수 명사는 거의 다 -(e)s로 표시해요. 반면에 동사에 결합되는 -(e)s는 단수를 나타냅니다. 결국 주어인 명사와 동사, 둘 중 하나에만 -(e)s가 표시되는 것이죠.
이 어미를 잘 기억하세요. 단수/복수라는 개념이 전달되는 현실적인 형태는 결국 -(e)거든요. 그리고 이 어미는 명사의 어근, 즉 의미와는 상관이 없는 것이거든요. 그러니 명사의 의미를 모른다고 망설이지 말고, 수를 표시하는 어미가 적절한 지 우선 확인하세요.
그리고 예전에 공부했듯이 주어와 동사 사이에 삽입되는 수식어구들에 현혹되지 않도록 주의하는 것도 잊지 말아야 합니다.

Our researchers *have* made great efforts to develop a more user-friendly navigation system.
우리의 연구원들은 좀 더 사용자 위주인 네비게이션 시스템을 개발하고자 많은 노력을 기울이고 있습니다.

Inspections of the disposal of industrial waste *have* been reinforced.
산업 폐기물의 처리에 대한 감시가 강화되었다.

2. 명사와 형용사를 구별하세요! 형용사에는 -s가 없어요!!

영어에는 철자의 변화가 없이 품사를 다양하게 활용하는 단어들이 많아요. 영어는 위치로 문법적인 역할을 나타내는 언어이기 때문에, 철자가 아니라, 위치로 품사를 판단해야 합니다. 그래서 명사로 알고 있는 단어라도, 형용사로 쓰인 경우에는 복수형 어미인 -(e)s를 붙이지 않도록 주의해야 합니다!

① 하이픈으로 연결되는 어구

하이픈으로 연결되는 어구는 명사나 형용사로 쓰입니다. 그런데 하이픈으로 결합된 어구가 명사의 앞에 오면 형용사의 역할이 되기 때문에 복수형을 쓰지 말아야 합니다.

Our employees are offered a competitive salary, comprehensive benefits and two **two-weeks** *paid vacations*. (two-weeks ⇨ two-week)
저희 직원들에게는 경쟁력 있는 급여와 포괄적인 수당, 그리고 두 번의 2주 유급 휴가가 제공됩니다.

All winners are awarded a trophy and a **fifty-dollar** *gift certificate*.
수상자들 모두에게 트로피와 50달러의 상품권을 드립니다.

② 수의 단위를 나타내는 어구

dozen, score, hundred, thousand, million, billion처럼 수의 단위를 나타내는 단어들도 명사로도, 형용사로도 모두 활용되거든요. 따라서 어떤 품사로 쓰인 경우인지를 명확하게 판단해서, 형용사라면 당연히 복수형 어미를 붙이지 말아야죠.

보통은 '앞에 수사가 오는 경우'라고 말하기도 하는데, 무작정 이런 식으로 암기하지 마세요. 앞에 구체적인 수가 있는 경우에는 뒤에 복수 명사가 있어요. 그럼 그 사이는 형용사의 자리일 수 밖에 없거든요.

그러니까 간단하게 뒤에 있는 명사를 보고 형용사의 자리라는 것을 이해하도록 하세요. 그러면 수의 단위에 대한 개별 문법이 아니라, 형용사에 관한 문법으로 더 포괄적으로 이해할 수 있어서 훨씬 효율적이거든요.

참고로 "수 백의 ~" 또는 "수 천의 ~"라는 식으로 막연한 의미로 표현하고 싶을 때는 당연히 구체적인 수를 쓰지 않고, 'hundreds of ~' 혹은 'thousands of ~' 이라고 복수형으로 표현하세요. 이럴 때는 명사로 활용된 경우입니다.

***three* hundred** on-line *courses*   3백 개의 온라인 강좌들
hundreds *of* on-line courses   수 백 개의 온라인 강좌들

③ 복합 명사

명사와 명사가 나열되는 경우에 앞에 있는 명사는 뒤의 명사를 설명하는 역할을 합니다. 철자는 명사지만, 형용사의 위치에 있다는 말이거든요. 즉 형용사의 역할을 하는 것이죠. 이런 경우를 '복합 명사'라고 해요.

거의 모든 교재들이 TOEIC에 자주 등장하는 복합 명사를 경쟁적으로 잔뜩 소개하고 암기하라고 합니다. 하지만 복합 명사는 얼마든지 많이 만들 수 있어요. 그리고 복합 명사는 단어 자체의 의미가 변하는 것이 아니기 때문에 몇 가지 표현을 암기하는 것만으로 훈련이 되지 않아요. 물론 암기한 것이 시험에 나오면 반응 속도는 빠르겠지만, 암기 목록에 없는 새로운 표현이 등장할 때마다 업데이트에 의존

해야 하거든요.

복합 명사의 형성 원리만 이해하고 있으면 여러분들이 직접 만들 수 있는 것인데, 굳이 암기하려고 너무 애쓸 필요는 없다는 말입니다.

그리고 '명사 + 명사'의 구조에서 뒤의 명사가 실제적인 명사의 역할이기 때문에 복수형을 쓸 때는 당연히 뒤의 명사에 -(e)s를 붙여 줍니다. 형용사에 복수형을 표시할 이유는 없으니까요. 간혹 명사가 세 개 이상 나열되는 복합 명사도 있는데, 그럴 때도 마지막 명사가 진짜 명사입니다.

복합 명사는 주로 앞의 명사가 뒤의 명사에 대한 '용도, 목적'의 의미를 나타낼 때 많이 쓰여요. 명사의 앞에 형용사를 쓸 것인지, 아니면 명사를 써서 복합 명사로 활용할 것인지는 형용사의 진도에서 설명하도록 할게요.

ten *computers* companies (computers ⇨ computer)

account number (계좌 번호), application form (신청서, 지원서), assembly line (조립 라인), baggage allowance (수화물 중량 제한), expiration date (유효기간), growth rate (성장률), identification card (신분증), insurance coverage (보험의 적용 범위), job vacancy (공석, 빈자리), maternity leave (여성의 출산 휴가)

④ 항상 복수인 명사도 있어요

명사 중에는 복수형이 되면 다른 의미로 쓰이는 경우도 있어요. '분화복수'라고도 하는데, 그런 용어에 가슴앓이 하는 것보다는 의미가 다른 별개의 단어로 기억해 두는 것이 현실적이지 않을까요?

belongings (소지품), customs (세관), earnings (소득), goods (상품, 물품, 재산), pains (노력, 수고), premises (건물), public relations (홍보), quarters (숙소), sales (판매), salesperson (영업 사원), savings (저축)

확인합시다

1. ---------- introduced last month are expected to decrease overhead costs by 30%.
   (A) The reform   (B) The reforms   (C) A reform   (D) The reformation

2. He had only ---------- vacations for the last six months.
   (A) a three-day   (B) three-days   (C) two three-days   (B) two three-day

3. In the last ten days the research team made more than six ---------- to local residents about the waste disposal facility.
   (A) hundred phone calls   (B) hundreds of phone calls   (C) hundreds phone calls   (D) hundred phone call

<정답> 1.(B) 2.(D) 3.(A)

III. 셀 수 있는 명사인가요?

명사의 수를 판단할 때, 수의 일치로 확인할 수 없는 경우라면 셀 수 있는 명사인지, 아닌지를 물어보는 문제라고 판단하세요. 어떤 명사가 셀 수 있다, 혹은 셀 수 없다는 관점이 영어에서는 상당히 중요한 문제이기 때문에 문제로 제시되는 것입니다. 이 구분을 우리말로 해석해서는 이해하기 쉽지 않기 때문에, 원칙을 이해하는 쪽으로 훈련을 해야 쉬워집니다.

1. 셀 수 있다! 셀 수 없다!
  의미가 달라요!!

셀 수 있는 명사와 셀 수 없는 명사를 암기하는 것에 초점을 맞추고 있는 경우가 일반적입니다. 그런데 한 걸음 더 들어가서, 왜 이런 구분을 하는 지에 대해서는 설명이 거의 없어요. 그래서 영어에서 굳이 이런 구분을 하는 이유는 생각하지 않고, 결과만 암기하기 때문에 어렵다고 생각하는 것입니다.

어떤 명사가 셀 수 있는 지, 없는 지를 이해해야 하는 이유는 경우에 따라 명사의 의미가 서로 다르기 때문입니다. 즉 하나의 명사를 두고 서로 다른 의미로 활용되기 때문에 정확하게 이해하지 않으면 소통이 제대로 되지 않을 수도 있거든요. 문법 문제에서 이런 관점을 다루는 것은 그만큼 중요한 부분이라는 말이고, 이 과정을 통해 정확하게 이해하는 훈련을 한다고 생각하면 어떨까요?

application (신청, 지원) / an application (신청서, 지원서)

business (사업, 일) / a business (회사)

invitation (초대) / an invitation (초대장)

receipt (수령) / a receipt (영수증)

resignation (사임, 퇴직) / a resignation (사직서)

room (공간, 여백) / a room (방, 객실)

2. 관사의 종류는 세 가지입니다.

명사가 셀 수 있는 의미로 쓰였는지, 아니면 셀 수 없는 명사의 의미로 쓰였는지를 표시하는 안전장치가 바로 관사입니다. 따라서 명사의 의미는 관사를 통해 한 묶음으로 익히면 훨씬 쉬워져요.

❶ '부정관사'는 'a'와 'an'이 있는데, 셀 수 있는 명사가 '하나'라는 표시입니다. 이 둘은 뒤에 있는 단어의 발음과 관련 있을 뿐, 의미는 아무런 차이도 없습니다.

❷ '무관사'는 명사의 앞에 관사가 없는 경우입니다. 셀 수 없는 명사의 의미로 쓰였다는 표시로 이해하세요.

❸ '정관사'는 the인데, 그 명사가 특정한 대상이라는 표시입니다. 따라서 명사가 셀 수 있고/없고와는 상관 없어요. 그래서 'the best [most, worst]'와 같

은 최상급, 'the first [second, last]'와 같은 서수사, 그리고 'the end, the beginning, the same, the only, the top, the bottom'처럼 의미상 특정한 경우에는 정관사를 붙입니다.

3. 셀 수 있는 명사란?

셀 수 있는 명사는 그 개체가 하나 혹은 둘 이상이라는 수의 개념이 나타납니다. 그래서 반드시 부정관사를 붙이거나, 복수형으로 써야 합니다. '눈에 보이지 않는, 형체가 없는 명사'를 보통 추상 명사라고 하고, 셀 수 없는 명사로 설명하고 있어요. 하지만 절대로 그렇게 하면 안 됩니다.

셀 수 있는 지를 판단하는 기준에 '눈으로 볼 수 있는가'라는 기준은 본래 존재하지 않기 때문입니다. 실제로 TOEIC에 출제되는 셀 수 있는 명사들은 형체가 없는 경우들을 대상으로 하기 때문에, 그런 식으로 공부하면 틀리는 훈련을 하고 있는 것이나 마찬가지입니다.

❶ 형체가 없어도, 눈으로 볼 수 없어도 셀 수 있는 명사일 수 있습니다. 제시된 단어들을 단순하게 암기하지 말고, "두 번의 시도"나 "세 차례 회의"처럼 수와 관련된 어구를 붙여가면서 꾸준하게 감각을 익히세요. 아래에 소개한 이 단어들은 물론 TOEIC에서 빈번하게 출제된 것들입니다. 이 단어들은 수 많은 사례의 일부이기 때문에 암기하는 것에 만족하지 마세요! 이 단어들은 TOEIC은 영어 공부의 목적이 아니라, 과정이라는 점을 생각하면 좋겠습니다.

그리고 'a house'처럼 관사까지 한 묶음으로 익히면 효과가 좋아요. 셀 수 있는 명사라는 규정을 암기하는 것 보다 관사까지 함께 표현할 수 있도록 하는 것이 문법 공부의 목표니까요.

appointment, arrangement, date, interview, plan, meeting, promise, schedule...
answer, choice, clue, method, option, problem, question, solution, way...
attempt, effort, event, lie, mistake, right, try...
item, point, price, qualification, requirement, sign, standard, strategy

❷ '행위자'가 반드시 사람을 의미하는 것은 아니지만 '행위자'를 나타내는 어미가 있으면 거의 예외 없이 셀 수 있는 명사입니다.
-er: developer, employer, engineer, interviewer, learner, practitioner, trainer...
-ee: employee, interviewee, trainee ...

-or: advisor, calculator, counselor, creator, decorator, supervisor, operator,...
-ist: analyst, artist, economist, dentist, pianist, strategist...
-ian: historian, librarian, musician, politician, technician...
-ant : accountant, applicant, attendant, consultant, contestant, defendant, participant, pollutant...
-ent: respondent, correspondent, resident, prophet, advocate, architect...
-ive: architect, critic...
-ee: additive, adhesive, detective...

❸ 시간의 단위를 나타내는 명사도 역시 형체가 없지만, 계량화한 표현들로 셀 수 있는 명사에 속합니다.

minute, hour, day, night, week, month, year, decade, century, July, August…

4. 셀 수 없는 명사란?

대체로 크기가 너무 작거나, 액체나 가루 상태이거나, 본래의 성질을 상실한 경우를 '셀 수 없는 명사'로 분류해요. TOEIC에서 출제하는 셀 수 없는 명사는 거의 다 개체가 아닌 '집합'의 의미를 갖는 경우들입니다.

'셀 수 없는 명사'라는 말은 부정관사나 many처럼 수의 의미를 갖는 표현들과 함께 쓸 수 없다는 말입니다. 물론 복수 어미 -(e)s도 붙일 수 없고요. 그래서 항상 단수로 취급합니다.

advice, cash, chaos, equipment, evidence, furniture, information, luggage, mail, money, news, noise, traffic, weather...

5. 사람 명사와 사물 명사를 구별하세요!

거의 모든 동사는 명사형이 두 가지입니다. 바로 그 동작의 행위자를 의미하는 사람 명사와 그 행위 자체를 말하는 사물 명사인 것이죠. 예를 들어 develop이라는 동사의 명사형이 'developer'라는 사람 명사와 'development'라는 사물 명사, 두 가지인 것처럼 말이죠. 그렇다면 명사의 자리에 이 두 가지 명사를 혼동하지 않고, 정확하게 사용하는 것이 중요하지 않을까요? 그래서 이 명사를 구별하라는 문법 문제가 출제되는 것이죠.

사람 명사는 항상 셀 수 있는 명사라는 점을 바탕에 깔고 접근하면 훨씬 더 수월하게 익숙해질 수 있을 겁니다. 그리고 이 구분은 뒤에 'he, she'와 'it'을 구별하는 대명사와 'who'와 'which'를 구별하는 관계 대명사뿐만 아니라, 명사와 연결되는 형용사나 동사를 선택하는 경우에도 고스란히 적용되니까 잘 파악해두세요.

If you **use** the right ***strategist***, you can deal with any problems in the unpredictable future. (strategist ⇨ strategy)

만일 올바른 전략을 사용한다면, 예측할 수 없는 미래에 닥칠 어떤 문제도 대응할 수 있을 것이다.

확인합시다

1. When we relocate into the new office in the suburbs next month, all employees must follow the company's decision not to take any ---------- from the old building.
   (A) furnitures   (B) furnish   (C) furnishes   (D) furniture

2. The new accounting program has the ability to compute complex ---------- much faster than the old one.
   (A) problems   (B) problem   (C) a problem   (D) problematic

3. In a business world where ---------- means everything, it is not surprising to have a desire to be far ahead of others.
   (A) competitor   (B) competition   (C) competitive   (D) compete

<정답> 1.(D) 2.(A) 3.(B)

Practice Test

1. It is important to handle electronic ----------- with great care in medical facilities.
   (A) equipments
   (B) equipment
   (C) equipped
   (D) equip

2. The manager expressed ----------- to all of the salespeople at the meeting because they fell short of his expectations.
   (A) disappointed
   (B) disappointment
   (C) disappoint
   (D) disappointing

3. Some ----------- produce industrial waste that can affect the environment for a long period.
   (A) plants
   (B) plantation
   (C) planting
   (D) plant

4. As the ----------- of this department, Mr. Marquez has been in charge of overseas investment for six years.
   (A) supervise
   (B) supervisor
   (C) supervisory
   (D) supervision

5. The postal office required the order number on the invoice to confirm the ----------- of the package.
   (A) deliverer
   (B) deliver
   (C) delivered
   (D) delivery

6. They have spent ----------- of dollars on restoration of the old community center.
   (A) thousand
   (B) a thousand
   (C) thousands
   (D) two thousands

7. In many cases the conservation of the biodiversity has not been the top priority for -----------.
   (A) entrepreneurisms
   (B) entrepreneur
   (C) an entrepreneur
   (D) entrepreneurs

8. I am writing to make sure that I transmitted the $250 ----------- fee for the on-line art history class yesterday.
   (A) register
   (B) registered
   (C) registering
   (D) registration

9. The ----------- of the band were excited when they were told that the city council approved its plan to have a concert in the City Hall square.
   (A) member
   (B) membership
   (C) members
   (D) instruments

10. The report I received from Gary Peterson at the consulting firm regarding the purchase of the downtown office building ----------- forwarded to the head of the general affairs department.
    (A) has been
    (B) were
    (C) have been
    (D) has

11. ----------- will be given to candidates who have fluency in Russian.
    (A) Preferring
    (B) Preference
    (C) Preferred
    (D) Preferential

12. Those interested in extreme sports can get a lot of ----------- from our website, www.extreme4U.com.
    (A) information
    (B) informative
    (C) informations
    (D) informer

13. The company hired a professional ----------- for its 15th anniversary ceremony.
    (A) photograph
    (B) photography
    (C) photographer
    (D) photographic

14. In the final analysis the management decided to accept the Union's proposal to add ----------- of dental treatments to the employee benefits package.
    (A) choice
    (B) chosen
    (C) choosing
    (D) a choice

15. Any effort without any clear objective and vision will reslut in a ----------- .
    (A) fail
    (B) failed
    (C) failures
    (D) failure

16. Requests for the overtime work require the ----------- of the head of the department.
    (A) approve
    (B) approving
    (C) approval
    (D) approvingly

17. Statistics ----------- that forty thousand dollars is the average annual income of workers in most advanced countries.
    (A) shows
    (B) showed
    (C) is shown
    (D) show

18. The ----------- in the downtown is attracting depositors by offering much higher interest rates for three months.
    (A) savings banks
    (B) savings bank
    (C) saving bank
    (D) saving banks

19. With ----------- to your recent request for information in our yoga classes, I'm sending you our brochure and an application form.
    (A) refer
    (B) referring
    (C) referred
    (D) reference

20. The most important ----------- for attending the workshop is to get some useful information about the new market trend.
    (A) reason
    (B) reasoning
    (C) reasons
    (D) reasonable

21. The recent introduction of the new and sophisticated illustration programs ------------ illustrators to perform more easily and efficiently.
    (A) permission
    (B) permit
    (C) permits
    (D) permissible

22. This year's bonuses are expected to be considerable, considering the company's financial ------------.
    (A) conditionally
    (B) condition
    (C) conditioned
    (D) conditional

23. Careful ------------ is under way to get into partnership with the leading company in the field of on-line marketing.
    (A) Planned
    (B) Planner
    (C) Planning
    (D) Plan

24. In most organizations there are dress codes that ------------ employees what they are supposed to wear in the office.
    (A) say
    (B) tell
    (C) explain
    (D) appreciate

25. The workshop for graphic designers consists of five ------------ held for three days.
    (A) three-hours sessions
    (B) three-hours session
    (C) three-hour sessions
    (D) three-hour session

26. Jimmy Croce will have to report for work at noon tomorrow because he has ------------ with the dentist in the morning.
    (A) appointment
    (B) an appointment
    (C) appoint
    (D) appointee

27. The ------------ and flavor of the dishes provided by the Thai restaurant are fully guaranteed.
    (A) freshly
    (B) freshness
    (C) fresh
    (D) freshen

28. About ------------ dollars were spent on on-line marketing last month, despite recent requests for expense-cutting efforts.
    (A) twenty thousand of
    (B) twenty thousand
    (C) twenty thousands
    (D) thousands of

29. Consumer protection organizations ------------ consumers to read instructions carefully before using outdoor equipment.
    (A) advises
    (B) has advised
    (C) advise
    (D) advising

30. This year's ------------ of Sage Pen Club will take place in Sherrington Hall, The Continental Hotel, and will include a lecture of the renowned author, Herald Nabokov.
    (A) assembled
    (B) assemble
    (C) assembly
    (D) assembler

31. People who sign up for the swimming classes through the Internet will have to submit their ------------ to the information desk on the first day of the class.

   (A) receptionist
   (B) reception
   (C) recipient
   (D) receipt

32. San Pedro Tribune is famous for its consistent ------------ in very sensitive local issues.

   (A) clear
   (B) clearly
   (C) clarity
   (D) clarifies

33. The shuttle service will be expanded in ------------ to complaints of Sommersville residents who have little access to the subway station.

   (A) respond
   (B) responsive
   (C) response
   (D) responded

34. The city is taking every possible measure to protect its inhabtiants and environment from the damaging effects of ------------ .

   (A) pollutions
   (B) pollutant
   (C) pollutive
   (D) pollution

35. All ------------ were notified that they were supposed to arrive at the interview at least twenty minutes earlier.

   (A) appliances
   (B) applications
   (C) applicable
   (D) applicants

<정답> .(B) 2.(B) 3.(A) 4.(B) 5.(D) 6.(C 7.(D) 8.(D) 9.(C) 10.(A) 20.(A) 21.(C) 22.(B) 23.(C) 24.(B) 25.(C) 26.(B) 27.(B)
11.(B) 12.(A) 13.(C) 14.(D) 15.(D) 16.(C) 17.(D) 18.(B) 19.(D) 28.(B) 29.(C) 30.(C) 31.(D) 32.(C) 33.(C) 34.(D) 35.(D)

정답 너는 누구냐?

11. ------------ **will** be given to candidates who have fluency in Russian.

(A) Preferring
(B) Preference
(C) Preferred
(D) Preferential

(A) -ing가 붙은 단어는 현재 분사이거나 동명사입니다. 물론 분사는 형용사이기 때문에 동사의 앞에 올 수 없어요. 그럼 동명사로는 가능하지 않겠냐고 생각할 수 있을 거예요. 그런데 prefer는 타동사이기 때문에 동명사라면 뒤에 목적어인 명사가 반드시 있어야 해요.

(C) -ed가 붙은 단어는 과거 동사이거나 과거 분사거든요. 그래서 will이라는 조동사의 앞에서 주어가 될 수 없어요.

(D) -ial은 대부분 형용사를 표시하는 어미입니다.

[해석] 러시아어에 능통한 지원자를 우대할 것입니다.

(B) 동사의 앞에 빈 칸이 있어요. 이런 경우는 먼저 도치 문제를 생각할 수 있어요. 그런데 도치 구조라면 빈 칸의 뒤에서 '동사 + 주어'의 구조가 돼야 하거든요. 그래서 동사의 주어가 될 수 있는 명사를 찾으라는 의도로 이해할 수 있어요. -ence나 -ance가 붙은 단어는 거의 예외 없이 명사입니다.

Tip 보기에 제시된 단어들의 어근이 동일해요. 그렇다면 어근이 갖는 의미보다는 어미가 보여주는 차이에 주목하는 것이 생각을 전개하는 순서입니다. 그러면 어미의 문법성을 고려해야 하는 데, 그러기 위해서는 항상 품사를 먼저 구별하도록 하세요. 품사가 구조를 결정하거든요.

2. The manager **expressed** ------------ **to all** of the salespeople at the meeting because they fell short of his expectations.

(A) disappointed
(B) disappointment
(C) disappoint
(D) disappointing

(A) 목적어가 필요한 자리인데, 목적어는 오직 명사만이 가능해요. -ed의 뒤에 명사가 연결되지 않는 이상, -ed만으로 목적어로 쓰일 수는 없어요.

(C) -ing나 -ed를 뺀 형태가 동사라는 것! 기억하고 있나요?

(D) disappoint도 역시 "~를 실망시키다"라는 뜻의 감정 동사인데요. 감정 동사는 모두 타동사이기 때문에 disappointing이 동명사가 되려면 뒤에 사람 명사가 목적어로 연결되어야만 해요. 물론 express의 목적어로 동명사는 적절하지도 않고요.

[해석] 모든 영업직원들이 자신의 기대에 미치지 못했기 때문에 부장은 회의석상에서 실망감을 나타냈다.

(B) 빈 칸의 뒤에는 전치사 to가 있어요. 전치사는 연결 장치이기 때문에 뒤의 어구는 다른 의미 단위에 속합니다. 그래서 여기에는 expressed라는 동사의 목적어가 필요해요. -ment는 명사형 어미입니다. 간혹 동사로도 쓰이는 경우도 있지만, 명사로 활용된다는 바탕에서 추가된 것이거든요.

Tip 동사의 뒤에 빈 칸이 있다고 무조건 명사의 자리라고 단정하지는 마세요. 타동사의 뒤에는 목적어인 명사가 필요하다는 말이지 반드시 바로 다음에 와야 한다는 말은 아니거든요. 만일 빈 칸의 오른쪽에 명사가 있다면 이 빈 칸은 명사를 설명하는 형용사가 올 자리가 되거든요. 그래서 항상 빈 칸의 좌우를 서두르지 말고 확인해야 안전해요.

33. The shuttle service will be expanded *in* ------------ **to complaints** of Sommersville residents who have little access to the subway station.

(A) respond
(B) respons**ive**
(C) response
(D) respond**ed**

(A) respond와 response의 품사를 구별하는 것은 빈번하게 물어보는 유형입니다. 시험에서는 이 단어를 알고 있는지가 아니라, 단서를 찾는 데 초점을 맞추세요. 바로 (D)의 responded입니다. -ed를 뺀 철자가 바로 동사잖아요! 그리고 명사나 동사를 표시하는 어미가 없는 단어들이라 그냥 암기하면 헷갈리기 쉬워요. 정답을 활용해서, 'in response to'라고 묶음으로 기억하면 혼동할 일이 없을 겁니다!
(B) -ive는 주로 형용사임을 표시하는 어미로 활용됩니다. 간혹 명사로 활용되는 경우도 있지만, 혼동되지는 않아요. -ive가 명사인 경우는 거의 다 '행위자'를 의미하고, 그러면 셀 수 있는 명사이기 때문에 관사가 있어야 하거든요.
(D) 전치사의 뒤에 -ed만 제시되는 표현이란 영어에서 존재하지 않아요!

(C) 빈 칸 뒤에 명사가 없이 전치사가 연결되는 구조이기 때문에 빈 칸에는 반드시 명사가 있어야 in의 존재 이유가 설명될 수 있어요. response의 품사를 이미 알고 있는 사람들에게는 필요 없는 잔소리일 수도 있겠지만 다른 단어를 통해서 접근하도록 훈련하세요. 의미를 모르는 단어는 누구에게나 닥칠 수 있는 자연스러운 현상이거든요. 모든 단어를 다 알아야 할 것 같은 강박 관념을 버리고, 문장에서, 보기에서 단서를 찾는 과정을 익혀두세요.

Tip 전치사의 뒤에 빈 칸이 있는 유형입니다. 역시 빈 칸의 오른쪽을 확인하지 않고, 무작정 명사의 자리라고 단정하지 마세요. 그리고 어근이 같은 단어들이 나오는 유형에서 의미를 모르는 다른 보기에 있는 어미를 이용해서 품사를 판단하세요!

[해석] 지하철역까지 이동할 수단이 거의 없는 Sommersville 주민들의 불만을 수용해서 셔틀 서비스가 확대되었다.

19. *With* ------------ **to your recent request** for information in our yoga classes, I'm sending you our brochure and an application form.

(A) refer
(B) refer**ring**
(C) refer**red**
(D) reference

(A) 역시 -ing, -ed라는 지극히 친절한 단서가 있는 것을 활용하세요. 동사가 올 자리는 아니죠!
(B) 이 -ing를 동명사로 이해하고 싶으세요? 근데 일반적으로 with의 뒤에는 동명사가 곧바로 연결되지 않아요.
(C) 일단 동사에 결합될 수 있는 어미가 제한적이기 때문에 유사한 보기가 반복될 수 밖에 없어요. 전치사와 -ed는 참 함께 하기 힘든 관계잖아요!

(D) 11번에서 -ence는 명사형 어미라고 했던 말, 기억하고 있죠?

Tip with라는 전치사의 뒤에 그에 어울리는 명사가 없는 상태이죠? 33번과 내용과 제시된 단어들은 다르지만, 빈 칸의 위치를 통해 문법적으로 동일한 문제라는 점을 간파하세요. 그리고 정답을 찾는 것이 목적이 아니라, 과정이 되게 하세요. 그래야 직접 문장을 쓸 때 단어를 정확하게 배열하는 구조를 익힐 수 있거든요.

[해석] 최근에 저희 요가 강습에 대한 정보를 요청하신 것에 대해 안내책자와 신청서를 보내드립니다.

5. The postal office required the order number on the invoice to **confirm the** ---------- **of the package.**

(A) deliver*er*
(B) deliver
(C) deliver*ed*
(D) deliver*y*

(A) -er은 주로 '행위자'를 나타내는 명사형 어미라는 점에서 관사와 어울릴 수는 있어요. 하지만 confirm이라는 동사의 의미가 "~을 확인하다"이기 때문에 목적어는 사람이 아니라, 사물 명사가 적절합니다.
(B) deliver가 동사라는 것쯤은 (C)의 -ed를 통해 짐작하자고요.
(C) 관사의 다음에는 명사가 필요하죠. 물론 the wounded (부상자), the departed (고인)처럼 -ed가 명사로 활용되는 경우가 간혹 있기는 하지만, 주로 사람 명사로 쓰여요.

(D) machinery, stationery처럼 -ery가 붙는 명사들도 있어요. delivery도 역시 명사입니다. 혹시 그 점을 몰랐다 하더라도, 다른 보기들이 타당한지 객관적으로 살펴보세요.

Tip 빈 칸의 앞에 관사가 있는 유형이네요. 관사의 뒤에는 반드시 명사가 있어야 합니다. 하지만 곧바로 명사가 있어야 한다는 말은 아니니까, 빈 칸의 오른쪽도 확인해서 판단해야 안전해요.

[해석] 소포의 배송을 확인하기 위해 우체국에서는 송장에 있는 주문 번호를 요구했다.

16. Requests for the overtime work require **the** ---------- **of the head** of the department.

(A) approve
(B) approv*ing*
(C) approv*al*
(D) approv*ingly*

(A) 명사가 필요한 자리입니다. 동사가 올 수는 없어요.
(B) 관사의 뒤에는 명사만 가능합니다. 동명사도 명사로 활용되기는 하지만, 반드시 부사로 수식하거든요. 하지만 관사는 형용사에 속하기 때문에 동명사의 앞에 올 수 없어요. 물론 타동사인 approve의 동명사형 뒤에는 목적어가 연결되어야 한다는 점도 다시 기억해보세요.
(D) -ly는 부사의 정체성을 드러내는 어미라는 점을 잊지 마세요.

(C) -al로 끝나는 단어들은 거의 다 형용사라는 점에서 명사로 판단하기 쉽지 않을 수 있는 단어입니다. '오답을 먼저 제거하기'를 활용하라고 충고하지만, 현실적으로 문제를 접하면 이 보기를 먼저 제외할 수도 있기 때문에 그리 쉬운 일은 아니거든요. 일반적인 규칙을 따르지 않는 개별적인 경우들은 암기해두세요. 주로 동사에 -al이 결합된 경우들이 명사로 사용되는데, 구체적으로는 'approval (승인), arrival (도착), denial (거절), disposal (처리), proposal (제안), refusal (거절), removal (제거), withdrawal (철수, 인출)' 등이 자주 출제되는 명사들입니다.

Tip 관사의 다음에 빈 칸이 있고, 뒤는 전치사라는 벽으로 분리된다는 점에서 명사가 필요한 자리입니다. 5번과 동일한 구조라는 점을 눈치챘나요?

[해석] 야근 신청을 하려면 부서장의 승인을 받아야 한다.

27. *The* ----------- **and flavor of** the dishes provided by the Thai restaurant are fully guaranteed.

(A) fresh<u>ly</u>
(B) fresh<u>ness</u>
(C) fresh
(D) fresh<u>en</u>

(A) -ly로 끝나는 단어는 거의 예외 없이 부사입니다. 간혹 형용사로 쓰이는 경우도 있지만 혼동할 가능성은 거의 없으니까 걱정부터 하지 말고, 부사라고 판단하세요. 두려움 없이 말이죠!
(C) -ly는 형용사에 결합해서 부사로 역할을 변형시키는 장치입니다. 그렇다면 -ly가 있는 보기를 통해서, -ly가 없는 보기의 품사는 무엇일지 역으로 판단해 보세요. 보기를 적극적으로 활용하세요.
(D) soften, harden, threaten처럼 -en으로 끝나는 단어는 모두 동사입니다. 근데 관사 뒤에 동사라뇨?

(B) -ness는 명사형 어미입니다. 이 어미는 형용사에 결합해서, 상태를 표현하는 의미로 쓰입니다. 그리고 대부분 셀 수 없는 명사이고요.

Tip 앞에 정관사가 있다는 점에서는 5, 16번과 같아요. 하지만 빈 칸의 뒤에 and가 연결된다는 차이가 있어요. and는 두 문장을 병렬 구조로 연결하기 때문에 and의 뒤를 보고 앞 부분에서 연결되는 대상을 찾아야 합니다.
지금은 and의 뒤에 flavor가 있고, 다음에 전치사 of이 오거든요. 만일 flavor가 형용사라면 the에 연결되는 명사가 없는 구조가 되니까, 명사로 이해해야 합니다. 그래서 빈 칸도 명사의 자리가 되는 것이죠.

[해석] 그 태국 식당에서 제공하는 음식의 신선함과 맛은 충분히 보증할 수 있다.

32. San Pedro Tribune is famous *for its* consistent ----------- in very sensitive local issues.

(A) clear
(B) clear<u>ly</u>
(C) clar<u>ity</u>
(D) clar<u>ifies</u>

(A) clearly를 통해 형용사라는 점을 끌어내도록 하세요. clearly 정도는 아는 단어라고 생각할 수도 있겠지만, 모르는 단어가 제시될 경우를 대비해서 훈련해야 하지 않을까요? 생각을 끌어내는 방법을 익혀야 도움이 됩니다.
(B) -ly가 결합된 단어는 일단 부사라고 생각하세요. -ly가 붙는 형용사도 있지 않느냐고 걱정할지 모르지만, 그런 경우라면 -ly가 없는 단어가 보기에 함께 제시될 리는 없겠죠!
(D) -en, -ize, -ify는 오직 동사에만 적용되는 어미입니다. 근데 이미 is라는 동사가 있어요.

(C) -ity는 오직 명사에만 결합하는 어미입니다. 물론 사물 명사의 의미를 갖고요. 그리고 셀 수 없는 명사인 경우가 많아요.

Tip 빈 칸의 앞에는 형용사가 있어요. "형용사의 뒤도 명사의 자리"라고 설명하는 경우가 많은데, 형용사가 명사를 수식할 수 있다는 말이지 항상 명사를 수식하는 것은 아니거든요. 그래서 형용사가 아니라, 소유격 its가 있는 것을 보세요. 소유격의 뒤에는 반드시 명사가 있어야 하거든요. 확실한 연결 고리를 이해하고 있어야 혼동되지 않아요.

[해석] San Pedro Tribune은 지역의 민감한 문제들에 대해 일관되고 명확한 태도를 보이는 것으로 유명하다.

22. This year's bonuses are expected to be considerable, considering **the company's financial** ------------.

(A) conditionally
(B) condition
(C) conditioned
(D) conditional

(A) -ly가 있는 것으로 보아 부사라는 것을 알 수 있어요. 소유격을 보고 기대했던 명사는 어디에 있나요?
(C) 형용사의 뒤에 -ed만 있으니 명사의 자리가 여전히 채워지지 않았네요.
(D) -al로 끝나는 단어는 거의 다 형용사라고 했죠? 명사인 경우는 주로 동사에 결합할 때라는 점도 참고해두세요.

(B) -ion으로 끝나는 어미는 거의 다 명사입니다. 보통 -sion과 -tion, 두 가지로 말하는데, -ion으로 묶어서 기억하세요. 암기할 게 적으면 좋잖아요! function, vacation처럼 동사로 활용되는 경우도 있기는 해요. 하지만 명사로 쓰이지 않는다는 말이 아니라, 명사로도, 동사로도, 모두 쓰인다는 말입니다.

Tip 32번과 동일한 질문입니다. 빈 칸의 앞에 financial이라는 형용사가 있어요. 그러면 명사를 요구하는 the나 company's라는 소유격의 약속이 아직 지켜지지 않았다는 말이거든요. 즉 의미가 완결되지 않은 것이죠. 그래서 명사가 필요한 구조입니다.

[해석] 회사의 재정 상황을 고려하면, 올해의 상여금은 상당할 것으로 기대되고 있다.

10. **The report** I received from Gary Peterson at the consulting firm regarding the purchase of the downtown office building ------------ forwarded **to the head** of the general affairs department.

(A) has been
(B) were
(C) have been
(D) has

(B) -s가 결합되는 명사는 복수지만, 동사에 결합되면 단수를 의미해요. 따라서 주어와 동사가 수의 일치를 이루려면 주어나 동사, 둘 중 하나에만 -s가 있을 수 밖에 없어요.
(C) 항상 시제보다 수를 먼저 확인하세요. 게다가 -s가 있는 보기와 -s가 없는 보기가 있다면 수의 일치를 물어보겠다는 명백한 의도를 읽어낼 수 있잖아요!
(D) 단수인 것은 맞지만 have -ed는 능동이잖아요! 그리고 능동이라면 다음에 명사가 있어야 하는데, to the head라는 전치사가 연결되거든요. '전치사 + 명사'는 형용사나 부사로 전환된다고 했던 것, 잊지 마세요!

(A) -s가 있는 명사보다 지금처럼 -s가 없는 경우가, 시각적으로 수의 관점을 떠올리기 더 힘드니까 조심하세요. -s라는 기호가 갖는 문법성을 이해하지 않고, 해석하면 그 차이를 감지하기 어려워요. 우리말 해석이 아니라, 영어의 문법 규칙을 물어보는 시험이라는 점을 항상 명심하고, 영어 자체의 약속이 무엇인지 적극적으로 이해해야 합니다.

Tip 보기를 보면 모두 동사가 나왔어요. 그렇다면 동사의 어미로 구별할 수 있는 것은 수, 태, 시제, 세 가지 밖에 없어요. 그 중 어떤 부분에서 차이가 있는 지를 파악하고, 구체적으로 확인해보세요. 문법은 어구들이 서로 어울리는 관계이기 때문에, 이전에 동사의 용법으로 배웠던 것들을 복습한다고 생각하세요.

[해석] 컨설팅 회사의 Gary Peterson이 시내에 사무용 건물을 매입하는 문제에 대해 보내온 보고서를 나는 총무과장에게 전달했다.

21. The recent *introduction* of the new and sophisticated illustration programs ------------ *illustrators* to perform more easily and efficiently.

(A) permi**ss**i**on**
(B) permi**t**
(C) permit**s**
(D) permi**ssible**

(A) 문장에는 동사가 없어요. 그런데 -ion은 명사형 어미거든요. 혹시 얘도 동사로도 쓰이는 것 아니냐고 걱정된다면, 수의 일치를 확인해보세요. 주어인 introduction에도, permission에도 -s가 없어요. 동사가 현재라면 -s를 확인하는 습관을 길러두세요.
(B) permit 역시 동사, 명사로 모두 쓰여요. 하지만 명사라면 문장이 성립하지 않아요. 또 동사라면 주어인 introduction에도 -s가 없기 때문에 수가 일치하지도 않고요.
(D) 동사가 필요한 자리이지만, -ible, -able는 형용사를 표시하는 장치입니다.

(C) 단수와 복수를 구별하는 기준은 우리말 해석이 아니라, -s라는 기호라는 점을 이해하세요. -s는 실천입니다!

Tip 동사가 아닌 보기들이 있으니까, 동사가 필요한 구조인지를 제일 먼저 확인하세요. 그리고 -s가 필요한지 판단하는 것이 정답을 찾는 순서입니다. 주어와 동사의 수 일치는 사실 지금처럼 비교적 멀리 떨어진 동사를 주어와 올바르게 연결해서 이해하게 하는 안전 장치입니다.

[해석] 새롭고 정교한 일러스트레이션 프로그램들을 최근에 도입해서 일러스트레이터들은 더 쉽고 효율적으로 작업을 할 수 있다.

17. *Statistics* ------------ *that* forty thousand dollars is the average annual income of workers in most advanced countries.

(A) show**s**
(B) show**ed**
(C) **is** shown
(D) show

(A) 주어만 보고, 단수라고 생각하면 이 보기를 고를 수 밖에 없겠죠. 하지만 그것은 여러분의 실수가 아니라, 부분적인 얘기만 가르친 선배들이 잘못한 탓이 아닐까요?
(B) 과거 동사에는 단수/복수의 구별이 없어요. 하지만 that절의 내용이 현재인데, 전달 동사의 시점이 과거인 것은 어울리지 않아요.
(C) show의 바로 뒤에 that절이 있고, 동사는 수동태입니다. 그런데 주어가 가주어인 it이 아니기 때문에 수동일 수 없어요. 혹시 show의 뒤에 목적어가 두 개 나오는 경우를 생각하고 있나요? 그럴 때는 'show someone that ~'의 구조이기 때문에 수동태라면 주어가 사람 명사이겠죠.

(D) statistics를 "통계학"이라는 의미로 쓰면, 셀 수 없는 명사이기 때문에 단수입니다. 하지만 "통계수치, 통계자료"라는 의미일 때는 복수거든요. 실제로 더 자주 쓰이는 의미는 어떤 것일까요? 현실적으로 공부해야 하는 것이 아닐까요?

Tip '학문의 이름은 단수 취급한다'라는 조항을 열심히 암기한 덕분에 많이 틀리는 문제입니다. 정확하게 말하면 학문의 이름이라서 단수로 취급하는 것이 아니라, 셀 수 없는 명사이기 때문에 단수로 인정하는 것입니다.

[해석] 통계에 따르면 선진국의 대부분은 노동자의 평균 연봉이 4만 달러라고 한다.

3. Some ------------ **produce** industrial waste that can affect the environment for a long period.

   (A) plants
   (B) plantation
   (C) planting
   (D) plant

(B) plantation은 "대규모 농장"이라는 뜻입니다. 하지만 그 의미와 상관없이 일단 명사에 -s가 없기 때문에, produce와 수가 일치하지 않다는 점에 주목해야 합니다.

(C) 수의 일치도 되지 않았지만, "(나무 등을) 심기"라는 의미인 planting이 "산업적인 (industrial)" 행위가 아니니까 논리적으로 연결될 수 없어요.

(D) plant를 "공장"이라는 의미로 이해하면 해석은 별 문제가 없어요. 하지만 -s라는 영어의 문법을 고려하지 않은 일방적인 해석이지 않나요? 영어 문장에 있는 형태를 정확하게 이해하는 것이 올바른 독해가 아닐까요?

(A) 동사에 -s가 없는 것은 복수라는 의미입니다. 하지만 동사의 단수/복수는 의미상 아무 차이가 없어요. 한국어에는 동사의 단수/복수라는 개념이 아예 없고요. 그러니 해석으로는 도저히 구별할 방법이 없기 때문에, 어미를 보고 적극적으로 판단하는 겁니다. 그래야 직접 표현할 때도 이런 기본적인 규칙을 틀리지 않을 수 있어요.

Tip 하나의 보기에만 적용되는 형태가 있다면, 그 관점부터 확인하는 것이 효율적입니다. 지금은 (A)에만 -s가 있거든요. 10번, 21번과는 반대 방향으로 물어보는 문제입니다. 바로 동사를 보여주고, 주어의 수를 판단하라는 질문이거든요.
참고로 some을 복수로 오해하는 경우가 많은데, some은 단수 혹은 복수와 모두 연결될 수 있어요.

[해석] 일부 공장들은 장기간 환경에 영향을 미칠 수 있는 산업 폐기물을 배출하고 있다.

20. The most **important** ------------ for attending the workshop **is** to get some useful information about the new market trend.

    (A) reason
    (B) reasoning
    (C) reason**s**
    (D) reason**able**

(B) 'reasoning'이 완전한 명사로 쓰이기는 합니다. 하지만 "(논리적인) 추리, 추론"이라는 의미이기 때문에 important라는 형용사와 어울리기에는 어색해요.

(C) reasons에도, 뒤에 있는 동사 is에도 -s가 있어요. -s의 성격이 정반대이기 때문에, 주어와 동사에 모두 -s가 있을 수는 없죠!

(D) -able가 붙은 단어는 형용사이기 때문에 the가 요구하는 명사의 요건을 갖출 수가 없어요.

(A) 정관사와 형용사의 존재를 설명해주는 품사이면서, -is라는 단수와 어울릴 수 있는 -s가 없는 명사가 와야 하는 구조입니다. 어근의 의미도 중요하지만, 그 의미를 올바르게 전달할 수 있는 어미라는 규칙에도 주의를 기울여야 합니다.

Tip 주어와 동사가 비교적 멀리 있는 경우입니다. 주어로 쓰인 명사의 다음에 동사가 나오지 않으면 수식어구라고 이해하고, 동사를 찾으세요.

[해석] 그 워크숍에 참가하는 가장 중요한 이유는 시장의 새로운 경향에 대한 유용한 정보들을 얻는 것이다.

25. The workshop for graphic designers consists of *five* ----------- held for three days.

(A) three-hours sessions
(B) three-hours session
(C) three-hour sessions
(D) three-hour session

(A) three-hour는 session을 수식하는 형용사의 자리에 있어요. 그렇다면 형용사에는 복수형 어미 -s를 붙일 수 없는 것이 당연하지 않을까요?
(B) three-hours도 형용사의 규칙에 어울리지 않지만, session이라는 단수명사도 five라는 복수와 어울리지 않아요.
(D) session도 형체가 있는 명사는 아닙니다. 하지만 one, two, three나 first, second, third와 같은 수를 나타내는 표현들은 반드시 셀 수 있는 명사에만 결합해요. 그리고 2보다 큰 수의 개념을 복수라고 하거든요. 그래서 five의 뒤에 연결되는 명사는 당연히 복수형입니다. 여러분이 의미를 알고 있는 단어이건, 아니건 간에요!

(C) 단어나 어구의 품사는 어떤 자리에 오느냐, 즉 어떤 단어와 연결되는 가에 따라 결정됩니다. 철자의 변화 없이 다른 품사로 활용하는 것은 영어의 특징입니다. 그런 특징을 이해하도록 훈련하는 문제라고 생각하세요.

Tip 보기를 보고, hyphen으로 연결되는 어구의 활용을 묻는 문제라는 방향을 설정할 수 있어요. hyphen으로 이어지는 어구는 형용사나 명사로 쓰입니다. 보기에 session이라는 명사가 공통으로 제시된 것으로 보아, 형용사 역할을 하는 경우에 대한 질문이라는 것을 알 수 있어요.

[해석] 그래픽 디자이너들을 위한 그 워크숍은 3일 동안 3시간 강의가 5번 진행된다.

6. They have spent ----------- *of* dollars on restoration of the old community center.

(A) thousand
(B) a thousand
(C) thousands
(D) two thousands

(A) spend라는 타동사의 목적어가 없으니까, 빈 칸에는 명사가 와야 합니다. 그런데 thousand는 셀 수 있는 명사거든요. 그래서 -s를 붙여야 합니다.
(B) 관사를 붙여서 명사로 표현한 것은 옳지만, 다음에 of이 있다는 점을 고려하세요. 이 of은 "막연한 수"를 의미하는 것이거든요. 그래서 "하나"라는 의미인 a와는 의도가 서로 충돌해요. of을 빼면 가능하죠.
(D) two라는 구체적인 수와 'thousands of'이라는 막연한 수의 표현이 서로 어울리지 않아요. 역시 two를 빼면 가능해요.

(C) 뒤에 전치사 of이 있어서 thousands라는 명사가 적절합니다. 물론 of이 없다면, one thousand, two thousand처럼 구체적인 수를 나타내는 표현이 와야 하고, 이 때 thousand는 형용사입니다.

Tip hundred, thousand, million처럼 수의 단위를 나타내는 표현을 활용하는 방식에 대한 문제입니다. 구조상으로는 수의 단위를 형용사, 혹은 명사로 활용하는 방법을, 의미상으로는 구체적인 수와 막연한 수로 각각 정확하게 표현하는 방법을 훈련하는 과정으로 받아들이세요. 우리는 문제를 푸는 기계가 아니라, 표현하는 주체니까요!

[해석] 그들은 낡은 주민센터를 보수하는 데 수 천 달러를 투자했다.

28. ***About*** ----------- **dollars** were spent on on-line marketing last month, despite recent requests for expense-cutting efforts.

(A) twenty thousand <u>of</u>
(B) twenty thousand
(C) twenty thousand<u>s</u>
(D) thousands <u>of</u>

(A) twenty라는 구체적인 수가 제시되면, 뒤에 연결되는 thousand와 같은 수의 단위들은 형용사로 쓰인 것입니다. 따라서 뒤에 명사가 아닌 전치사 of이 등장할 수는 없어요.
(C) 뒤에 있는 dollars라는 명사를 수식하는 형용사인 thousand에 복수형 어미 -s를 붙일 수는 없어요.
(D) 막연한 수를 나타내는 형태 자체는 맞아요. 하지만 앞에 있는 about은 "대략"이라는 뜻이거든요. 즉 막연한 수를 나타내는 표현이 중복되기 때문에 적절하지 않아요. 물론 about이 없었다면 당연히 옳은 표현입니다!

(B) 수의 단위와 관련해서 문제가 제시될 수 있는 마지막 유형이었어요. 문제에서 두 개의 정답이란 존재할 수 없잖아요? 그래서 선뜻 정답을 선택하기가 망설여진다면, 어렵다고 생각하면서 스스로 한계를 정하지 말고, 아직 결정적인 단서를 찾지 못한 것이라고 생각하고 빈 칸의 주변을 잘 보세요.

Tip 수의 단위를 활용한 표현은 구체적인 수로 표현하는 방법과 막연한 의미로 표현하는 방법을 모두 익혀두어야 합니다. 물론 출제자가 어떤 방향의 정답을 요구할지 모르기도 하지만, 두 가지 표현을 모두 활용할 수 있어야 하지 않겠어요?

[해석] 비용을 절감해달라고 최근에 요청했음에도 지난 달에 온라인 마케팅에 약 20,000 달러가 지출되었다.

8. I am writing to make sure that I transmitted ***the*** $250 ----------- ***fee*** for the on-line art history class yesterday.

(A) register
(B) register<u>ed</u>
(C) register<u>ing</u>
(D) registration

(A) -er이 붙었다고 명사로 오해하지는 마세요. (B)에서 -ing, (C)에서 -ed를 뺀 형태가 동사라는 원칙을 활용하세요.
(B) -ed가 붙은 과거 분사가 형용사로 쓰인 경우에는 뒤의 명사가 register라는 동작의 대상, 즉 '동사 + 목적어'의 관계가 됩니다. 그러면 "요금을 등록하다, 등록된 요금"이라는 관계가 되거든요. 등록하는 데 필요한 요소 중 하나가 요금이지, 요금을 등록할 수는 없잖아요!
(C) 현재 분사가 형용사의 역할을 하는 경우에는 능동의 관계로 이해하라는 표시거든요. 즉 뒤의 명사가 그 동작의 행위자가 되는 것이니까 '주어 + 동사'의 의미가 되거든요. 그러면 "요금이 등록하다"라는 기괴한, 논리적으로 도저히 수용할 수 없는 의미가 되고 말아요.

(D) 명사가 다른 명사의 앞에서 형용사의 역할을 하는 경우를 복합 명사라고 해요. 이런 경우에 앞의 명사는 '용도나 목적'의 의미를 대체로 나타내거든요. 이 관계를 적용하면 '등록을 위한 요금'이라는 타당한 의미가 형성됩니다.

Tip 뒤에 명사가 있으므로 형용사의 자리를 물어보는 문제라는 것을 알 수 있어요. 형용사로 규정된 단어만이 아니라, 분사나 명사가 형용사의 역할을 하는 경우에 의미가 어떻게 서로 다른지 구별할 수 있어야 해요.

[해석] 온라인 미술사 강의 등록 비용 250 달러를 어제 송금했음을 알리려고 편지를 보냅니다.

29. Consumer protection ***organizations*** ------------ consumers to read instructions carefully before using outdoor equipment.

(A) advi<u>ses</u>
(B) <u>has</u> advised
(C) advise
(D) advis<u>ing</u>

(A) 'consumer protection'만 있었다면 protection이 주어입니다. 하지만 뒤에 organizations라는 명사가 또 있어요. 그럼 그 명사가 주어가 되고 protection은 형용사의 자리가 되는 것입니다. 만일 또 명사가 연결됐다면 그 명사가 주어가 되는 것이고요. 결국 명사와 형용사를 올바르게 구별하는 규칙을 설명하는 문법인 것이죠.
(B) 주어인 명사에 -s가 있으니까 동사에 -s가 또 있을 수는 없겠죠!
(D) -ing는 동사가 아니라는 표시입니다. 결국 동사가 없어서 문장으로 성립될 수 없어요.

(C) 복합 명사의 경우에 '복수형은 뒤에 붙인다'라던가 '뒤에 나오는 명사가 수를 결정한다'는 식으로 공식 혹은 비법을 설명하는 교재들이 많아요. 여러분의 머리 위에 있는 공식이 아니라, 여러분이 알고 있는 원칙을 적용하면 간단해요. 복합 명사에서 결국 앞에 있는 명사 혹은 명사들은 모두 형용사 역할이거든요. 당연히 복합 명사어구의 마지막 단어가 명사인 것이죠.

Tip 분명 명사 진도인데 advise라는 동사의 다양한 어미들이 제시되어 있죠? 문법은 관계라는 점을 늘 생각하고, 거울을 통해 내 얼굴을 보듯이 다른 어구를 연결해서 단서를 찾으세요. 동사의 앞에는 주어가, 동사의 뒤에는 목적어라는 명사가 연결되지 않겠어요?

[해석] 소비자 보호 단체들은 야외 활동 장비를 사용하기 전에 설명서를 꼼꼼하게 읽어보라고 충고하고 있다.

---

18. The ------------ in the downtown is attracting depositors by offering much higher interest rates for three months.

(A) savings bank<u>s</u>
(B) savings bank
(C) saving bank
(D) saving bank<u>s</u>

(A) 어쨌든 주어인 명사는 banks거든요. 그래서 동사인 is와는 수가 일치하지 않아요!
(C) 분명 형용사의 자리이기 때문에 복수가 되면 안되겠죠? 그래서 saving이라고 하면 문제가 생겨요. 현재 분사로 이해하면, "은행이 저축하다"라는 의미가 되거든요. 또 saving이 명사일 때는 "절약"이라는 의미가 되기 때문에 "절약(을 위한) 은행"이라는 엉뚱한 의미가 되고 말아요.
(D) 음... saving도, banks도 정말 확실하게 틀리는 군요. 그러면 틀린 이유가 각각 무엇인지 직접 설명하는 복습의 재료로 활용해보세요.

(B) 분명 형용사의 역할을 하는 명사는 복수형을 쓰지 않는 것이 원칙입니다. 하지만 그런 구조적인 원칙보다 중요한 것은 '의미의 전달'이라는 근본적인 목적입니다. 분화 복수라는 경우도 복수형이 되어야만 그 특정한 의미로 이해할 수 있기 때문에 항상 복수형을 유지할 수 밖에 없어요.

Tip 복합 명사와 관련된 분화 복수의 용법을 물어보는 문제입니다. 분화 복수란 복수형이 되면, 단수형일 때와는 다른 의미로 '분화'되는 명사들을 규정하는 용어입니다. 이런 명사들이 다른 명사의 앞에서, 즉 형용사의 자리에 있어도 단수형으로 쓰지는 않아요. 의미를 전달하는 것이 우선이기 때문입니다.

[해석] 시내에 있는 그 저축은행은 3개월 동안 훨씬 높은 이자를 제공함으로써 예치 고객들을 끌어들이고 있다.

1. It is important to **handle** electronic ------------ with great care in medical facilities.

   (A) equipment**s**
   (B) equipment
   (C) equipp**ed**
   (D) equip

(A) 셀 수 없는 명사라는 말은 단수/복수라는 구별이 불가능하다는 말이거든요. 그렇다면 복수형이란 근본적으로 불가능한 것이죠!
(C) equip은 타동사이기 때문에, 뒤에 명사가 없는 equipped는 과거 분사입니다. 그렇게 본다면 타동사 handle의 목적어가 될 수 있는 명사가 없는 구조가 되거든요.
(D) is라는 동사는 있지만, 접속사가 없기 때문에 동사가 또 올 수는 없어요. 왜 동사인지는 알 수 있겠어요? (C)의 -ed가 힌트입니다.

(B) equipment는 개별적인 장비를 의미하는 것이 아니라, 집합적인 의미로 쓰는 표현이기 때문에 셀 수 없는 명사로 분류됩니다.

Tip 어근이 동일한 보기들이니까 일단은 품사를 구별하세요. (A)와 (B)처럼 -s가 필요한지 확인하라는 문제를 이해하는 방법은 두 가지입니다. 수의 일치를 확인하는 것이 우선 확실한 방법입니다. 그런데 '일치'라는 말은 두 개 이상의 대상을 전제로 하잖아요? 그런데 지금은 빈 칸에 들어갈 명사의 수를 판단할 수 있도록 연결되는 어구가 없어요. 이런 경우는 바로 그 명사가 셀 수 있는지를 확인하라는 문제라고 판단하면 됩니다.

[해석] 의료 시설에서는 매우 조심해서 전자 장비를 취급하는 것이 중요하다.

12. Those interested in extreme sports can get *a lot of* ------------ *from* our website, www.extreme4U.com.

    (A) information
    (B) informa**tive**
    (C) information**s**
    (D) inform**er**

(B) -ive로 끝나는 단어들은 거의 대부분이 명사입니다. 간혹 detective (탐정)이나 adhesive (접착제)처럼 명사로 쓰이는 경우도 있지만, 그럴 때는 '행위자'를 뜻하는 명사입니다. 그리고 행위자를 의미하는 명사는 거의 모두 셀 수 있다는 점을 명심하세요.
(C) 셀 수 없는 명사는 복수형을 쓸 수 없어요! 셀 수 없다고 하잖아요!
(D) -er이 붙는 명사는 거의 예외 없이 셀 수 있어요. 그리고 셀 수 있는 명사라면 반드시 "하나"라는 부정관사나, 둘 이상을 의미하는 -(e)s를 붙여야 합니다. 둘 중 아무 것도 없는 경우는 셀 수 없는 명사일 때입니다.

(A) information도 역시 집합적인 맥락에서 "정보"라는 뜻이기 때문에 셀 수 없는 명사입니다.

Tip a lot of이라는 표현은 셀 수 있는 명사나, 셀 수 없는 명사에 모두 적용되는 표현입니다. 셀 수 있는지를 판단할 때, 우리말로 해석하면 오히려 혼동할 가능성만 높아져요. TOEIC에서 주로 제시되는 셀 수 없는 명사들은 대체로 '집합'의 성격을 갖는 단어들이라는 점을 염두에 두고 익혀두세요.

[해석] 익스트림 스포츠에 관심이 있는 분들은 저희 웹사이트, www.extreme4U.com에서 많은 정보를 얻을 수 있습니다.

34. The city is taking every possible measure to protect its inhabtants and environment from the damaging effects *of* ------------.

(A) pollutions
(B) pollutant
(C) pollutive
(D) pollution

(A) 셀 수 없는 명사인데, 복수라는 의미인 -s를 붙이면 자기 모순인 셈이 아닐까요?
(B) -ant가 붙은 단어는 대부분 형용사입니다. 때로 명사를 의미하는 경우도 있는데, 그럴 때는 accountant (회계사), applicant (지원자), participant (참가자)처럼 사람 명사를 나타냅니다. pollutant도 "오염물질"이라는 개별적인 의미이기 때문에 셀 수 있는 명사입니다. 그런데 부정관사도 없고, 복수형도 아니거든요.
(C) -ive로 끝나는 단어는 대부분 형용사거든요. 그런데 지금은 전치사의 뒤에 오는 명사가 필요한 자리입니다.
(D) pollution은 "공해, 오염"이라는 의미인데, chaos (혼돈), traffic (교통 정체)처럼 구분될 수 없는 개념이기 때문에 셀 수 없는 명사로 분류됩니다.

Tip 전치사의 뒤에 오는 명사의 수를 판단할 수 있는 경우는 그 명사를 수식하는 형용사가 수의 의미를 나타내거나, 뒤에 나오는 대명사를 통해서입니다. 지금처럼 명사만 나오는 경우는 셀 수 있는 명사인지를 물어보는 의도라는 것을 파악하세요. 그 핵심을 놓치면 해석에 의존하게 되고, 그만큼 혼동할 여지가 생기거든요.

[해석] 시에서는 공해의 악영향으로부터 주민과 환경을 보호하기 위해 가능한 모든 조치를 취하고 있습니다.

14. In the final analysis the management decided to accept the Union's proposal to *add* ------------ of dental treatments to the employee benefits package.

(A) choice
(B) chosen
(C) choosing
(D) a choice

(A) "선택, 선택하는 행동, 선택의 대상"을 의미하는 choice는 개별적인 의미이기 때문에 셀 수 있는 명사입니다. 그렇다면 a나 -s처럼 수의 의미를 나타내는 표시가 있어야 합니다.
(B) 앞에는 동사가 있고, 뒤에 전치사가 있다는 점에서 명사가 와야 할 자리입니다. 하지만 chosen은 과거 분사거든요.
(C) choosing을 동명사로 생각하면 가능하지 않겠냐고 생각하세요? 그런데 동명사는 동사일 때 연결되는 방식을 유지하고 있거든요. 즉 choose가 타동사로 쓰인 경우라면 뒤에는 of이 아니라, 목적어가 연결됩니다. 또 자동사로 쓰일 때는 between이나 from 같은 전치사와 함께 쓰인다는 점에서 어울리지 않아요.
(D) 단순히 눈에 보이지 않는다는 관점에서 접근하면, 셀 수 있는 명사를 물어보는 문제는 백이면 백 틀릴 수 밖에 없어요. 성인을 대상으로 한 영어 시험에서 물어보는 셀 수 있는 명사는 모두 눈으로 볼 수 없는, 형체가 없는 경우들이거든요.

Tip 역시 명사가 필요한 자리인데, 수의 일치를 확인할 연결 고리가 없다는 점을 파악하세요. 또 부정관사가 있는 보기와 없는 보기가 있다면 셀 수 있는 명사인지를 물어보는 전형적인 형태입니다.

[해석] 결국 경영진은 사원 복지 프로그램에 치과 치료를 추가하자는 노조의 요구를 수용하기로 결정했다.

23. Careful ------------ is under way to get into partnership with the leading company in the field of on-line marketing.

(A) Planned
(B) Planner
(C) Planning
(D) Plan

(A) careful은 형용사이기 때문에 빈 칸에는 is의 주어가 될 수 있는 명사가 필요합니다.
(B) -er이 붙은 명사는 셀 수 있는 명사입니다. 그렇다면 a planner 혹은 planners가 되어야만 해요. 수의 의미를 갖지 않는 형용사가 수식하는 것과는 아무 상관이 없어요.
(D) plan은 구체적이고, 개별적인 계획을 의미하기 때문에 셀 수 있는 명사입니다. 평소에 'make a plan to do'라고 기억하세요. 결국 a를 제대로 쓰기 위해서 공부하는 것이거든요. 또 이렇게 덩어리로 익혀두면 plan이 셀 수 있다는 점과 뒤에는 to 부정사로 연결된다는 점까지 한꺼번에 자기 것으로 만들 수 있어요.

[해석] 온라인 마케팅 분야의 선두 주자인 그 회사와 협력 관계를 맺기 위해 세심한 계획이 진행되고 있다.

(C) 우리말로 "계획, 기획"이라고 해석하는데, 그것보다는 셀 수 없는 명사라는 점을 이해하는 것이 훨씬 더 중요해요. 우리말로 해석하는 방법으로만 문법을 대하지 말고, 표현하는 방법으로 받아들이면 훨씬 더 쉽게 이해할 수 있어요!

Tip 영어의 문법을 고려하지 않으면 우리말 해석으로 접근할 수 밖에 없어요. 근데 TOEIC이 우리말 해석을 물어보는 시험은 아니잖아요? 더 큰 문제는 우리말로 구별되지 않는 관점, 혹은 의미를 모르는 단어는 판단하기 힘들 수 밖에 없지 않나요? 이 문제도 plan과 planning의 문법적 차이를 모르면 엉뚱한 관점으로 방황할 수 밖에 없어요. 일단은 "셀 수 있다/없다"라는 프레임을 설정하세요. 그리고 자료를 채워나가야 합니다.
그리고 이 문제처럼 앞에 형용사가 있는 경우에 현혹되지 마세요. 형용사가 있다고 그 명사가 셀 수 있는 가에 대한 관점이 흐트러지지 말아야 하거든요.

26. Jimmy Croce will have to report for work at noon tomorrow because he *has* ------------ **with the dentist** in the morning.

(A) appointment
(B) an appointment
(C) appoint
(D) appointee

(A) appointment가 "임명"이라는 의미일 때는 셀 수 없는 명사이기도 하지만, "약속"이라는 의미일 때는 셀 수 있는 명사거든요. "임명"일 때는 주로 뒤에 to나 as같은 전치사가 나와서 '직책'에 대한 정보를 제시해요.
(C) have 동사의 다음에는 명사, 혹은 과거 분사가 나와야 해요. -ment는 주로 동사에 결합해서 명사형을 만드는 장치라는 점을 활용하자고요.
(D) -ee로 끝나는 명사는 주로 수동의 의미를 나타내는 명사인데, 사람을 의미해요. appointee도 역시 "임명된 사람"이라는 의미입니다. 참 사람 명사는 모두 셀 수 있다는 것을 생각하세요. 'an appointee'로 기억해둬야겠죠.

(B) 뒤에 있는 전치사 with의 의미로 보아, appointment는 셀 수 있는 의미인 "약속"으로 쓰인 것이거든요. 그래서 an이 있는 것이고요. 마찬가지로 promise, arrangement, date, interview처럼 개별적인 행위들도 역시 셀 수 있는 명사입니다.

Tip 부정관사가 있고, 없고를 물어보는 문제는 셀 수 있는 명사인지를 물어보는 문제라는 점을 활용하세요. 역시 눈에 보이지 않는 명사라는 점에만 초점을 맞추면 힘들게 생각할 수 밖에 없어요. 하지만 우리도 "1박 2일"처럼 형체가 없는 명사에도 숫자를 부여하잖아요! 숫자가 붙는 명사들은 셀 수 있다고 생각해도 좋아요!

[해석] Jimmy Croce는 내일 오전에 치과 진료가 있어서 정오에 출근할 것이다.

7. ***In many cases*** the conservation of the biodiversity has not been the top priority ***for*** ------------.

(A) entrepreneurism<u>s</u>
(B) entrepreneur
(C) an entrepreneur
(D) entrepreneurs

(A) 일반적으로 -ism이 붙는 단어는 "주의, 태도, 이념" 등의 의미를 나타내고, 셀 수 없는 명사로 쓰여요. 그렇다면 복수형으로 표시할 수 없죠!
(B) 사람 명사임을 나타내는 특징적인 어미는 없지만, entrepreneur은 "기업가"라는 뜻의 사람 명사입니다. 그렇다면 대체 왜 관사도, 복수형도 붙이지 않는 것일까요? 규칙을 지킵시다!
(C) 부정관사가 붙었으니, 셀 수 있다는 말이겠지요. 그런데 앞에 있는 in many cases라는 표현으로 볼 때 어느 한 기업가에게만 적용되는 의미라고 보기는 무리입니다.
(D) 특정하지 않은 전체를 나타내는 경우에는 구체적인 의미를 나타내는 관사를 결합하지 않고, 복수형으로 쓰는 것이 가장 일반적이고, 안전한 표현 방식 입니다.

Tip 명사의 형태가 다양하게 제시된 보기입니다. 일단은 사람과 사물 명사를 구분하는 것이 순서입니다. 그리고 단수와 복수가 함께 제시됐다면 논리적 판단을 하라는 주문이고요. 논리성을 확인하는 문제도 역시 논리적인 연결 고리를 찾아서 구체적으로 판단하는 훈련을 해야 합니다.

[해석] 많은 경우에 기업가들에게는 생태계를 보존하는 일은 우선적으로 고려할 일은 절대 아니다.

30. **This year's** ------------ of Sage Pen Club will ***take place*** in Sherrington Hall, The Continental Hotel, and will include a lecture of the renowned author, Herald Nabokov.

(A) assemb<u>led</u>
(B) assemble
(C) assembly
(D) assemb<u>ler</u>

(A) 소유격의 뒤는 명사가 필요한 자리입니다. 하지만 -ed는 명사가 아니죠!
(B) 이미 will take place라는 동사가 있기 때문에 동사가 또 올 수는 없어요. 동사인줄 어떻게 아냐고요? 역시 다른 보기를 활용하세요! 오답은 정답으로 가는 지름길입니다.
(D)의 assemnler에서 -er는 '행위자'를 나타내요. 즉 동사에 결합한다는 말이죠.
(D) -er이 붙었으니 사람 명사입니다. 그런데 뒤에 연결되는 동사인 'take place'는 "일어나다, 발생하다"라는 뜻이거든요. 그렇다면 "발생하다"라는 이 동작의 행위자는 사람 명사가 되어야 할까요? 아니면 사건과 같은 사물을 대상으로 한 표현일까요?

(C) 주어로 쓰인 명사는 반드시 뒤에 동사가 제시됩니다. 이 말은 주어인 명사와 동사의 사이에는 논리적 밀접함이 성립한다는 뜻이거든요. 의도적으로 문장의 다른 요소들은 배제하고, 주어와 동사의 의미 관계만 확인해보세요!

Tip 사람 명사와 사물 명사가 함께 제시된 문제입니다. 셀 수 있고, 없고를 구별할 수 있는 관사나 복수형이라는 힌트는 없는 상태이고요. 이런 경우에는 어근의 의미를 무시하고, 사람/사물이라는 관점에서만 구분하세요. 이렇게 명사의 논리성을 구분하는 문제도 역시 문법적인 관점으로 접근하는 것이 효과적입니다. 즉 주어와 동사, 동사와 목적어의 관계처럼 명사가 연결되는 관계를 고려하라는 말입니다.

[해석] Sage Pen Club의 올해 모임은 The Continental Hotel의 Sherrington Hall에서 열릴 예정이다. 그리고 저명한 작가인 Herald Nabokov의 강연도 있을 것이다.

9. The ------------ of the band **were excited** when they were told that the city council approved its plan to have a concert in the City Hall square.

   (A) member
   (B) membership
   (C) members
   (D) instruments

(A) 동사가 were라면 주어인 명사에는 -s가 있어야 하지 않을까요?
(B) 복수형인 명사를 표시할 때 -(e)s라는 규칙적인 어미를 붙여요. 셀 수 있느냐, 없느냐라는 관점도 결국에는 수의 개념을 판단하는 것이거든요.
(D) 복수 명사라는 점에서는 were와 어울려요. 그런데 뒤에 있는 excited라는 감정 형용사는 사람에게 적용되는 표현입니다. 하지만 -ment가 붙는 명사는 거의 다 사물이라 어울리지 않아요. 문장 전체가 아니라 즉 -ment와 excited라는 구체적인 대상들이 서로 충돌하는 것이죠!

[해석] 그 밴드의 단원들은 시의회에서 시청 광장에서 연주회를 열겠다는 자신들의 계획을 승인했다는 말을 듣고 흥분했다.

(C) 문법은 논리적으로 연결되는 관계를 설명하는 규칙이라고 이해할 수 있어요. 30번에서는 주어로 쓰인 명사를 동사라는 연결관계를 통해 확인했어요. 그리고 이 문제처럼 주격 보어가 있는 경우라면, 당연히 주어와 보어를 연결해서 생각해야죠.

Tip 보기를 먼저 큰 기준으로 나누는 것이 중요해요. 어차피 네 개를 동시에 볼 수는 없거든요. 이 문제는 일단 제시된 보기가 모두 명사지만, -s라는 기호에서 차이가 있어요. 그럼 그 관점으로 일차적인 판단을 하세요.
한 번에 해결되지 않는다는 말은 출제자가 물어보는 관점이 두 개 이상이라는 뜻이거든요. 그래서 두 개로 압축되면 또 그 둘의 차이점을 포착해서 확인하면 되거든요. 그러면서 하나씩 자신이 알고 있는 것을 복습한다고 생각하세요. 문법 문제는 올라가서 아니라, 자기가 알고 있는 것을 적용하지 못해서 틀리는 경우가 더 많거든요.

31. People who sign up for the swimming classes through the Internet will have to **submit** their ------------ to the information desk on the first day of the class.

    (A) receptionist
    (B) reception
    (C) recipient
    (D) receipt

(A) submit이라는 타동사는 "~을 제출하다"라는 뜻이므로, 목적어는 사물 명사가 되어야 합니다. 하지만 -ist는 사람 명사를 나타내는 접미사입니다.
(B) reception은 사물 명사이기는 하지만 "받아들이기, 환영, 환영회, 접수"라는 의미라는 점에서 "제출하다"는 동작의 대상이 되기는 곤란해요.
(C) receive를 어근으로 하는 명사형을 선택하는 문제에서는 자주 등장하는 단어입니다. "수령인, 받은 사람"이라는 사람 명사이므로 역시 submit의 목적어로는 적절하지 않아요.

(D) 문법적인 관계가 바로 논리의 연결 관계라는 점을 명심하세요! 타동사의 뒤에는 목적어가 있어야 합니다. 그 말은 타동사와 목적어가 그만큼 논리적으로 밀접한 관계를 형성한다는 뜻이거든요. 따라서 평소에 동사만 암기할 것이 아니라, 어울리는 목적어까지 한 묶음으로 익혀두는 것이 효과적인 학습 방법입니다.

Tip 보기는 모두 명사이고, 또 모두 단수입니다. 그런데 어근은 모두 같거든요. 그렇다면 사람과 사물이라는 구분을 먼저 하고, 문법적인 관계를 고려해서 논리성을 확인하는 것이 적절한 순서입니다.

[해석] 인터넷으로 수영 강습을 등록한 분들은 강습 첫 날에 영수증을 안내 데스크에 제출해주시기 바랍니다.

24. In most organizations there are dress codes that ------------ ***employees*** what they are supposed to wear in the office.

(A) say
(B) tell
(C) explain
(D) appreciate

(A) say는 "어떤 사실을 말하다"라는 의미이기 때문에, 사물 명사를 목적어로 사용해야 합니다. 그래서 'say something to someone'이라는 구조가 되고, 사물에 해당하는 that절이 곧바로 연결되는 것도 같은 맥락입니다.
(C) explain도 say와 같은 계열에 속하는 전달 동사입니다. 따라서 반드시 목적어는 사물 명사가 되어야 해요.
(D) 사람에게 고마워한다는 의미인 thank와 달리, appreciate는 사람의 행동에 대해 고마워한다는 의미이기 때문에, 목적어는 반드시 사물 명사가 와야 합니다.

[해석] 대부분의 조직에는 사무실에서 어떤 복장을 해야 하는 지를 알려주는 복장 규정이 있다.

(B) tell을 "말하다"라고만 해석하면 say와 차이를 느끼기 힘들어요. 때로는 tell도 'tell a lie, tell the truth'처럼 뒤에 사물 명사가 오기도 해요. 하지만 tell은 say와 달리 사람을 목적어로 표현할 수 있다는 점이 달라요! 그래서 'tell someone something' 혹은 'tell someone that ~'의 구조로 활용하는 것이죠.

Tip 명사를 사람과 사물이라는 프레임으로 구분하면 까다롭게 암기했던 많은 경우들을 아주 간단하게 이해할 수 있어요. 31번의 bring처럼 사람이나 사물 명사와 모두 연결할 수 있기 때문에 문맥을 고려해야 하는 동사도 있지만, 애초에 사람 명사 혹은 사물 명사와 고정된 관계를 보여주는 동사도 있어요. 이런 동사들은 우리말로 해석하려면 혼동될 수 밖에 없으니까, 목적어까지 묶어서 익혀두세요.

35. All ------------ ***were notified*** that they were supposed to arrive at the interview at least twenty minutes earlier.

(A) appliances
(B) applications
(C) applicable
(D) applicants

(A) -ce가 붙은 명사들은 대부분 사물 명사입니다. 하지만 inform은 사람을 목적어로 취하는 동사이기 때문에 서로 어울리지 않아요.
(B) -ion으로 끝나는 명사도 거의 다 사물의 의미를 나타냅니다.
(C) all을 명사로 쓰는 경우도 없지는 않지만, 앞에 구체적인 명사가 언급된 다음에 사용하거나, 뒤에 of으로 한정되는 어구가 연결되는 경우에나 사용하거든요. 그런데 지금은 뒤에 형용사가 연결되기 때문에 주어가 될 명사가 와야 할 자리입니다.

(D) inform, notify, remind, assure, convince는 모두 사람 명사를 목적어로 사용해야 하는 타동사입니다. 그리고 목적어의 뒤에는 전치사 of이나 that절로 알려주는 내용에 대한 정보를 제시하는 구조로 쓰이고요. 이 동사의 용법은 상당히 중요하니까 꼭 기억해두세요.

Tip 주어의 자리에 오는 명사를 물어보는 문제입니다. 하지만 뒤의 동사가 수동태라는 점을 감안하세요. 이렇게 타동사와 목적어의 밀접한 관계를 수동형으로 물어보기도 합니다. 문제는 수동태를 보는 우리의 시각이 경직되어 있어서 반응 속도가 느린 경향이 있다는 겁니다.

[해석] 모든 지원자들은 적어도 20분 일찍 면접 장소에 도착해야 한다는 연락을 받았다.

13. The company **hired** a **professional** ----------- for its 15th anniversary ceremony.

    (A) photograph
    (B) photography
    (C) photographer
    (D) photograph<u>ic</u>

(A) photograph는 셀 수 있는 명사입니다. 하지만 hire의 의미와 어울리지 않는 사물 명사거든요.

(B) photography는 "사진술, 촬영기법"이라는 의미로 셀 수 없는 명사입니다. 따라서 앞에 있는 a와 충돌이 발생해요.

(D) -ic는 주로 형용사를 표시하는 어미입니다. 앞에 있는 professional을 형용사로 이해한다면 당연히 관사와 연결될 명사가 없으니 틀린 표현입니다.
하지만 professional을 "전문가"라는 명사로 이해하면 구조상으로는 형용사도 가능할 수 있어요. 그러나 photographic은 "사진에 관한, 사진의, 사진과 같은"이라는 의미로 사물 명사에게만 적용되는 형용사이기 때문에 연결될 수 없어요.

(C) hire라는 동사의 의미가 "~을 고용하다"이므로 목적어는 사람 명사가 되어야죠. -er이 붙는 단어는 거의 모두 사람을 의미하고, 셀 수 있는 명사입니다.

Tip 일단 보기에 있는 단어들의 품사가 하나는 형용사이고, 나머지는 명사이므로 품사부터 결정하는 것이 바람직해요. 그런 다음 부정관사가 있으니까, 셀 수 있는 명사인지 확인하고, 마지막으로 사람 명사와 사물 명사를 구별하는 것이 명사에 관한 문제를 해결하는 과정입니다.

[해석] 그 회사에서는 15주년 기념식을 위해서 전문 사진가를 고용했다.

4. **As the** ----------- of this department, **Mr. Marquez** has been in charge of overseas investment for six years.

    (A) superv<u>ise</u>
    (B) supervisor
    (C) supervis<u>ory</u>
    (D) supervis<u>ion</u>

(A) -ise, -ize는 동사에 결합되는 어미입니다. 따라서 앞에 있는 정관사와 어울리지 않아요.

(C) -ory, -ary는 주로 형용사를 표시하는 어미입니다. 관사는 뒤에 명사가 온다는 표시잖아요. 그런데 빈 칸의 다음에는 연결 장치인 전치사 of이 있어요. 그래서 지금은 관사와 어울리는 명사가 필요한 구조입니다.

(D) -ion은 명사형 어미이기 때문에, 일단 관사와 어울리기는 해요. 하지만 -ion이 붙으면 주로 '행위'를 나타내는 사물 명사가 되거든요. 그래서 as의 뒤에 오기에는 부적절해요. under와 같은 전치사였다면 사물 명사가 어울릴 수 있죠.

(B) as는 '직업, 신분, 자격' 등을 의미하는 전치사입니다. 그래서 뒤에 오는 명사 역시 행위자나 직업 등을 의미하는 -or과 어울리는 것이죠. 그래서 문장의 주어도 역시 사람 명사이고요.

Tip 빈 칸의 앞에 전치사가 있는 문제입니다. 이런 유형에서는 두 가지를 확인하세요. 첫째는 전치사의 뒤에는 반드시 명사가 있어야 한다는 규칙입니다. 그렇게 올바른 품사를 확인하고 나면, 전치사의 의미와 결합할 수 있는 명사를 확인하는 것이죠. 전치사의 뒤에 와야만 하는 그 명사를 전치사의 목적어라고 하기도 해요. 즉 전치사와 의미가 밀접하게 연결된다는 말이거든요.

[해석] 이 부서의 책임자로서 Marquez는 6년 동안 해외 투자를 담당하고 있다.

15. Any effort without any clear objective and vision will reslut in *a* ------------.

(A) fail
(B) fail<u>ed</u>
(C) failur<u>es</u>
(D) failure

(A) 만일 품사를 모른다면, -ed는 오직 동사에만 결합한다는 점을 활용하세요. 다른 보기도 추론의 단서가 될 수 있다는 점을 잊지 마세요.
(B) -ed는 동사이거나, 과거 분사로 활용된다는 표시니까, 명사를 요구하는 관사와는 어울리지 않아요.
(C) 부정관사는 "하나"라는 수의 의미를 나타냅니다. 따라서 부정관사의 다음에 복수 명사는 절대로 연결될 수 없어요.
(D) -ure로 끝나는 단어는 거의 예외 없이 명사이고, 또 셀 수 없는 명사입니다. failure가 보통은 셀 수 없는 명사이지만, "실패한 일이나 사람"을 의미하는 개별적인 의미가 되면 셀 수 있는 명사가 됩니다.

Tip 빈 칸의 앞에 부정관사가 있다는 점을 포착하세요. 어떤 명사가 셀 수 있는 의미로도 쓰일 수 있는지 항상 판단이 명확한 것은 아닙니다. 그래서 적극적으로 옳은 형태를 찾는 것도 방법이지만, 틀린 보기를 제거하면서 범위를 좁히는 것도 매우 유용한 전략입니다. 최소한 틀린 형태는 쓰지 않는 훈련인 것이죠. 그리고 문법 시험에서는 구별할 수 있는 객관적 근거가 반드시 있어야 하잖아요.

[해석] 명확한 목표와 비전이 없는 시도는 실패하고 말 것이다.

8강 한정사

I. 한정사란?

관사 (a, an, the), 소유 형용사 (my your, his, her...), 지시 형용사 (this, that, these, those), 수량 형용사 (many, much, few, little…), 부정 형용사 (most, some, any, no...), 관계 형용사 (which, what...)을 묶어서 '한정사'라고 합니다.

1. 한정사 사용 설명서

한정사라는 용어를 사용하지 않는 교재들도 있어서, 이 이름이 그리 익숙하지 않을 수도 있어요. 한정사는 모두 형용사에 속하는데, 이것만으로는 이해하기 충분하지 않아요. 한정사로 분류하는 표현들의 대부분은 대명사로도 쓰이거든요. 그래서 어떤 교재에서는 한정사로 분류하거나, 형용사에서 설명하거나, 대명사로 묶어서 설명하는 등 복잡하다는 생각을 하지 않을 수가 없어요.

예를 들어, 'This is my car.'에서 this는 지시 대명사입니다. 그리고 'I love this car.'라고 할 때 this는 지시 형용사이고요. 이 중 지시 형용사로 쓰인 경우를 한정사라고 해요.

하지만 형용사일 때나 대명사일 때나 this가 갖는 '지시'라는 용법과 '단수'라는 개념은 달라지지 않아요. 그래서 우선은 한정사라는 용어에 얽매이지 않고, 형용사로 쓰일 때와 대명사로 사용될 때의 기본 구조를 이해하세요. 그렇게 해서 공통으로 적용되는 구조에 대한 이해를 바탕에 깔면, 어떤 교재를 보더라도, 어느 품사로 분류했건 일관되게 이해할 수 있거든요.

한정사에 해당하는 단어들이 형용사로 쓰인 경우는 당연히 뒤에 명사가 있어요. 반면에 명사인 경우는 뒤에 연결되는 명사가 없거나, of이라는 전치사가 뒤에 연결되는 구조상 특징이 있어요.

이렇게 품사를 이해하는 기본 구조가 파악되면, 한정사들 각각의 용법을 구체적으로 알아볼게요. 종류나 용법이 굉장히 다양하다고 생각하는 한정사들을 우선 단수와 복수라는 수의 관점으로 구별되는 경우를 먼저 살펴보는 겁니다. 그런 다음 수의 의미가 구별되지 않거나, 크게 중요하지 않은 경우들을 대칭 관계에 있는 표현들을 중심으로 구별하는 실제 방법과 함께 알아보도록 할게요.

2. 한정사는 중복해서 쓰지 마세요!

한정사는 반드시 다음에 명사가 있어야만 하는 형용사인데, 하나의 명사에 두 개의 한정사를 동시에 나열하지 않는 것이 원칙입니다. 한정사는 각자의 모습으로 명사의 의미를 한정하기 때문에 중복시키면 서로 의미상 충돌이 발생해요. 그리고 한정사는 다른 형용사보다 먼저 나온다는 배열 규칙도 참고로 알아두세요.

***Most the** colleagues I work with are very friendly.*
(Most the ⇨ Most 혹은 Most of the)

함께 일하는 내 동료들 대부분은 매우 친절하다.

3. all the는 가능합니다!

한정사 중에서도 all, both, half, double는 뒤에 오는 of이 생략되는 경우도 있어요. 그러면 of 뒤에 있던 한정사와 만날 수 밖에 없겠죠? 다른 말로 하면 한정사의 앞에 온다고 할 수도 있겠죠. 그래서 이 경우를 '전치 한정사'라는 이름으로 부르기도 해요.

I bought the book at **half** (of) *the* price.

나는 그 책을 반 값에 샀다.

All (of) *my* friends live in London.

내 친구들 모두는 런던에서 살고 있다.

He earns **double** (of) *your* salary.

그는 너보다 두 배의 봉급을 받는다.

4. of the를 잊지 마세요!

many, much, some, any, none, all, each, most, either, neither, both 의 뒤에 of을 쓰면 부분과 전체의 관계가 형성됩니다. 전체가 전제되어야 부분이 존재할 수 있기 때문에, of의 뒤에 오는 명사는 제한적인 의미가 됩니다. 그래서 반드시 정관사, 소유 형용사 또는 지시 형용사를 붙여줘야 합니다. 이 표현들은 우리말로 해석하지 않는 경우가 많기 때문에, 사용하는 이유를 명확하게 이해하고 있어야 합니다.

All *of the* **dishes** in this restaurant are delicious.

이 식당의 음식들은 모두 맛있다.

None *of this* **money** is mine.

이 돈 중에 내 것은 없다.

Both *of those* **proposals** were turned down.

두 개의 제안서가 모두 거절당했다.

Each *of the* **employees** is supplied with his or her own laptop computer.

직원들은 각자 자기의 노트북 컴퓨터를 지급받는다.

I spent **most of** *the* **holiday** in trekking.

나는 휴가의 대부분을 트레킹을 하면서 보냈다.

II. 단수와 복수를 표현하는 한정사

한정사 중에는 단수/복수라는 수의 개념에 따라 구분해서 사용하는 표현들이 있어요. 그래서 한정사와 그 뒤에 연결되는 명사의 관계에서도 역시 수의 일치라는 중요한 문법 개념이 적용됩니다.

한정사에 해당하는 단어들만이 아니라, 한정사에 속하지 않는 표현들도 수의 의미가 개입되는 경우는 이 기회에 확실하게 정리하고 넘어가세요. 수의 개념은 모두 세 가지입니다. 셀 수 없어서 단수인 경우, 셀 수 있는데, 하나'라서 단수인 경우, 그리고 복수인 경우입니다. 그리고 한정사에 속하는 단어들을 형용사로, 명사로 표현할 때의 구조도 함께 확인하세요.

1. much - 셀 수 없다! 단수다!

셀 수 없는 명사란 복수형이나, 수의 의미가 포함된 표현을 사용할 수 없다는 말입니다. 그렇게 복수형이 불가능하기 때문에 하는 수 없이 단수로 간주하는 표현들입니다.

> much, a little, little, quite a little, only a little, less, least,
> a great deal [amount, quantity] of

Much *experience* **is** required for the position. (형용사)
그 직책은 많은 경험을 필요로 하지 않는다.

Much *is* known about the relations between productivity and morale. (명사)
생산성과 사기의 관계에 대해서는 많은 것이 알려져 있다.

Much *of the* information *was* not credible. (명사)
그 정보의 많은 것들이 믿을만하지 않다.

2. each - 한 개라서 단수다!

단수에는 사실 두 가지 경우가 있어요. 셀 수 없기 때문에 부득이하게 단수인 경우와 셀 수 있는 개체가 "한 개"이기 때문에 단수인 경우입니다. 아래의 표현들이 바로 "하나"라는 의미와 연결되는 것들입니다.

> a, an, a single, every, each, one, either, neither, another, this, that

Each *country* **is** going to send its delegation to the Fair. (형용사)
각각의 국가들이 박람회에 대표단을 보낼 예정이다.

The company sent ten samples of the perfume, and **each** *was* tested two times. (명사)
그 회사에서 열 개의 향수 샘플을 보냈고, 각각 두 번씩 실험을 했다.

Each *of the* six interns *was* assigned a different task. (명사)
6명의 인턴 직원 각각에게 서로 다른 과제가 부여되었다.

3. many - 복수다!

복수는 셀 수 있는 명사의 개체가 두 개 이상인 경우를 말합니다. 이 표현들 중에도 역시 한정사에 해당하지 않는 것도 있지만, 복수의 의미를 담는 표현들을 모두 익혀둔다고 생각하세요.

> many, a few, few, quite a few, only a few, fewer, fewest, several, both,
> 2보다 큰 수, a [the] number of, a couple of, these, those,
> thousands [hundreds, dozens, millions] of, a pair of, a variety of,
> a wide range of, an assortment of, various, numerous...

Many *employees* **are** satisfied with the new pension system. (형용사)
많은 직원들이 새로운 연금 체계에 만족하고 있다.

Many *are* curious about the reason the restaurant suddenly closed its business. (명사)
그 식당이 갑자기 문을 닫은 이유를 많은 사람들이 궁금해하고 있다.

Many of the applications *were* very impressive. (명사)
많은 지원서들이 매우 인상적이었다.

확인합시다

1. Last Monday the Road Department of the city announced that it would build several public parking ---------- in the downtown area.
   (A) facilities   (B) facilitation   (C) facility   (D) facilitate

2. Even those who have done ---------- traveling will be welcomed in our club.
   (A) few   (B) little   (C) small   (D) less

3. ---------- student who will return the book after two weeks will result in a late fee.
   (A) All   (B) Several   (C) Much   (D) Every

4. Some viruses destroy all of ---------- information in the computer.
   (A) an   (B) many   (C) the   (D) these

<정답> 1.(A) 2.(B) 3.(D) 4.(C)

III. 수를 혼동하기 쉬운 표현들! 조심하지 마세요!!

단수 혹은 복수라는 수의 개념이 드러나지 않는 한정사들이 있어요. 이렇게 구분이 되지 않는 경우를 조심하지 말라고 하니 이상하다고 생각할 겁니다. 물론 틀릴 가능성이 있으니까 조심해야겠죠. 그런데 특별하거나 예외적이라고 생각하지 말고, 표현의 이유를 이해하면 지극히 당연한 결과가 되기 때문입니다.

1. '부분' 표현의 수

two-thirds와 같은 분수, half, most, some, any, all, percent(%), majority, the rest처럼 부분을 나타내는 표현들은 단수와 복수, 혹은 셀 수 없는 명사에도 연결할 수 있어요. '수'의 개념을 담는 표현이 아니라, '규모'를 나타내는 표현이기 때문입니다. 따라서 이런 표현들이 주어가 되는 경우에 동사의 수는 of의 뒤에 오는 명사의 수를 보고 판단해야 합니다. of 뒤에 오는 명사가 '전체'이고, of의 뒤에 오는 명사는 '부분'을 나타냅니다. 그런데 전체와 그 부분을 구성하는 요소는 동일한 성격을 갖는다는 점에서 부분 표현의 수를 간접적으로 이해할 수 있는 것이죠.

Half of her *novel is* boring.
그녀가 쓴 소설의 절반은 지루하다.

Half of my *pens were* bought yesterday.
내가 갖고 있는 펜의 절반은 어제 구입한 것이다.

Half of the needed *money was* funded through the benefit.
필요한 돈의 절반은 자선 행사를 통해 조달되었다.

2. a number of과 the number of

number는 "수"라는 의미이고, 숫자는 셀 수 있는 명사에만 결합됩니다. 그래서 'number of'의 뒤에 오는 명사는 모두 복수형입니다. 그리고 결합되는 관사의 의미에 따라 의미가 달라지고, 그에 따라 동사의 수를 일치시켰을 뿐이지, 숙어나 암기 사항은 아닙니다!

부정관사는 특정하지 않은 대상을 나타내기 때문에 'a number of'라는 표현은 "많은"이라는 막연한 의미를 나타냅니다. 그래서 표현의 초점인 of 뒤에 있는 복수 명사가 주어가 되기 때문에 동사는 복수형이 되는 것이죠.

반면에 특정한 대상을 나타내는 the가 결합되면, "~의 수"라는 구체적인 의미를 나타냅니다. 그러면 표현의 초점은 the number라는 단수 명사가 되는 것이고, 동사도 당연히 단수가 되어야 마땅하죠!

이 표현들도 '묻지도 않고, 따지지도 않고' 암기하는 경우가 많아요. 하지만 표현의 의미가 무엇이고, 그에 따라 어떤 단어에 초점이 맞춰지는 지를 이해하면 굳이 이렇게 소개할 필요도 없는 것들입니다. 이 표현들은 수의 일치를 물어보는 유형으로 주로 출제 되지만, 과거 시제를 주고 논리성을 물어 보는 경우도 있어요! 그래서 의미를 정확하게 알고 있어야 하는 것이죠. 그 의미를 온전하게 전달하기 위한 안전 장치가 바로 수의 일치라는 문법입니다. 문법은 올바르게 독해하는 방법이지, 문제를 푸는 암기 사항이아니거든요!

문법이 어려운 것이 아니라, 설명이 없고, 이해하는 과정이 없기 때문에 어렵게 된 것입니다. 암기사항을 줄이는 방법은 항목을 빼는 것이 아니라 이해하는 것입니다!

An alarming number of people **are** participating in the benefit marathon.
놀라울 정도로 많은 사람들이 그 자선 마라톤 대회에 참가하고 있다.

The number of participants in the benefit marathon **is** increasing year after year.
그 자선 마라톤 대회에 참가하는 사람들의 수가 해마다 증가하고 있다.

확인합시다

1. Usually 65% of the e-mails that are sent every year ---------- connected with business in some way.
   (A) is   (B) are   (C) have   (D) was

2. According to a recent news article, ---------- of salt that an adult consumes in a day is more or less stable from year to year.
   (A) the number   (B) an amount   (C) a number   (D) the amount

3. The number of people who are interested in a different view of well-being ---------- increasing these days.
   (A) is   (B) does   (C) has   (D) are

<정답> 1.(B) 2.(D) 3.(A)

IV. 구별해서 사용해야 하는 한정사

1. all, every, each를 구별하기!

① all (of the) books are
   all (of the) money is

"모두, 전부"라는 의미이기 때문에 복수로 생각하기 쉽지만, all도 역시 부분을 나타내는 표현이기 때문에 수의 구별이 없어요. 그래서 대명사로 쓰일 때는 전치사 of이 연결되고, of의 뒤에 오는 명사의 수에 따라 all의 수를 판단합니다. 그리고 형용사로 쓰이는 경우라면, 당연히 뒤에 오는 명사를 통해 파악할 수 있어요. 참, all의 뒤에 관사가 생략되는 경우도 있다는 점도 기억하세요.

All (of) your *luggage* **weighs** fifty kilograms.
고객님의 수화물은 모두 50킬로그램입니다.

All (of) the *applicants* **are** female.
지원자들은 모두 여성이었다.

② each book is
   each of the books is ~

each는 어떤 집단을 구성하고 있는 구성원들 각각에 초점이 맞춰지는 표현입니다. 그래서 항상 단수이고, 역시 형용사나 명사로 주로 쓰입니다. 다만 of이 연결될 때, of의 뒤에 오는 명사는 구성원 전체를 의미하기 때문에 복수가 됩니다.

Each *country* **has** its own customs.
나라들마다 자기만의 관습이 있다.

Each of the tourists **was** given the brochures of the museum.
관광객들 각자 미술관의 안내 책자를 받았다.

③ every day

every는 항상 형용사로만 씁니다. 그리고 every는 "빠짐 없이 모두"라는 의미로 all보다 개별성이 강조되는 표현이라 단수 개념입니다. 따라서 every의 다음에는 반드시 단수 명사가 와야 합니다.

I will keep in mind *every* **word** you are saying.
네가 하는 말을 한 마디도 빠짐 없이 명심할게.

2. almost와 most를 보는 두 가지 시선!

① 품사가 달라요!

정관사가 없이 쓰이는 most는 "대부분"이라는 뜻으로 특정하지 않은 대상을 지칭합니다. most가 다른 한정사처럼 형용사와 명사로 모두 쓰이는 반면, almost는 부사로만 쓰이고요. 따라서 형용사나 명사의 자리에 almost를 쓰지 않도록 각각의 품사를 정확하게 알아두세요!

***Almost* of** the programs in the center are provided for the local residents. (Almost ⇨ Most)

그 센터의 프로그램 대부분은 지역 주민들에게 제공되고 있다.

***Almost* timber** in the region is imported. (Almost ⇨ Most)

그 지역의 목재는 대부분 수입되고 있다.

The boss set a goal which was ***most* impossible** to attain. (most ⇨ almost)

사장은 달성하기 거의 불가능한 목표를 세웠다.

② 의미가 달라요!

most는 '부분'을 나타내기 때문에 역시 부분을 나타내는 all이나 every, 또는 숫자와 쓸 수 없어요. 부분의 범위가 중복되거든요. 하지만 almost는 "거의"라는 뜻으로 '정도'를 나타내므로 함께 쓸 수 있어요.

***Most* every** house in this street has an attic. (Most ⇨ Almost)

이 거리에 있는 집들은 거의 모두 다락이 있다.

3. some과 any!
   not any를 기억하세요!

some은 긍정문에 주로 쓰고, 부정문에서는 쓰지 않아요. 하지만 any는 부정문, 의문문, 조건문에 주로 사용됩니다. 그리고 any는 반드시 부정어의 뒤에 온다는 규정이 있어요. 그래서 not any라는 표현을 기억하면서, "any는 부정문에, 그리고 부정어의 뒤에"라는 규칙을 확인하는 것이 효율적입니다. 따라서 왼쪽에 부정어가 있는 지를 확인하면 some과 any를 쉽게 구별할 수 있어요.

He has got **some** work to tackle this afternoon.

그는 오늘 오후에 처리해야 하는 약간의 업무가 있다.

There was ***not* any report** on the desk.

책상에는 아무 보고서도 없었다.

some과 any의 용법을 Part 5에서 출제하는 경우는 부정문에서 some이 아니라, any를 쓴다는 규정을 확인하라는 의도일 때가 거의 다입니다. 문법 시험에서 좀처럼 출제되지 않는 경우라고 해서 중요하지 않다는 의미로 받아들일 필요는 없어요. 그래서 이 경우를 우선 익숙하게 하고, 다른 용법을 참고로 공부하세요. 먼저 some을 써야 하는 긍정문에 any가 사용되는 경우가 있어요. 이럴 때 any는 "어떤 ~이라도"라는 '강조'의 용법으로 활용된 것입니다. 하지만 강조를 할 것인지는 주관적인 판단이기 때문에 일반적인 문법 시험에서 물어보기는 쉽지 않아요, 하지만 Part 7의 독해 지문에서는 쉽게 발견할 수 있기 때문에 참고로 알아두는 게 좋아요.

그리고 의문문이지만, '권유'나 '부탁, 허락'을 의미하는 경우에는 실제로는 긍정문과 같다는 맥락에서 any가 아니라 some을 써요. 그러나 이런 용법은 대화를 통해서 드러나기 때문에 현재 TOEIC의 Part 5 유형에서는 출제할 수 없는 것이죠. 하지만 Listening Comprehension에서는 흔히 등장하거든요.

4. no, none!
품사가 달라요!

no는 형용사로만 쓰이므로, 다음에는 반드시 명사가 와야 합니다. 또 no는 not any를 줄인 것이라 단수/복수의 구별이 없어서, 모든 명사와 결합할 수 있어요. 하지만 관사와 같은 한정사가 또 연결될 수는 없습니다.

반면에 none은 no one이 줄어든 형태이기 때문에 대명사로만 쓰입니다. 따라서 none의 뒤에 명사가 나오는 경우는 있을 수가 없는 것이죠. 과거에는 none을 단수로 간주하기도 했지만, 이제는 수의 구별을 하지 않는 것이 일반적입니다. 결국 no와 none이 구별되는 기준은 품사, 구체적으로는 뒤에 명사가 있는지 확인하는 것 밖에 없는 것이죠.

There is **no** *guide* in this exhibition room.

이 전시실에는 안내하는 사람이 아무도 없다.

None *of* the computers in the community center are connected to the Internet.

주민 센터의 컴퓨터 중에서 인터넷에 연결된 것은 없다.

5. another!
단수입니다!

another는 an과 other가 결합된 단어로, "다른 것 하나 더"라는 '추가'의 의미이고, 형용사 또는 명사로 활용됩니다. 그래서 뒤에 명사가 있다면 another는 형용사, 명사가 없다면 another가 명사라고 이해하면 됩니다. 이 경우에는 반복되던 명사가 생략되고, another가 그 명사의 역할을 하는 것이니까요.

그리고 another의 다음에 복수 명사를 절대로 연결하지 않도록 주의하세요. 부정관사 an이 결합된 표현이라는 점을 고려하면, 이 이유를 이해하기는 어렵지 않을 겁니다. another의 문법을 묻는 문법 문제는 대부분이 바로 이 단수의 성격을 이해하고 있는지 확인하는 것이거든요.

The flight attendant brought me **another** *newspaper*. (형용사)

기내 승무원은 나에게 다른 신문을 가져다 주었다.

Show me another, please. (명사)
다른 것을 보여주시겠어요.

There is always another ways to deal with problems. (ways ⇨ way)
문제를 해결하는 또 다른 방법이 언제나 있기 마련이다.

6. other와 others!
뒤의 명사를 확인하세요!

other는 "다른 존재"를 의미하는데, 역시 형용사 또는 명사로 쓰입니다. 그래서 other의 뒤에 명사가 있으면 형용사이고, 없으면 명사로 이해하면 됩니다.

그런데 other가 명사일 때는 셀 수 있는 명사이기 때문에 앞에 관사가 있거나, -s가 붙어야 해요. 이것은 셀 수 있는 명사들의 공통 규칙이니까 특별한 것이 아니겠죠? 그래서 another, the other, others, the others와 같은 형태로 쓰여요. others는 other의 뒤에 있는 반복되던 명사가 생략되었다는 의미로 이해할 수 있어요. 따라서 명사의 역할을 하기 때문에 뒤에 명사가 나올 수는 없어요.

그리고 정관사가 결합되는 경우는 "나머지"라는 '부분'의 의미가 되거든요. 그래서 the other (나머지 하나), the others (나머지 여럿)은 반드시 전체를 나타내는 표현이 앞에 제시되고 나서야 활용할 수 있습니다.

The salesperson showed me other printers.
그 영업사원은 나에게 다른 프린터들을 보여주었다.

When you are lost in a strange place, ask others for the direction.
낯선 곳에서 길을 잃으면, 다른 사람들에게 방향을 물어봐라.

After he departed, the others in the room resumed the discussion.
그가 떠난 다음에, 방에 있던 나머지 사람들은 토론을 계속했다.

7. both, either, neither!
수를 확인하세요!

먼저 both, either, neither는 모두 형용사로, 또 명사로도 활용된다는 공통점이 있어요. both는 "둘 다 모두"라는 뜻이고, either는 "둘 중 하나" 그리고 neither는 "둘 다 아니다"라는 의미입니다. 물론 이 세 가지 표현은 모두 대상이 두 개인 경우에만 사용합니다.

그리고 의미에서 짐작했겠지만 both는 복수인데 반해, either와 neither는 단수라는 수의 차이가 있어요. 그래서 both의 뒤에는 복수 명사가, either와 neither의 뒤에는 단수 명사가 각각 연결됩니다. 그리고 대명사로 쓰일 때는 뒤에 of the가 연결된다는 점을 꼭 기억하세요!

Both proposals submitted by Mila Swalsky were accepted.
Mila Swalsky가 제출한 두 건의 보고서는 모두 채택되었다.

Either *proposal* submitted by Mila Swalsky *was* accepted.
Mila Swalsky가 제출한 두 건의 보고서 중 하나만 채택되었다.

Neither *proposal* submitted by Mila Swalsky *was* accepted.
Mila Swalsky가 제출한 두 건의 보고서는 모두 채택되지 않았다.

Both of the applicants *are* fluent in Spanish.
두 명의 지원자는 모두 스페인어를 유창하게 구사한다.

Either of the applicants *is* fluent in Spanish.
두 명의 지원자는 한 명은 스페인어를 유창하게 구사한다.

Neither of the applicants *is* fluent in Spanish.
두 명의 지원자는 모두 스페인어를 유창하게 구사하지 못한다.

확인합시다

1. Chris Baldwin was very upset because ---------- his proposals has been rejected for the last six months.
   (A) all   (B) each   (C) most   (D) some

2. ---------- librarian of Brenwood Library was asked to have his or her medical check-up next week.
   (A) Every   (B) All   (C) Much   (D) Most

3. The millionaire made a promise to donate ---------- half of his property to a local orphanage.
   (A) most of   (B) almost   (C) most   (D) all

4. As we are a very reliable travel agency, you should have ---------- problem enjoying your vacation.
   (A) some   (B) none   (C) nor   (D) no

5. Our club provides an opportunity to meet ---------- who have interests in outdoor activities.
   (A) another people   (B) another person   (C) other people   (D) other person

<정답> 1.(A) 2.(A) 3.(B) 4.(D) 5.(C)

Practice Test

1. ------------ shipping documents have to be made in duplicate.
   (A) All of
   (B) All of the
   (C) Every
   (D) The whole

2. ------------ the employers understand that employees assigned challenging tasks are more likely to become achievement-oriented.
   (A) Many
   (B) Of
   (C) Most
   (D) Most of

3. ------------ of the workers in the Middletown factory are concerned that the company's plan to relocate its manufacture facilities to Vietnam means they will soon lose their jobs.
   (A) Each
   (B) Many
   (C) Much
   (D) Little

4. ------------ of the retirees are expected to attend at the farewell party this Friday.
   (A) Each
   (B) Both
   (C) Neither
   (D) Either

5. We will show you a dozen design ------------ from which you can select the fittest for your new product.
   (A) sample
   (B) sampler
   (C) sampling
   (D) samples

6. It is suspected that most of the loaned money ------------ developing a new automated technology.
   (A) were spent
   (B) had spent
   (C) was spending
   (D) was spent

7. ------------ members of our society are expected to attend the monthly meeting next weekend.
   (A) Every
   (B) Almost
   (C) Each
   (D) Most

8. It is estimated that ------------ of customers who bought from our outlet stores last year increased to about 250,000.
   (A) a number
   (B) the number
   (C) an amount
   (D) the amount

9. There must be ------------ disagreement as to the great influence of telecommunications technology on labor.
   (A) few
   (B) a few
   (C) several
   (D) little

10. All of the equipment Goldline Film Studio introduced last month ------------ by the fire of an unknown cause.
    (A) has destroyed
    (B) was destroyed
    (C) were destroyed
    (D) have destroyed

11. I was embarrassed to hear that there was ----------- direct flight from Abu Dhabi to Santiago.
    (A) No
    (B) Not
    (C) None
    (D) Never

12. ----------- was found about how the malware broke through the firewall of our systems.
    (A) A few
    (B) Many
    (C) Little
    (D) Each

13. The on-line gaming is one ----------- competitive markets in the ever-changing game industry.
    (A) most
    (B) of the most
    (C) of most
    (D) the most

14. ----------- of the files downloaded from the Internet has to be checked to see if it contains any malware.
    (A) Each
    (B) Every
    (C) Much
    (D) All

15. The cosmetic company has a lot of stores in big cities around the world, one is located in New York, ----------- in Tokyo.
    (A) another
    (B) other
    (C) others
    (D) the others

16. There are a few investment ----------- from which to choose in the times of recession.
    (A) strategy
    (B) strategies
    (C) strategic
    (D) strategists

17. A number of problems relating to the safety of the press machine ----------- come to the attention of the management recently.
    (A) has
    (B) have
    (C) do
    (D) are

18. For the last three decades our company has faced a lot of important choices, and in ----------- every case we have never compromised our principles.
    (A) most
    (B) all of
    (C) each
    (D) almost

19. Department heads of Siscom Systems were asked to allow ----------- new requests for overtime on an emergency basis.
    (A) every
    (B) either
    (C) each
    (D) all

20. Carly Simon's Interior Design promised to restore the historic theater without replacing ----------- seat.
    (A) most
    (B) some
    (C) any
    (D) all

21. Almost all of ----------- who come into our store have commented on how unique the interior decorations are, especially souvenirs from Africa.
    (A) customers
    (B) customer
    (C) the customers
    (D) the customer

22. ----------- of the inspectors decided what exactly caused the accident.
    (A) No
    (B) Every
    (C) Much
    (D) None

23. Computer security experts recommend that we update our anti-virus software ----------- three weeks to protect our system from computer viruses.
    (A) every
    (B) each
    (C) all
    (D) some

24. One of the requirements for salespeople ----------- to like interacting with people.
    (A) are
    (B) have
    (C) does
    (D) is

25. The customs officials checked a carry-on from each ----------- boarding the plane.
    (A) of the passenger
    (B) of the passengers
    (C) of passengers
    (D) passengers

26. Many companies which specialize in its own field have recently expanded into ----------- areas.
    (A) another
    (B) other
    (C) others
    (D) the others

27. Factories in the industrial park turn out a wide variety of -----------, including automobiles, textiles, and computers.
    (A) productions
    (B) productivity
    (C) producers
    (D) products

28. We have been open for less than a year, but we are already celebrating our two ----------- sale.
    (A) million
    (B) millions
    (C) millionth
    (D) millionaires

29. The weather forecaster says that it will rain ---------- day on Friday.
    (A) each
    (B) every
    (C) all
    (D) both

30. We have decided to take a two-track sales strategy, one for retail and ----------- for wholesale.
    (A) another
    (B) other
    (C) the others
    (D) the other

31. Thousands of ----------- are to be implemented as a result of the free trade agreement between the two countries.
    (A) projection
    (B) projects
    (C) projectors
    (D) project

32. For the last six months Cathy Carpenter has applied for ----------- companies, including accounting companies, publishers and advertising agencies.
    (A) a little
    (B) a lot
    (C) plenty
    (D) many

33. ----------- proposal for a new marketing strategy was accepted through a series of vehement debates.
    (A) All
    (B) Both
    (C) None
    (D) Either

34. ----------- visitor is required to wear the visitor's pass when entering the facility.
    (A) All
    (B) Every of the
    (C) All of
    (D) Every

35. Of the 150 employees that participated in the new training workshop, about 83 percent ----------- their productivity and efficiency.
    (A) have improved
    (B) are improved
    (C) improves
    (D) has improved

36. Seven ----------- for the branch manager had at least ten years of experience in the managerial field.
    (A) of the applicants
    (B) of the applicant
    (C) of applicant
    (D) of applicants

37. Some of the tourists ----------- made complaints about the service of the accommodations.
    (A) has
    (B) were
    (C) have
    (D) was

<정답> 1.(B) 2.(D) 3.(B) 4.(B) 5.(D) 6.(D) 7.(D) 8.(B) 9.(D) 10.(B) 11.(A) 12.(C) 13.(B) 14.(A) 15.(A) 16.(B) 17.(B) 18.(D) 19.(D) 20.(C) 21.(C) 22.(D) 23.(A) 24.(D) 25.(B) 26.(B) 27.(D) 28.(C) 29.(C) 30.(D) 31.(B) 32.(D) 33.(D) 34.(D) 35.(A) 36.(A) 37.(C)

정답 너는누구냐?

21. Almost **all of** ----------- **who come** into our store have commented on how unique the interior decorations are, especially souvenirs from Africa.

(A) customers
(B) customer
(C) the customers
(D) the customer

(A) of의 뒤에 오는 명사에 제한적인 의미인 the나 소유격을 붙인다는 이 규칙은 우리말로 해석해서는 거의 드러나지 않아요. 암기 사항이라고 생각하지 말고, of의 의미와 그로 인해 발생하는 의미의 긴장 관계를 이해하세요.
(B) all of의 뒤에 the를 쓰지 않은 것도 잘못이지만, customer의 형태도 적절하지 않아요. -er이 붙었으니 셀 수 있는 명사인데, 관사도 없잖아요! 그러니까 all과 상관없이 일단 적절하지 않아요! all이 셀 수 있는 명사와 함께 쓰일 때는 복수 개념입니다.
(D) the를 쓴 것은 잘 했지만, customer가 단수가 될 수는 없어요. 앞에 있는 all의 영향이기도 하지만, 뒤에 오는 동사가 come이라는 복수형이기 때문에 who가 지칭하는 선행사가 단수형이 될 수는 없거든요!

(C) 전치사 of이 빈 칸 앞에 있어요. of의 가장 중요한 의미가 바로 '구성, 부분'이라는 개념입니다. 그래서 of을 기준으로 '부분과 전체'라는 관계가 설정되거든요.
영어에서는 작은 개념을 먼저 나열하는 원칙이 있어요. 그래서 of의 앞에 오는 명사가 부분, 뒤는 전체가 됩니다. 전체가 존재해야 부분이 가능하기 때문에 of 뒤의 명사에는 the, 소유격 등을 붙여주세요.

Tip 항상 제시된 보기가 어떤 차이가 있는 지를 먼저 파악하도록 하세요. 질문의 방향을 설정하는 중요한 작업이거든요. 이 문제는 크게 두 가지 관점을 확인하면 되지 않을까요? 바로 customer가 단수 혹은 복수인지, 그리고 customer의 앞에 the가 필요한지를 중점적으로 생각하세요.

[해석] 우리 가게를 찾는 손님들 거의 모두는 실내 장식들, 특히 아프리카에서 가져온 기념품들이 매우 독특하다고 평을 한다.

---

2. ----------- **the employers** understand that employees assigned challenging tasks are more likely to become achievement-oriented.

(A) Many
(B) Of
(C) Most
(D) Most of

(A) many가 "많은"이라는 특정하지 않은 의미인데 비해, the는 한정적인 의미를 나타내거든요. 그래서 하나의 명사에 한정사를 동시에 나열하지 말아야 하는 것이죠.
(B) 전치사의 뒤에는 반드시 명사가 필요해요. 그러면 the employers까지가 of과 연결되는 전치사구가 되니까 understand의 주어가 없어요.
(C) the most는 "가장 ~한 것"이라는 최상급의 의미를 나타내지만, 관사가 없는 most는 "대부분"이라는 뜻으로 특정하지 않은 부분을 의미해요. 그래서 of이 없이 곧바로 뒤에 the가 올 수는 없어요.

(D) 수의 개념이 명확한 many, much, each 뿐만 아니라, 수가 구별되지 않는 all, most, some과 같은 표현들을 of으로 연결할 때는 역시 the나 소유격을 써야 합니다.

Tip 21번에서는 빈 칸의 밖에 of이 제시된 형태이고, 이 문제는 보기에 of이 제시된 형태입니다. 이처럼 하나의 문법 개념도 여러 유형으로 물어볼 수 있어요. 하지만 결국 물어보는 문법 사항은 동일할 것이니까, 흔들리지 말고 일정한 패턴을 익혀두세요. 시험에 나오는 유형을 익히는 것이 아니라, 표현하는 기본 구조를 익혀두는 겁니다. 그래야 암기할 사항이 줄어요.

[해석] 대부분의 고용주들은 도전적인 과제를 받은 직원들이 성취 지향적이 될 가능성이 더 높다는 점을 이해하고 있다.

13. The on-line gaming is **one** ------------ **competitive markets** in the ever-changing game industry.

(A) most
(B) of the most
(C) of most
(D) the most

(A) one과 most가 곧바로 연결되는 경우는 없어요. "하나"라는 의미와 "대부분"이라는 의미가 동시에 나열될 수는 없으니까요.

(C) 이렇게 of을 연결한다는 것은 '전체'에 해당하는 정보를 제시하겠다는 의도거든요. 그럼 그 의도에 맞게 the로 표시해야 언행일치가 아닐까요?

(D) one이라는 한정사와 the라는 한정사를 동시에 쓰겠다고요? 그럼 one의 품사가 애매하지 않을까요? 명사라면 the가 연결하는 명사와 나열될 수도 없고요! 형용사라면 관사의 뒤에 와야 하거든요.

[해석] 끊임 없이 변하는 게임 산업에서 온라인 게임은 가장 경쟁이 심한 시장 가운데 하나이다.

(B) 이런 유형에서 최상급 표현이 있으니까, the를 붙인다고 설명하는 경우가 많아요. 물론 틀린 말은 아니지만, 'one of '의 뒤에 항상 최상급이 연결되는 것은 아니거든요. 그래서 최상급과 상관없이, one이라는 부분과 of의 뒤에 오는 전체라는 관계 속에서 the를 이해하는 것이 훨씬 더 효과적입니다. 흔히 'one of 뒤에 복수 명사'라는 식으로 암기하는 경우를 많이 보는데, 그러면 틀리기 위한 연습을 하는 것이나 마찬가지가 아닌지 모르겠어요.

Tip 언뜻 보면 most의 용법을 묻는 문제인 것처럼 보여요. 그런데 우선은 앞에 단수를 의미하는 one이 있는데, 뒤의 명사는 markets라는 복수거든요. 이런 경우는 있을 수 없기 때문에 전치사로 의미 단위를 구분해야 한다는 점을 파악하고 접근하자고요.

36. **Seven** ------------ for the branch manager had at least ten years of experience in the managerial field.

(A) of the applicants
(B) of the applicant
(C) of applicant
(D) of applicants

(B) seven은 복수 개념이니까, 전체도 복수가 되어야 하지 않을까요? 부분과 전체는 그 구성 요소가 동일하니까요. 그래서 much of의 뒤에는 셀 수 없는 명사가, many of의 뒤에는 복수 명사가 연결되는 것입니다.

(C) of 뒤에 the도 없고, 명사도 복수형이 아니네요. 이럴 거면 seven은 대체 왜 쓴 것인지…

(D) 아직도 of으로 연결하는 부분과 전체의 관계를 파악하지 못한 보기의 형태군요…

[해석] 지점장에 지원한 후보자들 중 7명은 경영 분야에서 최소한 10년의 경력을 가지고 있었다.

(A) 보기에 모두 of이 등장합니다. 그렇다면 전체에 대한 정보를 제시하는 표현이라는 점에서 the로 연결해야겠죠.
seven applicants라고 하면 seven은 형용사이고, 전체에 대한 정보는 없는 거예요. 즉 지원자가 7명뿐인지, 아니면 더 있는지는 모르는 것이죠.
하지만 seven of으로 쓰면, seven은 명사가 되는 것이고, 지원자가 더 있다는 의미까지 전달하는 겁니다. 두 가지 표현을 모두 익혀서 마음대로 쓰세요. 문법이 여러분을 자유롭게 합니다!

Tip 13번과 같은 관점으로 판단해야 해요. many는 막연히 "많다"는 뜻이고, one은 구체적으로 "하나"라는 의미를 나타낼 뿐, of으로 전체를 연결하는 방식은 동일하잖아요? 그렇다면 부분을 나타내는 개념이 two이건, seven이건 무슨 상관이 있을까요? 설마 many가 seven보다 어렵거나, 수준 높은 단어라고 생각하는 것은 아니겠죠?

5. We will show you ***a dozen*** design ------------ from which you can select the fittest for your new product.

(A) sample
(B) sampler
(C) sampling
(D) samples

(A) a dozen은 "12"을 뜻하는 말이기 때문에 역시 복수 개념입니다. 그렇다면 그 복수의 향기가 뒤에 있는 명사에도 고스란히 전달되어야죠. 형용사와 명사는 하나의 의미 덩어리거든요.
(B) -s가 있는 보기보다, -s가 없는 보기를 더 조심해야 해요. -s라는 시각적인 장치가 없기 때문에, 단수라는 점보다는 단어의 의미로 접근할 가능성이 높거든요. 그렇게 해석을 시도하는 순간 수의 개념은 증발되어 하늘로 날아가 버려요. 멀리 멀리~
(C) 이 보기도 역시 어근의 의미에 매달리지 말고, 어미가 보여주는 문법성에 초점을 맞추세요. 만일 (D)의 보기도 단수형이었다면 어근의 논리성에 초점을 맞춰야 하는 것이고요.

(D) 다른 보기들은 모두 -s가 없는 단수인데, 이 보기만 -s가 있어요. 이렇게 3:1로 구분되는 보기는 그 하나가 타당한지 확인하는 게 우선입니다. 수의 판단은 항상 수의 일치라는 관점에서 먼저 접근하세요.

Tip 보기에 나온 명사들의 수가 동일하지 않다는 점을 생각하세요. 즉 모두 복수이거나, 모두 단수라면 수의 일치를 물어보는 문제가 아니겠지요? 출제자의 입장에서 생각해보세요. 단수와 복수를 구별할 줄 아는지 물어보려면 결국 단수인 보기와 복수인 보기가 있어야 하지 않을까요? 출제자가 하는 말을 보기의 차이를 통해 들으세요. 항상 그렇게 생각의 방향을 잡는 게 우선입니다.

[해석] 12개의 디자인 샘플을 보여드릴 것인데, 그 중에서 신제품에 가장 잘 어울리는 것을 고르시면 됩니다.

---

16. There are ***a few*** investment ------------ from **which** to choose in the times of recession.

(A) strategy
(B) strategies
(C) strategic
(D) strategists

(A) a few는 "(셀 수 있는 명사가) 적은"이라는 뜻, 즉 복수 개념입니다. 따라서 뒤에 명사가 연결되는 경우에는 반드시 복수형이 되어야 해요. 뒤에 명사가 없다면, a few가 명사인 것이고요.
(C) strategic은 형용사인데, a few와 연결되는 복수 명사의 흔적을 찾을 수 없어요.
(D) strategists는 복수라는 점에서 일단 가능해요. 그런데 -ist라는 어미에서 알 수 있듯이 "전략가"라는 사람 명사입니다. 하지만 뒤에 연결되는 관계 대명사는 사물을 선행사로 하는 which거든요. 명사에서 공부한 사람/사물의 관점을 항상 품고 있어야 합니다!

(B) a few를 비롯해서, few를 기반으로 한 표현들은 모두 복수입니다. 즉 비교급인 fewer나 최상급인 fewest도 역시 복수입니다. 또 'only a few (극히 적은)'과 'quite a few (상당히 많은)'도 당연히 복수로 인정해야 하고요.

Tip 한정사는 종류가 많고, 복잡하다는 생각을 하기 때문에 더 어려워지는 경향이 있어요. 한정사처럼 용법이 중요한 기능어들은 항상 고정된 철자로 제시될 수 밖에 없기 때문에 출제자의 의도가 명확하게 파악된다는 장점도 있어요. dozen처럼 few, little, many, much 등은 모두 수의 개념이 명확한 단어들이기 때문에 그 특성에 맞게 접근하면 되거든요. 즉 이 문제의 보기처럼 단수와 복수가 섞여있다는 확실한 단서를 놓치지 마세요.

[해석] 불황의 시기에는 선택할 수 있는 투자 전략이 별로 없다.

27. Factories in the industrial park **turn out** *a wide variety of* ------------, including automobiles, textiles, and computers.

(A) productions
(B) productivity
(C) producers
(D) products

(A) 복수라는 점은 타당하지만, "생산하다"라는 의미인 turn out의 목적어로 적절하지 않아요. "생산"을 "생산하다"라고 말할 수는 없으니까요.
(B) "다양하다"라는 말은 하나의 대상에 대해서는 사용할 수 없는 의미겠죠? 그래서 a variety of의 뒤에도 복수 명사가 연결됩니다.
(C) 역시 복수 명사인 점은 가능해요. 하지만 -er이 붙은 사람 명사라는 점이 문제입니다. 사람은 생산의 대상이 될 수 없으니까요.

(D) 명사로만 구성된 보기라면, 수의 일치를 확인하는 것이 우선입니다. 그런 다음에는 사람과 사물의 관점을 적용하고요. 그래도 답이 나오지 않으면, 동사와 연결해서 논리성을 확인하는 것이 대응하는 순서입니다. 정확하지 않으면, 빨리 풀어도 소용이 없으니까, 차분하게 한 단계씩 적용해 나가세요.

Tip 'a variety of (다양한), a wide range of (광범한), a number of (많은), an assortment of (각양각색의)'와 같은 표현들은 사실 한정사로 분류되지는 않아요. 하지만 의미상 복수 명사와 어울리는 표현이라는 점에서 함께 익혀두는 게 좋거든요. various, numerous같은 형용사도 역시 같은 맥락에서 복수 명사와 함께 쓰여요.

[해석] 그 공단의 공장들은 자동차, 섬유, 컴퓨터를 비롯해 매우 다양한 제품들을 생산하고 있다.

31. *Thousands of* ------------ are to **be implemented** as a result of the free trade agreement between the two countries.

(A) projection
(B) projects
(C) projectors
(D) project

(A) projection이 셀 수 있는 명사인지 고민하기 보다는, 숫자가 붙는 명사들은 모두 셀 수 있다는 점을 생각하세요. 숫자라는 것이 바로 개체를 세기 위해 발명한 도구라는 점을 감안하면 당연한 일이 아닐까요?
(C) 복수 명사로 표현한 것은 앞의 복수 표현과 어울려요. 그런데 -or이 붙으면 '사람'이라고 생각하는 데, '행위자'로 이해하는 것이 정확합니다. projector는 "영사기"인데, 이는 "실행하다"라는 동작의 목적어로는 적절하지 않아요. implement는 주로 'change, decision, policy, reform'과 같은 대상에게 어울리는 동작이거든요.
(D) thousands of이라는 복수 표현과 단수 명사는 어울리지 않아요.

(B) 'hundreds of (수 백의)'이나 'thousands of(수 천의)'처럼 특정한 수를 지칭하지 않는 경우도 역시 2보다 큰 수를 의미하는 것은 동일해요. 그래서 of의 뒤에 오는 명사는 반드시 복수형이 돼야 합니다.

Tip 수의 관점이 드러나는 단어들이 그리 많지는 않아요. 복수란 개체가 두 개 이상인 경우를 의미해요. 따라서 구체적이건, 막연하건 2보다 큰 숫자가 있는 경우에 그 명사는 반드시 복수형을 써야 합니다.

[해석] 두 나라가 체결한 자유 무역 협정의 결과로 수 천 개의 사업들이 실행될 예정이다.

9. There must be ------------ ***disagreement*** as to the great influence of telecommunications technology on labor.

(A) few
(B) a few
(C) several
(D) little

(A) 흔히 a few는 "약간 있다"이고, few는 "거의 없다"라고 가르쳐요. 그러다 보니 "거의 없다"라는 의미니까 단수라고 오해하는 경우도 있어요. a few와 few는 단지 적은 수에 대해 긍정적/부정적이라는 어감의 차이일 뿐, 수의 크기로는 차이가 없어요. 그래서 few의 뒤에도 항상 복수 명사가 와야 해요.

(B) a few라는 복수 개념의 표현과 disagreement라는 단수형인 명사가 서로 어울리지 않잖아요! '수의 일치'가 적용되는, 즉 수의 흐름이 느껴지는 두 번째 경우가 바로 이런 한정사와 명사가 연결되는 경우입니다.

(C) several은 크지 않은 불특정한 수를 의미해요. 근데 2보다는 크거든요. 그래서 다음에는 항상 복수 명사가 연결됩니다. 물론 다음에 복수 명사가 오지 않으면, several이 명사라는 것으로 이해하면 되고요. 물론 그 때에도 복수라는 속성은 변하지 않아요!

(D) disagreement는 일반적으로 셀 수 없는 명사입니다. 그런데 사실 셀 수 없는 명사를 모두 알고 있을 수는 없잖아요? 교재에서 언급하지 않은 단어라 하더라도, 일단 제시된 형태를 주목하세요. 결국 disagreement에는 -s가 없으니까, 단수형이거든요. 그럼 앞에 연결되는 한정사도 단수 개념이 와야 옳지 않겠어요? little은 few와 의미는 같아요. 다만 셀 수 없는 명사에 적용된다는 점이 다를 뿐이거든요.

Tip 문법은 두 단어의 관계라는 점을 항상 기억하세요. 5, 16, 27, 31번의 문제는 빈 칸의 앞에 수의 표현이 있고, 연결될 수 있는 표현을 찾으라는 문제였어요. 이번에는 보기에 수가 구별되는 한정사가 있어요. 그렇다면 이번에는 빈 칸의 뒤에 있는 명사가 단서가 되지 않겠어요? 빈 칸은 움직이는 겁니다!

[해석] 통신 기술이 노동에 미친 큰 영향에 대해서는 분명 이견의 여지가 거의 없다.

---

32. For the last six months Cathy Carpenter has applied for ------------ ***companies***, including accounting companies, publishers and advertising agencies.

(A) a little
(B) a lot
(C) plenty
(D) many

(A) little, a little, only a little, quite a little은 모두 셀 수 없는 명사를 대상으로 한 표현들입니다.

(B) 앞에 관사가 있는 것으로 알 수 있듯이 lot은 명사입니다. 그러면 다음에 있는 명사와 곧바로 연결될 수가 없죠. a lot of은 셀 수 없는 명사와 복수 명사에 모두 적용할 수 있어요.

(C) plenty는 "많음"이라는 뜻인데, 명사거든요. 그래서 곧바로 명사와 연결될 수 없고, 반드시 of이 있어야 해요. 이 표현도 역시 셀 수 없는 명사와 복수 명사와 모두 어울려요.

(D) 빈 칸의 뒤에 복수 명사가 왔으니까, 그를 설명하는 형용사도 역시 복수의 의미를 담고 있는 표현이 되어야겠죠. many의 뒤에는 절대적으로 복수 명사입니다!

Tip 보기가 모두 한정사라는 점이 결정적인 단서입니다. 한정사들은 대부분 서로 구별해야 하는 표현들을 물어보거든요. 그러니까 보기를 보면 출제자의 의도를 한 눈에 파악할 수 있어요. 그리고 한 번만 잘 익혀두면, 잊어버릴 일도 없고요!

[해석] 지난 6개월 동안 Cathy Carpenter는 회계 사무소, 출판사, 그리고 광고 대행사를 비롯해 많은 회사에 지원했다.

28. We have been open for less than a year, but we are already celebrating our **two** ------------ *sale*.

(A) million
(B) millions
(C) millionth
(D) millionaires

(A) one, two, ten 등은 '기수사'라고 하는데, '개수'를 나타내는 것이 목적인 표현들입니다. 즉 단수와 복수가 구별되는 표현들입니다. 따라서 two million 이라고 하면 복수의 의미가 되니까, 뒤에 오는 명사도 당연히 sales라고 해야 해요.

(B) sale이라는 명사의 앞에 또 명사가 온다면, 그 명사는 형용사의 역할입니다. 그러면 복수형으로 쓸 수는 없어요.

(D) 역시 형용사의 자리에 있기 때문에 복수형어미 -s를 붙이는 것은 적절하지 않아요.

(C) first, second, third, 그리고 -th가 붙는 숫자들은 '서수사'라고 해요. 서수사는 '순서'를 나타내는 용도의 표현이기 때문에 단수나 복수는 아무 상관이 없어요. 그리고 순서라는 특정한 의미를 포함하기 때문에 the와 어울리는 것이 기본이고요.

Tip 서수사와 기수사의 차이를 놓치고 two만 보고 서두르면 틀리기 쉬운 문제입니다. 빈 칸의 밖에 있는 표현들은 문법적으로, 논리적으로 타당한 것들이니까 항상 그 표현을 기준으로 판단해야 합니다.

[해석] 개업한지 일년이 채 되지 않았지만, 저희는 벌써 2백만 번째 매출을 기록했습니다.

---

12. ------------ *was* found about how the malware broke through the firewall of our systems.

(A) A few
(B) Many
(C) Little
(D) Each

(A) 빈칸 뒤에 명사가 없으니까 a few가 주어로 쓰인 명사입니다. 품사가 달라져도 a few는 복수 표현이니까 was라는 단수와 함께 쓸 수는 없어요.

(B) many도 항상 복수의 의미입니다. 동사의 바로 앞에 왔으니까, 명사의 역할입니다. 하지만 품사의 변화와 many가 갖는 복수 개념은 전혀 상관이 없기 때문에 was와 연결될 수 없어요.

(D) each는 항상 단수 개념이니까, was라는 단수 동사와 어울리기는 해요. 그런데 each는 어떤 집단을 제시하고, 그 집단을 구성하는 개별적인 대상들에게 초점을 맞춘 표현입니다. 따라서 구조상으로는 가능해요.
하지만 지금은 그 전체 집단에 대한 정보가 each의 앞에 전혀 제시되지 않기 때문에 논리적으로 이해할 수 없어요.

(C) little은 형용사일 때, 명사일 때나 여전히 셀 수 없는 의미, 즉 단수를 의미합니다.

Tip 보기가 모두 한정사이고, 빈 칸의 뒤에 곧바로 동사가 나왔어요. 그렇다면 주어의 자리라는 점에서 명사로 쓰인 경우를 물어보는 것으로 이해하세요. 이런 경우를 정확하게는 부정 대명사라는 식의 용어를 붙여야겠지만, 품사가 변해도 기본 개념과 그에 따른 수의 성격은 변하지 않는다는 점에서 한정사를 이해하던 관점으로 접근해도 상관은 없어요.

[해석] 그 악성 코드가 우리 시스템의 방화벽을 어떻게 뚫었는지에 대해서는 밝혀진 것이 거의 없다.

3. ---------- ***of the workers*** in the Middletown factory ***are*** concerned that the company's plan to relocate its manufacture facilities to Vietnam means they will soon lose their jobs.

(A) Each
(B) Many
(C) Much
(D) Little

(A) each는 "각각"이라는 개체성을 강조한 표현이기 때문에 반드시 셀 수 있는 명사에만 적용할 수 있어요. 그래서 of 뒤는 그 개체들의 집합이라는 맥락에서 복수 명사가 나오는 되는다. 그런데 주어는 each이기 때문에, 동사는 단수가 돼야 수의 일치가 이루어져요.

(C) 무작정 해석하지 말고, of의 의미라는 관점에서 접근해보세요. 즉 of 뒤에 오는 명사는 전체이고, 앞의 부분 표현과 동일한 요소로 구성되잖아요.
그래서 부분인 much가 셀 수 없는 명사라면, of 뒤에 오는 전체도 역시 셀 수 없는 명사가 되어야 하잖아요! 하지만 workers라는 복수 명사잖아요!

(D) little의 뒤에도 당연히 of이 올 수 있어요. 하지만 little도 셀 수 없는 의미이기 때문에 workers와 함께 쓸 수는 없는 것이죠.

(B) many를 명사로 활용할 때는 지금처럼 of the의 뒤에 복수 명사가 연결됩니다. 그리고 주어로 쓰인 경우라면 당연히 many가 주어가 되니까, 동사도 복수형이 되어야 하고요!

Tip 역시 한정사로만 보기가 구성됐어요. 그 중에서도 many와 much라는 상반된 용법의 표현이 있는 것에서 출제자의 의도를 파악하려고 시도하세요. 때로는 출제자의 의도를 읽어낼 수 있는지를 검토해보는 것도 좋은 훈련이 되거든요.
빈 칸의 다음에 of이 있으니까, 명사로 쓰인 경우를 물어보는 것입니다. 형용사보다 명사로 쓰인 경우가 좀 더 생소할 수 있지만, 의미는 변함이 없다는 점을 바탕에 깔고 적용해 보세요.

[해석] Middletown 공장의 노동자들 가운데 많은 수가 생산 설비를 베트남으로 이전하겠다는 회사의 계획이 곧 자신들이 실직할 것이라는 의미라는 점을 걱정하고 있다.

24. ***One*** of the requirements for salespeople ---------- ***to*** like interacting with people.

(A) are
(B) have
(C) does
(D) is

(A) one이 주어의 자리에 왔어요. 그럼 명사로 쓰인 것이겠고, 단수라는 타고난 성질은 여전하겠죠? 그래서 are라는 복수와는 어울리지 않아요.

(B) 주어는 one, 동사는 have! 참 어울리지 않는 한 쌍입니다.

(C) one과 does는 단수로 일치됩니다. 그런데 does가 동사로 쓰이면 뒤에는 명사가 와야 합니다. 그리고 부정문이나 의문문이라면 조동사 용법이니까, 동사의 원형이 연결되어야 하고요. 이 두 가지 경우가 아니면 대동사 용법인데, 그럴 때는 앞 문장의 동사가 반복되는 경우에 간결하게 줄인 것이거든요. 그런데 앞에 제시된 동사가 없어요. do는 이 세 가지 경우를 적용해서, 어느 하나의 경우가 아니면 쓰이는 경우가 없어요.

(D) is라는 동사의 보어로 to 부정사가 제시된 문장입니다. 빈 칸이 나올 수 있는 자리를 확실하게 파악하세요. 한정사의 자리, 뒤의 명사 혹은 of 뒤의 the와 명사, 그리고 동사의 수, 이 세 가지에 일관된 개념이 연결되도록 표현해야 옳은 문장이 됩니다.

Tip 보기에 모두 동사가 제시됐어요. 그렇다면 동사의 왼쪽에서 주어를 확인해서 are, have라는 복수 동사와 does, is라는 단수 동사 중에서 올바른 수를 결정해야죠. 어느 쪽이건 두 개의 보기가 남아요. 이렇게 한 번에 정답이 결정되지 않는 경우에, 또 하나의 단서는 반드시 처음 단서와 반대쪽에 있어요. 그러니까 이 문제의 경우에는 빈 칸의 오른쪽에서 둘 중 하나를 구별하는 근거를 찾으면 되는 것이죠.

[해석] 영업사원들이 지녀야 할 요건 중 하나는 사람들과 교류하기를 좋아하는 것이다.

35. *Of the 150 employees* that participated in the new training workshop, about **83 percent** ----------- **their productivity** and efficiency.

(A) have improved
(B) are improved
(C) improves
(D) has improved

(B) are -ed는 수동태입니다. 즉 뒤에 목적어인 명사가 없다는 표시인데, their가 있어요. 소유격의 뒤에는 반드시 명사가 있기 때문에 수동의 동사형과는 어울리지 않아요.

(C) 주어는 83 percent입니다. 하지만 percent (%)는 규모에 관한 표현이기 때문에 수의 개념에 얽매이지 않아요! 지금은 of 뒤에 employees라는 복수 명사가 있기 때문에 단수를 뜻하는 improves의 -s와 충돌이 발생합니다!

(D) 역시 employees라는 전체를 통해 percent의 수적 개념이 결정되기 때문에 has라는 단수 동사는 어울리지 않아요.

(A) 부분을 나타내는 표현이 먼저 나오고, 전체를 보여주는 of은 뒤에 나오는 것이 일반적인 어순입니다. 그런데 이 문제처럼 간혹 of 부분이 길어지는 경우에는 문장의 앞 부분에 나오는 경우가 있어요. 서로의 관계를 놓치지 않도록 표현을 익혀두세요.

Tip 부분 표현의 수를 이해하는 문제입니다. 부분 표현 중에서 many, few, several은 복수, much, little은 단수라는 수의 의미가 구별됩니다. 하지만 percent, the rest (나머지), 분수 등은 수가 구별되지 않아요. 이런 경우에는 부분과 전체의 속성이 동일하다는 점을 이용해서, of 뒤에 있는 전체 표현을 통해 간접적으로 수를 판단하는 것이죠.

[해석] 새로운 훈련 워크숍에 참가했던 150명의 노동자 중에서 대략 83퍼센트는 생산성과 효율이 개선되었다.

6. It is suspected that **most of** the loaned *money* ----------- **developing** a new automated technology.

(A) were spent
(B) had spent
(C) was spending
(D) was spent

(A) 전체인 money가 단수이므로 부분인 most의 수도 단수라고 간접적으로 판단할 수 있어요. 그러면 were라는 복수 동사로는 수의 일치가 성립되지 않지요.

(B) had spent는 능동인데, spend는 -ing를 목적어로 하지 않아요. spend의 뒤에 -ing가 오는 경우는 'spend money ~ing'가 수동태로 쓰여서 money가 앞으로 이동한 경우가 아니면 불가능해요.

(C) was -ing도 역시 능동을 나타내는 동사 표현입니다. 능동/수동에 대한 진도가 끝났으니 이제는 기억하고 활용하는 단계입니다.

(D) 주어는 분명 most이지만, 역시 수가 구별되지 않는 표현이기 때문에, of의 뒤에 있는 명사가 판단의 근거가 됩니다. 그리고 'spend money ~ing'를 정확하게 이해하지 않고, 'spend -ing'라는 식으로 편하게 암기하면 정답을 찾기 힘들어요.

Tip 보기에 제시된 동사들이 단수/복수라는 차이가 있는 것에 주목하세요. 그럼 주어를 확인해서 일단 수에 대한 판단을 하세요. 그리고 단수와 복수로 모든 보기를 구성하기는 힘들어요. 수동인 보기도 있다는 점을 놓치지 말고 확인하세요.

[해석] 차입금의 대부분은 새로운 자동화 기술을 개발하는 데 투자된 것으로 추측되고 있다.

17. ***A number of* problems** relating to the safety of the press machine ------------ come to the attention of the management **recently**.

(A) has
(B) have
(C) do
(D) are

(A) 'a number of'은 막연히 "많은"이라는 의미를 나타내고, 구조상으로는 전체가 형용사의 역할을 해요. 그래서 주어는 of 뒤에 있는 복수 명사가 되는 것이죠. 그러니 has라는 단수는 적절하지 않죠!
(C) 긍정문이고, 다음에 come이라는 동사가 있는데 do가 있어요. 이런 경우는 오직 do가 강조의 용법으로 쓰일 때 뿐입니다. 물론 이 강조 표현을 쓰지 않을 수도 있어요. 하지만 썼다고 틀렸다고 할 수도 없어요.
　다만 맨 뒤에 있는 recently라는 시간 부사는 과거나 현재 완료와 어울린다는 점에서 현재 시제인 do가 적절하지 않은 것이죠.
(D) come은 자동사이기 때문에 수동형으로는 쓸 수 없어요.

(B) a number of이 제시되었을 때 일차적으로 주목할 것은 of 뒤에 오는 명사가 복수형이라는 점과, 그 명사가 주어이므로 동사도 복수 동사라는 점입니다. 역시 영혼 없이 암기하는데 자신의 능력을 낭비하지 말고, 표현의 초점이 어디에 있는 지를 정확하게 이해하겠다고 생각하세요.

Tip 역시 동사의 의미가 서로 다른 것에 주목하고, 그 차이를 판단할 수 있는 근거를 찾는 겁니다. 예전에 공부했던 '동사냐 → 태 → 수 → 시제'라는 "동사의 4대 정신"을 순서대로 적용하세요! 항상 동사의 의미에 일차적으로 초점을 맞추세요!

[해석] 경영진은 최근에야 그 프레스 기계의 안전과 관련된 많은 문제들에 관심을 보였다.

8. It is estimated that ------------ of **customers** who bought from our outlet stores last year **increased** *to about 250,000*.

(A) a number
(B) the number
(C) an amount
(D) the amount

(A) a number of에서 표현의 초점은 customers가 됩니다. 그리고 연결되는 동사는 increased가 되는 데, "수"가 증가할 수는 있어도 "사람"이 증가할 수는 없어요. "고객이 증가했다"라고 해석하면 의미가 통한다고 오해할 수도 있으니 조심하세요. 그리고 a number of은 특정하지 않은 수를 의미하기 때문에 뒤에 구체적인 수가 제시될 수도 없어요!
(C) amount는 "양"이라는 뜻인데, 이는 number와 달리 셀 수 없다는 개념이거든요. 그래서 of의 뒤에는 셀 수 없는 명사, 즉 -s가 없는 명사가 와야 합니다.
(D) an amount라는 단수의 의미와 customers라는 복수가 연결될 수 없어요.

(B) a number of과 the number of을 구별하는 기준이 반드시 동사의 단수/복수에만 있는 것은 아닙니다. 공식처럼 암기하다 보면 이 문제처럼 과거 동사가 제시되는 경우에는 대응하기 힘들어요. 그래서 이 두 가지 표현의 초점이 각기 어느 단어에 있는 지를 이해하고 있어야 해요.

Tip 보기를 보면 number와 amount가 보여주는 수의 차이, 그리고 a와 the가 결합함으로써 의미가 어떻게 달라지는 지를 물어보겠다는 의도를 금방 눈치챌 수 있을 겁니다. 그리고 빈 칸에 들어갈 표현은 당연히 빈 칸이 아닌 곳에서 근거를 찾아야 하는 것이고요!

[해석] 작년에 우리의 아울렛 매장에서 물건을 구매한 고객의 수가 증가해서 약 25만 명에 달했다.

19. Department heads of Siscom Systems were asked to allow ----------- new *requests* for overtime on an emergency basis.

(A) every
(B) either
(C) each
(D) all

(A) every는 의미상으로는 "모두"이기 때문에 all처럼 복수라고 생각하기 쉬워요. 하지만 every는 each처럼 개별성을 강조한 표현이기 때문에 항상 단수 명사와 연결해요.

(B) either는 "둘 중 하나"라는 의미입니다. 당연히 다음에는 단수 명사가 연결됩니다.

(C) each가 형용사로 쓰일 때, 즉 뒤에 곧바로 명사가 오는 경우에 그 명사는 반드시 단수입니다. each는 어떤 집단을 구성하는 개체 하나하나에 초점을 맞춘 표현이거든요. 참고로 이때 이 집단은 셋 이상의 개체로 이루어집니다!

(D) 보통 all의 뒤에 복수 명사가 나오는 경우를 물어보는 문제가 많기 때문에 all을 무조건 복수라고 강요하는 경우도 있어요. 물론 all의 뒤에 셀 수 있는 명사가 오는 경우에는 당연히 복수입니다. 하지만 all은 셀 수 없는 명사에도 적용될 수 있으니까 선입견을 갖지 않도록 하세요.

Tip 일반적으로 한정사와 명사가 보기에 함께 등장하지는 않아요. 둘 사이에 구별할 점검이 없거든요. 그래서 보기가 한정사로 채워진 경우에는 우선 단수와 복수의 구별이라는 기준을 먼저 적용하고, 서로 대칭적으로 쓰이는 한정사의 용법을 확인하는 2단계 과정을 거치면 쉽게 정답을 찾을 수 있어요.

[해석] Siscom Systems의 부서장들은 모든 야근 요청들을 급한 일인지를 기준으로 허가해달라는 부탁을 받았다.

10. All *of the equipment* Goldline Film Studio introduced last month ----------- *by the fire* of an unknown cause.

(A) has destroyed
(B) was destroyed
(C) were destroyed
(D) have destroyed

(A) 동사가 단수인 것은 적절하지만, 빈칸의 뒤에는 목적어에 해당하는 명사가 없기 때문에 능동일 수는 없어요.

(C) 수동인 것은 맞지만, 주어인 all의 수는 전체인 equipment를 통해 간접적으로 판단되거든요. 그래서 복수인 were와는 어울리지 않아요!

(D) 수도, 태도 적절하지 않네요. 여러 가지로 잘못되었기 때문에 오답으로 금방 제거할 수 있을 거예요. 하지만 이런 보기가 오히려 종합적으로 훈련할 수 있는 소중한 자료입니다.

(B) all이 명사로 쓰인 경우에는 of의 뒤에 오는 명사를 보고 판단해야 합니다. all은 무조건 복수라는 식으로 암기하면 곤란한 상황이 발생할 수도 있어요. all은 단수와 복수에 모두 적용될 수 있기 때문에 단정적으로 생각하지 말고, 근거를 찾아서 확인하면 실수할 일이 없어요.

Tip 보기에 제시된 동사들에는 단수와 복수, 그리고 능동과 수동이라는 두 가지 차이점이 있다는 점을 파악하고, 각각에 대한 근거를 찾으세요.

[해석] Goldline Film Studio에서 지난 달에 도입한 모든 장비가 원인이 밝혀지지 않은 화재로 파괴되었다.

1. ----------- shipping **documents** have to be made in duplicate.

(A) All of
(B) All of the
(C) Every
(D) The whole

(A) of이 없다면 가능하겠죠! 즉 뒤에 of을 연결하는 것은 전체에 대한 정보를 주겠다는 의도이니, 그 의도를 상대가 받아들일 수 있도록 반드시 the나 소유격을 붙여줘야 해요.
(C) every는 항상 단수의 의미이기 때문에 documents라는 복수 명사와는 어울리지 않아요.
(D) 셀 수 있는 명사의 단수형에게 적용해서 "모두, 전부"라는 의미를 표현하는 단어가 바로 the whole, the entire입니다. 정관사까지 함께 기억해 두고, 뒤에 나오는 명사는 단수형이라는 점에 주목하세요.

[해석] 배송 서류는 모두 2부로 작성해야 한다.

(B) 방금 본 10번과 문법적으로 동일한 구조이지만, 빈 칸의 위치가 다르다는 점을 확인하세요. 그리고 10번과 달리 of 뒤의 명사가 복수입니다. 이런 경우에 all은 복수로 이해해야 마땅하겠죠? 그래서 동사가 복수형인 have인 것이죠.

Tip 보기에 all과 every가 제시된 이유를 생각해보세요. 둘 다 우리말로 "모두"라고 하면 구별하지 않겠다고 결심하고 공부하는 것이나 다름없어요.
문제로 제시된다는 말은 분명 구별되는 부분이 있다는 말이잖아요? 그럼 그 차이점에 주목하면 별 문제가 없어요. 차이점은 혼동을 해소시키지만, 비슷함은 혼동을 유발해요. 그런데 이 둘이 같은 의미라고 이해하면 차이를 보는 태도가 아니잖아요! 문법 시험은 바로 이런 표현들을 구별해서 적절하게 사용하는 훈련을 하는 과정인 겁니다.

---

29. The weather forecaster says that it will rain ----------- **day** on Friday.

(A) each
(B) every
(C) all
(D) both

(A) each day와 every day는 모두 "매일"이라는 뜻입니다. 그러면 특정한 날이 아니라, 반복적인 시점을 나타내거든요. 하지만 빈 칸 뒤에 있는 on Friday는 고정된 하루의 시점을 나타내기 때문에 서로 의미가 충돌되고 말아요. 매일 비가 올 수는 없지 않느냐는 상식을 물어보는 문제가 절대 아닙니다.
(B) every day라는 표현이 익숙하기 때문에 정답으로 고르기 쉬워요. 명심하세요! 시험이란 여러분이 익숙한 지를 측정하는 것이 아니라, 정확한 표현을 알고 있는 지를 물어보는 겁니다. 여러분이 자주 봤다고 정답이 되는 경우는 없어요. 익숙한 표현이라도, 제시된 문장에서 타당해야 하거든요.
(D) both는 "둘 다"라는 뜻이기 때문에 항상 복수입니다. both의 뒤에 곧바로 단수 명사가 연결되는 경우는 없어요!

(C) all은 개체의 전체를 나타내는 "모두"라는 의미이기에 셀 수 있는 명사의 복수형과 어울려요. 시간이나 거리를 나타내는 단수 명사에 적용되는 경우는 있어요. 이러면 '시간이나 거리의 전체' 즉 "내내, 줄곧"이라는 의미가 되기 때문이죠. 그래서 all day는 "하루 종일"이라는 의미입니다. 이 표현은 'all the day, all day long'이라고 표현하기도 해요. 물론 day 대신 의미에 따라, night, week, year로 대신할 수도 있고요.

Tip 빈 칸의 뒤에 있는 day와 적절한 관계가 형성되는 한정사를 보기에서 연결하라는 의도인 문제입니다.

[해석] 일기 예보에 따르면 금요일에는 하루 종일 비가 올 것이라고 한다.

23. Computer security experts recommend that we update our anti-virus software ---------- ***three weeks*** to protect our system from computer viruses.

(A) every
(B) each
(C) all
(D) some

(B) each는 every와 비슷하게 개별성을 강조한 표현이고, 단수라는 점도 동일합니다. 하지만 each의 뒤에는 어떤 경우에도 복수 명사가 곧바로 연결되는 경우는 없어요!

(C) all의 뒤에 weeks라는 복수형이 연결되면 "3주 내내"라는 의미가 되니까 지속 혹은 반복적인 의미가 되거든요. 그런데 그 부사어구가 수식하는 동사는 update니까, "3주 내내 업데이트를 하다"는 말이 되거든요. 그러면 "3주 내내" 라는 '기간'에 대한 정보만 있을 뿐, '빈도'에 대한 언급이 없어서 논리적으로 이해되지 않아요.

(D) some이 연결되면 "대략 3주"라는 명사가 되거든요. 그런데 명사는 문장에서 주어나 목적어로 쓰여야 하는데 지금은 어떤 경우에도 해당되지 않아요.

[해석] 컴퓨터 보안 전문가들은 3주마다 백신 프로그램을 업데이트해서 컴퓨터 바이러스로부터 시스템을 보호하라고 권고한다.

(A) every의 뒤에 오는 명사는 반드시 단수형입니다. 그런데 every의 뒤에 복수 명사가 연결되는 경우가 딱 한 가지 있어요, 바로 숫자가 함께 제시되는 경우인데요. 이럴 때는 뒤의 복수를 하나의 단위로 간주해서 "~마다"라는 의미를 나타냅니다. 예를 들어 "7일"이 "1주일"이잖아요? 그래서 "every week"라고도 하지만, "every seven days"라고도 하는 것이죠. 또 "every ten years"는 "every decade"라고도 할 수 있는 것이고요. 이 복수 명사는 의미상으로는 단수이기 때문에 every의 단수 개념에서 벗어난 것은 아녜요. 하지만 어쨌든 every가 복수 명사와 함께 쓰이는 유일한 경우라는 점에서 참고하세요!

Tip 보기를 보고 all, each, every라는 비슷한 한정사의 용법을 물어보는 문제라는 점은 금방 감작할 수 있을 거예요. 빈 칸의 뒤에 있는 복수 명사가 힌트이면서, 함정이 될 수도 있는 문제입니다.

---

14. ---------- ***of the files*** downloaded from the Internet ***has*** to be checked to see if it contains any malware.

(A) Each
(B) Every
(C) Much
(D) All

(B) every와 all의 의미가 비슷하다고, 표현 방식도 같은 것은 아닙니다. every 다음에 명사가 없이 of이 오는 경우는 절대로 없어요!

(C) much of의 뒤에 오는 명사는 much와 동일한 속성을 가진 명사니까, 셀 수 없는 명사가 되어야죠. 그리고 셀 수 없다면, 복수형이란 근본적으로 불가능한 것이고요!

(D) of의 뒤에 files라는 복수 명사가 있으니까, all은 복수로 이해해야 합니다. 그런데 뒤에 동사가 has라는 단수형이라 함께 하기 힘들겠죠.

[해석] 인터넷에서 내려 받은 파일들은 각각 점검해서 악성 프로그램이 담겨있는지를 확인해야 한다.

(A) each는 "각각"이라는 의미로, 어떤 집단을 구성하는 요소들의 개별성에 초점을 맞춘 표현입니다. 따라서 each는 항상 셀 수 있는 명사에만 적용될 수 있어요. 그리고 each의 뒤에 of이 연결되는 경우라면, 전체에 해당하는 그 명사는 개별적인 개체의 집합이라는 점에서 복수 명사가 됩니다. 그리고 주어는 each기 때문에 동사는 단수가 되어야 수의 흐름이 일관되겠죠! 간혹 "복수 명사지만 동사는 단수다"라고 말하는 경우도 있는데, 주어는 복수 명사가 아니라 each일 뿐이잖아요!

Tip 보기를 보고 each, all, every가 서로에게 변별력을 유지할 수 있는 차이점을 떠올리고, 빈 칸이 아닌 곳에 있는 연결 고리를 적극적으로 찾으세요.

한정사

25. The customs officials checked a carry-on from *each* ------------ boarding the plane.

(A) of the passenger
(B) of the passengers
(C) of passengers
(D) passenger**s**

(A) 부분과 전체라는 관계를 고려하지 않더라도, -er이 붙은, 셀 수 있는 명사를 관사도 없이, -s도 없이! 대체 왜 이러는 걸까요?

(C) of만 쓰면 뭘 하겠습니까? 기계적으로 암기할 것이 아니라, 내가 왜 of을 쓰는지 어떤 의미를 전달하고 싶은 것인지를 생각하면 the를 훨씬 더 자연스럽게 연결할 수 있을 거예요.

(D) each의 뒤에 곧바로 명사가 연결되는 경우, 즉 each가 형용사인 경우는 단수의 개념이 그대로 전달되기 때문에 반드시 단수 명사가 와야 해요! 복수 명사가 연결될 수는 없어요.

(B) each를 부사로 쓰는 경우도 있지만, 주로 형용사와 명사로 사용해요. each를 활용하는 각각의 구조와 each가 갖는 단수라는 수의 개념이 어떤 단어들에 드러나는지 익혀두세요. 그리고 그 프레임을 each에만 적용되는 것이 아니라, 한정사의 기본 패턴으로 확장시켜서 적용하고요.

Tip 14번과 연결해서 생각하세요. 두 문제를 나란히 놓고, 동일한 관점의 문제라는 점을 인정하는 것부터 시작하는 겁니다. 그래야 여러 가지 유형으로 출제되는 문제들을 통일된 관점으로 묶어서 이해할 수 있어요. 어구가 연결되는 관계로 이해하면, 빈 칸이 어느 쪽으로 제시되건 상관이 없어요. 반대쪽에서 힌트를 찾으면 되거든요.

[해석] 세관 직원은 비행기에 탑승하는 승객들 각자로부터 기내 반입용 가방을 확인했다.

---

34. ------------ *visitor* is required to wear the visitor's pass when entering the facility.

(A) All
(B) Every of the
(C) All of
(D) Every

(A) -or이 붙었으니까, 행위자를 나타내는 명사, 즉 셀 수 있는 명사입니다. 그런데 all의 뒤에 오는 셀 수 있는 명사는 복수형입니다. all day같은 경우만 제외하고요!

(B) every는 반드시 형용사로만 쓰이기 때문에, 뒤에 명사가 없이 외롭게 남겨두는 일은 절대로 없어야 합니다.

(C) 이제는 이해할 만큼 했으니까, 몸으로 기억해두세요. 즉 all of의 뒤에는 the를 붙여서 한 묶음으로 기억해두는 겁니다. 결국 그런 표현이 내 입에서, 내 손에서 나오면 되는 것이 아니겠어요? 그것이 곧 활용하는 문법이거든요.

(D) every의 뒤에는 반드시 단수 명사입니다. 물론 이런 경우에도 숫자가 연결되는 경우라면 형태상 복수형이 되겠죠.

Tip 한정사 문제의 큰 흐름 두 가지는 바로 단수/복수가 드러나는 표현들을 구별하는 것, 그리고 혼동하기 쉬운 표현들의 쓰임새를 구별하라는 것입니다. every의 문법 조항을 암기하려고 하지 말고, every day 라는 익숙한 표현을 기억하세요! 그리고 직접 설명하세요. "every의 뒤에는 단수 명사가 나온다"라고 말이죠! 그럼 그게 문법이고, 실천이거든요!

[해석] 시설에 출입할 때, 방문객들은 누구나 방문객용 출입증을 패용해야만 합니다.

7. ---------- ***members*** of our society are expected to attend the monthly meeting next weekend.

(A) Every
(B) Almost
(C) Each
(D) Most

(A) 단수 개념인 every와 복수형인 members가 서로 어울릴 수 있는 방법은 전혀 없어요.
(B) almost는 부사로만 쓰이기 때문에 명사의 앞에 바로 올 수는 없어요. 거긴 형용사가 올 자리잖아요!
(C) each의 뒤에 오는 명사는 반드시 단수형입니다!

(D) most도 역시 바로 뒤에 명사를 동반해서 형용사로도, 뒤에 of the를 연결해서 대명사로도 자주 쓰입니다. 한정사의 기본 표현 구조를 벗어나지 않으니까 동일한 흐름 속에서 익혀두세요.

Tip most와 almost는 사실 철자가 비슷할 뿐, 품사나 의미는 전혀 달라요! 역시 비슷하다는 것이 아니라, 어떻게 다를까라는 차이, 즉 구별하는 방법을 익혀둬야 문제를 풀 때도, 실제로 활용할 때도 자신 있게 표현할 수 있다는 점을 항상 마음에 담아 두세요.

[해석] 우리 동호회의 회원들 대부분이 다음 주말에 있을 월례 모임에 참석할 것으로 예상된다.

---

18. For the last three decades our company has faced a lot of important choices, and in ---------- ***every*** case we have never compromised our principles.

(A) most
(B) all of
(C) each
(D) almost

(A) most는 all보다 작은 범위의 '부분'을 나타내는 표현입니다. 모두 '부분'을 나타낸다는 점에서 most와 all을 동시에 쓸 수는 없어요.
그런데 every는 "빠짐 없이 모두"라는 all보다 더 강한 의미를 갖기 때문에 most와 every를 동시에 나열할 수는 없어요.
(B) all과 every가 하나의 명사에 동시에 적용되는 것도 어색하지만, case가 셀 수 있는 명사이기 때문에 of의 뒤에 오려면 복수형이 돼야 all과 어울릴 수 있어요.
(C) each와 every를 그냥 나열하는 표현은 없어요. 단 'each and every'라고 표현하는 경우는 있어요. 참고로 이 표현은 and가 있다는 점에서 복수로 오해하는 경우가 많은데, every를 강조하는 표현이기 때문에 단수로 인정해요. 당연히 뒤에 오는 명사나 동사는 모두 단수이고요!

(D) almost는 "거의"라는 뜻이기 때문에 '부분'을 나타내는 all, half 등과도 어울리고, 특정한 숫자와도 함께 쓸 수 있어요.

Tip 한정사의 보기를 보면, 대립적인 관계를 빨리 설정하는 것이 중요해요. 즉 all과 each, 그리고 almost와 most는 서로 용법을 구별해야 하는 관계라는 점에서 접근하자는 말입니다. almost의 용법을 이해한다는 말은 곧 most와 혼동하지 않고 구별해 사용할 수 있다는 말이거든요.

[해석] 지난 30년 동안 우리 회사는 많은 중요한 결정을 맞이했습니다. 그리고 거의 모든 경우에 우리는 원칙을 절대 타협하지 않았습니다.

20. Carly Simon's Interior Design promised to restore the historic theater ***without*** replacing ------------ seat.
(A) most
(B) some
(C) any
(D) all

(A) most는 수의 구별이 없기 때문에 뒤에 연결되는 명사는 셀 수 있을 수도, 셀 수 없을 수도 있어요. of으로 한정하는 경우에는 셀 수 있는 명사의 단수형도 가능하지만, 형용사로 쓰인 most의 바로 뒤에 연결하지는 않아요. 만일 seats라는 복수형이었다면 가능하겠죠.

(B) some은 부정문에는 쓰지 않아요. 앞에 without이라는 부정어가 있다는 점을 놓치지 마세요. 그래서 without에 동명사가 연결되는 경우에는 "~하지 않고"라는 부정어의 의미로 해석하면 이해하기 훨씬 더 쉬울 겁니다.

(D) seat는 셀 수 있는 명사이기 때문에, all 뒤에 단수형으로 연결될 수는 없어요.

[해석] Carly Simon's Interior Design은 그 역사적인 극장을 어떤 좌석도 교체하지 않고 복원하겠다고 약속했다.

(C) 현실적으로 대화를 통해 문법 문제를 출제하는 TEPS와 같은 방식이 아니면, some과 any의 용법을 구별하라고 물어보는 경우는 거의 한 가지밖에 없어요. 바로 부정문에서 some을 쓰지 말라는 것이죠!

Tip 네 개의 서로 다른 보기를 어떤 기준으로 묶느냐가 사실 정답을 찾는 첫 걸음입니다. 어근이 같은 단어라면 어미의 차이를 통해서, 그리고 한정사와 같은 기능어라면 용법의 차이를 통해서 접근합니다. 그런데 대립적인 보기가 2개, 혹은 3개 밖에 없는 경우라면, 4개의 보기를 채우기 위해 크게 관련이 없는 보기가 개입될 수 밖에 없어요. 그런 '부득이한' 보기에 현혹되지 말고, 주요 긴장 관계를 형성하는 주된 요소들을 빨리 포착하는 것이 중요합니다. 보기에 있는 some과 any도 그런 부류입니다. some과 any라는 유사한 표현은 서로의 구별을 통해서 온전하게 활용될 수 있는 것이거든요.

37. Some *of the tourists* ------------ made ***complaints*** about the service of the accommodations.
(A) has
(B) were
(C) have
(D) was

(A) some의 수는 of 뒤에 있는 '전체'를 나타내는 tourists를 통해 이해할 수 있어요. 그래서 has라는 단수와는 어울리지 않는 것이죠.

(B) some의 용법과 상관 없이, were made라는 수동태의 뒤에 complaints라는 목적어가 있을 수는 없지 않을까요?

(D) 지금 공부하는 진도에 맞게 some에 주목하는 것은 좋지만, 이미 학습했던 성과를 병행하면서 접근해야 효과적입니다. 여러 요소들이 결합된 것이 문장이니까요! 수의 일치와 수동을 복습하는 기회로 활용하세요.

(C) some과 any도 역시 '부분' 표현에 속하기 때문에 수의 개념이 구별되지 않아요. 그래서 형용사로 쓰일 때는 뒤의 명사를 통해서, 그리고 대명사로 쓰일 때는 of the 뒤의 명사를 통해서 판단해야 합니다.

Tip 20번과는 맥이 다른 문제라는 점을 파악하세요. 즉 some과 any가 함께 나온 20번은 둘의 쓰임새를 구별하라는 것이지만, some이 이미 제시된 이 문제에서는 some의 속성을 물어보는 것이거든요.

[해석] 관광객들 중 일부는 숙소의 서비스에 대해 불평했다.

11. I was embarrassed to hear that there was ---------- ***direct flight*** from Abu Dhabi to Santiago.
(A) No
(B) Not
(C) None
(D) Never

(B) not은 부사이기 때문에 was의 뒤에 오는 것은 맞아요. 하지만 flight이 "비행"이 아니라, "항공편"이라는 개별적인 의미로 쓰일 때는 셀 수 있는 명사입니다. 그렇다면 복수가 아니니까 관사가 있어야죠!

(C) none은 'no one'이 결합된 형태이기 때문에 항상 대명사로만 활용됩니다. 즉 뒤에 명사가 연결될 수는 없다는 말입니다. 절대로!

(D) never도 역시 부사이기 때문에, 뒤에 있는 명사에는 아무런 영향도 미치지 않아요. 즉 관사의 역할을 대신하지는 못하기 때문에, 관사가 필요해요.

(A) no는 항상 형용사로 쓰여요. 즉 반드시 뒤에 명사가 연결돼야만 합니다! 그리고 no는 not과 any라는 한정사가 결합된 의미이기 때문에, 뒤에 관사가 또 연결될 수는 없어요!

Tip 보기에 모두 부정어가 제시되어 있는 전형적인 문제입니다. 이렇게 3-4개의 보기가 부정어라면, 질문의 의도는 부정어로 쓰이는 단어들의 품사를 올바르게 구별하라는 것으로 이해하세요. 그리고 단순하게 정답을 찾는 것을 넘어서, 부정어를 올바르게 활용하라는 안내문으로 받아들이면 더 좋지 않을까요? 활용하지 못하는 문법은 의미가 없잖아요.

[해석] 아부다비에서 산티아고로 가는 직행 항공편이 없다는 말을 듣고 나는 당혹스러웠다.

22. ---------- of ***the inspectors*** decided what exactly caused the accident.
(A) No
(B) Every
(C) Much
(D) None

(A) 역시 문법 조항을 암기하기 보다는, no problem이라는 표현을 기억해두세요. 그리고 설명하세요. "no의 뒤에는 반드시 명사가 있어야 하고, 그 명사에는 관사가 결합되지 않는다!"라고 말이죠!

(B) every의 뒤에 명사가 없어요! 이렇게 of으로 연결되는 한정사는 명사로 쓰이는 경우에나 활용하는 구조입니다.

(C) much가 되면, of 뒤에 있는 명사는 inspectors라는 복수이기 때문에 부분-전체의 관계가 올바르게 형성될 수 없잖아요!

(D) none이 대명사로 사용된다는 말은 바로 뒤에 명사가 없이, 혹은 of을 동반한 구조로 주어나 목적어의 자리에 있다는 말이겠지요!

Tip 보기에서 no와 none이라는 대립적인 표현을 추출할 수 있다면 이미 정답을 찾은 것이나 다름없어요. 이 두 표현은 수의 개념도 차이가 없어서, 오직 형용사냐, 아니면 명사냐라는 품사의 관점에서만 구별되거든요.
보통 문법 교재들은 각각의 용법을 설명하지만, 실제 언어 환경에서는 둘을 구별해서 활용하거든요. 그래서 어떤 면에서는 TOEIC과 같은 시험이 좀 더 현실적인 활용법을 확인한다는 장점도 있어요.

[해석] 조사관들 중 어느 누구도 사고의 정확한 원인이 무엇이었는지 판단하지 못했다.

33. ------------ ***proposal*** for a new marketing strategy ***was*** accepted through a series of vehement debates.

　(A) All
　(B) Both
　(C) None
　(D) Either

(A) all은 셀 수 있는 명사의 단수와도, 복수와도 어울린다고 외우면 구별 기준이 설정되지 않기 때문에 오히려 어려워질 수 있어요. '어떤 경우의 수가 있다'는 것과 '그것이 보편적인 경우냐'라는 점을 구별해야 옳지 않을까요?
all이 셀 수 있는 명사의 단수와 결합하는 경우는 '시간, 거리'를 나타내는 명사일 때 뿐이거든요. 그런 점에서 "all night"은 정말로 소중한 예문이죠. 그 말을 하는 순간 여러분의 마음에는 all의 용법이 살아있는 겁니다.

(B) both는 "둘 다 모두"라는 의미입니다. 즉 항상 복수로 간주해요. 그래서 뒤에 연결되는 명사도, 동사도 모두 복수가 되어야 하는 것이죠.

(C) 28번 문제를 생각하세요. none은 대명사이니까 뒤에 명사가 올 수 없잖아요!

(D) 다음에 명사가 곧바로 연결되니까 either가 형용사로 쓰인 경우입니다. either는 "둘 중 하나"라는 뜻이니까 항상 단수로 인정하는 것이 당연하겠죠. 다만 either가 대명사로 쓰여서, of the가 연결되는 경우에는 of the 뒤에 나오는 '전체'를 의미하는 명사는 항상 복수입니다. either는 언제나 대상이 두 개일 때 사용하는 표현이니까요!

Tip all과 both는 복수라는 점에서, either는 단수라는 점에서, no는 형용사라는 점에서 각기 특성이 있다는 점을 생각하고 접근하세요. 한정사는 각자가 명백한 용법을 갖고 있기 때문에, 그 점을 염두에 두고 차이점을 생각하면 친해질 수 있어요.

[해석] 새로운 마케팅 전략을 수립하기 위한 두 개의 제안서 중 하나가 잇따른 열띤 토론을 거쳐 채택되었다.

---

4. ------------ **of** the retirees ***are*** expected to attend at the farewell party this Friday.

　(A) Each
　(B) Both
　(C) Neither
　(D) Either

(A) each는 "각각"이라는 의미이므로, 언제나 단수로 인정합니다. 그런데 동사는 are라는 복수형이라뇨?

(C) neither의 수는 혼동하기 쉬워요. 의미상으로는 "둘 다 ~ 아니다"라는 뜻, 즉 both의 부정 표현인 셈이니까 복수라고 생각할 수 있거든요. 그런데 neither는 단수 개념인 either와 부정어 not이 결합된 표현입니다. 따라서 문어적이고, 격식을 갖춘 문장에서는 단수로 인정하는 것이 원칙 입니다.
하지만 구어적인 표현에서는 neither of의 뒤에 오는 동사를 복수형으로 하는 경우가 많아지고 있어요. 그리고 이런 변화를 수용해서 문제로 물어보는 경우는 줄어들고 있고요. 물론 형용사 neither는 절대 단수입니다.

(D) either가 단수라는 점은 33번에서 이미 확인했어요. 기억이 나는지요?

(B) both는 언제나 복수로 취급합니다. 그래서 뒤에 명사를 동반해서 형용사로 쓸 때도 그 명사는 항상 복수이고, 동사도 당연히 복수가 됩니다.

Tip 주어 자리에 올 수 있는, 즉 명사로 쓰이는 한정사를 판단해야 하는데, 일단 구조상으로는 모두 가능해요. 그렇다면 수의 일치라는 관점을 확인하는 것이 그 다음에 할 일입니다. either, neither, both는 모두 두 개의 대상에게 적용한다는 공통점이 있지만, 단수와 복수라는 점에서는 구별되거든요.

[해석] 은퇴하는 직원 두 사람은 모두 이번 금요일에 있을 환송회에 참석할 것으로 예상되고 있다.

15. The cosmetic company has ***a lot of stores*** in big cities around the world, one is located in New York, ------------ in Tokyo.

(A) another
(B) other
(C) others
(D) the others

(B) other만 있는 경우라면 반드시 뒤에 명사를 연결해야 합니다. 형용사로 쓰인 경우거든요.

(C) 일단 뒤에 명사가 없으니까, others라는 명사를 쓰는 것은 가능해요. others는 other stores에서 반복되는 stores가 생략된 것을 표시하는 용법이라고 이해하면 됩니다.
그런데 전세계의 대도시에 많은 점포가 있는데, 하나를 제외하면 모두 도쿄에 있다는 의미가 되기 때문에 앞 문장에 있는 big cities와 논리적으로 연결되지 않아요.

(D) the others는 전체에서 일부를 제외하고 "나머지 여럿"이라는 의미거든요. 그렇다면 전체에 해당하는 정보가 먼저 제시되는 것이 논리적이지 않을까요?

(A) another는 an과 other가 결합된 단어입니다. 그래서 "하나 더"라는 '추가'의 의미를 갖게 됩니다. 그리고 an이 사용될 수 없는 경우라면, another도 역시 사용될 수 없어요.

Tip other를 기반으로 한 표현들이 모두 보기를 구성하고 있어요. other에 결합되는 an, the, -s라는 세 가지 기호가 각기 어떤 의미를 갖는 지를 이해하면 문제가 없을 거예요.

[해석] 그 화장품 회사는 전 세계의 대도시에 많은 점포를 보유하고 있다. 하나는 뉴욕에 있고, 또 하나는 도쿄에 있다.

26. Many companies which specialize in its own field have recently expanded into ------------ ***areas***.

(A) another
(B) other
(C) others
(D) the others

(A) 복수 명사와 another는 절대로 함께 쓸 수 없어요. another의 뒤에 복수 명사가 오는 경우는 딱 한 가지 있어요. 바로 숫자가 나오는 경우입니다. every와 유사한 경우인데요. 역시 그 복수 명사를 하나의 단위로 이해하고 있어서 단수인 another에 연결할 수 있어요. 예를 들어 "일주일 더"를 "7일 더"라고도 할 수 있겠죠? 그래서 'another week' 혹은 'another seven days'라고도 해요.

(C) others는 -s가 붙은 것으로 짐작할 수 있지만 명사입니다. other의 뒤에 반복되던 명사가 생략된 표시라고 이해해도 좋아요. 그렇다면 뒤에 명사가 또 나올 수는 없죠. 그건 -s에 대한 배신입니다!

(D) 뒤에 명사가 있는데, others라는 명사를 쓰는 일은 없어야 하지 않을까요? 이 점은 the와는 아무런 상관이 없어요. 게다가 앞에 전체에 대한 정보도 없으니 the others를 쓸 수도 없고요.

(B) other는 셀 수 있는 명사이기 때문에 앞에 관사가 결합한 another, the other가 아니면, 복수형인 others가 될 수 밖에 없어요. 그런 형태가 아니라면 other는 형용사로 쓰인 것이니까 반드시 명사가 연결되어야 합니다.

Tip 역시 other를 기반으로 한 표현들이 제시됐어요. other는 다른 한정사들과 용법이 겹치는 부분이 거의 없기 때문에 어느 문법 시험에서건 보기의 형태가 거의 동일할 수 밖에 없어요. 간혹 '독창적으로' 보기를 조합하는 문제도 있는데, 그래도 중심을 설정하는 데는 문제가 없을 겁니다. 출제자의 의도는 숨길 수 없으니까요!

[해석] 자기 분야에서 전문성을 갖춘 많은 기업들이 최근에 다른 분야로 진출하고 있다.

30. We have decided to take a ***two-track*** sales strategy, **one** for retail and ------------ for wholesale.

(A) another
(B) other
(C) the others
(D) the other

(A) another는 '추가'의 의미이기 때문에 대상이 두 개인 경우에는 사용할 수 없어요. 추가의 가능성이 없으니까요. 그래서 앞의 two라는 표현과 의미가 충돌됩니다.

(B) other의 뒤에 명사가 없는 경우는 앞에 the나 each가 붙는 경우 밖에 없어요. 그런데 each other라는 표현은 "서로"라는 의미를 갖는 대명사니까 별도로 기억하세요.
참고로 one another도 역시 같은 의미를 갖는 대명사입니다. 예전에는 each other는 '둘 사이'에, one another는 '셋 이상'일 때 사용한다는 규정도 있었지만, 이제는 구분 없이 사용되고 있어요.

(C) the others는 나머지가 여러 개인 경우에 사용합니다. 지금은 전체의 수가 두 개이기 때문에 어울리지 않아요.

(D) 간혹 이 the other를 "둘 중 나머지 하나"라고 오해하는 사람들도 있는 데, 정확하게 the other는 "나머지 하나"를 의미합니다. 따라서 전체의 개체 수가 두 개이건, 열 개이건 상관이 없어요.

Tip 15번, 26번과 동일한 보기들이 제시되고 있다는 점을 시각적으로 충분히 익혀두세요. 한정사는 종류가 다양하다는 생각에 복잡하고, 어렵다는 선입견을 갖기 쉬워요. 하지만 명확하게 구별되는 각자의 용법을 물어보기 때문에 항상 일정한 형태로 제시됩니다. 한정사에 대한 질문은 어떤 문법 시험이건, TOEIC의 출제 경향이 어떻게 변하건 한정사의 용법 자체가 변하지 않는 이상은 달라질 수 없다는 점을 인식하고 적극적으로 차이점을 익혀두세요!

[해석] 우리는 양방향 판매 전략을 채택하기로 결정했다. 하나는 소매를 대상으로, 다른 하나는 도매를 대상으로 한 것이다.

9강 대명사

I. 대명사의 종류

대명사의 종류는 인칭 대명사, 소유 대명사, 지시 대명사, 재귀 대명사, 부정 대명사, 관계 대명사, 의문 대명사가 있어요. 부정 대명사는 한정사로 묶어서 다뤘던, many, all, much, each, most 등입니다. 그리고 관계 대명사와 의문 대명사는 접속사의 역할까지 겸하기 때문에 접속사의 기능을 이해하면서 공부해야 효과적입니다. 이들을 제외한 대명사의 종류를 기억해두세요.

	주격	목적격	소유격	소유 대명사	재귀 대명사
<단수>					
1인칭	I	me	my	mine	myself
2인칭	you	you	your	yours	yourself
3인칭	he	him	his	his	himself
	she	her	her	hers	herself
	it	it	its	X	itself
<복수>					
1인칭	we	us	our	ours	ourselves
2인칭	you	you	your	yours	yourselves
3인칭	they	them	their	theirs	themselves

II. 보기에 인칭 대명사가!

1. 품사를 이해하자고요!!
 대명사의 격을 확인하세요!

인칭 대명사의 격은 주격, 목적격, 소유격, 세 가지입니다. 격이라는 말은 대명사가 문장에서 어떤 역할을 하는 지를 표시하는 방식이라고 이해하세요. 즉 인칭 대명사가 주격이라는 말은 문장에서 '주어'로 활용된다는 말입니다. 그래서 주격 대명사를 보면 뒤에 동사가 연결될 것이라는 점을 알 수 있는 것이죠.

그리고 목적격은 목적어로 쓰였다는 의미로 이해하면 되는 것이고요. 이때 목적어는 두 가지 종류가 있습니다. 동사의 뒤에 오는 명사를 동사의 목적어라고 해요. 그런데 전치사의 뒤에도 반드시 명사가 있어야 하거든요. 이 명사를 전치사의 목적어라고 해요. 그리고 목적보어로 쓰이는 경우도 있기는 하지만, 의미가 없는 대명사를 추가 정보를 제시하는 장치로 활용하는 경우는 극히 드물어요.

반면에 소유격은 한정사에서 공부했듯이 반드시 명사가 뒤에 연결되어야 합니다. 즉 형용사로 쓰인다는 말입니다. 그래서 아예 '소유 형용사'라고 분류하는 경우도 있어요.

대명사

결국 대명사의 격은 품사라는 기준으로 이해할 수 있어요. 주격과 목적격은 각각 주어와 목적어로, 그리고 소유격은 형용사로 활용되는 용법이니까 명사와 형용사의 기본 역할을 이해하고, 확인하세요.

Angela Madison, my colleague, always shows great interest in what **others** *are* doing.

내 동료인 Angela Madison은 항상 다른 사람들이 하고 있는 일에 큰 관심을 보인다.

Martin Miller has been recognized for **his** *sincerity*, kindness, and dedication for the past 35 years.

Martin Miller는 지난 35년간 자신의 성실함, 친절함, 그리고 헌신을 인정받았습니다.

The organization committee *invited* **me** to make a speech at the opening ceremony of the symposium.

조직 위원회에서 심포지엄의 개회식에서 연설을 해달라고 나에게 부탁했다.

2. 선행사를 확인하세요!
의미를 이해하자고요!!!

명사어구가 반복되어 정보의 가치가 낮을 때는 대명사를 활용해서 간결하게 표시하는 것이 경제적입니다. 따라서 대명사는 동일한 정보가 반복된다는 표시일 뿐, 구체적인 의미는 없어요. 예를 들어 'a pen'을 대명사로 표현하면 it이지만, 'the pen in the bag (가방에 있는 펜)'도 it이거든요. 또 'the pen stolen three days ago (사흘 전에 도둑맞은 펜)'도 역시 it이고요. 즉 it 자체는 특정한 의미가 있는 것이 아니라, 특정한 의미의 명사를 대신했다는 기호거든요.

그래서 대명사를 온전하게 이해하려면, 그것이 지칭하는 명사를 찾아야 합니다. 그 어구를 바로 선행사라고 해요. 어느 시험이건 대명사와 관련된 문법 문제의 대부분은 바로 이 선행사를 정확하게 이해하고 있는 지를 물어보는 것이라고 생각해도 좋을 정도입니다.

그런데 보통 독해를 통해서 대명사의 선행사를 찾는다는 점이 문제입니다. 하지만 대명사는 의미가 없기 때문에 선행사를 찾아야 제대로 독해가 됩니다. 선행사를 찾기 위해 독해하는 것이 아니라, 독해하기 위해 선행사를 찾는다고 생각해야 마땅해요! 독해가 목적이고, 선행사는 도구니까요!

대명사와 선행사의 사이는 성, 수, 인칭이라는 관점에서 서로 일치해야 합니다. 그래야 대명사가 가리키는 의미를 온전하게 이해할 수 있으니까요. 대명사가 있으면 앞에 등장한 명사를 대상으로 대명사와 단수/복수, 사물/사람이라는 문법적 관점에서 일치되는 명사를 찾아서 해석하세요.

남성/여성이라는 성의 관점도 고려하라고 하는 교재들도 있는데, 별로 신경 쓰지 않아도 좋아요. 성은 Mr./Ms.와 같은 부득이한 경우가 아니면 물어보지 않는 것이 원칙이거든요. 남성과 여성을 구별하라는 것이 실제로는 성차별과 연결된다는 점에서 성을 구별하지 않는 표현들을 사용하는 것이 현대 영어의 특징이기 때문입니다.

After the tour of the factory, the *visitors* will have lunch with **their** guides in the cafeteria.
공장 견학이 끝나면, 방문객들은 안내원들과 함께 구내식당에서 점심을 먹을 계획이다.

When I looked into *the envelope*, I realized that I had lost the USB flash drive in **it**.
봉투 속을 보고, 나는 그 안에 들어있던 USB 저장 장치를 잃어버린 사실을 알았다.

3. 소유격과 소유 대명사는 품사가 달라요!

소유격의 뒤에는 반드시 명사가 있어야 합니다. 그런데 그 명사가 반복되는 경우에는 정보의 가치가 낮기 때문에 흔히 생략됩니다. 그 생략된 명사의 역할을 소유격이 대신하게 되고, 그 변화를 표시하기 위해 철자가 달라집니다. 그것이 바로 'mine, yours, hers, ours, theirs'라는 형태이고, 명사의 역할을 하기 때문에 형용사가 아니라, 대명사로 분류됩니다. 그래서 소유 대명사는 소유격과 명사가 합쳐진 표현이므로 그 뒤에 명사가 반복될 필요가 없는 것이죠!

The management consultant offered various options to increase the profit of my store but the final *choice* was entirely **mine**.
경영 컨설턴트는 매장의 수익을 높이는 다양한 선택안을 제안했다. 하지만 최종 결정은 전적으로 내 몫이었다.

Her *work style* is very different from **mine**.
그의 일하는 방식은 나와는 매우 다르다.

4. make it possible to do

to 부정사나 that절은 명사로도 활용되기 때문에, 동사의 주어나 목적어로 쓰이기도 합니다. 그런데 영어에는 "정보의 길이가 긴 어구들은 문장의 뒤로 도치시킨다"는 중요한 규칙이 있어요. 그래서 주어의 자리에 있던 to 부정사나 that절은 문장의 뒤로 이동합니다. 그리고 비어있는 주어의 자리에 '3인칭, 단수, 중성'이라는 to 부정사나 that절의 성격에 맞는 대명사 it을 쓰게 됩니다. 이 it이 바로 '가주어' 입니다.

같은 원리에서 to 부정사나 that절이 동사의 목적어로 쓰이는 경우에도 문장의 뒤로 도치시킵니다. 그리고 역시 it으로 목적어의 자리를 표시하게 되고요. 이 it을 '가목적어'라고 합니다. to 부정사와 that절은 형용사, 부사, 명사로 다양하게 쓰이기 때문에 이렇게 표시하지 않으면 혼동할 여지가 있거든요.

주로 make, find, consider와 같은 동사가 이런 구조를 활용합니다. 그렇다고 이런 동사들이 항상 가목적어를 사용하는 것은 아닙니다. 가목적어란 뒤에 진짜 목적어에 해당하는 to 부정사나 that절이 있다는 표시이기 때문에, 명사가 목적어라면 it을 쓸 이유가 없으니까요!

Just in case you take photographs more than you expected, **it** is a good idea ***to have extra storage media***.
예상한 것보다 더 많이 사진을 찍을 경우에 대비하여 여분의 저장매체를 가져가는 것은 좋은 생각이다.

I want to make **it** clear ***that a long-term investment plan is the most important thing in this unstable economic situation***.
장기적인 투자 계획이 이런 불안정한 경제 상황에서 가장 중요한 일이라는 점을 분명하게 밝히고 싶습니다.

확인합시다

1. If you need a parking permit, you should fill out an application form and bring ---------- to the General Affairs Department.
   (A) it   (B) they   (C) them   (D) its

2. Visitors to this building are asked to park ---------- cars in the designated area.
   (A) they   (B) them   (C) their   (D) themselves

3. Yesterday Gary Floyd told everyone in the office about ---------- plan to have a house-warming party this Friday.
   (A) their   (B) his   (C) him   (D) them

4. Should you have any inconvenience at our store, please do not hesitate to contanct ----------.
   (A) mine   (B) my   (C) our   (D) me

5. Our Master-Tools series make ---------- easy to drill a hole in wood, concrete, or even steel.
   (A) them   (B) themselves   (C) it   (D) its

<정답> 1.(A) 2.(C) 3.(B) 4.(D) 5.(C)

III. 보기에 that과 those!

일반적으로 인칭 대명사는 정보의 반복이기 때문에 형용사가 수식할 수 없어요. 형용사는 새로운 정보를 제공하는 역할을 하기 때문에, 추가 정보가 없는 대명사와는 상반된 입장에 있거든요. 그래서 분사, 전치사, 관계 대명사처럼 형용사의 역할을 하는 어구가 뒤에서 수식하는 경우에는 it/they가 아니라, that/those를 씁니다.

1. that/those의 선행사가 없어요!

that/those의 선행사가 없는 경우에는 대부분 that/those가 문장의 앞쪽에 있어요. 이런 경우에는 문맥으로 구별하는 수 밖에 없어요. 즉 뒤에 연결되는 내용을 통해, 문맥상 사람을 나타내는 경우에는 those를, 사물이면 that을 선택하세요.

For ***them*** interested in nature, our club offers a variety of rafting programs. (them ⇨ those)

자연에 관심이 있는 사람들을 위해 우리 클럽은 다양한 래프팅 프로그램을 제공하고 있습니다.

2. that/those의 선행사가 있어요!

that/those의 선행사가 있다면 당연히 that/those가 문장의 뒤쪽에 있다는 말이겠죠? 이때 그 선행사에 해당하는 명사가 복수면 those를, 단수면 that을 선택하세요. that/those도 대명사에 속하기 때문에 선행사를 찾는 것이 핵심인데, 소유격을 활용하면 쉽게 찾을 수 있어요. 즉 that/those는 '부분'의 의미를 나타내는 경우가 많기 때문에, 소유격으로 비교 대상이 표현되는 경우가 많거든요. '소유'도 역시 '부분'의 맥락으로 이해할 수 있잖아요. 그래서 앞에 소유격이 있으면, 그 소유격과 연결되는 명사가 선행사인 경우가 많아요.

Our new **product** will be more user-friendly than **that** *of* SatCom, the number-one computer manufacturer.

우리의 신제품은 업계 1위의 컴퓨터 생산업체인 SatCom의 제품보다 더 사용하기 편한 제품이 될 것이다.

Manuela Rodriguez's **sales figures** were higher than **those** *of* any other salesperson in the Oxford area.

Manuela Rodriguez의 영업 실적은 옥스포드 지역의 어떤 영업 사원들보다 뛰어났다.

IV. 보기에 재귀 대명사!

1. 재귀 대명사의 형태를 확인하세요.

재귀 대명사는 인칭 대명사의 목적격 혹은 소유격에 단수일 때 -self를, 복수일 때는 -selves를 붙인 형태를 말합니다. 재귀 대명사도 결국 본질은 대명사라는 점을 잊지 마세요. 즉 재귀 대명사와 선행사가 서로 성, 인칭, 수라는 문법적 관점에서 일치해야 한다는 것이죠. '재귀'라는 이상한 용어에 신경 쓰지 말고, 선행사와 대명사를 정확하게 연결한다는 원칙만 받아들이세요.

2. 재귀 대명사가 명사의 뒤! 그럼 그 명사를 확인하세요!

일반적으로 대명사는 새로운 정보가 아니기 때문에 명사의 다음에 반복해서 쓰일 수가 없어요. 그래서 명사의 뒤에 곧바로 올 수 있는 대명사는 재귀 대명사가 유일합니다. 이렇게 낯선 용법으로 재귀 대명사를 활용하는 이유는 오직 하나, 바로 '강조'의 효과를 노리는 것입니다. 즉 재귀 대명사가 앞에 있는 주어나 목적어를 강조한다는 것을 이렇게 적극적인 방식으로 표시하는 것이죠.

이때 재귀 대명사가 목적어의 뒤에 있는 경우는 분명하게 확인하는 것이 좋아요. 주어를 강조하는 경우에는 재귀 대명사를 당연히 주어의 뒤에 두지만, 때로는 목적어의 뒤에 두기도 하거든요. 따라서 목적어의 뒤에 있는 재귀 대명사는 강조하는 대상, 즉 선행사가 주어인지, 아니면 목적어인지 확인해야 할 필요가 있어요. 물론 이런 배치는 의미상 혼선이 없는 경우에나 가능한 것이니까, 차분하게 확인하기만 하면 아무 문제가 없어요.

The president herself attended at the grand opening of the new shopping mall last Saturday.

지난 토요일에 회장님이 직접 새로운 쇼핑몰의 개장 행사에 참석하셨다.

In order to save money, *we* decided to move the office furniture **ourselves**.

절약하기 위해, 우리는 사무실 가구를 직접 옮기기로 결정했다.

3. 재귀 대명사가 동사나 전치사의 뒤! 그럼 주어를 확인하세요!

재귀 대명사가 동사나 전치사의 뒤에 있다면, 목적어로 쓰였다는 말이거든요. 바로 재귀 대명사가 목적어로 쓰일 때를 소위 '재귀적 용법'이라고 부르기도 해요. 하지만 이런 외계어같은 용어는 전혀 중요한 것이 아니고, -self/-selves라는 기호는 일종의 등호 표시라는 점을 이해하는 것이 중요합니다.

즉 목적어의 자리에 오는 재귀 대명사는 바로 그 대명사가 주어와 동일하다는 점을 명확하게 밝혀서, 의미의 혼선을 막으려는 안전장치입니다. 따라서 선행사인 주어와 대명사가 일치의 규칙을 충실하게 구현하고 있는지 확인하면 됩니다. 만일 다르다면 -self/-selves가 없는 인칭 대명사를 써야 마땅한 것이죠.

Through her proficient communication skills, **Tonya Reynolds** *proved* **herself** to be an excellent lecturer.
능숙한 소통 기술을 통해 Tonya Reynolds는 자신이 탁월한 강사라는 점을 입증해 보였다.

The project is very demanding, but I am confident that I am able to do all the work *by* **myself**.
그 프로젝트는 매우 힘든 일이지만, 나는 나 혼자 힘으로 모든 작업을 할 수 있다는 확신이 있다.

확인합시다

1. The third quarter's sales are surprisingly higher than ---------- of the second quarter.
   (A) this   (B) it   (C) those   (D) that

2. While we have spent so much time and money on the quality control, the results ---------- are not so satisfying.
   (A) they   (B) themselves   (C) itself   (D) them

3. Timothy Burton had to do the monthly sales analysis report ---------- because the other teammates went on vacation.
   (A) his   (B) him   (C) by him   (D) himself

<정답> 1.(C) 2.(B) 3.(D)

Practice Test

1. With the outside web designer's exorbitant charges, ----------- may be cheaper to design our web site by ourselves.
   (A) he
   (B) it
   (C) you
   (D) they

2. Our company has more competitive salaries and comprehensive benefits than ----------- of our rival companies in this field.
   (A) that
   (B) these
   (C) them
   (D) those

3. All the employees of the accounting department are required to submit ----------- vacation schedules by noon this Thursday.
   (A) theirs
   (B) themselves
   (C) them
   (D) their

4. Your attempt to repair the product ----------- would result in the violation of the warranty agreement.
   (A) you
   (B) your
   (C) yours
   (D) yourself

5. Before Alberto Casals and Mark Chen were transferred to our Madrid branch, both of ----------- had never worked abroad.
   (A) they
   (B) theirs
   (C) them
   (D) their

6. ----------- who want to participate in the career advancement workshop are required to contact Sarah Brightman by this Friday.
   (A) That
   (B) They
   (C) These
   (D) Those

7. Miranda asked Mr. White, the manager of the department, to have ----------- do the market research.
   (A) herself
   (B) herselves
   (C) her
   (D) hers

8. Nowadays it is not difficult to find applicants who mention their experience in volunteer programs as an indicator of ----------- empathy ability.
   (A) them
   (B) their
   (C) those
   (D) its

9. Those of you who have hypertension must have ----------- blood pressure checked at regular intervals.
   (A) their
   (B) your
   (C) his
   (D) its

10. The new General Manager of the Ocean View Hotel makes it a rule ----------- his door open for the employees between 10 a.m. and 11 a.m.
    (A) keeping
    (B) to keeping
    (C) keep
    (D) to keep

11. After nine months' decrease in profits, the board of directors have decided that ----------- must take aggressive steps to overcome the predicament.

    (A) they
    (B) their
    (C) themselves
    (D) them

12. Our company introduced a multi dimensional evaluation system that ----------- the objective evaluation of employees' performance.

    (A) made it possible
    (B) made possibly
    (C) made possible
    (D) it possibly made

13. Other colleagues considered Tommy's plan as unrealistic, but they thought the idea ----------- was a good one.

    (A) itself
    (B) yourself
    (C) himself
    (D) themselves

14. The internal inspectors have noticed that there ----------- been numerous unauthorized purchases over the past four months.

    (A) has
    (B) was
    (C) were
    (D) have

15. Brazil is going to ban all wood exports because the forests are very valuable to -----------.

    (A) they
    (B) ourselves
    (C) it
    (D) itself

16. The worldwide overproduction of wheat has caused ----------- prices to slump to record lows at the Chicago Board of Trade.

    (A) it's
    (B) its
    (C) theirs
    (D) their

17. At the Bolton's, we provide special meals for ----------- with diabetes.

    (A) those
    (B) them
    (C) that
    (D) theirs

18. Melissa Morrison has been selling Chinese food at ----------- food truck for four years.

    (A) hers
    (B) herself
    (C) her own
    (D) she

19. There are several ways of comparing the productivity of one company with ----------- of others.

    (A) it
    (B) that
    (C) one
    (D) those

20. Yesterday the CEO of APL Global Networks announced ----------- decision to appoint Judith Chang as vice president of overseas investment.

    (A) ours
    (B) these
    (C) us
    (D) his

21. This year's sales figures from major auto manufacturers are almost equal to ----------- of the preceding three years.
    (A) them
    (B) that
    (C) those
    (D) this

22. In full consideration of the resumes of the two final candidates for the position, David Birch, the CEO of the firm, has offered ----------- a more favorable benefit package.
    (A) him
    (B) himself
    (C) them
    (D) their

23. Some residents in the office on the third floor complained that the odor from the newly installed central air-conditioning system made ----------- difficult to focus on work.
    (A) them
    (B) us
    (C) its
    (D) it

24. Although the analysis of the customers' trends was very complicated, Hiroshi Ojawa and Michael Franks managed to make the report by -----------.
    (A) himself
    (B) themselves
    (C) itself
    (D) theirselves

25. The ----------- had so many recurring errors that it was finally replaced with a more reliable one.
    (A) accounting programers
    (B) accounting programer
    (C) accounting programs
    (D) accounting program

26. The author of the book emphasizes that continuous self-development is an essential step for ----------- wishing to get promoted.
    (A) them
    (B) that
    (C) those
    (D) him

27. Ms. Frida, the network administrator, is not supposed to tell interns the password for the Intranet because ----------- not permitted to see the data yet.
    (A) he is
    (B) they are
    (C) she is
    (D) it is

<정답> 1.(B) 2.(D) 3.(D) 4.(D) 5.(C) 6.(D) 7.(C) 8.(B) 9.(B) 10.(D) 20.(D) 21.(C) 22.(C) 23.(D) 24.(B) 25.(D) 26.(C) 27.(B)
11.(A) 12.(C) 13.(A) 14.(D) 15.(C) 16.(B) 17.(A) 18.(C) 19.(B)

정답 너는 누구냐?

11. After nine months' decrease in profits, the board of directors have decided that ----------- ***must*** take aggressive steps to overcome the predicament.

(A) they
(B) their
(C) themselves
(D) them

(B) 소유격은 형용사이기 때문에 반드시 뒤에 명사가 와야 합니다. 그래서 must 라는 동사와 어울리지 않아요.
(C) 재귀 대명사가 동사의 앞에 오는 경우라면 주어인 명사나 대명사를 강조하는 경우입니다. 그런데 빈 칸의 앞에는 주어가 없기 때문에 적절하지 않아요. 일반적으로 재귀 대명사를 주어로 활용하지는 않아요.
(D) 목적격은 목적어, 즉 명사입니다. 동사의 앞은 목적어가 있을 자리가 아니죠! 물론 one of them과 같은 표현처럼 주어와 동사의 사이에 있는 전치사의 목적어로 쓰인 것이라면 가능하겠지만요.

(A) 접속사의 뒤에는 반드시 주어와 동사가 필요합니다. 빈 칸의 뒤에 동사가 있기 때문에 주어가 있어야 하는 자리입니다. 주격이란 주어로 쓰인다는 표시라는 점을 이해하세요.

Tip 대명사 문제도 역시 보기의 차이를 파악하는 것이 우선입니다. 지금처럼 보기가 모두 3인칭 복수인 대명사로 구성되어 있으면 격을 확인하라는 의도로 이해하세요. 수와 인칭이 동일하다면, 격이 아니면 구별되는 부분이 없거든요.

[해석] 9개월 동안 수익이 감소하자 이사회에서는 위기를 극복하기 위해 적극적인 조치를 취해야 한다고 결정했다.

20. Yesterday the CEO of APL Global Networks announced ----------- ***decision*** to appoint Judith Chang as vice president of overseas investment.

(A) ours
(B) these
(C) us
(D) his

(A) ours는 소유 대명사이기 때문에, 일단 뒤에 있는 decision이라는 명사와 어울리지 않아요. 또 소유 대명사는 반복되는 명사가 생략된 용법이기 때문에 앞에 반복될 명사가 있는지 확인해보는 것도 잊지 마세요.
(B) these는 복수이므로 뒤에 연결되는 명사도 당연히 복수가 되어야 합니다.
(C) us는 목적격, 즉 목적어입니다. 그러면 decision까지 목적어가 두 개가 되는데, announce는 하나의 목적어만 필요해요. 결국 명사가 올 자리가 아닙니다.
동사의 용법을 모두 파악하지 못할 수도 있죠. 하지만 decision은 셀 수 있는 명사인데, 관사가 없다는 점은 고려할 수 있지 않을까요?

(D) his는 소유격이기 때문에 명사의 앞에 올 수, 아니 와야만 하는 것이죠! 그리고 소유격도 한정사에 속하기 때문에 관사와 함께 쓸 수는 없어요.

Tip 대명사 문제를 접근하는 순서는 격을 우선 확인하는 것이 우선입니다. 이 문제의 보기에는 격의 차이만 있는 것은 아니지만, 일단 한 가지 기준을 설정해서 오답을 제거하면서 초점을 좁혀나가는 것이 효과적이거든요.

[해석] 어제 APL Global Networks의 최고 경영자는 Judith Chang을 해외 투자 담당 부사장으로 임명하기로 결정했다고 발표했다.

대명사 **241**

3. All the employees of the accounting department are required to submit ------------ vacation **schedules** by noon this Thursday.

(A) theirs
(B) themselves
(C) them
(D) their

(A) -s가 결합되는 품사는 명사 혹은 동사입니다. their에 -s가 결합된 theirs는 소유 대명사입니다. 그렇다면 뒤에 schedules라는 명사도 연결될 수는 없어요.
(B) 재귀 대명사의 뒤에 명사가 다시 등장하는 용법은 절대 없어요!
(C) 격에 대한 이해는 곧 품사의 역할에 대한 이해입니다. them은 목적어로 쓰였다는 표시이기에, 뒤에 명사가 반복될 수는 없어요. 이렇게 동사의 뒤에 '대명사 + 명사'의 구조가 가능하다면 목적어를 두 개 사용하는 동사라는 말인데, submit은 사물 명사라는 하나의 목적어만 연결되거든요.
(D) 문법 문제의 오답률이 높아지는 가장 대표적인 유형은 서로 연결되는 단어들의 거리가 멀어질 때입니다. 소유격의 뒤에는 반드시 명사가 필요하지만 그 사이에 형용사가 개입되면서 둘의 관계가 한 눈에 들어오지 않을 수가 있거든요. 20번과 문법적인 난이도는 차이가 없지만, 소유격과 명사의 거리라는 점에서 관찰해 보세요. 수식어가 있어도 시선이 흔들리지 않도록 훈련하세요.

Tip 역시 모두 3인칭 복수형의 대명사들이 제시되어 있다는 점에서 격의 확인이 우선입니다. 반복되는 얘기까만 생각의 우선순위를 정해두어야 알고 있는 것을 제대로 활용할 수 있어요.

[해석] 회계부의 모든 직원들은 이번 목요일 정오까지 휴가 일정표를 제출하셔야 합니다.

18. Melissa Morrison has been selling Chinese food *at* ------------ **food truck** for four years.

(A) hers
(B) herself
(C) her own
(D) she

(A) hers라는 소유 대명사는 her의 뒤에 반복되던 명사가 생략된 것을 표시하는 장치거든요. 그래서 food truck이라는 명사와 충돌해요.
(B) 재귀 대명사의 뒤에 명사가 등장하는 용법은 없다고 바로 3번에서 설명 했었죠?
(D) 전치사의 뒤에 '주어 + 동사'가 나올 수는 없어요. 주어를 연결하는 것은 접속사의 역할이거든요. 게다가 she라는 주격의 뒤에 동사도 없고요.
(C) food truck이라는 명사의 앞에 올 수 있는 대명사의 형태인 소유격을 고르라는 문제입니다. 소유격의 의미를 강조하고자 할 때, 소유격의 뒤에 own을 넣기도 해요. 또는 'a car of his own'이라는 식으로 명사의 뒤에 'of one's own'을 추가하기도 하고요. 이때 own은 뒤에 명사가 없으니까, 명사로 쓰인 것으로 이해하면 됩니다.

Tip 대명사에 해당하는 단어들은 몇 개 되지 않기 때문에 동일한 형태의 보기가 반복될 수 밖에 없어요. 따라서 대명사 문제를 훈련하는 최선의 방법은 정답에 초점을 맞추지 말고, 오답이 되는 이유를 확인하는 방식으로 접근하면 패턴을 훨씬 빨리 익힐 수 있어요.

[해석] Melissa Morrison은 4년째 자기의 푸드 트럭에서 중국 음식을 팔고 있다.

5. Before Alberto Casals and Mark Chen were transferred to our Madrid branch, **both *of* ------------ had** never worked abroad.

   (A) they
   (B) theirs
   (C) them
   (D) their

(A) 일단은 전치사의 뒤에 주어가 나오는 경우는 절대로 있을 수가 없다는 점을 생각하세요.
(B) 소유 대명사는 두 가지를 확인하세요. 첫째는 명사로 쓰인다는 점입니다. 그래서 뒤에 명사가 반복될 수 없어요. 둘째는 생략된 명사를 확인하는 겁니다. 소유대명사는 소유격의 뒤에 반복되는 명사가 생략된 것이거든요. 이 문장에서는 앞에 있는 명사는 branch 밖에 없는데, 의미가 통하지 않아요. 그리고 both of의 뒤에는 복수 명사가 와야 하기 때문에 단수인 branch는 어울리지 않아요.
(D) 이런 난감한 일이! 소유격의 뒤에 명사가 없어요!
(C) 뒤에 동사가 있는 것만 보면 주격의 자리라고 생각하고, 이 보기는 제거할 가능성도 있어요. 하지만 주어는 both라는 점을 잊지 마세요. 한정사에서 공부했던 many, much, each, all, most, some, either 등과 같이 다음에 전체를 나타내는 of이 연결되는 경우에 흔히 나타나는 구조니까 기억을 떠올리세요!

Tip 역시 보기가 친숙하죠. 게다가 모두 3인칭 복수 대명사입니다. 오답이 되는 이유를 직접 설명해보세요! 특히 이 구조는 관계대명사 who와 whom을 구별하는 경우로 확장되니까 챙겨둬야 해요.

[해석] 마드리드 지점으로 전근되기 전까지 Alberto Casals와 Mark Chen은 두 사람 모두 외국에서 근무해 본 적이 없었다.

16. The worldwide overproduction of *wheat* has caused ------------ **prices** to slump to record lows at the Chicago Board of Trade.

    (A) it's
    (B) its
    (C) theirs
    (D) their

(A) apostrophe는 생물 명사의 소유격을 만드는 데 쓰이기도 하지만, 줄임말을 표시하는 용도로도 활용됩니다. 그래서 it's는 소유격이 아니라 it is 또는 it has를 줄인 형태입니다. 이미 has caused라는 동사가 있기 때문에 동사가 또 나올 수는 없어요.
(C) theirs와 같은 소유 대명사는 생략된 명사를 찾는 것보다, 명사라는 점을 생각하는 것이 우선입니다. 그래서 뒤에 있는 prices라는 명사와 중복해서 나열될 수 없어요. cause가 두 개의 목적어가 필요한 동사도 아니거든요.
(D) its와 their라는 두 개의 소유격이 보기에 제시됐어요. 선행사를 찾으라는 말인데, 일단은 해석하지 말고, 대명사의 문법성에 어울리는 명사가 있는지 확인하는 것이 순서입니다.
(B) 일반적으로 대명사의 선행사는 앞에 있다는 점을 고려하면 overproduction과 wheat, 두 개의 명사를 대상으로 확인하세요. 문법성을 나타내는 어미만 두고 판단하면, 두 개의 명사 모두 단수입니다. 그렇다면 their라는 복수 대명사는 근본적으로 사용할 수 없는 상황이겠죠! 복수형인 선행사가 없으니까요!

Tip 앞에서 봤던 문제들과는 격이 같은 보기가 있다는 차이점을 찾아냈나요? 격을 확인한 다음에는 선행사를 확인하는 것이 순서입니다. 대명사의 격이 같은 보기라면, 단수/복수의 관점으로 구별되는 보기를 만들 수 밖에 없거든요

[해석] 전세계적으로 밀이 과잉 생산되었기 때문에 밀의 가격이 시카고 상품 거래소에서 기록적으로 낮은 수준까지 하락했다.

27. Ms. Frida, the network administrator, was not supposed to **tell interns the password** for the Intranet because ------------**not permitted to see the data yet.**

    (A) he was
    (B) they were
    (C) she was
    (D) it was

(A) he가 맞다면 단수인 사람 명사가 선행사라는 말이거든요. 그런데 Ms.는 여성의 성이나 이름에 붙이는 호칭이라는 점을 감안하면 어울리지 않아요.

(C) 단수 사람 명사를 대신한 she의 선행사는 Frida로 이해할 수 밖에 없어요. 그러면 자료를 열람할 권한이 없다라고 하니까 비밀 번호를 모른다는 말이 아닐까요? 어떤 정보를 알려주지 말라고 하는 경우는 그 정보를 알고 있는 사람에게만 적용되겠죠!

(D) 원칙적으로 permit의 목적어는 사람과 사물 모두 가능해요. 하지만 뒤에 to 부정사가 연결되는 경우는 목적어가 그 동작의 의미상 주어가 되기 때문에 사람 명사가 되어야 합니다. 그리고 지금 문장은 수동태니까, 그 명사는 주어 자리에 있겠죠!

[해석] 인턴 직원들은 아직 자료 열람이 허가되지 않았기 때문에 전산망 관리자인 Frida는 사내 전산망의 암호를 알려줄 수 없었다.

(B) 16번의 경우에는 대명사의 문법성과 어울리는 명사가 하나 뿐이었어요. 이 문제에서는 she도, they도 모두 지칭할 대상이 있어요. 이렇게 구조적으로 가능한 경우라면 논리성을 검토해야 합니다. 이때 단순히 우리말로 해석하지 말고, 동사와 연결해서 객관적으로 확인하도록 하세요. 즉 암호를 알려주면 안 된다는 것은 그 사람이 암호를 알고 있다는 말이고, 암호를 안다는 말은 자료를 열람할 권한이 있다는 말이겠죠.

Tip 동사가 있는 것도, 시제가 현재인 것도, 주어와 동사의 수가 일치하는 것도, 대명사의 격도 모두 동일한 보기들입니다. 이 정도면 출제자가 원하는 것이 무엇인지 직접 물어보는 것이나 다름없지 않나요? 바로 선행사를 올바르게 파악하는지 확인하겠다는 것이죠. 이렇게 논리성을 검토할 때, not과 같은 부정어는 놓치지 않도록 정말 주의하세요!

8. Nowadays it is not difficult to find **applicants** who mention their experience in volunteer programs as an indicator of ------------ empathy **ability**.

    (A) them
    (B) their
    (C) those
    (D) its

(A) 뒤에 명사가 있어요. them의 뒤에 명사를 연결하는 일은 하지 말아야죠.

(C) those의 뒤에 명사가 있어요. 그렇다면 those는 형용사라는 말이거든요. those와 수식을 받는 명사는 논리적인 일관성이 있어야 하니까, those처럼 복수형이 되어야죠!

(D) its는 단수의 사물 명사를 지칭하는데, 사물 명사로는 experience와 indicator가 있어요. "능력 (ability)"는 무생물에게는 적용할 수 없는 의미라는 점에서 사물을 나타냅니다. -ce로 끝나는 명사는 사물을 가리켜요.
근데 -or이 붙으면 주로 사람을 나타내기는 하지만 '동일성'을 의미하는 as라는 전치사가 experience라는 사물과 연결되기 때문에 indicator를 사람으로 볼 수 없어요.

(B) their와 어울릴 수 있는 복수 명사는 applicants와 programs가 있어요. 하지만 ability는 "능력"이라는 뜻이니까, 사람 명사에게 적용해야 한다는 점에서 적절하지 않아요.

Tip 격이 다른 보기와 단수/복수가 다른 대명사가 모두 보기에 제시됐어요. 사실 격을 먼저 적용해야 하는 절대적인 이유는 없어요. 다만 선행사를 찾으려면 단어의 의미를 알아야 하기 때문에 해석의 부담을 가질 수도 있어서 일단은 잘 할 수 있는 것부터 활용하자는 전략적인 판단입니다. 물론 해석으로 모든 것을 해결하려고 하지 말고, 의미들이 뛰어 노는 '구조'에 초점을 맞추자는 의도도 있지만요.

[해석] 오늘날에는 자원 봉사 프로그램에 참여했던 경험을 공감 능력의 지표로 언급하는 지원자를 쉽게 볼 수 있다.

22. In full consideration of the resumes of the two final **candidates** for the position, David Birch, the CEO of the firm, has **offered** ------------ a more favorable benefit package.

(A) him
(B) himself
(C) them
(D) their

(A) him이 지칭할 수 있는 단수 사람 명사는 has offered의 주어인 David Birch 밖에 없어요. 그렇다면 주어와 목적어가 동일한 대상이기 때문에 재귀대명사로 표현해야 합니다.

(B) 주어와 동일한 대상임을 표시할 때 재귀 대명사를 쓸 수 있어요. 또 David이 일반적으로 남자에게 붙는 이름이라는 점에서 himself의 him과도 어울려요. 그런데 최고 경영자가 자기에게 제안했다는 의미가 되거든요. 그러면 다른 사람의 이력서를 검토했다는 정보와 논리적인 관계가 성립되지 않아요.

(D) 뒤에 명사가 있다는 점에서 소유격을 선택하고, 빨리 다음 문제로 넘어가고 싶어요. 하지만 뒤에 부정관사가 마음에 걸려요. 소유격도, 관사도 모두 한정사에 속하는 표현들이라 하나의 명사에 대해 동시에 나열할 수는 없거든요.

(C) offer는 두 개의 목적어가 제시될 수 있는 동사입니다. 그럴 때는 'offer someone something'이라는 구조로 활용되기 때문에, them이 지칭하는 명사는 사람 명사입니다. 그래서 candidates가 정확한 선행사입니다.

Tip 8번과는 달리 빈 칸의 뒤에 명사가 있는 구조입니다. 일반적으로 목적격의 뒤에 명사가 나열되지는 않아요. 하지만 두 개의 목적어가 있거나, 목적보어로 명사가 연결되는 경우라면 가능할 수도 있어요.

[해석] 그 직책에 지원한 지원자들 중, 마지막으로 남은 두 명의 이력서를 충분히 검토하고, 그 회사의 최고 경영자인 David Birch는 더 유리한 복지 혜택을 제안했다.

25. The ------------ had so many recurring errors that *it* was finally replaced with a more reliable one.

(A) accounting programers
(B) accounting programer
(C) accounting programs
(D) accounting program

(A) that의 뒤에 있는 it이라는 대명사가 지칭할 단수 명사가 없기 때문에 빈 칸에 오는 명사는 단수형이어야 합니다.

(B) -er이 붙으면 사람 명사인데, 뒤에 연결되는 대명사는 사물을 의미하는 it이기 때문에 적절하지 않아요.

(C) 동사인 had는 수의 개념이 드러나지 않아요. 하지만 그 개념은 수가 표현되는 다른 대상에게로 고스란히 전달됩니다.

[해석] 그 회계 프로그램은 오류가 너무 많이 반복되었기 때문에, 결국 더 신뢰할 수 있는 제품으로 교체되었다.

(D) 명사와 대명사가 서로 일치 관계를 형성한다면 둘 중 어느 쪽을 빈 칸으로 물어봐도 상관없는 일이 아닐까요?

Tip 잘 기억해 둘 문제입니다. 보기에 대명사가 아니라, 명사가 나왔기 때문에, 명사 문제라고 생각하는 것도 당연합니다. 하지만 '문법은 두 단어가 연결되는 관계'라는 점을 항상 마음에 담고, 총체적인 시각을 가져야 합니다. 명사와 대명사의 일치는 '하나의' 관계인데, 대명사에 빈 칸이 있으면 대명사 문제로, 명사에 빈 칸이 있으면 명사 진도에서 '분리해서' 공부할 이유는 전혀 없는 것이 아닐까요?
명사의 어미가 서로 다른 점을 생각하세요. 명사의 어미가 다른 경우는 단수/복수, 그리고 사람/사물의 차이라고 생각하면 됩니다. 수의 일치라는 중요한 개념이 드러나는 세 번째 유형이 바로 명사와 대명사의 관계입니다. 지금까지 본 문제와는 역방향으로 단서를 찾아보세요!

1. With the outside web designer's exorbitant charges, ------------ may be cheaper **to design** our web site by ourselves.

    (A) he
    (B) it
    (C) you
    (D) they

(A) designer라는 성의 구별이 되지 않는 명사를 he로 단정한 것도 성차별적 시각이라는 점에서 부적절해요. 또 cheaper라는 형용사를 사람에게 적용하기는 문제가 있지 않을까요?

(C) 역시 사람에게 "저렴하다"라는 말을 사용하는 것은 합당하지 않아요! 정말 '저렴한' 표현이지요!

(D) 앞에 charges라는 복수 명사가 있으니까, they가 타당하다고 생각할 수 있어요. 하지만 뒤에 있는 to 부정사의 역할이 설명되지 않아요. 대명사와 문법성이 같은 명사가 있다고 성급하게 선행사로 단정하지 말고, 논리적으로 확인해 보는 것이 안전합니다.

(B) 앞에 사물 단수 명사가 없기 때문에 it의 선행사가 없다고 생각할 수 있어요. it이 가주어로 쓰이거나, 앞 문장의 내용 전체나 일부를 지칭하는 경우에는 선행사에 해당하는 단어가 보이지 않기 때문에 it의 용도를 놓칠 수도 있어요.

Tip 가주어의 용법을 묻는 문제입니다. 이 문제처럼 글의 처음에 나오는 경우보다, 중간에 위치하는 경우가 눈에 잘 들어오지 않을 수 있어요. it의 기능은 뒤에 있는 to 부정사나 that절이 주어라는 사실을 표시하는 역할이라는 점을 이해하세요.

[해석] 외주 웹 디자이너는 매우 비싸기 때문에, 우리가 직접 웹사이트를 디자인하는 것이 더 저렴할 수 있다.

12. Our company introduced a multi dimensional evaluation system that ------------ **the objective evaluation of employees' performance**.

    (A) made it possible
    (B) made possibly
    (C) made possible
    (D) it possibly made

(A) it의 용도를 확실하게 파악하세요. it은 뒤에 목적어인 to 부정사가 있다는 말입니다. 즉 지금처럼 to 부정사가 목적어로 제시된 것이 아니라면, it을 써야 할 근본적인 동기가 없어요!

(B) possibly라는 부사가 아니라, 형용사가 와야 할 자리입니다. 무엇보다 동사와 목적어의 사이에는 부사를 쓰지 않는 것이 원칙이고요!

(D) 음... 아무리 오답이지만 어느 정도는 지켜야 할 도리가 있지 않을까요? 이렇게 되면 it이 주어가 되니까 가리키는 대상은 system이 되고, 관계 대명사 that과 선행사를 공유하는 이상한 상황이 되네요.

(C) 'make something possible'에서는 목적어가 긴 경우가 종종 있어요. 그럼 긴 목적어를 짧은 보어의 뒤로 도치시킵니다. 명사는 문장에서 주어나 목적어라는 제한적인 용도로 사용되기 때문에 그 명사의 역할을 혼동할 가능성이 적어요. 그래서 이런 경우에는 가목적어를 사용할 이유가 없는 것이죠.

Tip 가목적어 it을 사용하는 이유를 정확하게 이해하고 있어야 하는 문제입니다. 'make it possible'로 암기하는 경우가 많은데, 오히려 무작정 암기했기 때문에 틀릴 수 있는 유형입니다. '출제자의 함정'이거나, 난이도가 높은 문제가 아니라, 오히려 기본 문제입니다. 'make something possible'이 본래 구조이고, 그 표현에서 to 부정사가 목적어로 등장하는 경우가 파생된 것입니다.

[해석] 우리 회사에서는 직원들의 업무를 객관적으로 평가할 수 있다는 평가 제도를 도입했다.

23. Some residents in the office on the third floor complained that the odor from the newly installed central air-conditioning system **made** ------------ difficult *to focus on work*.

(A) them
(B) us
(C) its
(D) it

(A) 복수 대명사의 선행사는 당연히 복수 명사입니다. 그러면 복수 명사는 residents 밖에 없는데, 그 명사를 설명하는 보어인 difficult는 일반적으로 상황이나 사물에 대해 사용하는 표현이기 때문에, 사람 명사에게는 어울리지 않아요.

(B) 억지로 해석을 하더라도 우리가 집중하기 힘든 상황에 대해 다른 사람들이 불평을 한다는 내용이 되니까 개연성이 없어요.

(C) its는 소유격이기 때문에 뒤에 반드시 명사가 있다는 약속을 하는 것이나 마찬가지입니다! 그런데 difficult 뒤에 명사가 없기 때문에 its의 약속은 지켜지지 않아요!!

(D) make의 뒤에 항상 가목적어가 있는 것은 물론 아닙니다. 또 make의 뒤에 it이 있다고 반드시 가목적어인 것도 아니고요. 하지만 그 뒤에 to 부정사나 that절이 있다면 가목적어로 이해하세요. to 부정사나 that절은 셀 수 없는 명사이기 때문에 them을 가목적어로 활용할 수는 없어요.

Tip 'make it possible to do'라는 가목적어 표현의 기본 구조에서 빈 칸이 제시될 수 있는 위치는 it과 to 부정사의 자리입니다. 이 두 단어의 상호지시적인 관계를 이해하면 출제 방식을 납득할 수 있을 거예요. 반복되는 얘기지만, 이렇게 관계로 이해하면 빈 칸이 어느 쪽에 나오건, 다른 쪽은 단서가 되니까 쉽게 해결할 수 있어요.

[해석] 3층 사무실의 일부 입주자들이 새로 설치한 중앙 공조 시스템에서 나는 냄새로 업무에 집중하기 어렵다고 불만을 제기했다.

10. The new General Manager of the Ocean View Hotel **makes it** a rule ------------ his door open for the employees between 10 a.m. and 11 a.m.

(A) keeping
(B) to keeping
(C) keep
(D) to keep

(A) 동명사도 명사로 쓰이는 준동사니까, 가목적어로 표현하지 않겠냐고 생각할 수 있어요. 하지만 동명사는 명사로만 쓰이기 때문에, 여러 품사로 활용되는 to 부정사에 비해 역할을 혼동할 가능성이 적어요. 그래서 동명사를 가목적어로 대신 표현하는 일은 드물어요.

(B) 뒤에 동명사가 연결되기 때문에 to는 전치사입니다. 바로 앞에 있는 명사가 전치사 to를 필요로 하는 경우가 아니라면 이런 표현은 없어요.

(C) make를 보고 사역동사의 용법이라고 생각하고 동사의 원형을 선택했나요? 하지만 사역동사는 "~가 ~하도록 하다"라는 표현 방식이기 때문에 목적어의 뒤에 원형 부정사가 나와요.

(D) 가목적어 it이란 오직 뒤로 도치된 목적어인 to 부정사의 역할을 혼동하지 않게 표시하는 장치입니다. 즉 to 부정사의 내용과는 아무 상관이 없고, 목적어의 뒤에 오는 보어가 형용사이건 명사이건, 또 그 의미가 무엇이건 관계가 없어요. 좀 더 거칠게 말하면 여러분의 어휘력과 아무 상관이 없다는 말입니다. 오직 it과 to, 혹은 that이라는 고정된 철자들의 관계니까요!

Tip 가목적어의 뒤에 형용사가 아니라, 명사가 보어로 제시된 유형입니다. make의 뒤에 it이 있는 경우는, 특히 문법 문제에서는 가목적어를 물어보는 문제일 가능성이 상당히 높아요. 따라서 뒤에 진목적어에 해당하는 to 부정사나 that절이 있는지 확인하세요. make가 가장 활용빈도가 높지만, consider와 find도 이렇게 가목적어를 동반하는 용법으로 쓰인답니다.

[해석] Ocean View Hotel의 새로운 총괄 매니저는 오전 10-11시를 직원 면담 시간으로 할애하는 것을 규칙으로 삼고 있다.

대명사 **247**

14. The internal inspectors have noticed that there ------------ been *numerous* unauthorized *purchases* over the past four months.

(A) has
(B) was
(C) were
(D) have

(A) 뒤에 있는 명사가 purchases라는 복수형이기 때문에 has라는 단수 동사와는 수가 일치하지 않아요.
(B) 수식어가 있어서 비교적 동사의 뒤에 있는 명사가 멀리 있어요. 하지만 numerous는 "수가 많은"이라는 의미이기 때문에 뒤에는 복수 명사가 연결된다는 점을 참고하세요.
(C) 동사가 복수인 것은 맞지만, be동사는 자동사이기 때문에 수동태로 쓸 수 없어요. 사실 there에 연결되는 동사는 자동사라는 점에서 수동태는 근본적으로 될 수 없기도 하고요. 그리고 끝에 있는 over the past four months는 '기간'을 나타내는 어구이기 때문에 과거 시제가 아니라, 현재 완료와 어울립니다. 틀린 곳이 많은 문제가 아니라, 복습할 내용이 풍부한 문제입니다!
(D) 뒤에 나오는 명사를 유도하는 역할인 there는 보통 부사로 분류됩니다. 그런데 이 there를 대명사로 이해하는 견해도 있어요. 그 관점에서 보면 동사의 뒤에 오는 명사를 주어가 아니라, 보어가 되는 것이죠. 둘 중 어느 의견이 옳은지를 따지는 것은 그리 중요하지 않다고 생각해요. 그런 논쟁을 유발한 원인이라 할 수 있는 there의 의미가 없다는 점을 이해하는 것이 더 근본적이니까요.

Tip 동사의 앞에 오는 there는 아무 의미도 없기 때문에 동사의 수를 결정할 수 없어요. 그래서 동사의 수는 뒤에 나오는 명사의 수에 일치시켜야 합니다. 그리고 이런 용법의 there에 연결되는 동사는 항상 자동사입니다.

[해석] 내부 감사원들은 지난 4개월에 걸쳐 인가 받지 않은 구매가 많이 있었다는 사실을 밝혀냈다.

---

6. ------------ *who* want to participate in the career advancement workshop **are** required to contact Sarah Brightman by this Friday.

(A) That
(B) They
(C) These
(D) Those

(A) 대명사 that은 주로 사물의 의미를 나타내니까, 다음에 있는 who라는 관계대명사와 어울리지 않아요. 또 that은 단수인데, 뒤에 있는 want, are라는 동사들은 모두 복수형이거든요!
(B) 앞에 they가 지칭할 수 있는 선행사가 없어요! 일반적인 사람을 의미하는 용법으로 생각하세요? 그렇다면 뒤에 의미를 한정하는 관계절이 나올 이유가 없어요.
(C) 형용사어구의 한정을 받는 that/those를 지시 대명사로 분류해요. 하지만 this/these도 지시 대명사니까, 공부하는 입장에서는 혼동할 여지가 있어요. this/these에는 이런 용법이 없으니까, 지시 대명사가 아니라, that/those만의 용법으로 기억하세요.
(D) 의미를 제한하는 형용사어구의 수식을 받을 수 있는 대명사는 단수형인 that과 복수를 의미하는 those입니다. 지금처럼 문장의 앞에 와서 선행사가 없는 경우에는 뒤의 문맥에 따라 사람을 의미하면 those를, 사물을 의미하면 that을 쓰세요. 그래서 those who, that which로 기억하는 것도 좋은 방법입니다. 다만 that which는 보통 what으로 표현하기도 하기 때문에 그리 많이 등장하지는 않아요.

Tip 인칭 대명사와 지시 대명사의 용법을 구별할 수 있어야 하는 문제입니다. 인칭 대명사는 동일한 정보가 반복되는 것을 간결하게 줄여서 표현하겠다는 의도를 담고 있는 표현입니다. 따라서 뒤에 전치사구, 분사구, 관계 대명사와 같은 형용사의 수식을 받지 않는 것이 원칙입니다. 형용사는 새로운 정보를 제공하겠다는 의도거든요. 그런 경우에는 that 혹은 those를 쓰세요!

[해석] 경력 개발 워크숍에 참석하고 싶은 사람들은 이번 금요일까지 Sarah Brightman에게 연락하셔야 합니다.

17. At the Bolton's, we **provide** special meals **for** ------------ **with diabetes**.

(A) those
(B) them
(C) that
(D) theirs

(B) them은 인칭 대명사인데, 동일한 명사가 반복된다는 표시입니다. 그러면 them이 지칭하는 복수 명사는 special meals라는 말이 되니까 중복됩니다.

(C) 앞에 선행사가 없고, 전치사구나 분사 등이 뒤에서 수식할 때 that은 주로 사물을 의미해요. 그런데 diabetes는 "당뇨병"이라는 뜻이기 때문에 사람 명사에게 적용해야죠.

(D) theirs는 소유 대명사니까 their의 뒤에 반복되던 명사가 생략됐어요. 그러면은 'their special meals'라는 말이 되는데, provide의 용법과도 맞지 않아요. 'provide something for someone'의 구조이기 때문에 for의 뒤에는 사람 명사가 와야 하거든요.

[해석] 저희 Bolton's 식당에서는 당뇨병을 앓고 있는 분들을 위한 특별식을 제공하고 있습니다.

(A) 16번은 빈 칸의 위치가 문장의 처음이기 때문에 선행사가 없는 상황이라는 것을 금방 알 수 있어요. 반면에 이 문제는 뒤쪽에 빈 칸이 있기 때문에 반응속도가 느릴 수가 있어요. 하지만 대명사 문제는 선행사를 확인한다는 원칙을 지키면 금방 익숙해져요. 이 문제도 those를 정답으로 확신하지는 못한다 하더라도, 나머지 보기들은 적절한 선행사를 찾을 수 없다는 점에서 맞는 표현으로 인정할 수 없어요.

Tip 인칭 대명사와 that/those의 용법을 한국어로는 구별하기 힘들어요. 형용사와 대명사라는 각각의 역할을 이해하고 접근해야 구별하는 기준을 납득할 수 있어요. 번거롭더라도 그 과정을 거치지 않으면, 일방적인 암기, 혹은 주관적인 감각에 의존할 수 밖에 없거든요. 적어도 시험에 출제되는 문법은 구별되는 객관적인 기준이 있다는 점을 생각하세요.

26. The author of the book emphasizes that continuous self-development is an essential step for ------------ **wishing** to get promoted.

(A) them
(B) that
(C) those
(D) him

(A) 인칭 대명사는 형용사의 수식을 받을 수 없다고 했죠? 만일 뒤의 분사어구가 없었다면 가능합니다. 물론 them이 지칭하는 선행사가 있어야 하겠지만요.

(B) 구조상으로는 분사의 앞에 that이 올 수 있어요. 그런데 wish는 "~을 원하다"라는 의미이기 때문에 행위자는 사람이 되어야 납득할 수 있어요. 그런데 that은 사물의 의미를 나타내거든요.

(D) 인칭 대명사는 앞에 언급된 명사를 반복하는 장치이기 때문에, 그 앞에서 선행사를 찾아야 해요. wishing의 의미상 주어는 사람이 되어야 합니다. author가 되면 수의 일치도 되지 않고, get promoted와 의미가 통하지 않아요. 성의 구별이 없는 author를 굳이 him이라는 남성 대명사를 쓴 것도 부적절한 표현입니다.

(C) 바로 이렇게 선행사가 없이 "(제한적인) 사람들"이라는 의미를 전달하는 대명사가 바로 those입니다! 물론 좀 더 의미를 강조해서 anyone이라고 할 수도 있어요.

Tip 'expensive it'이라는 표현이 이상하다는 것은 금방 판단할 수 있어요. that/those에 관한 문법 조항도 문법적 관점은 이와 마찬가지입니다. 다만 형용사가 앞에 있는 경우가 아니라, 뒤에서 의미를 한정하는 경우일 뿐이거든요. 어려운 문법이 아니라, 분사구, 전치사구, 관계절도 역시 형용사의 기능을 수행한다는 점을 익혀두는 것으로 받아들이면 어떨까요? 기본 개념을 이해하고, 적용하는 폭을 조금만 넓히면 되지 않을까요?

[해석] 그 책의 저자는 지속적인 자기 개발이 승진을 원하는 사람들에게는 필수적인 조치라는 점을 강조했다.

9. **Those *of you*** who have hypertension must have ----------- blood pressure checked at regular intervals.

(A) their
(B) your
(C) his
(D) its

(A) 소유격의 의미를 우리말로 해석할 때는 생략하는 경우가 많기 때문에 놓치기 쉬운 문제입니다. 또 '3인칭은 1인칭과 2인칭이 아닌 것'으로 이해하면 those를 3인칭으로 생각하기 쉽거든요. 인칭 대명사란 '인칭에 따라 표현을 구별하는 대명사'라는 의미거든요. 그래서 인칭 대명사가 아닌 것들은 사실 인칭 개념이 없는 것이죠.

(C) 앞에 남자 단수 명사가 없기 때문에 his라는 남성 대명사를 사용할 수는 없어요.

(D) "혈압"은 사람이 경험하는 의학적 현상이라는 점에서 소유격은 당연히 사람이 되어야 합니다. 물론 it의 선행사가 될 수 있는 마땅한 명사도 없기도 하고요.

(B) those의 뒤에 of이 있는 것에 주목하세요. 한정사에서 배웠듯이 of은 부분을 나타내는 의미입니다. 그리고 부분과 전체는 구성 요소가 동일하다고 했었고요. 그래서 those의 인칭은 of의 뒤에 오는 명사나 대명사에 따라 판단해야 해요. 만일 those of us였다면, 뒤의 소유격은 our가 돼야 하는 것이죠.

Tip 선행사와 대명사의 일치를 다룰 때, 1인칭과 2인칭은 일반적으로 물어보지 않아요. 1인칭은 I와 we, 2인칭은 you라는 대명사로만 표현되기 때문에 질문의 변별력이 낮거든요. 그런데 이런 질문이 가능한 경우가 바로 'those of'을 활용한 표현입니다. 낯설 수도 있지만 고정된 패턴이기 때문에 한 번만 틀리세요.

[해석] 고혈압이 있는 분들은 정기적으로 혈압을 확인해야 합니다.

---

19. There are several ways of comparing the **productivity *of one company*** with ----------- ***of others***.

(A) it
(B) that
(C) one
(D) those

(A) 인칭 대명사인 it을 형용사 용도인 전치사구가 수식할 수는 없어요.

(C) one of과 that of의 구별은 선행사를 정확하게 찾으면 됩니다. that of에서 that의 선행사는 앞에 있는 단수 명사가 됩니다. 하지만 one of에서 one이 지칭하는 대상은 of뒤에 있는 명사입니다. 그러니 지금은 'one of other companies'라는 되기 때문에 의미가 성립하지 않아요.

(D) those라면 선행사는 several ways가 됩니다. 그러면 ways의 뒤에 with ways라는 전치사구가 나열되는 구조가 되는데, 동일한 명사를 with로 연결하는 표현은 없어요.
또 other는 "~이 아닌 다른"이라는 의미입니다. 그러면 앞에는 그 무엇에 대한 정보가 전제되어야 하는데, ways에 연결되면 그 대상을 찾을 수가 없어요!

(B) that of, those of의 앞에 있는 선행사를 찾는 방법은 of이 '구성'의 의미라는 점을 활용하는 겁니다. '소유'가 바로 '부분'의 개념이기 때문에 앞에서 소유격으로 제시되는 경우가 많아요. 이 문제에서는 'of one company'와 'of others'라는 정보가 서로 대칭 구조입니다. 그러면 그 부분에 해당하는 'the productivity'가 바로 비교 대상이 되는 것이고, 이 명사에는 -s가 없기 때문에 that이 적절한 대명사가 되는 것이죠.

Tip 6, 17, 26번과는 달리 that/those의 선행사가 있는 유형입니다. 대개는 '선행사가 단수냐 that, 또 복수냐 those가 맞다'는 식으로 결과만 얘기해요. 하지만 결과가 아니라, 찾는 과정을 알려줘야 진정한 훈련이 될 수 있지 않을까요?

[해석] 어느 한 회사의 생산성과 다른 회사의 생산성을 비교하는 방법은 여러 가지가 있다.

21. ***This year's* sales figures** from major auto manufacturers are almost equal to ----------- ***of the preceding three years***.

(A) them
(B) that
(C) those
(D) this

(A) 인칭 대명사의 뒤에 형용사의 역할을 하는 전치사구가 올 수는 없어요. 정보의 반복을 표시하는 인칭 대명사와 추가 정보를 제시하는 형용사는 근본 태생이 다르거든요.
(B) 비교 대상이 되는 선행사는 sales figures라는 복수 명사입니다. 이 복수 명사를 단수인 that으로 대신하는 경우는 절대로 있을 수 없어요!
(D) 지시 대명사이지만 this와 these는 이렇게 of의 수식을 받는 구조로는 활용하지 않아요!

(C) of으로 부분을 표시한 19번과 달리, 이 문제는 's 소유격으로 나타냈어요. 비교 대상은 this year와 the preceding three years이고, 비교 항목은 sales figures가 되는 것입니다.

Tip that과 those를 선행사를 찾는 방법은 소유격을 확인하면 쉬워집니다. 이때 소유격은 세 가지 유형입니다. 첫째는 our, your와 같은 대명사, 둘째는 's로 표시되는 명사의 소유격, 셋째는 of으로 나타내는 경우입니다. 결국 of의 앞에 오는 대명사를 찾으라는 말은 비교의 구체적인 항목을 확인하라는 말이고요.

[해석] 주요 자동차 생산업체들의 올해 매출액은 이전 3년의 매출액과 거의 같은 수준이다.

2. ***Our company*** has more **competitive salaries and comprehensive benefits** than ----------- ***of our rival companies*** in this field.

(A) that
(B) these
(C) them
(D) those

(A) 소유격으로 연결되는 our company와 our rival companies가 비교 대상입니다. 그리고 구체적인 비교 항목이 바로 선행사가 되는 것이죠! 해석 할 때도 단순하게 '그것' 이라고 하지 말고, 실질적인 의미를 갖는 선행사를 통해서 이해하세요.
(B) these는 이렇게 비교의 항목을 나타내는 용도로는 활용하지 않아요. 익숙한 방식으로 설명하면, 뒤에 전치사, 분사, 관계 대명사가 연결될 수 없다는 것이죠!
(C) 인칭 대명사의 뒤에 전치사를 연결하지 말라는 말은 이제 그만해도 되지 않을까요?

(D) that/those를 보통은 '반복의 대명사'라는 말로 설명하는 데, 사실 대명사가 기본적으로 반복을 피하기 위한 장치라는 점을 감안하면 별 매력이 없는 말이라고 생각해요. 두 개의 대상을 비교할 때 구체적인 항목을 정확하게 표현하겠다는 의도와 반복되는 정보를 수의 일치라는 규칙에 맞는 대명사로 표현하겠다는 원칙을 품고 훈련하면 되지 않을까요?
이 that과 those는 한국어로는 보통 생략하고 해석을 하기 때문에 역시 무작정 해석하면 구별하기 쉽지 않을 수 밖에 없다는 점을 생각하세요.

Tip that과 those의 선행사는 보통 소유격으로 드러나는 경우가 많아요. 그런 경우에는 주로 자동사로 연결합니다. 그런데 때로는 이 문제처럼 타동사의 목적어로 그 정보를 표현하는 경우도 있어요.

[해석] 우리 회사는 이 분야의 경쟁 회사들보다 더 좋은 급여와 포괄적인 복지 혜택을 갖추고 있다.

3. Other colleagues considered Tommy's plan as unrealistic, but they thought ***the idea*** ------------ was a good one.

(A) itself
(B) yourself
(C) himself
(D) themselves

(B) the idea라는 선행사와 your라는 대명사는 일치 관계가 성립하지 않아요.
(C) the idea는 사물이기 때문에 him이라는 사람을 나타내는 대명사로 표현하기는 적절하지 않아요. 그리고 himself에 결합된 이 him은 재귀 대명사가 결합되는 고정된 형태일 뿐이지, 목적격과는 아무 상관이 없어요.
(D) the idea는 단수인데, them이라는 복수로 표시할 수는 없는 일이죠.

[해석] 다른 동료들은 Tommy의 계획을 비현실적인 것으로 간주했다. 하지만 발상 자체는 좋다고 생각했다.

(A) 명사의 뒤에 오는 재귀 대명사는 앞에 있는 명사나 대명사를 강조하는 용법입니다. 이때 그 명사가 지금처럼 주어라면 당연히 그 주어가 바로 강조 대상이 되는 것이죠. 그리고 그 선행사와 성, 수, 인칭이 일치하는 재귀 대명사를 활용하면 강조의 의도가 서로에게 전달되는 것이고요.

Tip 재귀 대명사의 용법을 묻는 문제의 보기는 크게 두 가지 유형입니다. 첫째는 이 문제처럼 재귀 대명사만 나오는 경우입니다. 그러면 self/selves의 앞에 결합되어 있는 대명사와 선행사가 수, 인칭, 성이라는 관점에서 일치하는 것을 확인하면 됩니다.
반면에 재귀 대명사와 인칭 대명사가 함께 있다면 재귀 대명사를 써야만 하는 적절한 상황인지도 판단해야 하는 것이고요. 하지만 두 가지 경우 모두 선행사를 찾으면 간단하게 해결됩니다. 대명사의 핵심은 '넌 선행사가 뭐니?' 입니다!

4. ***Your*** attempt to repair the ***product*** ------------ would result in the violation of the warranty agreement.

(A) you
(B) your
(C) yours
(D) yourself

(A) you를 would result의 주어로 생각하면, attempt라는 명사의 역할이 설명되지 않아요! 명사는 주어나 목적어로 쓰여야 해요.
(B) 어쨌든 your는 소유격이니까 일단은 뒤에 명사가 있어야죠!
(C) yours가 되면, 명사이기 때문에 attempt와 역할이 충돌되기도 하지만, 결국 생략된 명사는 attempt가 되기 때문에 도저히 설명할 수 없는 난감한 문장이 됩니다.

(D) 강조 용법의 바로 앞에 있는 명사를 강조했다면 itself라고 해야 맞아요. 이렇게 목적어의 뒤에 오는 재귀 대명사는 당연히 목적어를 강조합니다. 만일 목적어와 어울리지 않으면, 주어를 강조하는 것으로 이해하세요.

Tip 재귀 대명사가 아닌 보기도 함께 있기 때문에 일단은 재귀 대명사를 써야 하는 상황인지 판단해야 합니다. 인칭 대명사는 새로운 정보를 담고 있지 않기 때문에, 명사의 다음에 반복하지 않아요! 지금처럼 명사의 뒤에 반복되는 대명사는 오직 재귀 대명사만이 가능합니다. 그 생소한 조합에서 강조의 어감을 명확하게 전달하는 것이거든요.

[해석] 제품을 직접 수리하려고 시도하면 보증 약관을 위반하는 행위가 됩니다.

15. ***Brazil*** is going to ban all wood exports because **the forests** are very valuable **to** -----------.

(A) they
(B) ourselves
(C) it
(D) itself

(A) 전치사의 뒤에 주격이라니, 주격 뒤에 동사도 없다니, 이런 경우는 없어요!
(B) 전치사의 뒤에 ourselves를 쓴다면 주어와 동일한 대상이라는 말이니까, 주어가 we라는 얘기가 됩니다. 하지만 we는 문장에 없어요!
(D) itself가 전치사의 뒤에 있으면, 역시 재귀 대명사니까 주어와 동일하다는 뜻입니다. 하지만 이 절의 주어는 Brazil이 아니라, the forests라는 복수 명사거든요. 서로 일치하지 않기 때문에 재귀 대명사를 쓸 수는 없어요! 대명사는 선행사를 정확하게 이해하는 일종의 지도입니다.

[해석] 삼림이 자신들에게는 매우 소중하기 때문에 브라질은 모든 목재 수출을 금지할 예정이다

(C) self/selves는 주어와 목적어가 동일하다는 표시이므로, 동일하지 않다면 그 어미를 결합시키지 말아야 하는 것이죠. it이라는 단수 사물 대명사의 선행사는 Brazil입니다!

Tip 재귀 대명사가 제시된 문제는 일단 인칭 대명사를 기본으로 접근하는 것이 좋아요. 아무래도 인칭 대명사를 물어보는 경우가 더 많으니까요. 소위 '재귀적 용법'이란 재귀 대명사가 목적어로 활용되는 경우를 말하는 겁니다.
그리고 self 혹은 selves라는 어미가 결합하는 것은 그 주어와 목적어가 동일하다는 표시라는 점에서 주어와 동일한지 확인하세요! 이때 해석을 통해서 판단하려고 하지 말고, 동작의 주어가 무엇인지를 정확하게 파악하도록 하세요. 동사가 두 개 이상이라면 출제자가 물어보고 있는 동작의 주어를 찾아서 판단해야 합니다.

24. Although the analysis of the customers' trends was very complicated, ***Hiroshi Ojawa and Michael Franks*** managed to make the report **by** -----------.

(A) himself
(B) themselves
(C) itself
(D) theirselves

(A) 주어는 복수이기 때문에 him이라는 단수와는 일치하지 않아요.
(C) although 절의 주어가 아니라, 재귀 대명사가 있는 절의 주어를 확인해야 합니다. 빈 칸이 주절에 있으니까요. 그래서 analysis를 보고 판단하지 않도록 하세요.
(D) 3인칭의 재귀 대명사는 목적격 대명사에 self/selves가 결합됩니다. their는 소유격이기 때문에 재귀 대명사의 재료가 될 수 없어요. 재귀 대명사의 철자는 좀처럼 등장하지 않는 보기지만, 확실하게 알고 넘어가세요.

[해석] 고객 성향에 대한 분석 작업은 매우 복잡한 일이었지만, Hiroshi Ojawa와 Michael Franks는 자기들 힘으로 직접 보고서를 작성했다.

(B) make the report라는 동작의 행위자는 Hiroshi Ojawa and Michael Franks라는 복수 명사입니다. 따라서 3인칭 복수를 나타내는 them에, 주어와 전치사의 목적어가 동일한 대상이라는 점을 명확하게 전달하는 장치인 -selves가 결합되어야 합니다.

Tip 보기에 모두 재귀 대명사가 제시된 유형입니다. 그렇다면 재귀 대명사를 쓰는 것이 타당한지는 판단할 필요가 없다는 말이겠죠! 보기의 차이점이 바로 출제자가 물어보고자 하는 대목이라는 점을 잊지 마세요.
재귀 대명사를 물어보는 문제에서 전치사나 동사의 뒤에 빈 칸이 있다면 주어를 확인하면 그것으로 끝!

7. Miranda asked Mr. White, the ***manager*** of the department, to **have** ------------ do the market research.

(A) herself
(B) her<u>selves</u>
(C) her
(D) hers

(A) 재귀 대명사가 목적어 자리에 왔어요. 그러면 문장의 주어인 Miranda를 보고, 동일하다는 관점에서 herself를 쓰면 안됩니다. 문장의 주어가 아니라, 동작의 의미상 주어를 찾아야 하거든요. have의 의미상 주어는 Mr. White라는 남성 명사이기 때문에 her와 동일하지 않아요. 따라서 self를 붙일 수 없는 것이죠.

(B) her는 단수인데, selves는 복수이기 때문에 결합할 수 없어요. 단수인 self와 복수인 selves의 선택은 결합되는 대명사의 수에 따라 결정됩니다.

(D) hers라는 소유 대명사는 her의 뒤에 반복되는 명사가 생략된 구조인데, 문맥에서는 그 명사를 찾을 수가 없어요.

(C) 해석으로 접근하면 herself도 가능해 보여요. 동사의 목적어로 쓰일 때, 특히 'have someone to do'의 구조에서 to 부정사의 의미상 주어는 목적어라는 점을 잘 이해해야 합니다. 재귀 대명사는 문장의 주어가 아니라, 동작의 주어에 따라 결정되거든요.

Tip 목적어로 쓰인 재귀 대명사의 용법을 물어 보는 문제 중에서 가장 많이 틀리는 유형입니다. 특히 지금처럼 동사의 뒤에 나온 경우에 의미상 주어가 누구인지를 정확하게 판단해야 합니다.

[해석] Miranda는 자기에게 시장 조사를 맡겨달라고 과장인 White씨에게 부탁했다.

10강 관계 대명사

I. 관계사는요!

1. 관계사는 줄임말입니다!

관계사란 접속사와 대명사, 형용사, 또는 부사를 하나로 줄임으로써, 문장을 간결하게 쓰는 장치입니다. 인칭 대명사는 정보가 반복된다는 표시이기 때문에, 정보의 가치가 낮아요. 그런 대명사와 and라는 접속사를 결합시켜서 경제적으로 표현하는 것이죠. 이렇게 접속사와 대명사를 결합시킨 경우를 관계 대명사, 그리고 접속사와 부사를 결합시킨 경우를 관계 부사라고 해요.

관계 대명사는 인칭 대명사보다 개체수가 적기 때문에 문법적으로는 더 단순할 수 밖에 없어요. 즉 인칭 대명사에서 중요하게 생각하는 성과 인칭, 그리고 수는 구별되지 않거든요. 다만 사람/사물의 구별과 격의 구별만이 필요한데, 이마저도 일부에만 적용됩니다. 구체적으로 '사람/사물'로 구별되는 관계 대명사는 who, whom, which뿐이고, 격이 구별되는 경우는 who, whom, whose 밖에 없어요. 그래서 관계 대명사의 문법적 요점은 극히 단순하고, 문제의 유형도 역시 다양하지 않아요.

2. 관계 대명사의 두 얼굴

관계 대명사를 공부하면서 항상 염두에 둬야 할 점은 접속사와 대명사라는 두 개의 요소가 결합되어 있기 때문에 양쪽의 속성을 모두 이해해야 한다는 겁니다. 이런 양면적인 속성이 관계 대명사를 어렵게 생각하는 이유가 되기도 해요.

관계 대명사의 '관계'라는 말은 '접속사'라는 의미입니다. 그래서 접속사의 기능과 대명사의 속성을 함께 이해하고 있어야 합니다.

먼저 관계 대명사는 문장에서 대명사의 역할을 해요. 그래서 문장의 구조에 따라 주격, 목적격, 소유격의 형태를 갖는 겁니다. 대명사에서 공부했던 내용을 적용하면 금방 이해할 수 있을 겁니다.

그리고 접속사의 기능이 있으니까 다음에는 반드시 동사가 연결되는 것이고요. 그래서 관계 대명사가 이끄는 절은 주로 앞에 있는 명사를 설명한다는 점에서 형용사절로 분류되는 것이죠.

복잡해 보이지만, 원래 큰 의미가 없는 두 개의 요소가 결합된 것이니까 특별하거나, 새로운 용법이 있는 것은 아닙니다. 게다가 관계 대명사는 who, whom, which, whose, that, what 밖에 없으니까 각각의 용도를 정확하게 파악하면 자신감을 가질 수 있을 겁니다.

I met an investment analyst at the banquet, **and he** gave his business card to me.

= I met an investment analyst at the banquet, **who** gave his business card to me.

나는 연회에서 투자 분석가를 만났는데, 그가 나에게 자기 명함을 주었다.

I met an investment analyst at the banquet, **and his advice** was very helpful.

= I met an investment analyst at the banquet, **whose advice** was very helpful.

나는 연회에서 투자 분석가를 만났는데, 그의 충고는 매우 도움이 되었다.

I met an investment analyst at the banquet, **and** I handed **him** my business card.

I met an investment analyst at the banquet, **whom** I handed my business card.

나는 연회에서 투자 분석가를 만났는데, 나는 그에게 내 명함을 건네주었다.

확인합시다

1. The architect, who ---------- Central Station in Budapest, published his autobiography last week.
   (A) designed   (B) designing   (C) having designed   (D) to design

2. Jeremy Simpson, ---------- has been working in this office for three years, is looking for another opportunity to improve his career.
   (A) that   (B) who   (C) what   (D) which

3. The professor, to ---------- you sent the invitation, is on sabbatical leave in Chile.
   (A) which   (B) who   (C) whose   (D) whom

<정답> 1.(A) 2.(B) 3.(D)

II. 관계 대명사의 종류와 용법

1. who

'사람 명사 + who + 동사 ~'

who는 and와 he나 she, they와 같은 사람을 나타내는 대명사의 주격이 결합된 단어입니다. 따라서 선행사는 사람 명사가 되는 것이죠. 주어로 쓰이기 때문에 뒤에는 반드시 동사가 연결되고요.

이때 who의 뒤에 오는 동사의 단수/복수는 who의 선행사를 보고 판단해야 합니다. 관계 대명사는 수의 개념이 없기 때문에 직접 판단할 수가 없거든요. 결국 대명사와 선행사의 수를 일치시키는 것과 같은 관점입니다.

Karl Huntington, **who *deals*** with problems related with computer systems, received the Award of The Employee of the Year.
컴퓨터 시스템과 관련된 문제를 해결하는 Karl Huntington이 올해의 직원상을 받았다.

Employees **who *seek*** reimbursement for business travel expenses should submit the Form R735 to the accounting department.
출장 경비를 상환 받으려는 직원은 R735 양식을 회계과에 제출해주시기 바랍니다.

2. whom

'사람 명사 + whom + 주어 + 동사 ~'

and와 him, her, them과 같은 목적격이 결합된 단어가 whom입니다. 즉 접속사의 역할과 목적어의 역할을 겸하는 것이죠. 그래서 선행사는 반드시 사람 명사가 되고, 뒤에는 주어와 동사가 연결됩니다. 동사나 전치사의 목적어가 and와 결합했기 때문에, 동사나 전치사 뒤에는 목적어인 명사가 없는 구조가 됩니다.

The lecturer **whom** I wanted to ***see*** didn't attend at the reception because of his medical conditions.
내가 보고 싶었던 그 강사는 건강 문제로 리셉션에 참석하지 않았다.

You are exactly *the applicant* **whom** we have been searching ***for***.
당신이 바로 우리가 찾고 있던 지원자입니다.

3. which

'사물 명사 + which + (주어) + 동사 ~'

and와 사물을 지칭하는 it과 같은 대명사가 결합된 것이 which입니다. 그래서 선행사는 사물 명사이고, it처럼 형태의 구별이 없이 주격과 목적격으로 모두 쓰여요. 그래서 다음에 주어가 없으면 주격, 주어가 있으면 목적격이라고 판단하면 됩니다.

***The theme park**, **which** **is** scheduled to open next month, is expected to attract many tourists.*

다음 달에 개장할 예정인 놀이 공원은 많은 관광객들을 끌어 모을 것으로 예상되고 있다.

*This book is written to tackle various stressful **situations** **which** we have **experienced** in the office.*

이 책은 우리가 사무실에서 겪는 다양한 스트레스 상황에 대처하기 위한 것입니다.

4. whose
'명사 + whose + 명사 + (주어) + 동사 ~'

and와 소유격이 결합된 단어가 바로 소유격 관계 대명사인 whose입니다. their라는 소유격이 사람과 사물의 구분이 없듯이, whose도 사람과 사물 모두에게 적용될 수 있어요. 따라서 whose에서 가장 중요한 점은 반드시 뒤에 명사가 연결되어야 한다는 겁니다. 사실 whose의 용법이 아니라, 소유격의 용법으로 이해하는 것이 정확하지요. 그래서 대명사에서 공부한 내용을 생각하면 별 것 없다고 했던 겁니다. 관계 대명사는 단지 두 단어가 결합했을 뿐, 나머지 단어들은 전혀 영향을 받지 않거든요.

***All employees** whose **name** is on the list should contact Rebecca Sims in the Administration Department by 5 o'clock.*

명단에 이름이 게재된 모든 직원들은 5시까지 관리과의 Rebecca Sims에게 연락해주기 바랍니다.

*Consumers should purchase **a food product** whose **label** includes the exact information of the ingredients.*

소비자들은 성분에 대한 정확한 정보를 포함하는 라벨이 붙은 식료품을 구입해야 한다.

5. that
전치사도, comma도 싫어요!

that은 주격과 목적격으로 구별 없이 쓰이고, 소유격으로는 쓰이지 않아요. 그리고 선행사에 대한 구별도 없고요. 그래서 who, whom, 혹은 which 대신 사용되기도 합니다.

that이라는 단어가 기본적으로 한정적인 의미를 갖기 때문에, 선행사에 'the best, the most, the last, the first, the same, the only'처럼 한정적인 의미를 갖는 어구가 있거나, something, anything, nothing이 선행사일 때 주로 사용하지만, 의무 조항은 아닙니다.

그래서 that을 쓰지 말아야 하는 경우에 초점을 맞추는 것이 좋아요. 말했듯이 that은 제한적인 의미이기 때문에 앞에 comma가 올 수 없어요. 또 전치사의 뒤에서도 사용할 수 없어요!

Bill Hammons is called Jack of all trades as he can fix almost **anything that** needs repairing.

수리가 필요한 것은 거의 무엇이나 고칠 수 있기 때문에 Bill Hammons는 '팔방미인'으로 불린다.

The item **about that** you inquired is now out of stock. (that ⇨ which)

문의하신 물품은 현재 재고가 없습니다.

Little Havana, **that** specializes in authentic Cuban cuisine, is going to open its fifth restaurant in Tampa, Florida. (that ⇨ which)

정통 쿠바식 요리를 전문으로 하는 Little Havana는 플로리다주의 Tampa에 다섯 번째 점포를 개점할 예정이다.

6. what
명사도, comma도 싫어요!

what도 주격 또는 목적격으로 모두 쓰이고, 소유격의 용법은 없어요. 보통은 선행사를 포함하고 있다고 하는데, 선행사가 생략된 것으로 이해하면, 다른 용법들까지 소화할 수 있기 때문에 더 효과적입니다. 즉 their는 형용사지만, 뒤에 있는 명사가 생략되면 theirs가 그 명사의 역할까지 하는 것을 기억해보세요. 역시 who, whom, which의 앞에 있던 선행사가 생략되면, 그 명사의 역할을 관계 대명사가 하게 되거든요. 그것이 바로 what입니다. 그래서 다른 관계 대명사들이 형용사절을 연결하는 것과는 달리, what절은 명사절로 쓰이는 것이죠.

what의 앞에서 생략되는 선행사는 사람과 사물, 모두 가능해요. 그래서 what도 그 앞에 절대로 올 수 없는 어구에 초점을 맞추세요. 바로 명사와 comma입니다. 이미 명사의 역할이기 때문에 앞에 명사가 있을 수는 없겠죠! 또 what절은 명사절이기 때문에 comma로 분리할 수 없는 것이고요!

When you design your future, it is wise to **consider** carefully **what** you want to **achieve**.

미래를 설계할 때, 이루고 싶은 것을 신중하게 고려하는 것이 현명한 일이다.

The XP4301MF laser **printer what** you ordered last week will be delivered by this Friday. (what ⇨ which)

지난 주에 주문하신 XP4301MF 레이저 프린터는 이번 금요일까지 배송될 예정입니다.

Further details are explained in the enclosed instruction manual, **what** you should read. (what ⇨ which)

더 자세한 내용은 동봉해드린 사용 설명서에 있으니, 꼭 읽어보시기 바랍니다.

확인합시다

1. We have to be kinder to customers ---------- file complaints about our products.
   (A) whom   (B) whose   (C) they   (D) who

2. The list of the attendees at the conference to ---------- the agenda should be sent in advance can be found on your desk.
   (A) whoever   (B) what   (C) where   (D) whom

3. Samuel Wells, ---------- books inspired many investors all over the world, is one of the most renowned futurologists.
   (A) whose   (B) that   (C) who   (D) which

4. Our company use trucks to deliver our fresh vegetables, all of ---------- are painted green.
   (A) them   (B) whom   (C) which   (D) that

5. Johnson & Garber Institute has asked 100 top entrepreneurs of the world to describe ---------- their jobs entail in case of an economic crisis.
   (A) how   (B) what   (C) when   (D) which

<정답> 1.(D) 2.(D) 3.(A) 4.(C) 5.(B)

III. 복합 관계 대명사는 더 쉬워요!

관계 대명사의 뒤에 ever라는 어미가 붙은 형태를 복합 관계 대명사라고 해요. 관계 대명사 중에서 that은 복합 관계 대명사로 쓰이지 않기 때문에 모두 whoever, whomever, whosever, whichever, whatever 다섯 가지입니다.

1. 복합 관계 대명사의 용법

복합 관계 대명사는 강조 용법과 양보 용법, 두 가지로 쓰입니다. 강조 용법은 '강조'의 의미를 갖는 anything, 혹은 anyone과 같은 선행사가 생략되고, -ever라는 어미가 그 역할을 대신 하는 경우입니다. 선행사의 역할을 하기 때문에 형용사절로 쓰이는 관계 대명사절과 달리 명사절의 역할을 합니다. 따라서 주어나 목적어의 자리에 있게 되고요.

Whoever wants to attend at the special lecture **has** to complete the application form.
특별 강연에 참석하고 싶은 사람은 누구건 신청서를 작성해야 합니다.

You may **bring** to the charity bazaar ***whatever*** you want to donate.
기증하고 싶은 물건은 무엇이건 자선 바자회에 가져오셔도 좋습니다.

반면에 양보 용법은 부사절의 역할을 하면서, 두 문장을 논리적으로 상반된 관계로 연결해줍니다. 부사절로 쓰이기 때문에 주절보다 먼저 오는 경우에는 comma로 분리됩니다.

Whoever may say no, we always look on the bright side of things.
누가 부정적으로 말한다 하더라도, 우리는 항상 상황의 긍정적인 면을 봅니다.

Whatever you ***need***, we are ready to meet your needs.
무엇을 필요로 하시건, 저희는 고객의 요구를 충족시킬 준비가 되어 있습니다.

2. who와 whoever의 차이!
-ever의 의미는 뭘까요?

복합 관계 대명사에 대한 문법 문제는 두 가지 관점을 물어봅니다. 첫째는 관계 대명사와 복합 관계 대명사의 차이점이고, 둘째는 복합 관계 대명사의 격입니다.
먼저 복합 관계 대명사는 관계 대명사에 -ever라는 어미가 추가로 결합된 형태입니다. 그래서 이 어미가 무엇을 의미하는지를 이해하고 있어야 합니다. 앞에 있던 선행사가 생략되면서 관계 대명사가 그 명사의 역할까지 겸하는 상황을 표시하는 단어가 what이었던 것, 기억하나요? 복합 관계 대명사의 강조 용법도 이와 같은 맥락입니다. 바로 앞에 있는 선행사가 생략되었고, 그것을 -ever로 표시한 것이거든요. 다만 any라는 '강조'의 의미를 갖는다는 점이 what과 다를 뿐이죠.

그래서 what처럼 복합 관계 대명사도 선행사에 해당하는 명사가 그 앞에 있을 수가 없어요.

Who*ever* speaks Chinese will be welcomed.
= ***Anyone*** who speaks Chinese will be welcomed.
중국어를 구사하는 사람이면 누구나 환영 받을 것이다.

You may choose which*ever* you want.
= You may choose ***anything*** which you want.
원하는 것은 무엇이건 골라도 좋다.

3. 복합 관계 대명사의 격! 절대로 조심하지 마세요!!

복합 관계 대명사에 관한 문법 문제의 두 번째 유형은 바로 격의 활용에 대한 겁니다. 간혹 복합 관계 대명사의 격은 복잡하니까 조심하라고 협박하는 사례들이 있어요. 하지만 전혀 근거 없는 말이니까, 절대로 조심하지 마세요! 자칫하면 생각만 경직되고 말아요.

복합 관계 대명사를 형성하는 -ever의 용도만 정확하게 이해하세요. 이 어미는 선행사의 존재를 표시하는 장치라고 했어요. 그렇다면 관계 대명사의 왼쪽에 있는 어구와 관계가 있을 뿐, 오른쪽 구조와는 아무 상관이 없겠죠? 그런데 관계 대명사의 격은 오른쪽, 즉 관계절의 구조로 판단하거든요.

확실하게 결론을 내리면, 복합 관계 대명사의 격은 관계 대명사일 때와 동일하다는 말입니다. 그러니 새로운 공식을 만들거나, 걱정할 이유가 없다는 것이죠. 관계 대명사의 격을 온전하게 이해하고 있는지를 확인하면 됩니다.

그래서 whoever의 뒤에는 who일 때와 마찬가지로 동사가 나와요! 그러면 whomever의 뒤에는 whom과 동일하게 '주어와 동사'가 연결되는 것이고요. 물론 whosever의 뒤에는 명사가 있어야죠! whose에 선행사가 결합된 형태일 뿐이니까요!

I'll give this computer to whoever ***wants*** it.
나는 이 컴퓨터를 원하는 사람 누구에게건 주겠다!

Whomever you *like* may come to the party.
네가 좋아하는 사람은 누구건 파티에 와도 좋다.

IV. 관계 부사

관계 부사는 접속사와 부사어구가 결합된 단어입니다. 사물과 사람이라는 구분을 우선하는 관계 대명사와 달리, 관계 부사는 앞에 있는 선행사의 의미에 따라 결정됩니다. when, where, why, how, 네 가지가 있는데, 의문사일 때와 기본 개념은 동일합니다.
그리고 거의 대부분의 교재에서 소개하는 '전치사 + 관계 대명사 = 관계 부사'라는 공식이란 존재하지 않으니까 빨리 잊어버리세요!
'전치사 + 명사'는 부사의 역할을 하고, 그 구조에 접속사의 기능이 추가된 것에 불과하거든요.
예를 들어 Seoul의 앞에 결합될 수 있는 전치사는 다양해요. 문맥에 따라 'at Seoul, in Seoul, for Seoul, near Seoul, through Seoul' 등 여러 가지로 표현할 수 있거든요. 그런데 관계 부사가 되면 그런 구체적인 전치사의 의미들이 구별되지 않기 때문에 문맥을 고려하라는 의미일 뿐이지, 둘을 서로 고치거나 바꿔 쓸 이유는 없거든요.

1. 관계 부사의 종류

1) when

시점을 나타내는 when의 기본 개념에 맞게 '시간' 명사가 선행사로 제시될 때 사용합니다. comma의 뒤에 사용될 수도 있어요.

Every Tuesday is ***the day*** **when** the on-line marketing meeting will be held from next week.

다음 주부터 매주 화요일이 온라인 마케팅 회의를 하는 날입니다.

2) where

장소를 나타내는 where의 기본 개념에 맞게 '장소' 명사가 선행사로 제시됩니다. comma의 뒤에 사용될 수도 있고요.

Please be reminded that the employee lounge is ***the place*** **where** only employees on duty take rest.

직원 휴게실은 근무중인 직원들만 휴식을 취할 수 있는 곳이라는 점을 상기해주시기 바랍니다.

3) why

'이유'를 의미하는 the reason의 뒤에 쓰입니다. comma의 뒤에 쓸 수는 없어요!

Price is ***the reason*** **why** George Benson has lunch everyday in the cafeteria.

George Benson이 매일 점심을 구내 식당에서 해결하는 이유는 가격 때문이다.

4) how

the way와 how는 모두 "방법"이라는 의미상 공통점이 있어요. 하지만 the way와 how를 함께 쓸 수 없어요! 둘 중 하나는 반드시 생략해야 합니다! 또 comma와 함께 쓸 수도 없고요!

The engineer at the service center explained ***how*** I can send an e-mail through my tablet PC.

서비스 센터의 기사가 내 태블릿 피시로 이메일을 보내는 방법을 설명해주었다.

2. 관계 부사는 부사입니다!

관계 부사는 접속사와 부사가 결합된 단어입니다. 그래서 문장에서 부사의 역할을 합니다. 즉 문장의 주어로 쓰일 수는 없다는 말이죠!

The new subway line, ***where has*** been running since last March, provides service to the six new stations of the city. (where ⇨ which)

지난 3월부터 운행되고 있는 새 지하철 노선은 6개의 신설된 역에 서비스를 제공하고 있다.

3. 복합 관계 부사절은 부사절입니다!!!

복합 관계 부사는 whenever, wherever, however 세 가지가 있어요. 복합 관계 부사도 복합 관계 대명사처럼 선행사가 없어요. 그리고 항상 부사절로만 쓰인다는 점에서 형용사절인 관계 부사와 달라요. 특히 however의 경우에는 형용사나 부사가 도치된다는 점을 꼭 기억해야 해요! 복합 관계 부사를 no matter when, no matter where, no matter how로 표현하기도 합니다.

Whenever there is a question, just call our toll-free number 800-776-5927.

질문이 있을 때는 언제건, 수신자 부담 전화인 800-776-5927으로 전화해주세요.

Your car can be towed without notice ***wherever*** you park in this street.

이 거리 어디에 주차를 해도 예고 없이 견인될 수 있습니다.

However tired he may be, he always takes a thirty-minute jog every morning.

아무리 피곤해도 그는 아침마다 30분 동안 조깅을 한다.

확인합시다

1. ---------- is interested in participating in the annual street festival should apply by the end of the month.
   (A) Anyone   (B) Who   (C) Whichever   (D) Whoever

2. Employees are permitted to bring ---------- they like at the company picnic.
   (A) wherever   (B) however   (C) whosever   (D) whatever

3. Your invested money is safe no matter ---------- happens to our company.
   (A) what   (B) which   (C) whose   (D) how

4. They developed a computer software that helps businessmen find websites ---------- they can find distributors for their products.
   (A) when   (B) where   (C) why   (D) which

5. ---------- stylish the interior design of a room may be, it is possible to feel uncomfortable.
   (A) Whenever   (B) However   (C) Whatever   (D) Wherever

<정답> 1.(D) 2.(D) 3.(A) 4.(B) 5.(B)

Practice Test

1. ----------- you are looking for regarding our products is sure to be found in our website.
   (A) Whenever
   (B) However
   (C) Whatever
   (D) Whomever

2. The auto manufacturer immediately acknowledged the reported defect at the transmission system of the new hybrid model, ----------- everyone because it had to recall about seventy thousand vehicles.
   (A) it surprised
   (B) which surprising
   (C) which surprised
   (D) where surprised

3. Kurt Pincheon had Bill Jefferson do the research to determine the effect ----------- the changes in our company's policies would have on our contractors.
   (A) of
   (B) what
   (C) for
   (D) that

4. Any employee ----------- wishes to join the monthly bird watching must contact Rosalyn Moore at ext. 432.
   (A) when
   (B) who
   (C) which
   (D) whose

5. The renowned author and psychologist Dr. George Ritenour, ----------- book on stress management was published two months ago, will make a special lecture at the workshop next Thursday.
   (A) which
   (B) whom
   (C) what
   (D) whose

6. The venue ----------- our next monthly staff meeting was supposed to be held has been changed to the large conference room located on the 5th floor.
   (A) which
   (B) where
   (C) when
   (D) whichever

7. The conference center ----------- our company has held the anniversary for five years is located near the subway station.
   (A) which
   (B) in which
   (C) in where
   (D) in that

8. Enclosed you will find a copy of the report ----------- I promised to send you during the telephone conversation last week.
   (A) whose
   (B) then
   (C) what
   (D) which

9. ---------- has the best performance will be awarded the Employee of the Year trophy at the year-end bash.
   (A) who
   (B) whoever
   (C) Whomever
   (D) whichever

10. Over the past five months, we have recycled about 160 pounds of office paper, ---------- saved us thousands of dollars in waste collection costs.
    (A) when
    (B) who
    (C) what
    (D) which

11. We will meet in the square in front of the palace at 9:00 a.m., where we will start a guided city tour, which ---------- by the City Museum.
    (A) being sponsored
    (B) has sponsored
    (C) sponsors
    (D) is sponsored

12. ---------- time we receive an order, we guarantee a 25-minute delivery.
    (A) What
    (B) Which
    (C) Whatever
    (D) However

13. Tomorrow's delivery has to be stored ---------- we can find spare space.
    (A) wherever
    (B) whoever
    (C) whatever
    (D) whichever

14. The employee handbook states ---------- employees need to know regarding company regulations.
    (A) which
    (B) where
    (C) how
    (D) what

15. The travel agency is offering a discount to all tourists ---------- make their reservations 60 days in advance.
    (A) which
    (B) who
    (C) when
    (D) whom

16. The salesperson ---------- sales figures are ranked in the top three will receive a two-thousand gift certificate and a one-week paid vacation.
    (A) their
    (B) who
    (C) whose
    (D) whom

17. The supervisor of the factory in Saint Petersburg is the position for ---------- Yuri Solzhenitsyn has applied, but we have not yet made a final decision.
    (A) which
    (B) whom
    (C) that
    (D) what

18. Productivity has been improved at twice the rate since the factory introduced the new press machine, ---------- means they may be able to double their sales.
    (A) who
    (B) whose
    (C) which
    (D) that

19. The city of San Pedro, offering start-up companies various benefits, is considered a great place ------------ to launch a new business.
   (A) where
   (B) in which
   (C) in whose
   (D) which

20. ------------ the company was established thirty years ago, the counseling industry was still in its infancy.
   (A) In addition to
   (B) Otherwise
   (C) At the time
   (D) Despite

21. Large companies can have considerable power over news media in ------------ they advertise their products and services.
   (A) that
   (B) who
   (C) which
   (D) whom

22. The registration pop-up window appears only the first time ------------ the program starts.
   (A) why
   (B) when
   (C) how
   (D) where

23. Our club provides our members with benefits that ------------ a beverage service at the lounge and a three-hour parking without any charge.
   (A) include
   (B) including
   (C) are included
   (D) has included

24. The location ------------ has the most foot traffic is the most important consideration in opening a store.
   (A) who
   (B) which
   (C) whose
   (D) what

25. Both of the teapots were made with great care, and we assure you that ------------ you choose will bring years of satisfaction.
   (A) whomever
   (B) whoever
   (C) whichever
   (D) whosesoever

26. The local newspaper has decided to hire nine reporters during the third quarter of this year, all of ------------ are required to have a minimum of five years' experience.
   (A) them
   (B) who
   (C) whom
   (D) what

27. ------------ uncomfortable they may be, dust-proof gears must be worn when entering our semi-conductor laboratory.
   (A) Whenever
   (B) Whoever
   (C) Whatever
   (D) However

28. We have a team specially designed to help you find ------------ information you want.
   (A) whenever
   (B) whatever
   (C) however
   (D) whoever

<정답>1.(C) 2.(C) 3.(D) 4.(B) 5.(D) 6.(B) 7.(B) 8.(D) 9.(B) 10.(D) 20.(C) 21.(C) 22.(B) 23.(A) 24.(B) 25.(C) 26.(C) 27.(D) 28.(B)
11.(D) 12.(C) 13.(A) 14.(D) 15.(B) 16.(C) 17.(A) 18.(C) 19.(B)

정답 너는 누구냐?

11. We will meet in the square in front of the palace at 9:00 a.m., where we will start a guided city tour, ***which*** ---------- by the City Museum.

(A) be<u>ing</u> sponsored
(B) <u>has</u> spons<u>ored</u>
(C) sponsors
(D) is sponsored

(A) 관계 대명사의 뒤에 분사가 나오는 경우는 절대 없어요. 관계 대명사도 접속사로 쓰니까 당연히 동사가 있어야죠!
(B) has -ed는 능동이잖아요? 근데 뒤에 목적어가 없잖아요!
(C) 동사로 표현한 것은 맞아요. 정답을 고른다는 것은 보기의 차이를 구별하는 것이거든요. (D)의 보기와 다른 점이 무엇인지 찾아내세요. be -ed가 아닌 것은 모두 능동이라는 점을 잊지 마세요!

(D) 관계 대명사는 접속사와 대명사가 하나로 결합된 용법이니, 당연히 뒤에는 동사가 나와야죠.

Tip 보기에 관계 대명사가 없다고 해서 관계 대명사 문제가 아니라고 단정짓진 마세요. 문법은 점과 점이 연결되는 관계라는 점을 항상 잊지 마세요. 동사인 보기와 동사가 아닌 보기가 섞여 있다면 당연히 동사의 자리인지 판단하는 것이 우선입니다. 이때 동사와 접속사의 관계를 통해 확인하는 것! 잊지 말자고요!

[해석] 우리는 오전 9시에 왕궁 앞에 있는 광장에서 만날 것입니다. 그곳에서 시립 미술관에서 후원하는 안내원이 있는 도시 관광을 시작할 예정입니다.

2. The auto manufacturer immediately **acknowledged** the reported defect at the transmission system of the new hybrid model, ---------- everyone **because** it **had** to recall about seventy thousand vehicles.

(A) <u>it</u> surprised
(B) <u>which</u> surpris<u>ing</u>
(C) <u>which</u> surprised
(D) <u>where</u> surprised

(A) acknowledged, had, surprised 라는 세 개의 동사가 있는데, 접속사는 because 하나 밖에 없기 때문에 빈 칸에는 반드시 무엇이건 접속사의 역할을 하는 단어가 있어야만 합니다!
(B) 관계 대명사의 뒤에 -ing가 연결되는 경우는 절대로, 절대로 없어요.
(D) where는 관계 부사입니다. 그럼 부사로 쓰인다는 말이거든요. surprised는 동사니까, 앞에는 명사가 있어야 주어의 역할을 하죠! 부사는 부사고, 명사는 명사죠!

(C) 관계 대명사나 관계 부사를 대할 때 제일 먼저 생각해야 할 일은, '관계'라는 말은 접속사를 의미한다는 점을 적용하는 겁니다. 그래서 일단 문장이 성립되는 지를 확인하고 난 다음에, 대명사의 영역을 검토하는 것이 관계 대명사를 이해하는 데 효과적입니다.

Tip it과 which가 보기에 나오는 경우입니다. 이 둘을 보면 어떤 점이 가장 먼저 떠오르나요? 둘을 비교하고, 차이를 느껴보세요! it은 대명사, which는 관계 대명사입니다. '관계'라는 말이 다르죠? 결국 접속사인 which냐? 접속사가 필요 없는 it이냐를 판단하는 겁니다. 관계 대명사도 접속사의 기능이 있다는 점을 물어보는 방법이 바로 이런 것이거든요. 만일 them과 whom이 보기에 있어도 같은 관점으로 접근하는 겁니다. 보기의 차이를 통해, 출제자의 의도를 읽어내는 것이 출제자와 소통하는 첫걸음입니다!

[해석] 그 자동차 제조업체는 새로 출시한 하이브리드 모델의 변속 시스템에 결함이 있다는 보도를 곧바로 인정했다. 7만 대의 차량을 리콜해야 했기 때문에 그 일은 모두를 놀라게 했다

23. Our club provides our members with **benefits** that ----------- a beverage service at the lounge and a three-hour parking without any charge.

(A) include
(B) including
(C) are included
(D) has included

(B) 음... that의 앞에 이렇게 명사가 있을 때는 대부분 관계 대명사입니다. 그렇다면 관계 대명사의 다음에 -ing는 올 수 없다는 말은 이제 그만해도 되지 않을까요?
(C) are -ed는 수동태입니다. 그 말을 믿고 빈 칸의 뒤를 봤더니 a라는 관사가 있어요. 그럼 명사가 있다는 말인데, 이러면 be -ed에 대한 배신입니다!
(D) 대명사와 선행사는 동일하니까, that이라는 관계 대명사는 곧 선행사인 benefits를 지칭하는 것이거든요. 그럼 benefits와 has는 수가 일치하지 않아요.

(A) 관계 대명사는 인칭 대명사와 달리 수의 구별이 없어요. 그래서 관계 대명사의 선행사를 통해 간접적으로 수를 판단해야 합니다. that이 대명사나 형용사로 쓰일 때는 단수지만, 접속사나 관계 대명사로 쓰이면 수의 의미가 없으니까 서로 혼동하지 마세요!

Tip 일단 보기에 동사의 자리인지를 물어보겠다는 의도가 있다는 점을 포착하세요. 그런 다음 동사의 어미에 결합할 수 있는 태, 수의 문법적 관점을 하나씩 확인하는 겁니다. 이 문제처럼 단수/복수에 대한 이해를 측정하고 싶다면 어떻게든 수의 형태가 다른 보기가 있을 것이고, 그를 구별할 수 있는 단서도 반드시 있다는 점을 생각하세요.

[해석] 저희 클럽에서는 회원들에게 라운지에서 무료 음료와 3시간 무료 주차를 포함하는 혜택을 제공하고 있습니다.

4. Any **employee** ----------- wishes to join the monthly bird watching must contact Rosalyn Moore at ext. 432.

(A) when
(B) who
(C) which
(D) whose

(A) when은 관계 부사입니다. 즉 접속사이면서, 부사의 역할도 하는 것이죠. 그럼 wishes라는 동사의 주어는 누가 맡아야 하나요? 부사가 주어가 될 수는 없어요.
(C) who와 which가 보기에 함께 있다는 특징을 포착하세요. 즉 it과 he/she를 구별하라는 대명사의 관점이 그대로 연결되는 유형이거든요. 선행사가 employee라는 사람 명사이기 때문에 which는 어울리지 않아요.
(D) whose는 소유격과 접속사가 결합된 단어입니다. 따라서 반드시 뒤에는 명사가 있어야 해요! wish가 명사로 쓰이는 경우도 있지만, 그러면 동사는 must contact 하나 밖에 없어서 whose라는 접속사가 있을 이유가 없어요.

(B) 이렇게 빈 칸의 왼쪽에 사람 명사가 있고, 오른쪽에 동사가 있는 경우라면 올 수 있는 단어는 관계 대명사의 주격인 who 밖에는 없어요.

Tip 보기에 관계사만 제시된 경우입니다. 일단은 관계 대명사와 관계 부사라는 품사를 구별하는 것이 우선입니다. 이 둘은 '관계'라는 말은 같고, 대명사와 부사라는 부분이 달라요. 즉 접속사의 성격은 구별하지 않고, 품사만 물어보겠다는 의도로 이해하면 충분하지 않을까요?

[해석] 월례 조류 관찰에 함께 하기를 원하는 직원은 구내번호 432번 Rosalyn Moore에게 연락하시기 바랍니다.

15. The travel agency is offering a discount to all *tourists* ------------ *make* their reservations 60 days in advance.

    (A) which
    (B) who
    (C) when
    (D) whom

(A) -ist는 사람 명사에 결합하는 어미입니다. 따라서 사물 명사를 선행사로 하는 which와는 충돌이 발생해요.
(C) 관계 부사인 when이 make의 앞에서 주어의 역할을 할 수는 없겠죠? 부사니까 말이죠!
(D) 선행사가 사람이라는 점에서 일단 whom을 쓴 것은 맞아요. 하지만 빈 칸에 들어가서 거부 반응이 발생하지 않는 표현을 찾아야 하니까, 항상 빈 칸의 좌우를 모두 살피는 습관을 길러두세요. whom은 목적격, 즉 목적어의 역할을 해요. 주어가 아닙니다!

(B) 역시 빈 칸의 앞에는 사람 명사가 있고, 빈 칸의 뒤에는 동사가 나오는 구조라는 점을 파악하세요. 4번과 제시되는 단어만 다를 뿐, 문법적인 관계나 판단은 같으니까, 이 두 문제를 해결하는 과정이 일정했는지 스스로 꼭 확인해보세요!

Tip 역시 관계 부사인 when과 관계 대명사가 제시된 유형입니다. 관계사의 종류는 많지 않기 때문에 정답을 찾기 보다는 오답이 되는 이유를 확인하는 것이 훨씬 효과적입니다. 가능하면 큰 소리로 설명을 하면 더 좋고요. 그러면서 각각의 용법을 명확하게 이해할 수 있거든요.

[해석] 그 여행사에서는 60일 이전에 예약하는 모든 관광객들에게 할인 행사를 하고 있다.

26. The local newspaper **has decided** to hire nine *reporters* during the third quarter of this year, **all of** ------------ **are required** to have a minimum of five years' experience.

    (A) them
    (B) who
    (C) whom
    (D) what

(A) has decided와 are required라는 두 개의 동사를 연결할 접속사가 없기 때문에 문장이 성립하지 않아요. 대명사와 관계 대명사라는 대립쌍은 접속사가 필요한지 묻는 문제라는 점을 꼭 기억하세요.
(B) 동사의 앞은 무조건 주격이라고 단정하지 마세요. 전치사의 뒤에는 반드시 명사가 필요하고, 그것을 전치사의 목적어라고 해요. 따라서 of에 연결되는 목적격이 필요한 자리입니다.
(D) what의 앞에 절대 올 수 없는 어구가 두 가지입니다. 바로 명사와 comma입니다. 지금은 reporters라는 선행사도 있고, comma도 있어요.

[해석] 그 지역 신문사에서는 올해 3분기에 9명의 기자를 채용하기로 결정했다. 그리고 그들 모두는 최소 5년의 경력이 있어야 한다.

(C) who와 whom을 구별할 때 혼동할 가능성이 있는 유형입니다. 관계 대명사의 용법은 대명사의 용법에 대한 이해가 우선되어야 합니다. 주격과 목적격의 차이를 정확하게 파악하고 있어야 해요.

Tip '동사의 앞에는 주격, 혹은 주격 뒤는 동사'라고 자신 있게 접근하다가 많이 틀리는 유형입니다. 이런 경우를 고경자를 위한 문법이라고 설명하기도 하는데, 참 해괴한 것입니다.
한정사에서 배운 부분과 전체의 관계가 형성되는 표현을 생각하세요. 예를 들어 'one of'의 뒤에는 we가 아니라, us가 와야 합니다. 주어는 one이고, of 뒤에는 목적격을 써야 하거든요. 물론 동사는 are가 아니라, is가 맞고요.
그럼 and와 대명사인 us가 결합하면 who일까요? whom일까요? 관계 대명사란 접속사와 대명사의 결합일 뿐이니까, whom이 되는 것이 당연하지 않을까요? 그래서 'one of whom is'이라는 표현으로 발전하는 겁니다. many of, some of, most of, all of, each of 등에도 모두 동일한 관점이 적용됩니다.

24. The *location* ----------- has the most foot traffic is the most important consideration in opening a store.

(A) who
(B) which
(C) whose
(D) what

(A) -ion으로 끝나는 명사는 거의 다 사물입니다. who는 사람 명사에게 적용해야지 않겠습니까!
(C) whose의 뒤에는 반드시 명사가 있어야죠! whose의 뒤에 명사가 없는 경우를 봤다면, 그건 의문 대명사로 쓰인 경우에나 가능한 표현입니다.
(D) what은 이미 명사의 역할을 하기 때문에, 앞에 선행사인 명사가 올 수는 없죠!

(B) 빈 칸의 앞에 사물 명사가 있다면 일단 가능한 관계 대명사는 which와 whose, that 밖에 없어요. 그런데 뒤에 동사가 바로 연결됐다면 오직 which와 that만 가능하죠! whose는 명사가 아니니까요.

Tip 보기가 모두 관계 대명사입니다. who/which에서 선행사를, who/whose에서 격의 구별이라는 기준을 끌어내세요. 관계 대명사에 해당하는 여섯 단어의 특징을 적용하면서 확인하세요.

[해석] 점포를 열 때 통행량이 가장 많은 위치가 가장 중요하게 고려할 점이다.

8. Enclosed you **will find** *a copy* of the report ----------- I **promised** to send you during the telephone conversation last week.

(A) whose
(B) then
(C) what
(D) which

(A) 뒤에 대명사가 있기 때문에, 빈칸에 소유격이 올 수는 없어요. whose의 뒤에는 명사만이 가능합니다. 하지만 whose의 뒤에 관사 같은 한정사가 함께 쓰일 수는 없어요. whose에는 이미 한정사인 소유격이 포함되어 있으니까요.
(B) will find와 promised라는 두 개의 동사를 연결할 접속사가 없어요! 그런데 then은 부사이기 때문에, 이 상황을 해결할 능력이 없어요.
(C) 어쨌든 명사의 뒤에 what을 쓸 수는 없잖아요! 사람과 사물을 표현하는 who와 which라는 관계 대명사가 있는데 왜 굳이 what을 만들었는지 그 이유를 생각해 보세요. 바로 앞에 선행사인 명사가 사라진 상황을 표시할 목적이 아니라면 what이라는 단어를 굳이 사용할 이유도 없는 것이죠. 그것을 문법 문제를 통해 훈련시키는 것입니다.

(D) 선행사는 the report가 아니라, a copy입니다. 문맥상 원본이 아니라, 사본을 보내는 것이니까요! 어느 쪽이건 이 문제에서는 별 상관이 없지만, 때로는 who/which를 구별하거나, 단수/복수를 구별해야 하는 경우도 있으니까 기억해 두세요. 독해를 할 때는 바로 이런 장치들을 통해 선행사를 정확하게 파악할 수 있고, 의미를 올바르게 이해할 수 있어요. 그것이 바로 문법이 필요한 이유입니다.

Tip 일반적으로 관계 대명사의 선행사는 바로 앞에 있는 명사입니다. 관계절은 형용사절이기 때문에 수식을 받는 명사인 선행사와 가까이 있어야 의미가 제대로 전달될 수 있거든요. 그런데 간혹 바로 앞에 있는 전치사구의 앞에 있는 명사가 선행사인 경우가 있어요. 역시 형용사로 쓰이는 전치사구보다 관계절이 더 길기 때문에 일어나는 현상입니다. 그래서 선행사는 문맥을 확인하고 판단한다는 원칙을 지키면 실수가 없을 거예요.

[해석] 지난 주에 전화 통화를 하면서 제가 보내드리기로 약속했던 보고서 사본을 동봉합니다.

18. Productivity has been improved at twice the rate since the factory introduced ***the new press machine***, ------------ means they may be able to double their sales.

(A) who
(B) whose
(C) which
(D) that

(A) 아무리 찾아도 앞에 사람을 나타내는 선행사가 없어요. 이 난감한 who를 정말 어쩌면 좋죠?
(B) means를 명사로 이해한다면 whose도 가능해 보여요. 하지만 뒤에 있는 'they may be ~'를 연결하는 접속사가 없거든요. 그래서 means는 동사로 이해해야 합니다.
(D) comma의 뒤에 that은 절대로 쓰지 마세요!

[해석] 새로 프레스 기계를 들여온 이후로 그 공장의 생산성이 두 배 증가했다. 즉 매출이 두 배가 될 수도 있다는 의미이다.

(C) 이 which의 선행사는 machine이 아니라, 앞 문장의 내용입니다. 문장은 셀 수 있는 대상이 아니기에, 문장을 지칭하는 대명사는 it이 됩니다. 그리고 it과 and가 결합된 것이 바로 which입니다. 이렇게 앞 문장을 선행사로 하는 which를 특별하게 생각하지 말고, it에서 출발하세요. 관계 대명사의 뿌리는 대명사니까요!

Tip 이 문제의 빈 칸 앞에 무엇이 있냐고 물어보면 comma라고 대답해야 합니다. 문장의 구조와 의미 단위를 구별하기 위한 comma의 기능은 상당히 중요해요. 그래서 comma를 가볍게 생각하지 말고, 그 존재를 눈에 익히는 것부터 시작하세요!

10. Over the past five months, we have recycled about 160 pounds of office paper, ------------ **saved us** thousands of dollars in waste collection costs.

(A) when
(B) who
(C) what
(D) which

(A) 동사의 앞이니까, 부사의 역할을 하는 when이 올 수는 없겠죠! 동사의 앞은 전적으로 주어의 자리입니다.
(B) 앞에 사람 명사가 전혀 없던 18번과는 달리, we라는 사람 대명사가 있어요. 해석을 해도 별 문제가 없어 보이거든요. 그래서 해석으로 접근하는 것이 위험할 수 있다고 말했던 겁니다.
절대 we가 선행사일 수는 없어요. 여러 이유가 있지만, 우선 we가 선행사라면, 결국 목적어인 us와 동일하다는 말이잖아요? 그럼 us가 아니라, ourselves가 됐어야죠! 재귀 대명사가 아니라는 말은 주어를 we가 아닌 다른 대상으로 이해하라는 부탁이 아닐까요?
(C) what은 관계 대명사, 관계 형용사, 의문 대명사, 의문 형용사로 다양하게 쓰여요. 하지만 what이 이끄는 절은 항상 명사절입니다. 따라서 what은 comma로 분리하지 않아요!

(D) 앞에 which가 지칭할 수 있는 적당한 사물 명사가 없어서 오히려 오답으로 생각하기 쉬워요. 이 문장에서도 which의 선행사는 단어가 아니라, 앞 문장 전체입니다. to 부정사나 that절을 가주어나 가목적어로 표현할 때 it을 쓰는 것과 같은 관점으로 이해하세요. 다만 그 대명사 it에 접속사가 결합된 형태가 which거든요!

Tip 주절의 내용을 선행사로 하는 which를 곧바로 파악하기는 쉽지 않을 수도 있어요. 어차피 which가 정답이라면, 나머지 보기들은 모두 결함이 있겠죠? 그 부족한 점들을 하나씩 적용해서 제거하는 쪽으로 방향을 먼저 잡으세요. 이 문제를 틀렸다면, which의 용법을 파악하지 못했다는 것이 아니라, 다른 보기들의 오류를 찾지 못했다는 사실에 더 초점을 맞추라는 말입니다!

[해석] 지난 5개월에 걸쳐 우리는 160 파운드의 사무실 용지를 재활용했습니다. 그래서 수천 달러에 달하는 쓰레기 수집 비용을 절약했습니다.

17. The supervisor of the factory in Saint Petersburg is the position for ------------ Yuri Solzhenitsyn has applied, but we have not yet made a final decision.

(A) which
(B) whom
(C) that
(D) what

(B) 앞에 사람 명사는 supervisor 밖에 없어요. 그러면 관계절은 그 명사를 설명하는 형용사의 역할이 되거든요. 형용사는 수식을 받는 명사의 가까이에 있어야 그 관계가 정확하게 전달된다는 점에서 앞으로 이동해서 is의 앞쪽에 있는 것이 적절해요.
사실, 이 supervisor는 position이라는 사물 명사가 보여지기 때문에 사람이 아니라, '직위'라는 사물 명사의 개념으로 이해해야 해요. 그래서 whom을 쓸 수는 없어요!
(C) 전치사의 뒤는 that이 어울릴 수 있는 자리가 아닙니다!
(D) 앞에 전치사가 보인다고 선행사인 명사가 없다고 생각하면 안됩니다. 예를 들어 'for it'이라고 하면, it은 for에 연결되는 목적어일 뿐, it의 선행사는 앞에 있거든요. 그래서 position이라는 명사와 what이 서로 충돌되는 것이죠!

(A) 이렇게 관계 대명사의 앞에 오는 전치사는 관계절의 뒤에 그냥 둘 수도 있어요. 그러면 'the position which'가 되니까, 사물 명사인 the position이 which의 선행사가 되는 관계가 명확하게 보일 겁니다.

Tip 전치사의 뒤에 관계 대명사가 오는 유형입니다. 이 전치사를 이해하는 방법은 두 가지 있어요. 첫째는 원래 뒤에 있던 전치사가 접속사의 영향을 받아 함께 앞으로 온 것이기 때문에, 관계절의 뒤로 옮겨놓는 겁니다. 그러면 그 전치사가 연결되는 어구를 찾을 수 있을 겁니다. 이 문장의 경우에는 바로 'apply for'라는 표현이 되는 것이죠.

[해석] 상트페테르부르크에 있는 공장 책임자에 Yuri Solzhenitsyn이 지원했지만, 우리는 아직 최종 결정을 내리지 않았다.

21. Large companies can have considerable power over *news media* in ------------ they advertise their products and services.

(A) that
(B) who
(C) which
(D) whom

(A) 전치사의 뒤에 that은 쓰지 못해요. "in that (~라는 점에서는)"이라는 표현을 생각하는 사람도 있을 거예요. 그러면 "광고를 한다"라는 단순한 사실과 언론 매체에 영향력이 있다는 내용이 논리적으로 연결되기 힘들어요.
(B) 앞 문장에 사람 명사가 없기도 하지만, 전치사의 뒤는 주격이 아니라 목적격이 올 자리죠!
(D) 목적격인 것은 맞지만, 사람 명사에 해당하는 선행사도 없는데 관계 대명사를 쓸 수는 없어요!

[해석] 대기업들은 제품과 서비스를 광고하는 뉴스 매체에 상당한 힘을 가질 수 있다.

(C) which의 선행사는 사물 명사인 news media입니다. which는 주격과 목적격의 구별이 되지 않기 때문에 문법적으로 고려할 점은 선행사가 사물 명사라는 점과 대명사라는 품사를 이해하는 것 주로 두 가지입니다.

Tip 역시 전치사의 뒤에 관계 대명사가 오는 유형입니다. in을 문장의 뒤로 보내도, 연결되는 뚜렷한 표현을 찾을 수가 없어요. 그러면 이 전치사를 이해하는 두 번째 방법을 활용하세요. 관계 대명사와 선행사는 일치한다는 점을 활용해서, 바로 앞에 있는 선행사와 연결하는 겁니다. 그러니까 in news media라고 하면 금방 이해할 수 있을 거예요. 원래는 services의 뒤에 있던 이 어구가 접속사와 결합하면서 앞쪽으로 이동한 경우거든요.

3. Kurt Pincheon **had** Bill Jefferson do the research to determine **the effect** ------------ the changes in our company's policies **would have** on our contractors.

(A) of
(B) what
(C) for
(D) that

(A) had와 would have라는 두 개의 동사가 있는데, 연결해 줄 접속사가 없어요. of은 전치사, 즉 접속사가 아닙니다! 전치사는 명사를 연결하는 장치이기 때문에 동사를 연결할 수는 없어요.
(B) what은 분명 앞에 선행사가 없다는 표시인데, the effect는 대체 무엇이란 말인가요?
(C) 접속사가 필요한 자리입니다. for도 접속사로 쓰이지 않느냐고 질문할 수도 있겠네요. 근데 for가 접속사로 쓰이는 경우는 반드시 comma의 뒤에서 쓰이거든요. 또 그러면 have의 목적어에 해당하는 명사가 없어서 문장이 성립하지도 않고요.

[해석] Kurt Pincheon은 우리 회사가 방침을 변경할 때 하청업체들에게 미치는 영향을 판단하기 위해 Bill Jefferson에게 조사를 맡겼다.

(D) 두 개의 동사를 연결하는 접속사와 have의 목적어로 쓰이는 명사의 역할이 필요한 자리입니다. 이 두 가지 역할을 하나로 결합한 경제적인 표현이 바로 관계대명사입니다. that은 선행사가 사람이거나, 사물이거나 모두 사용할 수 있어요. 그래서 이 문장에서는 that이 아니라, which로 표현해도 상관이 없어요.

Tip 품사가 다른 보기가 제시되어 있으면, 항상 품사의 구별이 우선입니다. 접속사와 전치사가 각각 두 개씩 있는데, 접속사와 전치사 각각의 용법을 이해하는 것은 공부하는 과정입니다.
하지만 제시된 문제의 정답을 찾는 과정은 결국 두 용법을 구별해서 사용할 줄 아느냐고 물어보는 것이기 때문에 접속사와 전치사라는 두 개의 기준이 아니라, 하나의 기준을 적용해서 타당한지 확인해 보는 것이 효과적입니다. 그래서 접속사의 자리인지를 확인하는 쪽으로 접근하세요. 그래야 동사의 자리인지를 물어보는 문제와 동일한 관점을 적용할 수 있거든요.

14. The employee handbook **states** ------------ employees need to **know** regarding company regulations.

(A) which
(B) where
(C) how
(D) what

(A) 앞에 선행사가 없어서, which를 쓸 수는 없어요. 만일 handbook을 설명하는 것으로 이해하면, 이번에는 state라는 동사의 목적어가 없는 상황이 되고 말아요.
(B) 관계 부사는 관계절, 즉 오른쪽 문장에서 부사의 역할을 해요. 그런데 know라는 타동사의 목적어가 없는 구조입니다. 관계 부사는 부사입니다!
(C) 'when, where, why, how'는 관계사로 쓰나, 의문사로 쓰나 태생이 부사입니다. 결국 (B)와 (C)는 같은 관점의 보기인 것이죠.

[해석] 직원 안내서에는 회사의 규정에 대해 직원들이 알아야 하는 내용들이 명시되어 있다.

(D) 타동사인 state의 뒤에는 목적어의 역할을 하는 명사가 필요합니다. who, which, that과 같은 관계 대명사가 이어주는 절은 선행사를 설명하는 형용사의 역할을 하지만, 선행사의 역할까지 겸하는 what은 명사절을 연결합니다.
know의 뒤에 -ing가 있어서, 목적어라고 생각할지 모르지만, know는 동명사를 목적어로 하지는 않아요. 그리고 regarding은 분사의 형태이지만 "~에 관해서"라는 의미로 쓰이는 전치사입니다.

Tip what은 선행사에 해당하는 명사, 관계절의 주어나 목적어로 활용되는 명사, 그리고 접속사, 모두 세 개의 단어가 하나로 결합된 형태입니다. 일반적인 관계 대명사보다 명사의 역할이 하나 더 추가된 것이죠.

5. The renowned author and psychologist **Dr. George Ritenour**, ----------- book on stress management *was published* two months ago, will make a special lecture at the workshop next Thursday.

(A) which
(B) whom
(C) what
(D) whose

(A) 선행사가 사람 명사이기 때문에 which는 적절하지 않아요.
(B) book은 셀 수 있는 명사입니다. 그 말은 앞에 관사와 같은 한정사가 있거나, 복수형이어야 한다는 것이죠. whom이 맞다면, book의 쓰임새가 설명되지 않아요.
 또 뒤의 동사가 was published라는 수동태라는 점도 꼭 확인하세요. 즉 뒤에 목적어가 없다는 말이잖아요. 그런데 어떻게 목적어라는 표시인 whom이 가능하겠어요?
(C) 앞에 명사도 있어요! 아니 그보다 먼저 comma도 있어요!

[해석] 스트레스 관리에 대한 책이 두 달 전에 출판된 유명한 저자이자 심리학자인 George Ritenour 박사가 다음 목요일의 워크숍에서 특별 강연을 할 예정이다.

(D) whose는 한정사인 소유격이 결합된 형태이기 때문에 book이라는 단수 명사의 앞에 올 수 있어요. 즉 'and his book'이 'whose book'으로 줄어든 형태거든요.

Tip 뒤에 동사가 아니라, 명사가 나오는 관계대명사는 whom과 whose입니다. 이 둘을 구별하는 '비법'으로 보통은 해석을 해서, 선행사인 명사와 빈 칸 뒤에 있는 명사가 소유 관계가 되는 지를 확인하라는 식으로 얘기해요. 결국 한국어로 해석해서, 영어의 용법을 판단하라는 이상한 상황으로 몰고 가거든요.
 둘의 문법적 기능이 같다면 논리성을 생각해야 하지만, 그렇지 않다면 구조로 구별해서 활용하는 방법도 훈련할 수 있어요. whom과 whose가 명확하게 구별되는 기준은 두 가지입니다. 첫째는 whose는 소유격이 결합된 형태이기 때문에 한정사의 기능이 있다는 것이죠. 즉 다음에 관사와 같은 다른 한정사가 연결될 수는 없어요.
 또 하나는 whom은 목적어가 결합된 단어이기 때문에 뒤에는 목적어의 자리가 비어있을 수 밖에 없다는 구조의 측면입니다.

16. The salesperson ----------- sales figures *are ranked* in the top three *will receive* a two-thousand gift certificate and a one-week paid vacation.

(A) their
(B) who
(C) whose
(D) whom

(A) '관계'라는 말은 '접속사'라는 뜻이죠! are ranked와 will receive라는 동사를 연결하는 접속사가 없어요.
(B) 뒤에 sales figures라는 명사가 있으니까, 주어의 자리는 아니죠!
(D) 역시 뒤의 동사가 are ranked라는 수동태라는 점을 주목하세요. 목적어가 주어로 옮겨지고 없다는 '목적어 부재 중' 표시가 바로 수동태거든요. 그러니 whom이라는 목적어와 수동이라는 동사의 형태가 충돌하는 것이죠.

[해석] 판매 실적이 상위 3위 내에 들어가는 영업사원은 2천 달러의 상품권과 일주일의 유급 휴가를 받을 것이다.

(C) who, whom과 형태가 유사하기 때문에 whose의 선행사도 사람이라고 단정하는 경우가 많아요. 하지만 whose는 사람과 사물, 모두에게 적용된다는 점을 꼭 기억하세요. 자칫하면 선행사가 사물이라고 whose가 올 자리에 which를 선택하는 실수도 많이 하거든요.

Tip whom과 whose의 차이점을 물어보는 문제라는 점에서 5번과 동일하다고 생각하세요. whom은 목적어가 결합된 단어이기 때문에, 뒤에 목적어가 이미 존재하거나, 아예 목적어가 필요하지 않은 수동태나 자동사라면 whom이 쓰일 이유가 전혀 없어요. 해석에만 의존하지 말고, whom과 whose의 문법적 성격을 정확하게 알아두세요.

관계대명사

7. The conference center ----------- our company has held *the anniversary* for five years is located near the subway station.

   (A) which
   (B) in which
   (C) in where
   (D) in that

(A) which는 주어, 혹은 목적어입니다. 그런데 다음에 our company라는 주어도, the anniversary라는 목적어도 있기 때문에 which라는 관계 '대명사'의 역할이 없어요!

(C) where가 전치사의 뒤, 즉 명사의 자리에 오는 경우는 두 가지 뿐입니다. 첫째는 선행사가 생략된 관계 부사인데, 지금은 앞에 장소를 나타내는 명사가 있어요. 또 하나는 의문 부사, 즉 장소에 대한 정보를 물어보는 용법인데, 역시 center라는 정보가 나오기 때문에 정보를 요구하는 의문문이라고 할 수 없어요.

(D) 전치사의 뒤에 that이라니, 이게 웬 말입니까? 혹시 in that을 생각하고 있나요? in that은 이렇게 문장의 중간에 comma도 없이 삽입된 구조로는 사용되지 않아요.

(B) 명사가 문장에서 주어나 목적어로 쓰이지 않는 경우에는 전치사가 결합되면서 형용사나 부사로 활용됩니다. 명사의 역할을 물어보는 방식은 상당히 다양하고, 틀리는 경우도 많으니까 잘 기억하세요.

Tip which와 in which의 차이를 물어보는 문제입니다. 역시 해석으로 접근하지 말고, 둘의 차이를 보세요. in이 있고, 없고의 차이거든요. '전치사 + 명사'는 주어나 목적어로 쓰일 수 없다는 규정을 적용해야 하는 유형입니다. 즉 명사의 역할에 대한 이해를 묻는다는 점에서, whom과 whose를 구별하라던 5번, 16번과 같은 관점으로 이해해야 합니다. 전혀 다른 유형처럼 보이지만, 명사가 필요한지를 판단해야 한다는 점은 동일하거든요.

[해석] 지난 5년 동안 우리 회사가 기념행사를 했던 컨퍼런스 센터는 지하철역 근처에 위치하고 있다.

19. The city of San Pedro, offering start-up companies various benefits, is considered a great place ----------- **to launch** *a new business*.

    (A) where
    (B) in which
    (C) in whose
    (D) which

(A) 빈 칸의 뒤에 명사의 역할이 필요 없는 구조이기 때문에 관계 부사로 써도 상관 없어요. 하지만 관계 대명사의 뒤에 연결되는 to 부정사는 형용사의 역할을 해요. which라는 대명사를 수식하니까요. 그런데 where는 부사이기 때문에 형용사로 쓰이던 to 부정사가 수식할 수 없어요. 흔히 알고 있는 'how to do, when to do'에서 how나 when은 관계 부사가 아니라, 의문 부사입니다.

(C) 어찌됐건 whose의 뒤에는 명사가 있어야죠. 그 기본적인 약속만 충족된다면 전치사의 뒤에 나올 수도 있죠.

(D) which는 주어 혹은 목적어입니다. '관계 대명사 to do'의 구조에서는 주어가 생략되기 때문에, which는 목적어일 수 밖에 없어요. 그런데 launch의 뒤에 목적어에 해당하는 명사가 이미 있거든요.

(B) 빈 칸 뒤의 구조에서 일반적인 사람을 나타내는 주어는 생략됐고, 목적어는 이미 존재하기 때문에 대명사 which가 할 수 있는 역할이 없어요. 이런 경우에 바로 전치사를 결합해서 명사를 연결하는 것입니다.

Tip 보기에는 모두 관계사가 제시됐어요. 하지만 뒤에는 동사가 아닌 to 부정사가 연결된 유형입니다. 관계 대명사의 뒤에 나오는 주어가 주절의 주어와 일치하는 경우에 to 부정사로 줄이는 경우가 있어요. 예를 들어 'I have no friend whom I can talk with'라는 문장에서 중복되는 주어와 조동사가 생략되면서 'I have no friend whom to talk with'가 되는 것이죠. 이 표현은 의미가 없는 관계 대명사도 줄어드는 형태로 진화하기도 해요. 바로 'I have no friend to talk with'입니다!

[해석] San Pedro시에서는 신규 창업 회사들에게 다양한 혜택을 주고 있어서, 새로 사업을 시작하기 좋은 곳으로 여겨지고 있다.

9. ----------- ***has*** the best performance will **be awarded the Employee of the Year trophy** at the year-end bash.

(A) who
(B) whoever
(C) Whomever
(D) whichever

(A) 관계 대명사 who의 앞에는 반드시 선행사인 명사가 있어야 합니다. -ever는 바로 관계 대명사의 선행사가 생략됐다는 표시거든요!

(C) ever는 선행사가 결합됐다는 표시일 뿐입니다. 즉 선행사가 생략되면서 원래 있던 who, whom, whose라는 관계 대명사에 ever가 결합된 것이니까, 관계 대명사의 격과 ever는 아무 상관이 없어요!

(D) 사람 혹은 사물을 나타내는 선행사가 없다는 점에서 whoever와 whichever는 문맥으로 구별하는 수 밖에 없어요. 뒤에 "the Employee of the Year trophy"를 받는다는 정보가 있는 것으로 보아 대상은 사람으로 보는 것이 타당해요.

(B) 이렇게 뒤에 동사가 있으면 당연히 주어의 자리입니다. 그러면 who, 혹은 'anybody who'가 줄어든 whoever가 와야죠.

Tip 일차적으로 -ever라는 차이점을 보기에서 발견할 수 있어요. 그렇다면 우선은 복합 관계 대명사와 관계 대명사의 용법을 구별하는 겁니다. 그런 다음 복합 관계 대명사 각각의 차이점을 확인하면 되고요. 용어가 복잡하다고 생각하지는 마세요. 어렵다고 생각하는 순간부터 어려운 존재로 규정되어 버리거든요. -ever라는 기호의 의미가 무엇인지 그것만 정확하게 파악하자고요.

[해석] 최고의 실적을 올리는 직원 누구나 송년회에서 "올해의 직원" 표창을 받을 것이다.

25. ***Both of the teapots*** were made with great care, and we assure you **that** ----------- ***you choose*** will bring years of satisfaction.

(A) whomever
(B) whoever
(C) whichever
(D) <u>whosesoever</u>

(A) choose의 목적어는 사람과 사물, 모두 가능해요. 그리고 뒤의 내용도 사람에게 적용할 수 없다고 단정하긴 힘들고요. 하지만 선택의 기준은 분명 존재하는 법! 선택의 대상에 대한 단서가 앞에 있어요. 바로 both of the teapots라는 사물 명사입니다!

(B) 뒤에 you라는 주어가 있기 때문에 who이건, whoever이건 주격을 쓸 수는 없죠!

(D) 때로는 whosever를 강조해서 whosesoever라는 형태를 쓰기도 해요. 하지만 그렇다고 해서 whose가 갖고 있던 본래의 속성, 즉 '뒤에는 반드시 명사가 있어야 한다'는 규칙은 달라지지 않아요. 문법 공부도 역시 중심을 잡고 있어야 합니다.

(C) -ever를 무시하고 이해해볼까요. 뒤에 주어인 대명사 you가 나온다는 점에서, who나 whose는 불가능해요. 그리고 앞에 사람에 대한 정보가 전혀 언급되지 않았기 때문에 choose의 목적어를 사람으로 이해하기는 힘들다는 점에서 whom도 어울리지 않아요! -ever와 상관 없이 본래의 용법을 기억하세요!

Tip 보기를 보고, 출제자의 의도를 읽어내려고 시도하세요. 사실 공부는 입력이지만, 시험은 출력 과정이거든요. 출제자의 생각을 파악하면, 출력의 방향을 빠르고, 적절하게 설정할 수 있어요. 그러면서 출력하는 훈련도 함께 이루어지거든요. ever가 없는 보기도 있었던 19번과는 달리, 모두 복합 관계 대명사로 제시됐어요. 그럼 -ever의 용법에 대한 구별은 소용이 없고, who, whose, whom의 격과 who/which라는 사람/사물의 관점을 확인하면 되겠죠!

[해석] 그 찻주전자 두 개는 모두 매우 공들여 만든 것입니다. 어느 것을 선택하시건 오랫동안 만족하실 것이라고 확실하게 말씀드릴 수 있습니다.

1. ----------- you are looking *for regarding our products* is sure to be found in our website.

   (A) Whenever
   (B) However
   (C) Whatever
   (D) Whomever

(A) whenever는 복합 관계 부사입니다. 즉 문장에서 부사의 역할을 한다는 말이거든요. 그런데 look for의 뒤에는 목적어에 해당하는 명사가 없어요! 그럼 명사가 필요한 자리라는 말이죠!

(B) however도 역시 복합 관계 부사이기 때문에 목적어의 역할을 할 수는 없어요. 그리고 중요한 점 하나 더! 복합 관계 부사가 이끄는 절은 항상 부사절의 역할만 해요. 그런데 지금은 is의 주어가 되는 명사절이 와야 하는 구조이기 때문에, 근본적으로 불가능해요.

(D) whomever는 일단 구조상으로는 가능해요. 그런데 뒤에 look for의 대상에 대한 정보가 있어요. 바로 'regarding our products'라고 했거든요. 'regarding our employees'라고 했다면 가능할 수도 있겠지만요.

(C) regarding의 앞에 for가 있어서 동명사로 오해할 수 있어요. 그러나 look for는 주로 사람이나 사물 명사를 목적어로 하기 때문에 이 -ing는 목적어가 아닙니다. 그리고 regarding은 전치사라고 14번에 설명했었는데, 기억나세요?

Tip 보기에 모두 -ever가 있어요! 이렇게 공통의 요소가 있는 경우에는 그 공약수를 제거하면 출제자의 의도를 좀 더 명확하게 파악할 수 있어요. 모두 -ever를 무시하면 when, how라는 부사와 what, whom이라는 명사로 나눌 수 있어요. 즉 품사가 다르다는 점을 먼저 확인해야죠. 이 경우에도 명사와 부사를 각각 따져보는 것이 아니라, 명사의 자리인지로 확인하세요! 즉 기준을 하나로 통일하라는 말입니다.

[해석] 저희 제품에 대해서 찾으시는 것이 무엇이건 저희 웹사이트에서 정보를 찾으실 수 있습니다.

12. ----------- *time* we receive an order, we guarantee a 25-minute delivery.

    (A) What
    (B) Which
    (C) Whatever
    (D) However

(A) what이 관계 형용사로 쓰일 수는 있지만, 주절과 comma로 분리됐다는 점을 놓치지 마세요. 이렇게 comma로 분리될 수 있는 품사는 오직 부사 밖에 없거든요. 즉 부사절이 와야 할 자리입니다. 하지만 what은 명사절을 이끈답니다.

(B) which가 부사절을 이끄는 접속사로 사용되는 경우는 -ever가 붙는 경우 외에는 없어요!

(D) how, however, no matter how는 모두 문장에서 부사의 역할을 하기 때문에 time이라는 명사의 앞에 올 수는 없어요. 거긴 형용사의 자리거든요.

(C) 관계 형용사와 복합 관계 형용사의 결정적인 차이는 절의 성격입니다. 복합 관계 대명사처럼 복합 관계 형용사도 부사절을 연결하는 기능이 있거든요. 그리고 comma를 주의 깊게 보면 큰 도움이 될 겁니다. 특히 부사절을 파악하게 해주는 주된 장치가 바로 comma거든요!

Tip 빈 칸의 뒤에 이미 명사가 있어요. 즉 명사가 아니라, 형용사가 와야 하는 자리입니다. 즉 관계 형용사의 용법을 묻는 문제입니다. 관계 형용사는 자주 등장하지 않기 때문에, 훈련할 기회도 많지 않아서, 공연히 어렵다고 생각하는 경우가 많아요. 그런데 관계 형용사는 관계 대명사보다 개체수가 적으니까 오히려 더 단순한거든요. 관계 대명사 중에서 형용사로도 활용되는 것은 what과 which 밖에 없어요. 복합 관계 형용사로 쓰이는 단어도 역시 whatever와 whichever 밖에 없어요.

[해석] 언제 주문을 받더라도, 25분내에 배달해 드릴 것을 장담합니다.

28. We have a team specially designed to help you ***find*** ----------- ***information*** you want.

(A) whenever
(B) whatever
(C) however
(D) whoever

(A) when과 whenever 모두 문장에서 부사로 쓰이기 때문에 명사를 수식할 수 없어요. 그리고 복합 관계 부사가 이끄는 절은 모두 부사절이기 때문에 동사의 뒤에서 목적어로 쓰일 수도 없고요!
(C) 복합 관계 부사는 이름만 복잡할 뿐, 보기로 제시될 수 있는 단어들은 극히 적어요. however는 문장에서 부사로 쓰이고, 자기가 이끄는 절도 오직 부사절 뿐입니다. 간혹 의문사 how와 혼동하는 경우가 있는데, 모든 의문사는 명사절을 연결한다는 점도 미리 챙겨두세요. 다음 진도가 바로 명사절이거든요!
(D) who가 주격이니까, whoever도 주격이지 않겠어요? 그럼 명사의 앞에 올 수는 없죠! 게다가 뒤에 you라는 주어가 이미 있기도 하고요.

(B) 관계 형용사나 복합 관계 형용사는 모두 뒤에 명사가 반드시 있어야 하는 한정사의 일종입니다. 복합 관계 형용사도 복합 관계 대명사처럼 명사절, 혹은 부사절을 연결해요. 물론 해석이 아니라 구조로 구별해야죠! 12번처럼 comma로 분리되면 부사절, 이 문제처럼 동사의 뒤에 오면 명사절이거든요. 명사절일 때 역시 '강조'의 의미가 개입되고요. 용어는 새로울지 모르겠지만, 용법은 새로울 것이 없어요.

Tip 이 문제는 모두 -ever가 있습니다. 그러나 역시 -ever가 아닌 단어들의 품사가 서로 다르다는 점을 포착하세요. 1번과 마찬가지입니다. 다만 이번에는 형용사 용도라는 차이점이 있을 뿐이거든요. 참! find라는 타동사의 뒤에 빈 칸이 있다는 점도 고려하세요. 즉 목적어의 자리니까, 명사절을 이끄는 관계사가 필요하다는 구조의 관점도 활용하는 겁니다!

[해석] 원하시는 정보는 무엇이건 찾을 수 있도록 도움을 드릴 수 있도록 특별히 마련된 팀을 갖추고 있습니다.

22. The registration pop-up window appears only ***the first time*** ----------- the program starts.

(A) why
(B) when
(C) how
(D) where

(A) why는 그 개념에 걸맞게 "이유"를 나타내는 the reason같은 표현이 선행사가 됩니다.
(C) how는 '방법'이라는 의미니까, 역시 그 의미와 어울리는 the way같은 어구가 선행사가 됩니다. 하지만 함께 쓰이지는 못해서, the way나 how 둘 중 하나는 반드시 생략됩니다.
(D) where는 의문사로 쓰이건, 관계사로 쓰이건, 부사절의 접속사로 쓰이건, 심지어 명사로 쓰여도 "장소"가 기본 개념입니다. 때로 degree, point와 같은 정도의 표현에도 관계 부사는 where를 쓴다는 점도 알아두세요!

(B) time을 비롯한 시간어구와 어울리는 관계 부사는 when입니다. 구체적인 의미가 없는 a time 혹은 the time같은 선행사는 생략되는 경우도 종종 있어요.

Tip 보기에 모두 관계 부사들이 제시됐어요. 이런 경우라면 둘 중 하나입니다. 선행사의 의미에 맞도록 관계 부사를 연결하거나, 아니면 how 뒤의 도치 구조입니다. 이 문제에서는 뒤에 곧바로 주어가 온다는 점에서 의미 관계를 묻는 것으로 방향을 잡을 수 있어요.

[해석] 등록 팝업 창은 프로그램을 시작할 때 처음에만 나타납니다.

6. ***The venue*** ------------ our next monthly staff meeting was supposed to ***be held*** has been changed to the large conference room located on the 5th floor.

   (A) which
   (B) where
   (C) when
   (D) whichever

(A) 일단 사물 명사가 선행사인 것은 맞아요! 그런데 항상 좌우를 모두 살피세요. 주어는 meeting이고, 동사는 was supposed와 be held라는 수동형만 있기 때문에 목적어는 있을 수 없어요. 즉 which라는 명사의 역할이 필요 없는 구조인 것이죠!

(C) 선행사인 venue는 "장소"라는 뜻이기 때문에 when과는 어울리지 않아요. 모르는 단어였다고요? 그럼 뒤에 changed to를 보세요! to는 변화의 결과거든요. 그 뒤에 제시된 정보는 '장소'이지 '시간'이 아니잖아요?

(D) 앞에 선행사인 명사가 있으니까, -ever와 역할이 중복됩니다.

[해석] 다음 월례 직원 회의가 열리기로 예정되었던 장소가 5층에 있는 대회의실로 변경되었습니다.

(B) 명사는 문장에서 반드시 주어나 목적어의 역할을 한다는 가장 기본적인, 하지만 가장 중요한 규칙을 항상 생각하고, 적용하세요. 빈 칸의 뒤에는 명사의 역할을 할 자리가 없어요. 따라서 부사가 올 자리라는 점을 쉽게 판단할 수 있어요. 다른 식으로 보기를 제시한다면, in which로 제시할 수도 있겠죠.

Tip 관계 부사로만 구성된 22번의 보기와는 달리, 관계 대명사도 섞여 있어요. 그렇다면 명사가 필요한 구조인지를 먼저 확인하세요. 간혹 앞의 명사가 '장소'를 의미하면 반사적으로 where를 고르는 사람도 있는데, '장소'도 사물이잖아요! 앞에서 봤던, whose/whom, which/in which와 마찬가지로, which/where도 역시 명사의 역할에 대한 이해를 묻는 방식입니다!

20. ------------ the company ***was*** established thirty years ago, the counseling industry ***was*** still in its infancy.

    (A) In addition to
    (B) Otherwise
    (C) At the time
    (D) Despite

(A) to는 전치사입니다. 지금은 접속사가 필요한 자리입니다!

(B) otherwise는 앞에 제시된 내용에 대해 "그렇지 않으면"이라는 의미를 갖는 부사입니다. 즉 앞에 어떤 정보가 제시되지 않은 지금 문장에서는 올 수 없다는 말입니다. 물론 접속사도 아니지만요.

(D) despite는 전치사이기 때문에 was라는 두 개의 동사를 연결할 수 없어요.

[해석] 그 회사가 30년 전에 설립됐을 때, 상담업계는 아직 걸음마단계였다.

(C) at the time도 부사어구라는 점에서 선택하기는 쉽지 않아요. 그런데 이 표현은 뒤에 when이라는 관계 부사가 생략된 구조입니다. 관계 부사는 선행사의 의미와 같은 맥락으로 연결할 뿐, 특정한 의미는 없기 때문에 때로는 관계 부사가 생략되는 경우도 있거든요. 어쨌든 접속사가 존재하는 것이죠.

근데 이 when은 의미도 없고, 생략됐으니까 at the time을 현실적인 접속사로 인정하는 시각도 존재해요. 그래서 at the time, by the time을 접속사로 소개하는 교재들도 있어요. 두 가지 의견이 모두 설득력이 있으니까 선택은 여러분 몫입니다!

Tip 서로 성격이 상당히 다른 보기들이 제시됐어요. 항상 첫 걸음은 품사에 대한 구별입니다. 품사가 구조를 결정하는 요소거든요. 일단 이 문장에서는 was라는 동사가 두 개 등장해요. 그리고 이를 연결할 접속사가 없는 상황입니다.

27. ---------- ***uncomfortable*** they may be, dust-proof gears must be worn when entering our semi-conductor laboratory.

(A) Whenever
(B) Whoever
(C) Whatever
(D) However

(A) when이 부사로 쓰이는 것은 맞지만, 행위가 발생하는 시점, 즉 동사에 초점을 맞춘 표현이기 때문에 형용사가 도치되는 구조로는 사용하지 않아요.

(B) who는 명사잖아요? 그러니까 -ever가 붙는다고 해서 형용사의 앞에 쓰일 수는 없죠!

(C) 복합 관계 대명사절은 부사절로 쓰이기도 하니까, comma로 분리된 구조에 맞아요! 하지만 whatever는 명사 혹은 형용사로 쓰이기 때문에, 형용사의 앞에 오는 경우는 있을 수 없어요.

(D) 형용사가 뒤에 있는 명사를 수식하는 경우라면 도치 구조가 아닐 수도 있으니까 서두르지 말고, 확인해보세요. 그런데 uncomfortable의 뒤에 they라는 대명사가 있어요. 대명사를 형용사가 수식할 수는 없으니까, 별개의 요소입니다. 그리고 뒤에 있는 be동사의 보어가 없다는 점도, 이 형용사가 도치된 것이라고 판단하는 근거가 됩니다.

Tip 복합 관계 대명사와 복합 관계 부사가 섞여 있는 보기입니다. 그럼 품사의 구별이 먼저겠지요! 하지만 빈 칸의 다음에 형용사가 있다는 결정적인 단서를 활용하세요. 이렇게 형용사, 혹은 부사가 도치되는 경우는 how, however, no matter how 밖에는 없거든요!

[해석] 아무리 불편하더라도, 반도체 연구소에 들어올 때는 방진 장비를 착용해야만 합니다.

13. Tomorrow's delivery has to ***be stored*** ---------- ***we*** can find ***spare space***.

(A) wherever
(B) whoever
(C) whatever
(D) whichever

(B) 뒤에 있는 we와 who는 모두 주어라는 표시니까 서로 중복되는 표현이네요. 대명사는 새로운 정보가 없는 표현이기 때문에 추가 정보를 전달하는 동격으로 활용할 수 없어요.

(C) we라는 주어와 spare space라는 목적어가 있기 때문에 더 이상은 명사의 역할이 필요하지 않아요!

(D) which라는 대명사의 역할을 할 수 있는 자리가 뒤에 없어요! 주어나 목적어는 오직 명사만이 할 수 있는 고유한 역할이라는 점을 항상 마음에 담아두세요!

(A) 복합 관계 대명사도, 복합 관계 부사도 모두 부사절로 활용할 수는 있어요. 하지만 when, where는 문장에서 부사의 역할을 한다는 점을 기억하세요.
그리고 부사의 역할을 확인할 때는 해석이 아니라, 명사만이 할 수 있는 주어와 목적어라는 역할이 필요한 구조인지를 점검해 보면 되고요.

Tip 복합 관계 대명사와 복합 관계 부사가 섞여 있는 보기입니다. 일단 앞의 동사가 be stored라는 수동형이기 때문에 명사절이 올 수 있는 자리는 아니라는 점을 고려하세요.

[해석] 내일 배송되는 물건은 여분의 공간을 찾을 수 있으면 어디에나 저장해야만 한다.

11강 명사절과 부사절

I. 종속절의 종류와 대응하기

1. 명사절

명사절을 이끄는 접속사로는 that, 의문사 (what, who, when, where...), 선택 의문사 (if, whether), 관계 대명사 what과 복합 관계 대명사, 네 가지가 있어요. 명사절이란 접속사가 이끄는 절이 명사의 역할을 한다는 말이니까, 주어나 목적어로 주로 쓰여요. 따라서 동사의 앞이나 뒤, 혹은 전치사의 다음에 주로 등장하게 되는 것이고요. 명사절은 셀 수 있는 대상이 아니기 때문에 단수로 인정합니다.

2. 부사절

부사절의 접속사들이 연결하는 절은 주절과 시간, 이유, 조건, 양보의 의미 관계를 나타냅니다. 명사절이나 형용사절의 접속사와 달리 부사절은 논리 관계가 설정되기 때문에 문맥을 이해하는 것이 중요합니다. 관계 대명사 부사절은 주절의 앞에서 comma로 분리되거나, comma없이 주절의 뒤에 오는 것이 일반적입니다.

3. 형용사절

관계 대명사, 관계 부사, 관계 형용사 등 관계사로 연결되는 절만이 형용사절에 속합니다. 앞에 있는 선행사인 명사에 대한 추가 정보를 제시하는 역할을 하거든요.

4. 명사절과 부사절은 comma로 구별하세요!

형용사절은 명사의 뒤에만 올 수 있기 때문에, 문장의 처음에 나올 수 있는 종속절은 명사절과 부사절 밖에 없어요. 그런 점에서 이 둘을 구별하라는 문제가 출제되는 것이죠. 그럴 때는 comma를 눈여겨보세요!
문장의 처음에 오는 명사절은 주어의 역할이기 때문에 동사와 comma로 분리될 수 없어요. 하지만 부사절이 문장의 앞에 오는 경우에는 주절과 의미를 구분하기 위해 일반적으로 comma로 분리하거든요.

확인합시다

1. ---------- she learned the new communications skills at the workshop last year, Margaret Mitchell set the highest sales record of her career.
   (A) Because   (B) Because of   (C) Due to   (D) Despite

2. ---------- Eric Smith is the best candidate for the new manager is obvious to all of the employees in the branch.
   (A) Though   (B) While   (C) Because   (D) That

3. ---------- Levoc now produces only one kind of soap, it is expected that the company will release three new varieties on the market.
   (A) If   (B) Once   (C) Unless   (D) Although

<정답> 1. (A) 2. (D) 3. (D)

II. 명사절의 접속사

1. that

① 전달동사의 뒤에

명사절을 이끄는 that은 문장에서 주어나 목적어로 쓰입니다. 하지만 주어로 쓰일 때는 가주어 it으로 대신하는 경우가 많습니다. 그리고 전치사의 뒤에 that절이 올 수는 없기 때문에 목적어로 쓰이는 경우는 주로 동사의 목적어로 쓰일 때입니다. 그리고 이때 동사는 대부분 전달 동사인데, say 집단에 속하는 announce, order, predict, recommend, report, request, require, say, suggest나 think 집단에 속하는 assume, believe, expect, imagine, know, think와 같은 동사들이 이에 해당됩니다.

Dwain Willis *hopes* **that** the advertising strategy for the new product will work wonders.
Dwain Willis는 신제품의 광고 전력이 기적을 만들기를 바라고 있다.

Workers at the construction site ***announced*** **that** they would refuse over time work until the working environments were improved.
공사 현장의 노동자들은 작업 환경이 개선될 때까지 야근을 거부하겠다고 발표했다.

② '확실성'의 형용사와 함께

that은 '객관적 사실'이라는 의미를 내포하고 있어요. 그래서 흔히 '확실성'을 나타내는 동사나 형용사의 뒤에 연결되는 것이죠. 구체적으로 certain, confident, evident, likely, positive, sure와 같은 형용사의 다음 그 의미에 어울리는 접속사인 that이 연결되는 것이죠. no doubt와 같은 표현의 뒤에도 의문사가 아니라, that이 연결되는 것도 같은 맥락입니다.

반면에 이런 형용사들에 부정어가 결합되거나, unsure처럼 불확실성을 나타내는 형용사, 혹은 question이나 wonder와 같은 동사의 뒤에는 that이 아니라 의문사가 흔히 연결되는 것이고요.

It is ***likely*** **that** there will be some positive factors for our company next year.
내년에는 우리 회사에 몇 가지 긍정적인 요소가 있을 가능성이 있다.

No one is completely ***sure*** **what** determines success and failure of a product.
어떤 제품의 성공과 실패를 결정하는 요소가 무엇인지는 누구도 완전히 확신하지는 못한다.

③ 전치사의 뒤는 싫어요!   명사절 가운데 that절만은 전치사의 목적어로, 즉 전치사 다음에 쓸 수 없어요! 그래서 be sure of, be aware of처럼 형용사의 뒤에 that 절이 연결되는 경우에는 of이 탈락되는 현상이 일어나기도 합니다.

단, 예외적으로 in that (~라는 점에서는), except that 혹은 save that (~라는 점을 제외하고)는 허용되기도 해요.

We are **sure *of* that** the construction of the bridge will be completed on schedule. (sure of that ⇨ sure that)
우리는 그 교량 공사가 일정에 맞게 끝날 것으로 확신하고 있다.

We were lucky in Africa last year **in that** we found a reliable travel agency with little effort.
작년에 아프리카에서 그리 힘들이지 않고 믿을만한 여행사를 찾았다는 점에서 다행이었다.

2. 의문사

① 전치사와 함께 쓸 수 있어요   전치사의 뒤에 쓸 수 없는 that절과는 달리 의문사절은 전치사의 뒤에도 올 수 있어요. 특정한 의미를 갖지 않는 that과 달리 의문사는 특정한 의미를 갖고 있기 때문입니다. 이때 간혹 전치사가 생략되는 경우도 있어요.

The flight attendant gave all passengers instructions **on what** they should do first in an emergency.
기내 승무원이 모든 승객들에게 긴급 상황에서 가장 먼저 해야 할 일에 대해 안내했다.

② who와 when을 구별하세요!   품사를 기준으로 하면 의문사를 크게 의문 대명사와 의문 부사로 나눌 수 있어요. what, who, whom, which는 의문 대명사입니다. 따라서 문장에서 주어나 목적어의 역할을 하기 때문에, 의문사 절에는 주어나 목적어의 자리가 비어있게 됩니다. 의문사가 담당하는 자리니까요. 반면에 when where, why, how는 의문 부사입니다. 그래서 문장에는 주어나 목적어가 모두 제시되는 것이고요.

보통 문장이 '완전하다, 혹은 불완전하다'라는 말로 설명하는 데, 그러지 않으면 좋겠어요. 문장이 완전한 경우는 동사의 종류에 따라 여러 가지 경우가 있지 않겠어요? 흔히 말하는 문장의 5형식이라면 완전한 유형이 5가지라는 말이잖아요! 결국 명확하지 않은 개념이기 때문에 막상 문장에서 구별하려고 하면 쉽게 적용되지 않아요. 핵심은 바로 명사의 역할을 정확하게 이해하는 것입니다. 그러니까 문장에서 주어나 목적어가 필요한 구조인지 확인하면 간단한 문제입니다.

I don't know **who** *made* such a detailed report.
그렇게 자세한 보고서를 누가 작성했는지 모르겠다.

I don't know **when** John made *such a detailed report*.
John이 언제 그렇게 자세한 보고서를 작성했는지 모르겠다.

3. 선택 의문사

① or와 함께 쓸 수 있어요!

일반 의문사는 행위자, 대상, 장소, 시간, 방법, 이유 등 구체적인 정보를 얻는 것이 목적이기 때문에 다음에 or가 나올 이유가 없어요. 반면 if나 whether라는 의문사가 연결하는 의문문은 긍정/부정과 같은 선택을 요구하는 용법이기 때문에 흔히 다음에 or라는 선택의 연결어가 등장하게 되는 것이죠.

Please let me know **whether** you prefer to receive your bill by mail *or* e-mail.
우편과 이메일 중 어느 쪽으로 고지서를 받으시는 게 더 좋은지 알려주시기 바랍니다.

② whether to do

whether와 if는 대체로 큰 차이 없이 사용하지만, 구별해야 하는 경우가 있어요. 우선 다음에 to 부정사가 연결될 때와 전치사의 뒤에 오는 경우에는 반드시 if가 아니라, whether를 써야 합니다.

I haven't decided **whether** *to accept* the offer.
나는 그 제안을 받아들일지 아직 결정하지 못했다.

③ whether or not

문장의 뒤에 or not이 오는 경우는 if와 whether, 모두 가능해요. 하지만 바로 다음에 or not을 연결하는 경우에는 반드시 whether를 써야 합니다.

Would you please check **whether** *or not* Emile Proust will attend at the reception.

Would you please check **if** Emile Proust will attend at the reception *or not*.
Emile Proust가 리셉션에 참석하는 지 확인해주겠니?

4. that과 what을 구별합시다!!!

that과 what을 구별하는 문제는 두 단계로 접근해야 합니다. what은 항상 명사로 쓰이지만, that이 접속사일 수도 있고, 명사의 기능이 결합된 관계 대명사일 수도 있기 때문입니다. 그래서 생각을 전개하는 순서를 명확하게 파악하고 있어야 흔들리지 않을 수 있어요.

① 앞에 명사가 있다!

일단은 앞에 명사가 있는지 확인하는 것이 우선입니다. 즉 관계 대명사로 사용된 that을 판단하는 것부터 시작하자는 말입니다. 만일 앞에 명사가 있다면 that은 관계 대명사이고, that절은 형용사절인 것이죠. 반면에 what절은 명사절이기 때문에 앞에 명사가 올 수는 없어요. 즉 종속절의 성격을 이해하는 관점입니다.

I can't understand *the concept* that the lecturer said at the conference.
나는 그 강사가 회의에서 말한 개념을 이해할 수가 없다.

I can't *understand* what the lecturer said at the conference.
나는 그 강사가 회의에서 말한 것을 이해할 수가 없다.

② 앞에 명사가 없다!

앞에 명사가 없다면, that은 접속사로 쓰인 겁니다. 그 말은 문장에서 주어나 목적어의 어떤 역할도 수행하지 않는다는 말입니다. 반면에 what은 명사절을 이끌면서 자신도 문장에서 명사의 역할을 해요. 그렇다면 what의 역할에 따라 문장에는 주어나 목적어가 비어있을 수 밖에 없어요! that과 what이라는 단어가 문장에서 어떤 역할을 하는 지에 대한 이해를 바탕으로 하는 것이죠.

역시 완전한 문장이다, 아니다라는 이상한 기준이 아니라, 명사의 역할을 이해하는 맥락으로 접근하세요. 그래서 앞서 배웠던, which와 in which, when과 who를 구별하는 것과 문법적으로 같은 관점인 것이죠.

I didn't notice **that** Mr. Collins was talking *about the contract*.
나는 Collins가 그 계약에 대해 말하고 있다는 것을 알아채지 못했다.

I didn't know **what** Mr. Collins was talking *about*.
나는 Collins가 말하고 있는 내용을 알아채지 못했다.

확인합시다

1. A recent survey indicates ---------- the popularity of the product has been increasing among consumers.
   (A) what   (B) that   (C) which   (D) those

2. Amy Swanson did not recognize ---------- often she disturbed her teammates as she loudly talked on the phone.
   (A) although   (B) who   (C) how   (D) because

3. We were wondering ---------- Jeremy Springsteen filed for a transfer to the Atlanta branch or not.
   (A) whether   (B) how   (C) that   (D) when

<정답> 1.(B)　2.(C)　3.(A)

III. 부사절의 접속사

1. 시간

after, as soon as (~하자 마자),
at the time, before, by the time,
each time, every time, since, until,
when, whenever (~할 때마다),
while (~하는 동안)

주절의 부사절의 상황이 서로 동시성, 선후관계, 특정 시점까지의 지속 등 시점이라는 연결 고리로 이어지는 경우입니다. 특히 미래 시점의 정보는 현재 시제로 표현한다는 규정을 기억해두세요.

Since he graduated from a distinguished graduate school of business, he has received a lot of job offers.
유명한 경영 대학원을 졸업한 이후로 그는 많은 취업 제의를 받고 있다.

Angelina Moore was assigned to the quality control section **after** she had been trained in all necessary procedures.
Angelina Moore는 필요한 모든 절차를 훈련 받은 뒤에 품질 관리 부서로 배정되었다.

By the time we arrived at the hotel, the conference had already started.
우리가 호텔에 도착했을 때는 회의가 이미 시작한 뒤였다.

2. 조건

as far as, as long as (~하는 한),
considering (that), given that
(~을 고려 하면), if only, if, in case (that),
once (일단 ~하면), provided (that),
providing (that), so long as (~하는 한),
unless (만일 ~하지 않으면)

주절의 상황이 발생하기 위한 조건이라는 문맥으로 연결하는 접속사들입니다. 익숙한 if만이 아니라, 조건의 접속사들은 다양하니까 잘 익혀두어야 합니다. 역시 미래 대신 현재를 사용합니다.

As long as you *make* your reservation 60 days prior to the departure, you will receive an additional 10% discount.
출발하기 60일 이전에 예약하시면 10퍼센트 할인을 추가로 받으실 수 있습니다.

If you want to join the class, please fill out your application slip attached to this brochure.
수업을 듣고 싶으시면, 이 책자에 붙어있는 신청서를 작성해주세요.

3. 원인

as, because, inasmuch as,
now (that), seeing (that), since

I always recommend Simon's Catering, **because** they provide an excellent service and a wide variety of dishes.
뛰어난 서비스와 아주 다양한 음식을 제공하기 때문에 나는 항상 Simon's Catering을 추천한다.

Since the high-end digital camera was a little expensive more than I expected, I was hesitant to buy it.
그 고성능 디지털 카메라는 내가 예상했던 것보다 조금 더 비쌌기 때문에, 나는 살까 말까 망설였다.

4. 대조, 상반

although, even if, even though, for all, however, no matter how, though, whereas, whether A ~ or B ~ (A건 B건 간에), while, with all

보통은 '양보'라는 용어를 사용하는 경우입니다. 하지만 우리가 일반적으로 사용하는 '양보'와는 전혀 다른 의미이기 때문에 오히려 이해하기 힘들어요. 이 용어에 대한 자세한 얘기는 다른 기회에 하기로 하고, 기본 개념만 파악하세요.

두 개의 문장이 서로 상반되거나, 대조적인 논리 관계로 연결된다는 것을 표시하는 접속사들입니다.

Although the outline Ms. Franklin explained in her analysis report was clear, I still have several questions about the details.
Franklin이 분석 보고서에서 설명한 개요는 명확했다. 하지만 나는 여전히 세부 내용에 대해서는 몇 가지 의문점이 있다.

While my client was eager to handle the problem, there were few actual actions we could take.
내 의뢰인은 그 문제를 처리하고 싶어했지만, 우리가 취할 수 있는 실질적인 조치는 거의 없었다.

5. 목적

in order that, so that, such that

부사절의 내용이 주절의 상황에 대한 '목적, 의도'라는 점을 나타내는 접속사들입니다. 그런 맥락에서 can이나 may 같은 조동사가 함께 쓰이는 경우가 많아요. comma로 분리되어 주절의 앞에 오거나, comma 없이 주절의 뒤에 오게 됩니다. so that에서 that이 생략되는 경우도 간혹 있으니 결과를 나타내는 so와 혼동하지 마세요.

A task force has been set up **so that** we can address the legal action of our competitor.
경쟁업체의 법적 행동에 대응할 수 있도록 프로젝트 팀이 구성되었다.

The president decided to improve working conditions **in order that** the company can meet the safety requirements.
회사에서 안전 규정을 충족시킬 수 있도록 근무 환경을 개선하기로 회장은 결정했다.

6. 결과

so (그래서 ~하다),
so ~that, such ~ that
(매우 ~하다. 그래서 ~하다)

주절에서 제시된 상황에 따른 결과적인 상황을 전달하는 접속사들입니다. 일반적으로 주절의 뒤에 연결됩니다. 특히 so는 comma로 분리되는 경우가 많아요.

We have already used half of our overtime pay budget, **so** I have to allow overtime work only on an emergency basis.
야근 수당 예산의 절반을 이미 사용했습니다. 그래서 나는 긴급한 업무인 경우에만 야근을 허락할 것입니다.

The new product was **so *popular* that** it sold like hot cakes.
신제품은 매우 인기가 좋아서 날개 돋친 듯 팔렸다.

확인합시다

1. Pacific Ocean Marina Resort has been closed for repairs ---------- it was severely damaged by the earthquake last month.
   (A) since   (B) before   (C) after   (D) until

2. Kyle De Burgh's presentation was difficult to understand ---------- it was full of technical terms.
   (A) because   (B) although   (C) so that   (D) in order that

3. ---------- you may not be able to avoid all problems, this book provides you with several ways that you can prevent them.
   (A) Even   (B) Despite   (C) However   (D) Although

4. ---------- he approves Ms. Paddington's suggestion, the boss will need to hire three more employees.
   (A) Because   (B) Given that   (C) Owing to   (D) However

<정답> 1.(A) 2.(A) 3.(D) 4.(B)

Practice Test

1. The figures in the market report, submitted by Mr. Stanley, were so incredible that the manager questioned ----------- he used the latest statistics.
   (A) whether
   (B) that
   (C) whichever
   (D) what

2. Many people think industrial robots take their jobs away, ----------- others think they create jobs.
   (A) on the other hand
   (B) because
   (C) while
   (D) for

3. Since the tire manufacturer provides the support for the local economy, ----------- hint of insolvency causes great concern to the region.
   (A) and any
   (B) so any
   (C) and some
   (D) any

4. People are wondering ----------- the leading computer manufacturer will reveal its next-generation laptop computer.
   (A) whose
   (B) whenever
   (C) when
   (D) whom

5. ----------- our business depends to such a great extent on state-of-the-art technology, every effort must be made to keep up with the latest trends.
   (A) What
   (B) That
   (C) Since
   (D) How

6. ----------- customer satisfaction is our top priority concern, we always do our best to meet your needs.
   (A) Though
   (B) Now that
   (C) Because of
   (D) While

7. Customers on the waiting list were offered some candy and beverages ----------- they were waiting for their entrance.
   (A) during
   (B) after
   (C) with
   (D) while

8. The shipping company has guaranteed ----------- the parts will be delivered no later than this Thursday.
   (A) how
   (B) what
   (C) that
   (D) when

9. The city has warned that the groundwater of the region may be polluted, ----------- the residents don't try to use it to water their garden.
   (A) because
   (B) if
   (C) so
   (D) consequently

10. Victor Whooten had trouble finding out ----------- the seminar was being held in the Sapphire Room on the second floor or in the Grand Hall on the fourth floor.
    (A) that
    (B) when
    (C) whether
    (D) what

11. ---------- the fire alarm was not an actual emergency, all residents were told to quickly leave the premises.

    (A) Despite
    (B) Although
    (C) Because
    (D) That

12. We will start building the new library in Saxton ---------- the construction committee approves our project.

    (A) on the other hand
    (B) at
    (C) despite
    (D) as soon as

13. I appreciate it if you would let me know ---------- the item I ordered will be delivered tomorrow.

    (A) although
    (B) about
    (C) that
    (D) if

14. We do not accept any request for refund ---------- it is submitted with valid receipts to verify the purchase.

    (A) because
    (B) once
    (C) provided
    (D) unless

15. After he had reviewed several proposals, Raymond Curtis asked ---------- idea would be best appropriate for the project.

    (A) who
    (B) whom
    (C) that
    (D) which

16. The chairperson expected ---------- the merger of the rival company would offer a dominant status in the market.

    (A) that
    (B) what
    (C) which
    (D) because

17. ---------- they were stuck in a traffic jam all morning, the delegates form Chile arrived late at the meeting.

    (A) By
    (B) As
    (C) Although
    (D) Until

18. This material must be delivered to Juan Gonzalez by 4 o'clock at the latest; ----------, he will have to attend at the conference without it.

    (A) otherwise
    (B) unless
    (C) except
    (D) whenever

19. Although there are a few job opportunities in the area right now, many economists are confident ---------- the reported construction project will provide a breakthrough for stagnant local economy.

    (A) what
    (B) how
    (C) whether
    (D) that

20. A simultaneous translation system will be employed in the international symposium on Sustainable Development and Environment next month ---------- the discussants will not encounter language barriers.

    (A) until
    (B) now that
    (C) besides
    (D) so that

21. ------------ Barry Fogelberg departed for Barcelona, he asked Jimmy Page to print out his itinerary again.
    (A) Prior
    (B) During
    (C) Before
    (D) For

22. The investigator was uncertain ------------ had caused the last Wednesday's fire in the basement.
    (A) that
    (B) what
    (C) whom
    (D) how

23. ------------ you have any problems with this product, please contact our customer service center.
    (A) If
    (B) Whether
    (C) Unless
    (D) That

24. When you ------------ the result of the survey of customer satisfaction, send it to David Coz in the advertising department.
    (A) receipt
    (B) receiver
    (C) receiving
    (D) receive

25. ------------ we have spent considerable money on advertising, I can't understand that the sales for the current quarter continue to diminish.
    (A) Even
    (B) In order that
    (C) In case
    (D) Considering

26. ------------ the lecturer said in his keynote speech tonight had great influence on almost all attendees.
    (A) What
    (B) That
    (C) When
    (D) While

27. I will try to finish this report ------------ the presentation begins.
    (A) before
    (B) until
    (C) prior to
    (D) while

28. Some corporations realize the importance of sports to business, ------------ they sponsor big sports events, including the World Cup, the Super Bowl and the Olympic Games.
    (A) so
    (B) as long as
    (C) because
    (D) while

<정답> 1.(A) 2.(C) 3.(D) 4.(C) 5.(C) 6.(B) 7.(D) 8.(C) 9.(C) 10.(C) 20.(D) 21.(C) 22.(B) 23.(A) 24.(D) 25.(D) 26.(A) 27.(A) 28.(A)
11.(B) 12.(D) 13.(D) 14.(D) 15.(D) 16.(A) 17.(B) 18.(A) 19.(D)

정답 너는 누구냐?

21. ------------ Barry Fogelberg **departed** for Barcelona, he **asked** Jimmy Page to print out his itinerary again.

(A) Prior
(B) During
(C) Before
(D) For

(A) prior는 "~보다 이전"이라는 의미의 형용사입니다. 다음에는 반드시 기준이 되는 시점을 나타내는 전치사 to가 있어야 해요.

(B) 전치사는 명사를 연결하는 장치이기 때문에 뒤에 동사가 나올 수는 없어요. 흔히 '전치사의 뒤에는 명사가 오고, 접속사의 뒤에는 주어와 동사가 온다'라고 얘기해요. 틀린 말은 아니지만, 주어도 명사이기 때문에 혼동할 여지도 있거든요. 그래서 동사의 개수를 기준으로 전치사와 접속사를 구별하는 것이 가장 확실해요.

(D) for는 전치사로 주로 쓰여요. for가 접속사로 쓰이는 경우에는 앞 문장에 대한 부연 설명이나 근거를 제시하는 의미이기 때문에 주절의 뒤에 나오는 것이 원칙입니다.

(C) departed와 asked라는 두 개의 동사를 연결할 수 있는 품사는 오직 접속사 밖에 없어요. 그리고 부사절이 주절의 앞에 오는 경우에는 거의 대부분 comma로 분리된다는 점도 챙겨두세요. 독해할 때 의미의 단위를 판단하는 열쇠로 활용할 수도 있거든요.

Tip 보기에 제시된 단어들의 품사가 다르다는 것에 주목하세요. 항상 품사의 구별이 우선입니다. 그리고 보기에 굳이 전치사와 접속사가 제시되어 있다는 점을 놓치지 말고요. 전치사와 접속사는 모두 연결어구입니다. 전치사는 명사를, 접속사는 동사를 각각 연결한다는 점이 달라요.

[해석] Barry Fogelberg는 바르셀로나로 출발하기 전에 Jimmy Page에게 자기의 여행 일정표를 다시 출력해달라고 부탁했다.

---

12. We **will start** building the new library in Saxton------------ the construction committee **approves** our project.

(A) on the other hand
(B) at
(C) despite
(D) as soon as

(A) on the other hand는 "반면에"라는 의미를 갖는 부사어구입니다. 즉 접속사의 역할을 할 수는 없어요.

(B) at은 전치사로만 쓰여요. 그런데 지금은 will start와 approves를 연결하는 접속사가 필요한 자리거든요.

(C) despite는 "~에도 불구하고"라는 '상반'의 의미를 갖는 전치사입니다. 전치사라는 품사를 잘 기억해 두세요.

(D) 부사절은 이렇게 주절의 뒤에 올 수도 있어요. 그런데 이때는 보통 comma로 분리하지 않아요. 접속사의 시작이 바로 다른 의미 단위가 시작되는 위치이기 때문이죠. 접속사에 해당하는 단어들은 많지 않으니까, 확실하게 암기해두세요.

Tip 역시 전치사와 접속사가 보기에 나온 유형입니다. 접속사를 올바르게 쓸 줄 안다는 것은 곧 또 다른 연결 장치인 전치사와 혼동하지 않는다는 말이거든요. 그래서 접속사와 전치사가 함께 보기에 등장하는 문제가 있는 것입니다. 출제하는 문법적 근거를 이해하면 훨씬 더 출제자의 의도를 쉽게 파악할 수 있을 거예요.

[해석] 건축 위원회에서 우리 계획을 승인하는 대로 즉시 Saxton에 새 도서관 건설을 시작할 것이다.

3. ***Since*** the tire manufacturer ***provides*** the support for the local economy, ------------ hint of insolvency ***causes*** great concern to the region.

   (A) <u>and</u> any
   (B) <u>so</u> any
   (C) <u>and</u> some
   (D) any

(A) provides와 causes라는 두 개의 동사가 있고, 접속사 since가 있기 때문에 접속사인 and가 나올 수는 없어요.

(B) so가 지금처럼 comma의 뒤에서 주어의 앞에 오는 경우는 '결과'를 나타내는 접속사입니다.

(C) since, until, before, after는 전치사로도, 접속사로도 쓰이기 때문에 품사를 정확하게 구별할 필요가 있어요. 이 문장에서 since가 전치사라면, manufacturer는 since에 연결되는 명사가 되거든요. 그렇다면 provides의 주어가 될 명사가 없어요!

(D) since가 접속사로 쓰인 경우에는 "~이후로"라는 시간의 의미거나, "~때문에"라는 이유를 나타내거나 둘 중 하나입니다. 해석해서 구별할 수도 있겠지만 문법을 활용해 보세요! 주절의 동사가 완료시제가 아니거나, since절의 시제가 현재라면 '이유'를 의미하는 것으로 이해하면 됩니다.

Tip 접속사와 전치사의 대립 구조가 아니라, 접속사가 있는 보기와 없는 보기의 유형으로 제시됐어요. 이런 경우에도 역시 "접속사는 동사보다 하나 적다"라는 규칙을 적용하세요. 그러면 무작정 암기하려고 애쓰지 않아도, 접속사의 기능을 이해하면 자연히 납득할 수 있어요.

[해석] 그 타이어 생산업체는 지역 경제를 떠받치고 있어서 파산할 조짐이 있으면 그 지역에는 큰 걱정거리가 된다.

24. ***When*** you ------------ the result of the survey of customer satisfaction, ***send*** it to David Coz in the advertising department.

    (A) receipt
    (B) recei<u>ver</u>
    (C) receiv<u>ing</u>
    (D) receive

(A) receipt는 receive의 명사형입니다. 명사형에 결합되는 특징적인 어미가 없는 형태라는 점에서 기억할 가치가 있는 단어입니다.

(B) receiver는 -er이라는 어미가 있는 것으로 보아, 행위자를 나타내는 명사라는 것을 알 수 있어요. 그러면 접속사 when의 뒤에 동사는 없이 명사만 잔뜩 나열된 이상한 문장이 되고 말아요. 게다가 행위자를 의미하는 명사는 모두 셀 수 있는데, 관사도 없고요!

(C) 이미 공부한 것은 마음에 담고 활용하세요. -ing는 동사가 아니라는 표시잖아요. 지금은 접속사와 주어의 뒷자리, 즉 동사가 필요한 자리가 있을 거예요.

(D) when이라는 접속사가 있는데, 동사는 send 하나 밖에 없기 때문에 동사가 필요한 자리입니다. 명령문의 동사 원형도 동사로 이해해야 한다는 점은 꼭 기억하세요!

Tip 앞서 다뤘던 21, 12, 3번과 같은 관점의 문제라는 것을 파악하세요. 문법이란 단어와 단어가 연결되는 관계라는 점을 항상 인지하고 있어야 해요. 즉 전치사의 존재는 동사와 관계를 통해 확인되듯이, 동사의 존재는 역으로 접속사의 존재로서 증명되는 것이거든요.
어근이 같은 보기가 등장하는 경우에는, 어미의 형태에 주목하세요. 그 형태를 통해 품사를 판단할 수 있거든요.

[해석] 소비자 만족 조사 결과를 받으면, 광고부의 David Coz에게 보내주세요.

5. ---------- our business depends to such a great extent on state-of-the-art technology, every effort must be made to keep up with the latest trends.

(A) What
(B) That
(C) Since
(D) How

(A) what은 관계 대명사, 관계 형용사, 의문 대명사, 의문 형용사로도 쓰일 수 있어요. 하지만 what으로 시작하는 절은 항상 명사절입니다.
(B) that은 명사절, 부사절, 형용사절의 접속사로 모두 쓰일 수 있어요. 하지만 지금처럼 문장의 처음에 오는 that은 명사절 밖에 없어요. 그러면 comma로 분리될 수 없어요!
(D) how는 의문사로 명사절을 이끌거나, 관계 부사로 형용사절을 연결합니다. 결국 comma로 분리되는 부사절의 자리에서는 쓰일 수 없어요.

(C) technology의 뒤에 comma가 있고, every effort와 must라는 주어와 동사가 이어집니다. 이렇게 접속사가 없는 절, 즉 주절과 comma로 분리될 수 있는 품사는 오직 부사 밖에 없어요. 따라서 빈 칸에는 부사절을 이끄는 접속사가 필요한 것이죠! since는 '시점' 혹은 '이유'를 나타내는 부사절로만 쓰여요.

Tip 보기가 모두 접속사가 제시됐어요. 이런 경우에는 종속절의 종류를 구별할 필요가 있는지 확인하세요. 구체적으로는 명사절과 부사절의 접속사가 섞여 있는지 확인하는 겁니다. 문장의 처음에 올 수 있는 접속사는 명사절과 부사절 밖에 없거든요.

[해석] 우리 회사는 최신 기술에 상당한 정도로 의존하고 있기 때문에, 최신 흐름에 뒤처지지 않도록 모든 노력을 기울여야 한다.

---

16. The chairperson *expected* ---------- **the merger** of the rival company would offer *a dominant status* in the market.

(A) that
(B) what
(C) which
(D) because

(B) what이 갖는 접속사와 명사라는 두 가지 성격을 구별해서 이해할 필요가 있어요. 즉 접속사로서는 명사절을 연결해요. 그리고 명사로서는 그 문장에서 주어나 목적어의 역할을 하고요. 그런데 지금은 the merger라는 주어와 a dominant status라는 목적어가 있기 때문에 명사의 역할은 필요 없어요.
(C) which도 의문사로 명사절을 이끄는 역할을 하기도 해요. 의문 형용사라면 한정사이기 때문에, 뒤에 관사가 올 수는 없어요. 또 의문 대명사라면 뒤에 명사의 역할을 할 수 있는 자리가 없어요.
(D) because는 부사절의 접속사로만 쓰이기 때문에 동사의 뒤에 나올 수 없어요. 'It is because ~'처럼 be 동사의 보어로 쓰이는 경우는 있지만요.

(A) 이미 설명했지만 that과 what을 구별할 때 '완전/불완전'이라는 막연한 기준을 적용하지는 마세요. 어떤 문법 문제도, 어떤 출제자도 두루뭉실하게 "완전한가"를 물어보는 경우는 없거든요. 대신 명사의 역할이라는 구체적인 문법을 적용하세요. 즉 "what은 명사, that은 명사 아니다"라는 명확한 잣대로, 그래서 주어나 목적어가 필요한 구조인지 확인하면 간단하잖아요!

Tip 동사의 뒤에 곧바로 나오는 접속사는 동사의 목적어로 쓰인 명사절로 이해하세요. 형용사절은 선행사인 명사가 먼저 있어야 하거든요. 물론 부사절도 가능하긴 해요. 하지만 이렇게 동사의 뒤에 이어서 부사절이 있는 경우라면 동사에 연결되는 다른 표현이 아무 것도 없어야 하기 때문에 활용될 가능성은 아주 낮아요.

[해석] 회장은 경쟁 회사와 합병함으로써 시장에서 지배적인 지위를 얻게 될 것으로 예상했다.

26. ---------- the lecturer *said* in his keynote speech tonight had great influence on almost all attendees.

(A) What
(B) That
(C) When
(D) While

(B) comma로 분리되지 않았기 때문에 명사절을 이끄는 that은 구조상으로는 가능해요. 하지만 said라는 타동사의 목적어가 없기 때문에, 명사의 역할까지 할 수 있는 접속사가 필요합니다. 해석이 아니라, 구조로 판단하자고요! 접속사 that은 문장을 연결하는 기능만 있을 뿐, 문장에서 주어나 목적어의 역할은 하지 않아요.
(C) 선행사가 생략된 관계 부사이거나 의문사로 쓰인 경우라면, when도 명사절을 연결할 자격이 있는 접속사입니다. 하지만 when은 문장에서 부사로 쓰이기 때문에 said의 목적어 역할을 할 수가 없어요.
(D) while은 "~동안"이라는 '시간' 혹은 "~인 반면에"라는 '대조'의 맥락으로 부사절을 연결하는 접속사입니다.

(A) 주어는 문장의 처음에 등장하는 필수 요소이기 때문에 comma로 분리하지 않는 것이 원칙, 아니 상식이지 않을까요!
주어와 동사의 사이에 'comma ~ comma'의 구조로 삽입어구가 표시되는 경우가 아니라면 주어와 동사는 comma로 분리되지 않아요!

Tip 빈 칸의 위치 그 자체가 이미 결정적인 단서가 되네요. 이렇게 접속사가 문장의 처음에 등장하고, comma로 분리되지 않았다면, 이 자리는 오직 명사절만 가능한 구조거든요. 그렇다면 일단 명사절의 접속사를 추려내는 것이 순서겠지요!

[해석] 오늘밤에 기조연설을 통해 그 연사가 말했던 내용은 거의 모든 참석자들에게 큰 영향을 미쳤다.

8. The shipping company has *guaranteed* ---------- the parts will *be delivered* no later than this Thursday.

(A) how
(B) what
(C) that
(D) when

(A) 의문사를 쓴다는 것은 확실하지 않은 정보가 있다는 말이거든요. 그렇다면 question, wonder처럼 의문의 내용을 담은 동사와 어울려야 개념이 연결되지 않을까요?
(B) 의문사인 것도 어울리지 않지만, 뒤의 동사가 be delivered라는 수동태인 것도 염두에 두세요. 목적어를 위한 자리는 없다는 말이잖아요!
(D) when은 의문사이기도 하지만, 뒤에 시간을 나타내는 정보와 중복된다는 점에서도 어울리지 않네요.

[해석] 그 배송회사에서는 모든 부품들이 이번 목요일을 넘기지 않고 배송될 것이라고 장담했다.

(C) 객관적인 사실을 의미하는 접속사 that의 개념을 이해하지 않으면 접근하기 쉽지 않은 유형입니다. 단어가 서로 연결되는 맥락을 고려하지 않고 해석으로 해결하려고 하기 때문에 많이 틀릴 수 밖에 없어요. guarantee 처럼 확실성을 나타내는 타동사의 목적어로는 의문사가 아니라, that절이 적절해요.

Tip 보기가 모두 명사절을 연결하는 접속사로만 구성된 유형입니다. 이런 경우라면 당연히 명사절의 접속사들 각각의 용법을 구별하는 과정을 거쳐야 합니다. 구체적으로는 that과 의문사, that과 what, what과 when, 선택 의문사와 의문사의 구별로 요약할 수 있어요. 질문 가능한 범위를 설정하고, 그 안에 있는 경우의 수를 하나씩 정확하게 적용하는 전략이 효과적입니다.

19. Although there are a few job opportunities in the area right now, many economists are **confident** ------------ the reported construction **project** will provide **a breakthrough** for stagnant local economy.

(A) what
(B) how
(C) whether
(D) that

(A) 의문사라는 점에서도 confident라는 확실성의 형용사와 어울리지 않지만, project라는 주어와 breakthrough라는 목적어의 사이에서 명사인 what은 갈 곳이 없어요.
(B) confident가 보여주는 '확실성'의 의미와 의문사인 how는 서로 어울릴 수 없는 관계가 아니겠어요!
(C) whether를 보면 무조건 or부터 찾는 사람들이 있는데, 반드시 or가 있어야 하는 것은 아닙니다. or를 찾으라는 요령때문에 오히려 틀리기도 해요! 그리고나서 '어려운 문제'라거나 '출제자의 함정'이라고 비난한다면 그것이 과연 타당한 행동일까요?
 whether 절이 명사의 자리에 오면 or가 없다고 틀리다고 단정하지 말고 선택을 나타내는 의문사라는 점을 고려해야 합니다.
(D) sure, possible, probable, evident, confident, certain, sure처럼 '확실성'을 나타내는 형용사의 뒤에는 역시 '객관적인 사실'이라는 어감을 전달하는 that이 서로 어울릴 수 있어요.

Tip 보기가 모두 명사절의 접속사이지만, that과 의문사로 크게 나눌 수 있다는 점이 중요한 기준입니다. 확실성의 동사나 형용사의 뒤에 의문사가 아니라, that절을 연결하라는 이 조항을 다룬 문제는 절대로 이해하기 어려운 문법이거나, 난이도가 높은 문제가 절대 아닙니다. 단어의 기본 개념과 그것들이 어떻게 서로 연결 되는지 그 관계를 가르치지 않은 우리의 환경이 괴물로 보이도록 만들었을 뿐이거든요.

[해석] 비록 지금 당장은 그 지역에 취업할 기회가 적지만, 많은 경제학자들은 보도된 건설 계획이 정체된 지역 경제에 돌파구를 제공할 것으로 확신하고 있다.

10. Victor Whooten had trouble finding out ------------ the seminar was **being held** in the Sapphire Room on the second floor *or* in the Grand Hall on the fourth floor.

(A) that
(B) when
(C) whether
(D) what

(A) find out의 목적어로 that절을 사용하는 것은 가능해요. 하지만 뒤에 선택을 나타내는 or가 있거든요. 즉, 결정되지 않은, 확실하지 않은 정보라는 점에서 that과 어울리지 않아요. 만일 or 이하의 정보가 없었다면 that이 가능해요.
(B) 의문 대명사인 what, which, who, whom, whose와 의문 부사인 when, where, why, how는 모두 어떤 행동에 대해 행위자, 대상, 시간, 장소, 이유, 방법이라는 구체적인 정보를 얻으려는 의도를 갖고 있는 표현들입니다. 따라서 뒤에 or와 연결될 이유가 전혀, 절대 없어요!
(D) what이라는 의문사와 or도 서로 표현 의도가 어긋나지만, 수동태이기 때문에 명사인 what이 쓰일 수가 없는 구조이기도 해요.
(C) 선택 의문문에는 or가 반드시 필요한 것은 아닙니다. 하지만 or가 없다면 일반 의문문과 구별할 수 있는 객관적인 기준을 찾기 힘들어져요. 그래서 문법 시험에서는 whether를 물어보고자 한다면, or를 사용할 수 밖에 없다는 고충이 있어요. 그래서 일단 or의 존재를 확인하는 것이 좋아요!

Tip 일반 의문사와 선택 의문사의 용법을 묻는 문제입니다. 선택 의문사는 if와 whether, 두 가지가 있어요. 보기에 whether가 있다는 말은, 확인할 필요가 있다는 말이니까, 일단은 뒤에 or가 있는지를 확인하세요. 보통 or라는 선택 개념의 표현이 있다면 당연히 if나 whether가 됩니다.

[해석] Victor Whooten은 세미나가 열리고 있는 장소가 2층의 Sapphire Room인지, 4층의 Grand Hall인지 알아내는 데 어려움을 겪었다.

1. The figures in the market report, submitted by Mr. Stanley, were so incredible that the manager *questioned* ------------ he used *the latest statistics*.

   (A) whether
   (B) that
   (C) whichever
   (D) what

(B) 동사인 question도 역시 불확실성을 나타내기기 의미이기 때문에 that을 목적어로 연결하기는 자연스럽지 않아요.
(C) whichever는 복합 관계 대명사이지, 의문 대명사가 아니라서 question의 목적어로 어울리지 않아요. 게다가 다음 문장에는 주어인 he와 statistics라는 목적어도 있어서 명사의 역할이 필요하지 않다는 점도 정답으로 선택할 수 없는 이유이고요.
(D) (C)와 마찬가지로 의문 대명사 what의 역할이 필요없는 구조입니다. 의문사인 if와 whether는 접속사의 기능만 있을 뿐, 문장에서 어떤 역할을 하지는 않아요. 그래서 or가 없는 경우에는 주로 의문 대명사와 whether가 보기에 나오게 됩니다. 당연히 명사의 역할이 필요한지 확인하면 되죠. '완전한 문장이다' 공식이 아니라, 주어와 목적어의 존재를 확인하세요. 그것이 명사를 이해하는 과정입니다!

(A) question을 동사로 쓰면 "~에게 질문하다"라는 뜻입니다. 의문사절을 목적어로 하는 경우에는 "~을 의심하다"라는 의미로도 쓰이고요.

Tip 선택 의문문은 크게 두 가지입니다. 첫째는 10번에서 본 것처럼 "A or B" 즉 A와 B라는 두 개의 대상을 제시하는 경우고요. 두 번째는 "A or not" 즉 긍정과 부정을 선택하는 경우입니다. 그리고 이럴 때는 or not이 생략되는 경우가 많아요. 우리가 익숙한 의문사가 없는 일반 의문문도 사실은 yes/no를 선택하는 경우거든요. 그래서 or가 없다고 if나 whether를 빼놓고 생각하지는 말아야 해요!

[해석] Stanley가 제출한 시장 보고서의 수치들이 너무 믿기 힘들어서 과장은 최신 통계자료를 사용했는지 의문을 가졌다.

22. The investigator was *uncertain* ------------ *had* caused the last Wednesday's fire in the basement.

    (A) that
    (B) what
    (C) whom
    (D) how

(A) certain은 '확실성'을 나타내니까 뒤에 that절이 올 수 있어요. 하지만 uncertain은 '불확실성'의 뜻이므로 의문사절이 와야 적절한 관계가 성립해요.
(C) 의문사인 whom은 who의 목적격입니다. 하지만 뒤에는 동사 had가 있기 때문에 주어가 와야 할 자리입니다. 간혹 whom을 쓸 자리에 who를 쓰는 경우가 있기는 하지만, who 대신 whom을 쓰지는 않아요!
(D) how도 의문사라는 점에서 uncertain과 어울려요. 하지만 how는 부사이기에 had의 주어로 쓰일 수는 없어요.

[해석] 조사관은 무엇이 지난 수요일에 지하실에서 발생한 화재를 유발했는지 확신할 수 없었다.

(B) 일반 의문사들 중에서 구별할 때는 품사와 격을 우선 적용하세요. 즉 when, where, why, how는 부사의 역할을 하기 때문에 주어나 목적어로 쓰일 수 없어요. 그리고 what, which, who, whom, whose는 모두 의문 대명사입니다. 하지만 who는 주격, whom은 목적격입니다.
그리고 what, which, whose는 뒤에 명사를 동반해서 의문 형용사로 쓰이기도 해요.

Tip 모두 명사절의 접속사지만, 의문사가 아닌 경우도 있어요. 그러면 의문사가 필요한지를 판단하고, 그런 다음에는 의문사의 품사를 구분하는 것이 순서입니다. uncertain의 뒤에는 원래 전치사 of가 있어요. 하지만 이렇게 의문사절이 오는 경우, 그 of은 생략되는 경우가 많아요.

13. I appreciate it if you would *let me know* ------------ the item I *ordered will be delivered* tomorrow.

(A) although
(B) about
(C) that
(D) if

(A) 동사 바로 뒤의 종속절은 목적어인 명사절입니다. 하지만 although는 상반, 대조를 나타내는 부사절로만 쓰여요!

(B) know about이라는 표현도 가능하기 때문에 정답으로 혼동할 수도 있어요. 하지만 I ordered의 앞에 접속사가 없는 것으로 보아, 관계 대명사 which가 생략되어 있어요. the item이라는 주어와 will be delivered라는 동사를 이끌어 주는 접속사가 필요해요!

(C) know that이라는 표현도 익숙하고, 다음 문장에서 명사의 역할이 필요 없어서 잘못된 점이 없어보여요.

 그런데 'let me know'라는 표현은 "알려달라"는 뜻이니까 다음에는 당연히 자기가 모르는 정보가 제시돼야 해요. 그런데 that절을 쓰면 객관적인 정보, 즉 이미 자기가 알고 있는 사실을 알려달라고 하는 의미가 되기 때문에 논리적으로 성립되지 않아요. me 대신 him, her, them를 쓰면 자기가 알고 있는 정보를 다른 사람에게 알려준다는 맥락이 되기 때문에 논리관계가 형성되거든요.

(D) 빈 칸의 앞에도 if가 있는데, it이라는 대명사의 다음에 다시 명사절이 연결될 수는 없어요. 그래서 그 if는 부사절입니다. if가 부사절로 쓰이는 경우에는 조건이나 양보의 의미입니다. 그리고 지금 빈 칸처럼 동사의 뒤에, 즉 목적어의 자리에 오는 경우에는 whether처럼 선택 의문사로 쓰이는 명사절이고요.

Tip 접속사에 대한 복습을 하기에 아주 알맞은 보기네요. 일단 접속사와 전치사라는 품사의 차이가 있고요. 명사절과 부사절의 접속사가 섞여있어요. 그리고 that과 의문사를 구별해야 하고요. 지금 알려드린 매뉴얼대로 접속사에 관련된 문제를 헤쳐나가세요.

[해석] 제가 주문했던 제품이 내일 배송될 수 있는지 알려주시면 고맙겠습니다.

4. People are *wondering* ------------ *the* leading computer manufacturer will reveal *its next-generation laptop computer*.

(A) whose
(B) whenever
(C) when
(D) whom

(A) 앞에 선행사에 해당하는 명사가 없기 때문에 whose는 관계 대명사가 아니라, 의문 대명사로 이해해야 옳아요. 근데 의문사로 써도 whose는 한정사이기 때문에, 뒤에는 명사가 있어야 하거든요. 그런 점에서 the라는 또 다른 한정사와 나열될 수는 없어요.

(B) "~할 때는 언제나"라는 의미를 갖는 whenever는 의문사가 아니라, 부사절의 접속사입니다. 동사의 뒤는 명사절의 자리라는 점을 잊지 마세요!

(D) 뒤에 reveal의 목적어에 해당하는 명사가 이미 존재합니다. 그렇다면 whom이라는 목적격이 수행할 역할이란 근본적으로 없는 것이죠.

(C) 뒤에 명사의 역할이 필요하지 않기 때문에 의문 부사가 올 수 있는 자리입니다. 그리고 시간이나 조건의 부사절에서는 미래를 쓰지 않고, 현재로 표현합니다. 하지만 지금처럼 명사절인 경우에는 미래 시제를 정확하게 밝혀야 합니다.

Tip 보기가 모두 의문사입니다. 그렇다면 의문사의 품사 구별과, 선택 의문사에 대한 판단! 이 두 가지가 기본적으로 확인할 사항입니다.

[해석] 선도적인 컴퓨터 제조업체인 MicroComm에서 차세대 노트북 컴퓨터를 언제 공개할 것인지 사람들은 궁금해하고 있다.

15. After he had reviewed several proposals, Raymond Curtis *asked* ----------- *idea* would be best **appropriate** for the project.

(A) who
(B) whom
(C) that
(D) which

(A) 앞에 선행사인 명사가 없으니까 who는 관계 대명사가 아니라, 의문 대명사입니다. 하지만 주격이라는 who의 성격은 변함이 없어요. 그러면 주어라는 말인데, idea라는 주어가 이미 있어요.

(B) whom이라는 목적격은 의문사절의 목적어라는 말이거든요. 그런데 일단 동사가 자동사인 be이고, appropriate라는 형용사가 보어로 제시됐기 때문에 목적어의 자리는 없어요.

(C) idea는 셀 수 있는 명사인데, 관사 같은 한정사가 없으니까, that은 지시 형용사로 이해할 수 밖에 없어요. 그러면 접속사 that이 생략됐다고 생각할지도 모르겠네요. 그러면 ask에 that 절이 연결된 구조이므로 ask의 의미는 "부탁하다"가 되고, that절의 동사는 should가 생략된 경우라, 원형이 되어야 하거든요.

(D) 앞에 선행사인 명사가 없으니까, which는 의문사로 판단해야 해요. 그리고 뒤에 주어가 있고, 목적어의 자리가 없으니까, 형용사로 이해해야 하고요. 그래서 이런 구조의 which는 의문 형용사라고 해요. 의문 형용사도 한정사의 일종이기 때문에 관사를 비롯한 다른 한정사와 함께 사용할 수는 없어요.

Tip 빈 칸의 뒤에 명사가 있는 구조입니다. 명사의 앞은 전격으로 형용사가 올 자리라는 점을 생각하세요. 의문 형용사로 쓸 수 있는 단어는 which, what, whose입니다. ask가 "~을 물어보다"라는 의미로 쓰인 경우에는 정보가 충족되지 않은, 불확실한 정보라는 점에서 지금처럼 의문사절이 연결됩니다.

[해석] 그 프로젝트에 대한 여러 개의 제안서를 검토하고 나서, Raymond Curtis는 어느 방안이 가장 적절한지 결정할 것이다.

---

6. ----------- customer satisfaction **is *our top priority concern*,** we always **do *our best*** to meet your needs.

(A) Though
(B) Now that
(C) Because of
(D) While

(A) though는 두 문장을 상반된 논리 관계로 연결해주는 접속사입니다. 상반과 인과는 논리적 차이는 확실하게 익히고 있어야 해요. 이 문장에서는 둘 중 하나의 문장에 부정어가 있다고 생각해보세요. 문맥의 변화를 느낄 수 있을 겁니다.

(C) because of에서 because는 사실 부사입니다. 하지만 전치사 of과 연결해서 하나의 전치사구로 이해하세요. is와 do라는 두 개의 동사가 있기 때문에 전치사가 아니라, 접속사가 있어야 할 자리입니다.

(D) while은 "~하는 동안"이라는 '시간'의 의미나 "반면에"라는 대조의 논리로 연결해주는 부사절의 접속사입니다.

[해석] 고객의 만족이 저희의 최우선 관심사이기 때문에, 저희는 항상 고객이 필요로 하는 것을 충족시키기 위해 최선을 다하고 있습니다.

(B) "최우선 관심사"라는 정보는 "최선을 다한다"는 내용에 대한 이유나 근거를 제시하고 있어요. '이유'를 나타내는 접속사로는 because가 가장 대표적이지만, now that도 그 범주에 포함됩니다. now와 that이라는 개별적인 단어만으로는 이유의 의미를 끌어내기 힘들어요. 출제자가 이 표현을 물어보는 이유는 특이하거나, 난이도를 높이기 위한 것이 아니라, 접속사의 폭을 넓히기 위한 것이라고 생각하세요.

Tip 접속사와 전치사가 보기에 제시된 점을 먼저 포착해야 해요. 물론 두 가지 품사를 모두 고려하는 것이 아니라, 접속사의 자리인지를 확인하는 방향으로 '통분'하는 것이 효과적이고요.

그리고 부사절의 접속사들은 의문사나 관계사와 달리 문장을 연결하는 기능만 있어요. 즉 문장 구조로는 서로 구별되는 부분이 없기 때문에 논리 관계를 확인하는 것이 우선이자, 최고의 방법입니다.

17. ----------- **they were *stuck in a traffic jam*** all morning, the delegates form Chile ***arrived late*** at the meeting.

(A) By
(B) As
(C) Although
(D) Until

(A) 뒤에 they라는 주격 대명사가 있어요. 전치사의 뒤에 주어가 이어지는 경우는 절대로 있을 수 없는 일입니다.

(C) although는 though보다 좀 더 문어적인 표현인데, 상반된 논리 관계라는 점은 동일해요. 이 문장이 'were not'이 되어 "교통 정체가 없었다"라는 말이 되거나, 'arrived in time' 혹은 'did not arrive late'이 되어 "늦지 않았다"는 맥락이 된다면 어떨까요? 그렇다면 인과가 아니라, 상반 관계가 더 적절하겠죠? '인과'와 '상반'은 이렇게 동전의 양면처럼 밀접하게 연결되기 때문에 주의 해야 합니다!

(D) until은 '특정 시점까지 지속되는 동작이나 상태'를 의미해요. "오전 내내"라는 뜻인 all morning은 고정된 시점이 아니라, 기간에 해당하는 의미이기 때문에 until과는 함께 쓸 수 없어요.

(B) as나 since도 역시 '이유'를 나타내는 접속사라는 점을 이해하세요. "교통 정체"라는 정보와 "늦다"라는 말 사이에는 인과 관계가 성립하죠?

Tip 부사절의 접속사들 중에서도 이유와 상반을 나타내는 접속사가 함께 등장하는 경우가 많아요. 부사절의 접속사가 모두 의미 관계를 잘 파악해야 하지만, 특히 '이유'와 '상반'의 관계는 부정어를 추가하거나, 빼는 것에 따라 달라지기 때문에 혼동하지 말아야 하기 때문이죠.

[해석] 오전 내내 교통 정체에 갇혀있었기 때문에 칠레 대표단은 회의에 늦었다.

28. Some corporations ***realize the importance*** of sports to business, ----------- they ***sponsor big sports events***, including the World Cup, the Super Bowl and the Olympic Games.

(A) so
(B) as long as
(C) because
(D) while

(B) as long as는 "~하는 한"이라는 조건의 의미를 갖는 접속사입니다. 즉 두 문장을 조건과 그 조건에 따른 결과라는 관계로 연결하는 것이죠. 이 문장을 굳이 조건의 관계로 연결한다면, 첫 문장이 조건에 해당하니까, 빈 칸의 위치가 잘못된 것이죠.

(C) "중요성을 인식하다"와 "후원하다"라는 두 개의 정보 사이에는 인과 관계가 존재합니다. 하지만 '후원하기 때문에 중요하다고 인식한다'는 말은 객관적인 설득력이 약해요.

(D) while이 시간의 의미이건, 혹은 대조의 의미이건 주절의 뒤에 오는 경우에는 일반적으로 comma로 분리하지 않아요. 그리고 이 점은 대부분의 부사절에 공통으로 적용되는 규정 입니다.

(A) comma의 뒤에 오는 so는 원인에 대한 결과를 제시하는 부사절의 접속사입니다. 원인과 결과라는 논리적 관계도 어느 쪽이 원인이고, 또 어느 절이 결과인지를 주의 깊게 파악해야 합니다. 또 원인과 결과는 선후관계도 성립하기 때문에, 결과를 나타내는 부분이 원인보다 먼저 나오지 않는다는 점도 참고하세요.

Tip 보기가 모두 부사절의 접속사입니다! 부사절의 접속사는 주절의 내용에 대한 논리적 연결 장치라는 점에서, 두 문장의 관계를 보여주는 핵심어를 통해 문맥을 파악하세요. 문장 전체를 해석하기 보다는, 핵심어를 찾는 방향으로 훈련하는 것이 정답을 찾는데도, 논리력을 강화시키는데도 더 효과적입니다.

[해석] 일부 기업들은 사업에 스포츠가 중요하다는 점을 인식하고 있다. 그래서 그들은 월드컵, 슈퍼볼, 올림픽과 같은 대형 스포츠 행사를 후원한다.

9. The city **has warned that** the groundwater of the region may be **polluted**, ------------ the residents **don't try to use** it to water their garden.
   (A) because
   (B) if
   (C) so
   (D) consequently

(A) because가 되면 "사용하지 않기 때문에 오염될 수 있다"라는 말이 되거든요. 대상이 음식이나 재료라면 사용하지 않을 때 부패할 수는 있죠. 하지만 사람이 사용하지 않는다고 지하수가 오염되는 경우는 있을 수가 없죠.

(B) if는 comma 뒤에 오는 경우가 거의 없다는 것도 기본적으로 알아두세요. 그리고 "사용하지 않으면 오염될 수 있다" 조건의 관계도, "사용하지 않지만 오염될 수 있다"는 상반의 논리 관계도 성립할 수 없어요.

(D) consequently도 의미상으로는 어떤 상황에 대한 결과를 나타내기 때문에 해석하는 데는 문제가 없어요. 하지만 부사이기 때문에 접속사의 역할을 대신할 수는 없어요.

(C) comma의 뒤에 오는 부사절이라는 점에서 28번과 동일한 구조입니다.

Tip 지금은 has warned, may be polluted, don't try라는 세 개의 동사를 연결해줄 접속사가 that 하나 밖에 없기 때문에, 빈 칸에는 접속사가 필요합니다.
보기의 접속사가 모두 부사절을 이끄는 용법들이므로, 논리 관계를 파악해야 하는 것이 그 다음 단계입니다. 물론 빈 칸 앞에 comma가 있다는 점도 놓치지 말아야 할 부분이고요.

[해석] 시에서는 그 지역의 지하수가 오염됐을 수도 있다고 경고했다. 그래서 주민들은 정원에 물을 주는 용도로도 사용하려 하지 않고 있다.

20. **A simultaneous translation system will be employed** in the international symposium on Sustainable Development and Environment next month ------------ the discussants **will not encounter language barriers**.
    (A) until
    (B) now that
    (C) besides
    (D) so that

(A) until은 오직 부사절을 이끄는 용도로만 쓰이는데, 부사절에서는 미래 시제를 쓰지 않잖아요! 부사절의 접속사 중에서 '시간' 개념의 접속사들은 시제에서 공부했던 내용들을 복습하는 기회로 삼으면 더 효과가 좋을 거예요.

(B) now that은 이유를 나타내는 접속사였어요. "언어 장벽"이 없을 것이라면 "동시 통역 시스템"을 사용할 이유도 없는 것 아닐까요?

(C) besides는 "~외에도"라는 '추가'의 의미를 나타내는 전치사입니다. 따라서 뒤에 있는 will이라는 동사를 연결할 수는 없어요.

(D) "동시 통역 시스템"의 용도나 목적을 생각하면 논리 관계를 금방 이해할 수 있을 거예요. so that의 뒤에는 문맥에 따라 may나 can과 같은 조동사가 활용되는 경우가 많아요.

Tip '목적'을 나타내는 so that이라는 접속사가 있어요. 이 표현이 때로는 접속사 대신 'so as to do'로 준동사 표현으로 활용되기도 합니다. 모양이 비슷하다고 'so 형용사/부사 that'과 혼동하지 않도록 주의하세요. 이 표현은 that을 기준으로 '원인과 결과'를 나타내는 표현입니다.

[해석] 토론 참가자들이 언어 장벽에 마주치지 않도록 다음 달에 열릴 '지속 가능한 개발과 환경'에 대한 국제 학술 대회에는 동시 통역 시스템을 활용할 것이다.

11. ---------- the fire alarm was *not an actual emergency*, all residents were told to *quickly leave the premises*.

(A) Despite
(B) Although
(C) Because
(D) That

(A) despite도 의미상으로는 '상반'의 의미를 나타내지만, 전치사입니다. 그래서 was와 were라는 두 개의 동사를 연결할 수 없어요.
(C) 만일 이 문장에서 not이 없었다면 어떤 문맥이 될지 생각해보세요. 화재 경보가 실제 상황이라면, 대피하는 것이 당연하지 않을까요? 그렇다면 인과 관계가 성립하거든요. 이유와 상반의 논리 관계는 맞닿아있기 때문에 항상 염두에 두고 훈련하세요. 다양하게 표현할 수 있도록 말이죠!
(D) 문장의 처음에 등장하는 접속사 that은 명사절 밖에 없어요. 그렇다면 주절과 comma로 분리될 수 없죠!

[해석] 그 화재 경보는 실제 긴급 상황이 아니었지만, 모든 입주민들은 건물에서 빨리 나가라는 말을 들었다.

(B) "실제 위급한 상황이 아니었다"는 것에 대한 대응으로 "건물에서 나가라"는 명령은 객관적으로 납득하기 어렵죠! 위급하지 않다면, 현 상황에 대한 변동이 없다는 말이니까, 다른 곳으로 위치를 이동해야 할 근거가 없는 것이죠. 이런 상반된 논리 관계에 '양보'라는 납득하기 어려운 용어를 붙인 것입니다.

Tip despite와 although를, 또는 because와 because of를 보기에 함께 제시할 때 출제자는 과연 무엇을 확인하고 싶은 것일까요? 이 두 개의 대립상 논리 관계는 같지만, 각각 전치사와 접속사라는 품사의 차이 곧 역할과 그에 따른 구조의 차이를 이해하라는 주문이거든요. 이 두 품사를 혼동하지 않으려고 주의할 것이 아니라, 접속사로도, 전치사로도 자유롭고, 다양하게 표현할 수 있도록 익혀두는 계기로 받아들일 수는 없는 것일까요?

2. *Many people* think industrial robots *take their jobs away*, ---------- *others* think they *create jobs*.

(A) on the other hand
(B) because
(C) while
(D) for

(A) 'on the other hand'도 "반면에"라는 의미로 대조나 전환을 나타내는 의미이기는 해요. 하지만 부사어구이기 때문에 'others think'라는 절을 연결할 수 없어요.
(B) they의 선행사는 앞에 있는 industrial robots가 됩니다. 그러면 동일한 주어가, 동일한 시점에, 부정적인 상황과 긍정적인 상황이 원인과 결과의 관계로 설명될 수는 없어요.
(D) for가 지금처럼 comma의 뒤에서 접속사로 쓰이는 경우는 앞 문장에 대한 부연 설명 정도의 가벼운 이유를 제시하는 용도거든요. 그런데 앞에서 제시한 "일자리를 없앤다"는 부정적인 상황은 "일자리를 창출한다"는 긍정적인 상황 때문이라고 말하고 이해해주기를 바란다면 너무 심하잖아요!

(C) while이 지금처럼 대조의 맥락을 표현할 때는 comma의 뒤에 오기도 해요. 하지만 "~하면서"라는 동시적인 상황을 나타내는 경우에는 일반적으로 comma의 뒤에 쓰지는 않아요.

Tip take their jobs away라는 부정적인 상황과 create jobs라는 긍정적인 상황이 제시되고 있다는 점에서 상반 혹은 대조의 맥락을 감지할 수 있어요. 혹시 시제라도 차이가 있다면 때로는 인과 관계를 생각해 볼 여지도 있겠지만, 두 문장이 모두 현재 시제이기 때문에 그럴 리는 없어요. 그리고 many나 some이 제시되고, 다른 문장에서 others가 등장하는 것은 대구적인 관계에서 가장 널리 쓰이는 표현 방식이라는 점도 챙겨두세요.

[해석] 많은 사람들이 산업 로봇이 일자리를 뺏어갈 것이라고 생각하는 반면, 다른 사람들은 일자리를 창출할 것으로 생각한다.

23. ----------- you **have any problems** with this product, please **contact** our customer service center.

(A) If
(B) Whether
(C) Unless
(D) That

(B) comma로 분리되어 있기 때문에 부사절이 와야 할 자리입니다. whether가 명사절로 쓰일 때는 or가 없을 수도 있지만, 부사절로 쓰이는 경우에는 반드시 or를 동반해서 "~이건 간에"라는 양보의 의미로 쓰여요.

(C) unless는 "만일 ~하지 않으면"이라는 의미로 조건의 부사절에 부정의 의미를 포함하고 있는 접속사입니다. '고객 서비스 센터'는 제품에 발생한 문제를 처리하는 곳이니까, 문제가 없다면 연락할 이유도 없겠죠!

(D) that이 관계 대명사라면, 반드시 앞에는 선행사인 명사가 있어야 해요. 또 부사절을 이끄는 경우에는 앞에 so, such, 또는 형용사가 있어야 하고요. 결국 이렇게 문장의 처음에 등장하는 that은 명사절을 이끄는 경우 밖에는 없다는 말이죠. 그래서 comma로 분리될 수 없어요!

(A) 조건의 접속사와 명령문이 제시되는 패턴은 일상 생활에서 많이 활용되기 때문에 TOEIC에서 자주 등장해요. '조건'이란 주절의 상황에 대한 전제 요소라는 의미입니다. 쉽게 비유하면 "자판기에 동전을 넣으니까 커피가 나온다"는 '인과'이고, "자판기에 동전을 넣어도 커피가 안 나온다"는 '상반'이고, "자판기에 동전을 넣으면 커피가 나온다"는 '조건'의 맥락이 되는 것이죠.

Tip 부사절의 접속사가 올 자리라는 점을 먼저 파악하세요. 그리고 부사절의 접속사들이 보여주는 논리 관계를 확인할 때도 역시 "차이점"이라는 중심을 설정하고 보기를 파악해야 합니다.
부사절은 if와 unless인데, 이 둘은 "~라면"과 "~이 아니라면", 즉 긍정/부정의 조건이라는 대립적인 관계를 형성해요. 바로 그 차이를 확인하는 겁니다.

[해석] 만일 이 제품에 어떤 문제라도 있다면 고객 서비스 센터로 연락해주시기 바랍니다.

14. We do **not accept** any request for refund ----------- it is **submitted with valid receipts** to verify the purchase.

(A) because
(B) once
(C) provided
(D) unless

(A) valid receipts는 refund를 하기 위한 것인데 not accept라고 했으니까 서로 상반된 상황이지, 인과의 관계라고 할 수 없어요.

(B) once도 접속사로 쓰이면, "일단 ~하면"이라는 조건의 의미로 쓰입니다. 그런데 이 문맥에서는 정당한 영수증을 제출할 조건에 대해 받아들이지 않는다는 결과가 연결되기 때문에 논리적으로 성립하지 않아요. 만일 not이 없다면 충분히 가능하겠죠!

(C) providing that, provided that은 모두 조건의 접속사로 쓰이는 표현들입니다. 분사의 형태이기 때문에 혼동할 여지도 있지만 특별한 용법은 아니니까 접속사의 어휘를 늘린다고 생각하세요. that은 생략되는 경우도 있다는 점도 참고로 알아두세요.

(D) unless의 용법은 부담 갖지 않는 것이 가장 효과적입니다. unless를 물어보는 의도가 뭘까요? 부정의 의미를 내포하고 있다는 사실을 기억하라는 말이거든요.

Tip 부정의 조건을 나타내는 unless가 다른 조건의 접속사들과 함께 제시됐다는 점을 포착하세요. unless에 대해서는 두 가지를 먼저 확인하세요. 첫째는 조건을 나타내는 부사절이기 때문에 뒤에는 미래 시제를 쓸 수 없다는 것이죠. 그리고 둘째는 이미 부정의 의미를 내포하고 있기 때문에 부정어가 반복될 수 없다는 것이고요. 이 두 가지를 먼저 확인하고, 오류가 없다면 논리적으로 부정의 의미가 필요한 상황인지를 판단하는 것으로 끝!

[해석] 구매를 입증할 수 있는 유효한 영수증과 함께 제출하지 않으면 환불 요청은 받아들일 수 없습니다.

25. ----------- we have **spent considerable money** on advertising, I **can't understand** that the sales for the current quarter **continue to diminish**.

(A) Even
(B) In order that
(C) In case
(D) considering

(A) even과 even if를 혼동하지 않도록 주의하세요! even은 본래 부사입니다. 그런데 if나 though와 같은 접속사와 결합해서 된 even if와 even though는 접속사로 쓰여요. have spent, can't understand, continue라는 세 개의 동사가 있는데, 접속사는 that 하나뿐이기 때문에 빈 칸에는 접속사가 필요해요.

(B) 'in order that'은 "~하기 위해"라는 목적의 의미를 나타냅니다. that이 있으니까 뒤에는 주어와 동사가 연결되는 것이 당연해요. 하지만 "많은 돈을 쓰려는" 목적을 위해 "매출 감소를 이해할 수 없다"는 상황은 아무리 애를 써도 논리적으로 납득할 수 없어요.

(C) in case는 "~할 경우에 대비해서"라는 의미로 쓰이는 조건의 접속사입니다. 발생할지도 모르는 어떤 상황에 대비한다는 의미인데, 이 문맥에는 도저히 어울리지 않아요.

(D) "~을 고려하면"이라는 뜻인 considering that, given that도 형태상으로는 분사지만, 전치사나 접속사로 쓰여요. 그래서 흔히 분사형 전치사, 혹은 분사형 접속사라고 부르기도 해요. 이런 용어를 신경 쓰지 말고, 전치사 혹은 접속사에 해당하는 이때 that은 생략되는 경우도 있어요.

Tip 조건의 맥락으로 연결하는 접속사로는 if가 대표적이지만, 그 외에도 다양한 표현들을 익혀두어야 해요.

[해석] 광고에 상당한 돈을 썼다는 점을 고려하면, 이번 분기의 매출이 계속 줄고 있다는 상황을 이해할 수 없다.

27. I will try to finish this report ----------- the presentation **begins**.

(A) before
(B) until
(C) prior to
(D) while

(B) until이 이끄는 부사절은 특정 시점을 제시하고, 주절은 그 시점까지 지속되는 동작이나 상태를 의미하거든요. 그런데 finish라는 동작은 어느 한 시점에만 적용되는 일회적인 동작 입니다. 그래서 until이 지향하는 '동작의 지속성'이라는 의미와 충돌이 발생해요.

(C) to는 전치사니까 다음 문장에 있는 begins라는 동사를 연결할 수 없어요.

(D) 두 문장이 서로 상반된 논리 관계는 아니기 때문에, while은 "~하는 동안"이라는 의미로 이해해야 해요. 그런데 begins라는 동사는 일회적인 동작이지, 연속적으로 진행될 수 있는 행위가 아니거든요. while은 그 의미상 지속성을 갖는 동사와 어울릴 수 밖에 없어요!

(A) before는 주절의 상황보다 시점상 먼저 발생한 동작을 나타내는 의미입니다. 즉 동작의 선후관계를 명확하게 표시하는 것이 목적이지, 동작의 연속성을 의미하지는 않아요. 따라서 until과 달리 finish와 같은 일회적 행위와도 어울릴 수 있는 겁니다. 물론 before의 뒤에 미래 시제를 쓰지 않는 부사절의 기본 규칙은 잊지 말아야죠!

Tip until은 동작이나 상태가 지속되는 특정한 시점을 나타내요. until에 대해서는 세 가지만 신경 쓰세요. 시간의 부사절이라 미래 시제와 함께 쓸 수 없다! until 뒤에 오는 동작은 일회적인 동작이나 구체적인 시점이어야 한다! 주절의 동사는 연속성을 갖는 동사여야만 한다!

[해석] 프레젠테이션이 시작되기 전에 이 보고서를 완성하도록 하겠습니다.

7. Customers on the waiting list were offered some candy and beverages ------------ they *were waiting* for their entrance.

   (A) during
   (B) after
   (C) with
   (D) while

(A) 뒤에 they라는 주어가 등장한다는 점에서 전치사는 올 수 없죠.
(B) "~후에"라는 after라는 접속사의 의미는 어떤 상황이 발생한 이후에 주절의 상황이 발생한다는 관계를 나타냅니다. 따라서 after가 제시하는 내용은 완결된 동작일 수 밖에 없어요. 그런데 were waiting이라는 진행형은 아직 완료되지 않은 동작을 나타내거든요. 그래서 after와 진행형은 서로 어울릴 수 없어요.
(C) with는 항상 전치사로 쓰여요. 하지만 빈 칸은 접속사를 필요로 하는 자리입니다!

[해석] 대기자 명단에 있는 고객들에게 입장을 기다리고 있는 동안 약간의 사탕과 음료가 제공되었다.

(D) while이 '시간'의 접속사인 경우에는 "~하는 동안에"라는 동시적인 동작을 나타내기 때문에 진행형과 어울리는 경우가 많아요. "진행형이 있으면 무조건 while이다"라는 식으로 '비법'을 암기하지 말고, 그 이유를 생각하세요. "무조건 ~다"라는 식으로 암기하면 영혼이 빨려나가요. 그걸 암기할 정도의 능력과 노력이면 충분히 이해할 수 있어요!

Tip 보기를 통해 전치사와 접속사의 품사, 그리고 시간을 나타내는 접속사를 서로 구별하라는 출제자의 의도를 읽을 수 있어요. 이처럼 시간의 접속사들은 다른 접속사와 구별하기 보다는 시간의 접속사들끼리 구별하라고 물어보는 경우가 많아요. 이유를 나타내는 접속사는 as, because, since가 대표적인데, 그 셋을 객관적으로 구별하기는 어려워요. 조건과 상반의 접속사들도 마찬가지고요. 그래서 '이유, 결과, 조건, 상반'의 경우는 서로 논리를 구별하는 것에 주로 초점을 맞추는 겁니다.

18. This material must be delivered to Juan Gonzalez by 4 o'clock at the latest; ------------, he will have to attend at the conference without it.

    (A) otherwise
    (B) unless
    (C) except
    (D) whenever

(B) unless는 접속사입니다. 따라서 뒤에는 주어가 나와야 하는데, 지금은 comma가 제시됐어요. 게다가 접속사는 두 개의 동사를 연결하는데, 지금은 will have밖에 없어요.
(C) except는 "~을 제외하고"라는 의미를 갖는 전치사입니다. 전치사의 뒤에는 반드시 명사가 제시되는데 이 둘은 밀접한 관계입니다. 즉 전치사의 뒤에 comma가 곧바로 연결되지는 않는다는 말입니다.
(D) whenever 역시 접속사로 쓰이기 때문에 comma로 분리될 수는 없어요.

[해석] 이 자료는 늦어도 4시까지는 Juan Gonzalez에게 전달되어야 한다. 그렇지 않으면 그는 그 자료가 없이 회의에 참석해야 할 것이다.

(A) otherwise는 앞 문장의 내용에 대해서 "그렇지 않으면"이라는 상반된 조건으로 의미를 연결하는 부사입니다. 접속사가 아니기 때문에 마침표로 혹은 접속사의 일종인 semi-colon (;)의 뒤에 오게 됩니다.

Tip 다음에 comma가 있는 것에 주목하세요. 이렇게 주어와 comma로 분리될 수 있는 품사는 오직 부사 밖에 없어요. 그래서 접속사가 아니라, 부사가 올 자리입니다. 흔히 '접속 부사'라고 부르는데, 두 문장의 논리적 연결 관계를 보여주는 부사라는 말일 뿐이거든요. 공연히 '접속'이라는 말을 붙여줌으로써, 접속사와 혼동하도록 '유도'하는 셈이 되거든요. 대체 왜 이런 용어를 써서, 공부를 방해하는 이유는 모르겠어요...
흔히 쓰이는 이런 부사로는 결과를 나타내는 therefore(그래서)나 역접을 표시하는 however(그러나)가 대표적입니다.

12강 형용사와 부사

문장에서 논리적으로 가장 밀접하게 연결되는 관계를 '수식'이라고 합니다. 이 관계를 통해 어떤 대상에 대한 생각을 구체적으로 전달할 수 있다는 점에서 매우 유용한 장치입니다. 이런 점에서 어느 문법 시험에서나 수식어에 대한 이해를 물어보는 경우는 많을 수 밖에 없어요. 영어에서 수식어는 형용사와 부사만 가능합니다. 다른 말로 하면 모든 수식어는 형용사 혹은 부사라는 기준으로 분류할 수 있는 것이죠. 그리고 수식어는 수식을 받는 말 가까이에, 대부분은 그 앞에 두는 것이 원칙입니다.

I. 형용사끼리 구별하자!

1. 명사를 수식하지 않는 형용사도 있어요.

형용사는 오직 명사와만 관계를 맺는데, 그 방법은 두 가지입니다. 첫째는 '한정적 용법'으로, 'I can see the clear sky.'처럼 형용사가 명사의 앞에서 의미를 한정하는 경우입니다.

또 하나는 '서술적 용법'이라고 하는데, 뒤에 수식을 받는 명사가 없어요. 'The sky is clear.'에서 보듯이 형용사가 동사의 뒤에서 명사를 설명하는 경우인데, 이럴 때를 보어라고 규정합니다.

대부분의 형용사는 이 두 가지 용법으로 모두 사용할 수 있고, 의미나 철자의 차이는 없어요. 그런데 몇 개의 형용사는 명사를 수식하는 용도로는 쓰이지 않아요. 즉 뒤에 수식을 받는 명사가 있으면 안된다는 말이죠! 구체적으로는 'afraid, alike, aware, alive, asleep, alone, ashamed, awake, unable' 등입니다.

The students from a nearby elementary school toured the **innovative** *automation system* of the factory.
인근 초등학교의 학생들이 그 공장의 혁신적인 자동화 시스템을 견학했다.

To be successful, we need to be both creative and **innovative**.
성공하기 위해서, 우리는 창조적이면서, 또 혁신적이어야 한다.

Please be **aware** *that* this week's marketing meeting will be held on Thursday, not on Wednesday.
이번 주 마케팅 회의는 수요일이 아니라, 목요일에 열린다는 점을 숙지하시기 바랍니다.

2. -ly가 붙는 형용사를 주의하라고요? 절대 아닙니다!

부사는 -ly로 끝나는 경우가 거의 대부분입니다. 그런데 -ly로 끝나지만 형용사인 경우도 있어요.

구체적으로는 'costly, cowardly, daily, deadly, earthly, friendly, heavenly, hourly, leisurely, likely, lively, lovely, monthly, nightly, timely, weekly, worldly, yearly'들이 있어요.

보통은 이런 경우를 주의하라고 하는데, 전혀 조심할 필요가 없어요. 품사를 혼동할 염려는 거의 없거든요. 형용사에 -ly가 결합된 파생어가 바로 부사입니다. 하지만 이 단어들을 보면 거의 모두가 명사에 -ly가 결합된 형태입니다. 결국 -ly가 결합되는 단어의 품사가 형용사가 아니라, 명사라는 명확한 차이점을 볼 수 있는 여유만 있다면 암기하려고 애쓸 필요가 없는 것이죠. 또 그 명사들이 그리 까다로운 단어들도 아니잖아요. 그래서 굳이 조심하라고 부담을 주는 의도가 무엇인지 잘 모르겠어요!

그리고 이 단어들 대부분이 사실 형용사로도, 부사로도 모두 쓰인다는 점도 굳이 조심하려고 애쓸 필요가 없다는 또 한 가지 이유이기도 합니다!

I have subscribed to the **weekly** *magazine* for ten years. (weekly는 형용사)
나는 그 주간지를 10년째 구독하고 있다.

The magazine is *published* **weekly**. (weekly는 부사)
그 잡지는 매주 발행되고 있다.

3. 복합 명사를 이해할까요!

명사의 앞에, 즉 형용사의 자리에 명사가 오는 경우도 있어요. 이를 복합 명사라고 합니다. 형용사의 역할을 하는 명사는 주로 용도나 목적을 의미하는 용법으로 활용됩니다.

명사의 앞에 형용사를 쓰는 일반적인 경우와 복합 명사를 활용하는 경우는 용도가 다르다는 점을 이해해야 합니다. 자주 등장하는 복합 명사를 암기하는 공부를 굳이 말리고 싶은 생각은 없어요. 하지만 복합 명사는 시험에 자주 나오는 고정된 표현들도 있지만, 자유자재로 활용해서 사용 할 수 있거든요. 그래서 교재마다 소개하는 수 십 개의 표현을 암기하는 것으로는 해결되지 않아요. 오히려 단어를 구성하는 방식을 이해하는 것이 훨씬 더 바람직합니다.

형용사는 명사의 의미를 한정하는 역할을 해요. 예를 들어 'a safe inspection'이라고 하면 'an inspection is safe'라고 이해할 수 있어요. "안전한 검사"라는, 즉 위험한 상황을 초래하지 않는 검사라는 의미입니다. 반면에 'a safety inspection'이라고 복합 명사로 표현하면 'an inspection for safety'라는 의미입니다. 그러니까 안전한 정도를 판단하는 "안전도 검사"라는 의미인 것이죠.

마찬가지로 'a difficult level'이라고 하면 "어려운 단계"라는 말이지만, 'a difficulty level'이라고 복합 명사로 표현하면 "난이도"라는 다른 뜻이 되는 것이죠.

명사를 설명하는 표현으로 형용사를 사용하는 경우와 명사를 활용하는 경우는 의미가 이렇게 서로 달라요. 간혹 보기에 형용사가 있으면, 분사나 복합 명사보다는 형용사를 쓴다는 이상한 공식을 말하기도 하는데, 각각의 용법을 정확하게 이해하면 되는 일입니다.

4. 분사도 형용사로 쓰여요!

분사에서 배웠던 -ing가 결합된 현재 분사, 혹은 대체로 -ed라는 어미가 있는 과거 분사도 역시 형용사로 사용됩니다. 따라서 명사의 앞에 오는 경우도 가능합니다. -ing가 오는 경우는 뒤의 명사와 능동의 관계라는 말입니다. 즉 뒤에 있는 명사가 그 동작의 행위자라는 의미입니다.

반면에 -ed가 결합된 경우는 수동의 관계라는 표시입니다. 즉 뒤에 있는 명사가 그 동작의 대상이라는 맥락을 전달하는 것이죠. 물론 'a hastily finished report (급하게 끝낸 보고서)'처럼 분사를 수식하는 품사는 부사가 되겠죠!

The **misleading** *information* about the prospect of the new technology made us left behind our competitors.

그 신기술의 전망에 대해 판단을 그르치게 하는 정보 때문에 우리는 경쟁업체들에게 뒤쳐지게 되었다.

We, IFT Logistics, will compensate for any **damaged** *item* in delivery in full.

저희 IFT Logistics에서는 배송 중에 파손된 물품에 대해서는 전액 배송해드릴 것입니다.

확인합시다

1. The Administration of Forest is putting a ban on camping throughout the winter in the ---------- area of the ancient temple.
   (A) local   (B) locality   (C) localization   (D) locally

2. Those who are interested in the workshop should fill in the ---------- form and submit it by the end of the month.
   (A) applied   (B) apply   (C) applied   (D) application

3. It is expected that due to an exceptionally low harvest, the country will have to resort to ---------- wheat.
   (A) import   (B) imports   (C) imported   (D) importer

<정답> 1.(A) 2.(D) 3.(C)

II. 형용사와 부사 구별? 오른쪽을 보자!

형용사와 부사의 판단은 수식 관계가 우선입니다. 일반적으로 수식은 왼쪽에서 오른쪽으로 연결되기 때문에, 일단 오른쪽에 있는 단어의 품사를 통해 수식 관계를 파악해야 합니다.

1. (관사) _____ 명사

명사를 수식하는 기능은 오직 형용사에만 있어요. 따라서 뒤에 명사가 연결된다면 당연히 형용사가 와야 하는 자리입니다. 이때 형용사의 앞에는 관사나 소유격과 같은 한정사, 또는 숫자 표현이 오는 경우도 있습니다.

Accidental exposure to a strong magnetic object may result in the damage to electronic appliances.

자성이 강한 물체에 우연히 노출되는 것으로도 전자 제품에 손상이 발생할 수 있다.

단 '_____ 형용사 + 명사'의 경우는 조금 자세하게 봐야 해요. "a very large apple"처럼 형용사를 수식하는 경우라면 부사가 맞지만, "a red large apple"처럼 명사를 수식하는 형용사가 나열되는 경우도 가능하거든요.

Since last March the price of international crude oil has been falling at an **increasingly *fast*** pace and it has had great impact on related industries.

지난 3월 이후로 국제 원유 가격이 점점 더 빠른 속도로 하락하고 있다. 그에 따라 관련 산업들에 큰 영향을 미치고 있다.

2. _____ , 주어 + 동사 ~

주어의 앞에 comma로 분리될 수 있는 품사는 오직 부사 밖에 없어요. 이 자리에 오는 부사는 대체로 특정 단어를 수식하는 것이 아니라, 문장의 내용 전체에 대한 설명이라는 점에서 '문장 부사' 혹은 '문장 수식부사'라고 부르기도 해요. 물론 용어가 중요한 것은 전혀 아니겠죠!

Understandably, Cecile bitterly criticized the new evaluation system.
= It was **understandable** that Cecile bitterly criticized the new evaluation system .

Cecile이 새로운 평가 시스템을 신랄하게 비판한 것은 이해할 수있는 일이었다.

3. _____ 형용사 또는 부사!

뒤에 형용사나 부사가 있다면 전혀 고민할 필요가 없겠죠. 형용사나 부사를 수식할 수 있는 품사는 오직 부사 밖에 없으니까요. 그리고 거의 대부분의 부사는 -ly라는 어미가 결합된다는 점도 고려하세요.

The tickets of the performances **extremely** *popular* in the festival were sold out within 30 minutes after the box offices opened.

그 축제에서 매우 인기가 높은 공연의 입장권은 매표소가 문을 연지 30분만에 매진되었다.

4. _____ 동사

뒤에 동사가 있네요! 동사를 수식할 수 있는 자격은 오직 부사에게만 허락된 능력입니다.

Jimmy Waits **finally** *found* a way to reduce the construction cost of the city library.

Jimmy Waits는 시립 도서관의 건축 비용을 줄일 수 있는 방법을 마침내 찾아냈다.

5. 보조동사 _____ -ing/-ed

동사를 수식하는 부사를 물어보는 경우에 동사의 바로 앞에 빈 칸이 오는 경우는 그리 많지 않아요. 실제로는 수동태, 진행형, 완료형처럼 보조동사를 활용하는 표현들과 함께, 즉 보조동사와 동사의 사이에 빈 칸이 등장하는 경우가 대부분입니다. 영어에서는 이런 경우에 올 수 있는 품사는 오직 부사 밖에 없어요! 이런 문법 규칙은 특정한 단어의 의미와 아무 상관이 없어요! 따라서 어휘력과 독해력이라는 개인적, 주관적 요소에 얽매이지 말고 자신 있게 접근하세요!

흔히 출제되는 경우의 수를 구체적으로 살펴보면 세 가지 유형입니다.

❶ be 동사 + **부사** + -ing / -ed
❷ 조동사 또는 do 동사 + **부사** + 동사의 원형
❸ have 동사 + **부사** + -ed

하지만 이런 출제 방식을 암기하려 애쓰지 말고, 준동사의 성격을 이해하려고 시도하는 것이 훨씬 더 효과적입니다. 준동사는 모두 동사에 to, -ing, -ed라는 어미가 결합된 형태입니다. 그래서 동사의 성격을 유지하고 있어요. 따라서 동사일 때와 마찬가지로 준동사도 부사로 수식해야 하거든요!

It is expected that whether Brickson Electronics can solve its financial crisis **will** *clearly* **influence** its leading status in the industry.
Brickson Electronics가 재정 위기를 해결할 수 있는 지 여부가 현재 업계 1위인 위치에 분명 영향을 미칠 것으로 전망되고 있다.

Coal mining **has** *traditionally* **played** an important role in Kellington's industrial development.
전통적으로 탄광업이 Kellington의 산업 발전에 중요한 역할을 하고 있다.

A year-end audit of our company *is* **normally** *conducted* by an outside accountant.
우리 회사의 연말 회계 감사는 일반적으로 외부 회계사가 한다.

확인합시다

1. In order to avoid a computer virus, you need to back up your system on a ---------- basis.
   (A) regularity   (B) regularly   (C) regularize   (D) regular

2. It is ---------- impossible to succeed in business without making any mistakes.
   (A) actual   (B) actuality   (C) actually   (D) action

3. Stanley & Miller is ---------- considered as the leading consulting group in its industry.
   (A) widely   (B) wider   (C) widened   (D) widening

4. ----------, I would like to know exactly what your service charge includes.
   (A) Specific   (B) Specifically   (C) Specify   (D) Specified

<정답> 1.(D) 2.(C) 3.(A) 4.(B)

III. 형용사와 부사 구별? 왼쪽을 보자!

빈 칸의 뒤에 수식을 받는 표현이 없다면, 동사의 종류에 따라 보어가 필요한 상황인지를 판단해야 합니다. 따라서 왼쪽에 있는 동사의 성격을 통해, 형용사가 필요한지, 아니면 부사가 필요한지를 판단하세요.

1. 자동사 _____

주어 + 상태 동사 + 형용사

주어 + 동작 동사 + 부사

왼쪽에 제시된 동사가 자동사인 경우에는 그 동사가 상태 동사인지, 아니면 동작 동사인지를 판단해야 합니다. 이런 경우를 흔히 1형식과 2형식이라는 기준으로 설명하는 경우가 많아요. 하지만 품사의 용법이라는 원칙에 충실하면 더 간단하게 이해할 수 있어요.

'상태 동사'란 말은 주어가 어떤 상태인지를 설명하는 동사입니다. 주어인 명사를 설명하니까 뒤에는 형용사가 연결되는 것입니다! 상태 동사로는 'be, become, get, turn, keep, stay, remain, look, taste, feel, sound, smell, seem'이 주로 등장해요. 실제로 보어로 형용사가 연결되는 용법의 동사는 그리 많지 않으니까, 이 동사들을 확실하게 기억해두세요!

반면에 '동작 동사'의 뒤에는 그 행위를 설명하는 표현이 필요하거든요. 그래서 부사가 연결되는 것이고요. 자동사의 대부분은 동작 동사입니다.

Celina's opinion *sounds* persuasive.

Celina의 의견은 들어보면 설득력이 있다.

Celina *talks* persuasively.

Celina는 설득력 있게 말을 한다.

2. 자동사 _____ 전치사

'depend on, turn to, listen to, prepare for'처럼 자동사와 전치사가 결합하는 경우에 동사를 수식하는 부사는 동사의 앞에 오거나, 동사와 전치사의 사이에 오게 됩니다. 따라서 평소에 자동사와 전치사가 결합하는 표현들을 익혀두세요. 그래서 자동사와 전치사의 사이에 있는 빈 칸에는 망설임없이 부사를, -ly를 고르세요!

The meeting will *begin* promptly *at* four, which means that we have to finish this report by noon at the latest.

회의는 정확히 4시에 시작할 것이다. 그건 우리가 이 보고서를 늦어도 12까지는 완성해야 한다는 말이다.

3. 도치와 품사의 관계!!

특정한 상황에서 문장의 뒤에 있던 형용사나 부사가 문장의 앞으로 도치되는 경우가 있어요. 하지만 도치란 단어의 위치만 달라졌을 뿐, 단어의 품사에는 아무런 영향도 미치지 않아요! 이런 도치의 속성을 감안하면 공연히 어렵게 생각할 이유가 없어요. 도치되는 상황만 이해하고 있으면 품사가 혼동될 가능성은 없거든요. 오른쪽에 있는 동사의 성격만 정확하게 판단할 수 있으면 되니까요.

① how, however, no matter how가 문장의 앞에 있을 때!!

부사 표현인 how, however, no matter how가 문장의 앞에 오면, 형용사나 부사가 문장의 앞으로 도치가 돼서 수식을 받아요.

However **persuasively** Celina *talked*, I had no interest in the offer at all.
Celina가 아무리 설득력 있게 말했어도, 나는 그 제안에 아무 관심이 없었다.

However **persuasive** Celina's opinion *sounded*, I had no interest in the offer at all.
Celina의 의견이 아무리 설득력 있게 들려도, 나는 그 제안에 아무 관심이 없었다.

② 이중 비교급 에서!

"The 비교급 ~, the 비교급 ~"라는 구조로 "더 ~할수록, 더 ~하다"라는 의미를 전달하는 표현을 이중 비교급이라고 해요. 이때 비교급으로 표현되는 형용사나 부사가 문장의 앞으로 도치됩니다. 이 형용사나 부사도 역시 뒤에 있던 것의 위치만 달라진 것일 뿐이죠.

The older he grew, the more **cautious** he *became*.
나이가 들수록, 그는 더욱 신중해졌다.

4. 타동사 + 목적어 _____

타동사를 수식하는 부사는 타동사의 앞에 올 수 있고, 타동사의 뒤에 둘 수도 있어요. 그런데 타동사와 목적어는 의미상 긴밀한 관계이기 때문에 타동사를 수식하는 부사가 동사의 바로 뒤에 올 수는 없어요. 그래서 타동사를 수식하는 부사는 목적어의 뒤에 둘 수 밖에 없어요. 게다가 타동사의 대부분은 보어를 필요로 하는 용법이 아니기 때문에, 일반적으로 목적어의 뒤에 오는 품사는 부사입니다.

그리고 타동사는 목적어가 있기 때문에, 수동태로 표현하는 것도 가능해요. 그런데 수동태는 목적어를 주어로 활용하는 것이기 때문에, 목적어 뒤의 구조는 영향을 받지 않는다는 점을 수동태에서 공부했어요. 따라서 'be -ed'의 뒤에 등장하는 품사는 당연히 부사가 될 수 밖에 없어요. 목적어 뒤에 있던 부사가 그대로 그 자리에 있으니까요. TOEIC에서 나오는 특별한 용법이 아니라, 영어의 기본 구조일 뿐입니다.

Salespeople need to *train* their communication skills and knowledge about the latest trend **continually**.

영업사원들은 의사전달 기술과 최신 유행에 대한 지식을 지속적으로 훈련해야만 한다.

Please make sure that the request for the refund can **be *processed* promptly**.

환불 요청은 곧바로 처리될 수 있도록 해주시기 바랍니다.

물론 목적어의 뒤에 형용사가 연결되는 경우도 있어요. 형용사를 사용했다는 것은 바로 목적어인 명사를 설명하는 정보라는 의도를 보여주는 것이죠. 이런 형용사를 목적 보어라고 부르기도 해요. 그런데 역시 이렇게 목적 보어로 형용사가 필요한 동사는 그리 많지 않아요. 자주 활용되는 동사는 'believe, call, consider, find, keep, know, make, leave, prove, regard' 정도니까, 확실하게 기억해 두세요.

이 경우에도 역시 수동태로 표현할 수 있어요. 예를 들어 'be considered'가 되면, 그 뒤에는 당연히 그 자리에 있던 형용사가 여전히 존재하겠죠!

After the workshop, Rebecca **found** *the tips* on effective communication with colleagues **useful**.

워크숍이 끝나고, Rebecca는 동료들과 효과적인 의사소통에 대한 조언들이 유용하다고 생각했다.

The advertisement of the new product is **considered cost-effective**.

신제품 광고는 비용 대비 효과적이라고 여겨지고 있다.

확인합시다

1. The engineer repaired the old laser printer twice this month, and he said that it would be ---------- to purchase a new one in the near future.
   (A) necessity   (B) necessary   (C) necessarily   (D) necessitate

2. A monthly in-depth inspection of our network system is carried out on the first day of the month to ensure that it operates ----------.
   (A) proper   (B) property   (C) properly   (D) propriety

3. The CEO expects that the new cost-cutting measures will reduce unnecessary business trips ----------.
   (A) substantial   (B) substance   (C) substantiate   (D) substantially

4. Never get discouraged when you find the result ----------.
   (A) disappoint   (B) disappointing   (C) disappointed   (D) disappointment

<정답> 1.(B) 2.(C) 3.(D) 4.(B)

IV. 부사끼리 구별하자!!!

1. already, yet, still

❶ already는 "이미, 벌써"라는 뜻으로 '동작의 완료'를 나타냅니다. 주로 긍정문에 쓰이고, 부정문에서는 쓰지 않아요. 문장에서 쓰이는 위치는 be동사나 조동사가 있으면 그 다음에, 일반동사가 있으면 그 앞에 와요. 또는 문장 마지막에 오기도 하고요. already도 동사를 수식하는 다른 부사들과 동일한 규칙이 적용되는 것이라고 이해하면 됩니다.

For only three months on the market, our new product ***has already become*** the best-seller.
시장에 출시된 지 불과 3개월 만에, 우리 신상품은 이미 가장 잘 팔리는 제품이 되었다.

❷ yet은 '동작의 미완성'을 의미하는 "아직"이라는 뜻입니다. 그래서 의문문이나 부정문에 주로 쓰여요. 위치는 부정어 바로 다음이나, 문장 맨 뒤에 쓰이는 것이 원칙이고요.

I placed an order for an AQ-200 oral irrigator ten days ago, but I ***haven't received it yet***.
저는 10일 전에 AQ-200 구강 세정기를 주문했습니다. 하지만 아직도 제품을 받지 못했습니다.

❸ still은 "아직도, 여전히"라는 뜻, 즉 '동작의 지속'을 나타냅니다. 그래서 긍정문, 의문문, 부정문에 모두 쓸 수 있어요. 위치는 동사를 수식하는 부사와 동일한데, 부정문에서는 조동사의 앞에 둔다는 독특한 규정을 꼭 기억해야 해요.

EAP's new on-line game software ***still*** has the features of the previous version that appealed a lot of gamers two years ago.
EAP에서 새로 출시한 온라인 게임 소프트웨어는 2년 전에 많은 게임 사용자들의 마음을 끌었던 전작의 특징들을 여전히 갖고 있다.

The two parties have been negotiating for seven hours and ***still haven't*** come to an agreement.
양측은 7시간째 협상을 하고 있지만, 아직까지 합의에 이르지 못하고 있다.

2. very와 much

① very good, very well, very interesting

very는 형용사나 부사의 원급, 그리고 현재 분사를 강조합니다. 이 규칙을 암기하지 말고, 왼쪽의 표현을 익숙하게 익혀 두세요.

The salesperson's explanation was difficult to understand because he spoke ***very*** quickly.
그 영업사원은 말을 너무 빨리 해서, 설명을 알아듣기 힘들었다.

The company's plan to diversify its investment sounded ***very*** interesting to many investors.
투자를 다각화하겠다는 그 회사의 계획은 많은 투자자들에게 매우 흥미롭게 들렸다.

② love you so much, much better, much interested

much는 형용사나 부사의 비교급, 또는 과거 분사를 강조합니다. 역시 중요한 것은 한글 조항이 아니라, 왼쪽에 있는 실질적인 표현입니다!

This year's sales for personal computers is ***much*** larger than last year's.
올해의 개인용 컴퓨터 매출은 작년보다 훨씬 더 많다.

Chris Powell is ***much*** respected by almost all employees.
Chris Powell은 거의 모든 직원들에게 무척 존경을 받고 있다.

3. so, such, too, enough

① such와 so!! 품사를 구별하세요!

such는 형용사입니다. 따라서 다음에는 명사가 필요합니다. 만일 그 명사를 설명하는 관사나 형용사도 있다면, 'such + 관사 + 형용사 + 명사'라는 순서가 됩니다. 반면에 so는 부사이기 때문에, 형용사나 부사를 강조하는 것이죠. 그래서 뒤에 명사가 항상 있는 것은 아니지만, 만일 있다면 'so + 형용사 + 관사 + 명사'라는 순서가 됩니다. 그리고 둘 다 다음에 결과를 나타내는 that절이 연결되기도 해요.

This method of alleviating stress has been used for ***such a long period*** that many people are accustomed to it.
스트레스를 줄이는 이 방법은 매우 오랫동안 사용되고 있기 때문에, 많은 사람들이 익숙하다.

The demand for the product is ***so high*** that we decide to continue the production until the end of the year.
그 제품에 대한 수요가 너무 높아서, 우리는 연말까지 생산을 계속하기로 결정했다.

② so와 too! 뒤에 that이냐? to do냐?

so와 too는 모두 강조의 의미로 쓰이는 부사입니다. 하지만 뒤에 연결되는 '결과'를 나타내는 표현 방식이 달라요. so의 뒤에는 주로 that절이 연결되지만, too의 다음에는 that절이 아니라, to 부정사가 연결되거든요.

형용사와 부사 **317**

Data from the Accounting Department is **so complicated** *that* I can't figure it out.
Data from the Accounting Department is **too complicated** for me *to figure* out.
회계과에서 보내온 자료는 너무 복잡해서 나는 이해할 수가 없다.

③ enough와 too!
형용사의 앞일까? 뒤일까?

too와 enough는 모두 강조의 의미로 쓰이는 부사이고, 뒤에 to 부정사가 연결된다는 공통점이 있어요. 하지만 too가 일반적인 부사와 마찬가지로 오른쪽에 있는 형용사를 수식하는 것과는 달리, enough는 반드시 형용사의 뒤에서 수식한다는 특징이 있어요. 부사로만 쓰이는 too와 달리, enough는 형용사로도 사용되는데, 이때는 명사의 앞에 오기도 하고, 명사의 뒤에 올 수도 있어요.
The room is **too** *small* to accommodate all of the employees.
그 방은 너무 작아서 직원 모두를 수용할 수 없다.
The grand ballroom of the hotel is *large* **enough** to accommodate 150 people.
그 호텔의 대연회장은 150명을 수용할 정도로 크다.

4. -ly가 없어도 부사, 있어도 부사! 해석에만 의존하지 마세요!
① hard와 hardly

형용사로도 쓰이지만, hard가 부사일 때는 "열심히"라는 뜻입니다. 이럴 때 hard는 항상 동사의 뒤에 와요. 반면에 "~하는 경우가 거의 없다"라는 부정적인 빈도를 나타내는 부사인 hardly는 동사의 앞에 와요. 물론 때로는 문장의 앞에 나와서 강조되기도 해요. 그런 경우라면 주어와 동사가 도치된다는 것도 꼭 챙겨두세요.
Our team *worked* **hard** to meet the deadline.
우리 팀은 마감시한을 맞추기 위해 열심히 일했다.
Sometimes I **hardly** *comprehend* what my manager intends.
가끔 나는 과장님이 의도하는 바를 거의 이해하지 못하겠다.

② near와 nearly

near는 "위치상 가깝다"는 의미이기 때문에 뒤에는 위치나 장소에 해당하는 명사가 와야 해요! 그리고 뒤에 명사가 곧바로 연결되는 경우에 사실 near는 전치사입니다. 부사가 곧바로 명사를 연결할 수는 없거든요. near가 부사인 경우에는 '인접성'을 나타내는 의미의 전치사인 to가 함께 쓰여야 합니다. 그래서 보통 near와 nearly를 혼동하지 말라고 얘기하는 책들은 엄밀하게 말하면 자신들이 품사를 혼동하고 있는 셈이지요. 물론 near가 명사의 앞에 있다면 형용사로 쓰인 것으로 이해하세요.

한편 nearly는 "거의"라는 뜻으로 한정사에서 공부한 almost와 같은 말입니다. nearly는 '정도'를 나타내는 표현이기 때문에 다음에는 숫자, every, all과 같은 표현이 연결되게 됩니다. 그리고 impossible과 같은 형용사와 함께 쓰이기도 하고요!

The hotel is located **near** (*to*) *the national park*.

그 호텔은 국립 공원 근처에 위치하고 있다.

The theme park attracts **nearly** *three million tourists* every year.

그 테마공원은 해마다 거의 3백만명의 관광객을 끌어 모으고 있다.

③ close와 closely

동사나 형용사로도 활용되는 close가 부사로 쓰일 때는 "가깝게"라는 사실적인 뜻입니다. "가깝다"는 말은 상대적인 개념이기 때문에 뒤에는 기준이 되는 위치를 의미하는 정보가 제시돼야 해요. 물론 '인접성'을 나타내는 전치사 to와 함께 말이죠!

반면에 closely는 추상적인 맥락에서 "가깝게, 밀접하게"라는 의미를 나타냅니다. 그래서 다음에는 상태를 나타내는 과거 분사나 동사들이 연결되는 경우가 많아요.

I moved the desk a little **closer** *to the wall*.

나는 책상을 벽에 조금 더 가깝게 옮겼다.

I think that the decrease in profit is **closely** *connected* with the advertising strategy.

내 생각에는 수익이 줄어든 것은 홍보 전략과 밀접하게 관련이 있다.

④ high와 highly

high는 형용사도 가능하지만, 부사로도 쓰여요. 형용사일 때나, 부사일 때나 의미는 "(위치상) 높게"라는 사실적인 맥락이고요. 부사일 때 high는 주로 공간 개념을 갖는 동사의 뒤에 쓰입니다.

반면에 highly는 "매우"라는 의미의 강조 부사이기 때문에 강조하고자 하는 형용사나 분사의 앞에 오게 되는 차이점이 있어요. 뒤에 강조를 받는 대상이 없을 수는 없죠!

The piles of reports are stacked up **high** *on my desk*.

내 책상에 보고서 더미들이 높게 쌓여있다.

The results of the simulation of the new cooling system were **highly** *satisfying*.

새로운 냉방 시스템에 대한 모의 실험 결과는 매우 만족스러웠다.

⑤ late와 lately

부사 late는 "보통 시점보다 늦게"라는 뜻입니다. 과거나 미래라는 특정한 시점을 의미하지 않기 때문에 yesterday, tomorrow 등과 같은 시간어구와 함께 쓸 수 있어요. 주로 동사의 뒤나 기준이 되는 시점의 앞에 오게 됩니다.

반면에 lately는 "최근에"라는 시점의 의미가 담긴 표현이기 때문에 과거 동사나 현재 완료와 함께 쓰여요. 그리고 시간어구라는 점에서 문장 맨 앞이나, 끝에 위치하고요.

Ms. Feliciano's application was rejected because it was *submitted* too **late**.
너무 늦게 제출했기 때문에 Feliciano의 신청서는 거부되었다.

There *haven't been* any want ads for librarians **lately**.
요즘에는 사서를 구하는 광고가 없다.

확인합시다

1. If necessary, it is ---------- possible to make any change in your reservation.
   (A) rare   (B) yet   (C) hard   (D) still

2. Eric Fitzgerald's representation was ---------- long that most attendees became bored to tears.
   (A) so   (B) very   (C) too   (D) such

3. I thought that the service of the hotel was ---------- inappropriate to meet our standards.
   (A) enough   (B) such   (C) so   (D) too

4. The spokesperson of the company announced that it decided to lay off ---------- 30 % of its workforce due to the economic recession.
   (A) near   (B) nearby   (C) nearly   (D) most

<정답> 1.(D) 2.(A) 3.(D) 4.(C)

Practice Test

1. The amount of money spent advertising on the major television channels has increased ------------ over the past two years.
   (A) noticing
   (B) notice
   (C) noticeable
   (D) noticeably

2. MTF Corporation hires two ------------ professionals to train new employees in the main office in Melbourne.
   (A) instructs
   (B) instruct
   (C) instructed
   (D) instructional

3. Because the number of people participating in the benefit concert was ------------ estimated, the organizer had to find a larger place.
   (A) inaccurately
   (B) inaccuracy
   (C) inaccurate
   (D) inaccuracies

4. The central heating system of this building is ------------ outdated to keep the offices warm in the winter.
   (A) too
   (B) very
   (C) so
   (D) enough

5. The board of directors will meet tomorrow morning to discuss how to tackle the company's ------------ customer complaints.
   (A) increase
   (B) increased
   (C) increasingly
   (D) increasing

6. The traffic on Parrington Street had to be blocked ------------ due to road repairs.
   (A) temporarily
   (B) temporal
   (C) temporary
   (D) temporality

7. According to the recent article in the economic magazine, lifelong education is the only way to stay ------------ in today's fast-changing employment environment.
   (A) competitor
   (B) competition
   (C) competitive
   (D) competitively

8. After 30 years in business, Clayton's Diner ------------ provides its excellent cuisine for local residents.
   (A) soon
   (B) still
   (C) rarely
   (D) once

9. The development company ------------ addressed local residents' concerns about the safety of the three-hundred-year-old bridge.
   (A) effectively
   (B) effect
   (C) effective
   (D) effectiveness

10. The position in charge of futures exchange is a ------------ demanding job that requires a lot of experience, comprehensive knowledge and determination.
    (A) such
    (B) very
    (C) more
    (D) much

11. George Waters is ----------- working on the analysis report of the recent market research.
    (A) current
    (B) currencies
    (C) currently
    (D) currency

12. All of the part-time workers are advised to go ----------- to the manager if they have any questions about the work schedule.
    (A) straightening
    (B) straighten
    (C) straight
    (D) straighter

13. The new advertising campaign was ----------- catchy that the sales figures exceeded the management's expectations.
    (A) very
    (B) too
    (C) such
    (D) so

14. The four newly hired employees will be assigned to the ----------- center as of 10, March.
    (A) researching
    (B) researched
    (C) research
    (D) researches

15. Jimmy Collins has ----------- offered to arrange transportation for the next month's high school reunion in Santiago.
    (A) generous
    (B) generosity
    (C) generally
    (D) generously

16. A recent study found that those who live a ----------- organized daily life tend to be more susceptible to stress.
    (A) high
    (B) highly
    (C) higher
    (D) heighten

17. An ----------- recognizable logo of a company is an indispensable factor to success.
    (A) instant
    (B) instantaneous
    (C) instantly
    (D) instance

18. The more we work with Christopher Taylor, the more ----------- we are with his personality and capability and dedication.
    (A) impression
    (B) impressively
    (C) impressive
    (D) impressed

19. We haven't ----------- reached an agreement about the new project, so we are going to discuss it again next week.
    (A) still
    (B) hardly
    (C) already
    (D) yet

20. The news reporter was ----------- of futile efforts of the company to prevent the massive oil spill from spreading beyond the oil fence.
    (A) criticized
    (B) critic
    (C) critical
    (D) criticism

21. The top priority in the next year's budget is to cover the expenses involved in the much ----------- renovation of the city culture center.
    (A) necessary
    (B) needed
    (C) necessarily
    (D) needy

22. As a valuable customer, you are ----------- invited to attend at the premier of the new film at 7 p.m. on Friday, September 9th at the Bayside Cinema.
    (A) cordial
    (B) cordialness
    (C) cordiality
    (D) cordially

23. Customers should allow for ----------- delivery time in a holiday season.
    (A) addition
    (B) additive
    (C) additionally
    (D) additional

24. Effective on March 1, the new policy requires that the managers of the branches should report any additional employment ----------- to the headquarters.
    (A) direction
    (B) directing
    (C) directly
    (D) directive

25. As the housing market in the area is showing signs of a gradual recovery, it is anticipated that the number of sales of houses will climb ----------- fifteen percent this month.
    (A) near
    (B) nearly
    (C) most
    (D) nearby

26. -----------, we were very nervous about opening a branch in London, but the first three months' sales proved that our worries were groundless.
    (A) Initiation
    (B) Initiative
    (C) Initial
    (D) Initially

27. The president of the pharmaceutical company has ----------- arrived in Santiago and will hold a press conference on Tuesday afternoon.
    (A) still
    (B) yet
    (C) already
    (D) often

28. Our company has hired three distinguished engineers in hopes that they will be helpful to develop a ----------- advanced hybrid engine.
    (A) technology
    (B) technologically
    (C) technologist
    (D) technological

29. The success of Frontier Publishing Company is ----------- on the novelty, teamwork, and sacrifice of all its employees.
    (A) dependence
    (B) dependable
    (C) depend
    (D) dependent

30. The industrial estate can ----------- be reached by car from the port in forty minutes.
    (A) easy
    (B) easily
    (C) ease
    (D) easiness

31. There is a growing tendency to invest in eco-friendly companies, which manufacture their products less harmful to the ------------ environment.

    (A) nature
    (B) natural
    (C) naturalize
    (D) naturally

32. It is difficult to get tickets for ------------ popular performances in the festival that it would be better to book at least two months in advance.

    (A) so
    (B) such
    (C) too
    (D) enough

33. With this video conference system, the branch managers can work ------------ with their counterparts worldwide and enhance their efficiency.

    (A) collaboratively
    (B) collaboration
    (C) collaborative
    (D) collaborate

34. We are pleased to inform you that the Mansfield premium speakers you ordered last Monday will be delivered ------------.

    (A) shortly
    (B) shortness
    (C) shorten
    (D) short

35. What we must do ------------ is inform our customers of the serious defect in our new product, not trying to conceal the problem.

    (A) immediate
    (B) immediately
    (C) imitative
    (D) imitatively

36. While you are on the premises, please wear your visitor's pass at all times so that you are ------------ as a visitor.

    (A) recognizable
    (B) recognition
    (C) recognize
    (D) recognizably

37. Master Tools has ------------ produced high-quality hardware goods since 1935.

    (A) consistence
    (B) consistent
    (C) consistently
    (D) consist

38. ------------ has the world economy been in this unstable situations since 2005.

    (A) Initially
    (B) Frequently
    (C) Surely
    (D) Rarely

<정답> 1.(D) 2.(D) 3.(A) 4.(A) 5.(D) 6.(A) 7.(C) 8.(B) 9.(A) 10.(B) 11.(C) 12.(C) 13.(D) 14.(C) 15.(D) 16.(B) 17.(C) 18.(D) 19.(D) 20.(C) 21.(B) 22.(D) 23.(D) 24.(C) 25.(B) 26.(D) 27.(C) 28.(B) 29.(D) 30.(B) 31.(B) 32.(B) 33.(A) 34.(A) 35.(B) 36.(A) 37.(C) 38.(D)

정답 너는 누구냐?

31. There is a growing tendency to invest in eco-friendly companies, which manufacture their products less harmful to *the* ------------ *environment*.

(A) na<u>ture</u>
(B) natur<u>al</u>
(C) natural<u>ize</u>
(D) natural<u>ly</u>

(A) 형용사가 있으면 복합 명사는 쓰지 말라고 설명하는 경우도 있지만, 복합 명사 표현이 적절하지 않은 경우일 뿐이지, 무조건 사용하지 말아야 하는 것은 아닙니다. 지금은 "자연을 위한 환경"이라는 논리적 관계가 성립하지 않기 때문에 복합 명사로 표현할 수는 없어요.
(C) -ize로 끝나는 단어는 모두 동사입니다. 그리고 이런 어미가 붙은 동사의 명사형은 -ization이 되고요. 관사의 다음에 동사가 온다고요? 그런 경우는 있을 수가 없어요.
(D) 뒤에 명사가 있기 때문에, 부사가 수식할 대상이 없어요. 그리고 -ment는 명사에 결합하는 어미라는 점도 활용해서 품사를 판단하세요.

(B) -al로 끝나는 단어는 거의 다 형용사입니다. 왼쪽에 관사가 있고, 뒤에 명사가 있는 이 자리는 형용사가 위치하는 가장 전형적인 자리입니다!

Tip 보기에 나온 단어들의 어근이 같다는 점을 주목하세요. 의미를 나타내는 어근이 동일하다는 말은 어미의 형태로 드러나는 문법성을 확인하라는 말이거든요. 따라서 우리말로 해석하려고 애쓰지 말고, 품사 구별부터 시작해서 영어의 규칙 자체에 초점을 맞추세요.

[해석] 자연 환경에 해를 덜 끼치는 제품을 생산하는 환경 친화적인 기업들에 투자하려는 경향이 커지고 있다.

2. MTF Corporation hires *two* ------------ *professionals* to train new employees in the main office in Melbourne.

(A) instruct<u>s</u>
(B) instruct
(C) instruct<u>ed</u>
(D) instruct<u>ional</u>

(A) -s가 붙은 단어는 동사, 혹은 명사입니다. 그런데 이미 hires라는 동사가 있으니까, 동사가 올 수는 없고요. 명사라고 하면 복합 명사가 되는데, 이 때 앞의 명사는 형용사 역할이거든요. 하지만 형용사에는 복수형 어미 -s가 있을 수 없으니까, 명사로도 이해할 수 없어요.
(B) -ed는 동사에만 결합되는 어미입니다. 따라서 의미를 모르는 단어라 하더라도, -ed를 뺀 형태의 품사는 판단할 수 있는 것이죠!
(C) 과거 분사도 형용사의 역할을 할 수 있어요. 그러면 뒤의 명사와 수동의 관계가 되니까, "전문가"는 교육을 받는 대상이라는 말이 되거든요. 그럼 뒤에 있는 to train과 의미가 연결되지 않아요.

(D) 빈 칸의 왼쪽에 수사가 있어요. 2보다 큰 숫자의 뒤에는 반드시 복수명사가 있어야 해요. 즉 two부터 professionals까지가 하나의 의미 단위가 되는 것이죠. 그래서 빈 칸은 명사를 설명하는 형용사가 필요한 자리입니다.

Tip 역시 어근이 동일하다는 점에서 품사를 판단해야 하는 문제입니다. -al이라는 형용사 어미가 붙은 단어도 있지만, -ed라는 분사도 제시됐어요. 형용사가 있으면, 분사를 쓰지 않는다는 괴상한 규칙을 생각하지 말고, 분사와 형용사의 의미를 정확하게 구별하는 것이 기본입니다.

[해석] MTF Corporation은 멜버른에 있는 본사에서 신입 사원들을 교육시키기 위해 두 명의 교육 전문가를 채용했다.

형용사와 부사 **325**

23. Customers should allow **for** ----------- ***delivery time*** in a holiday season.

(A) addition
(B) additive
(C) additionally
(D) additional

(A) 명사라서가 아니라, 복합 명사로 의미가 성립되지 않기 때문에 틀린 겁니다. "추가"라는 말이 "배송 시간"의 목적이나 용도가 될 수는 없거든요.

(B) -ive가 붙은 단어는 대부분 형용사이지만, 간혹 명사로 쓰이는 경우도 있어요. additive는 "첨가물"이라는 셀 수 있는 명사로 주로 쓰여요. 물론 세 개의 명사가 연결되는 복합 명사도 가능하지만, 복합 명사 용법으로는 의미가 통하지 않아요. "첨가물을 위한 배송 시간"이라는 말이 논리적으로 성립될 수는 없잖아요!

(C) -ly가 결합된 단어는 거의 예외 없이 부사입니다. 뒤에는 부사의 수식을 견딜만한 형용사나 부사가 없어요!

(D) 복합 명사의 앞에 빈 칸이 있어요. 복합 명사의 구조에서 앞에 있는 명사는 형용사의 역할이라는 점에서, 부사로 수식할 수도 있을 것이라고 생각할 수 있어요. 하지만 복합 명사는 하나의 의미 단위이기 때문에 반드시 형용사로 수식해야 합니다!

Tip 전치사의 뒤에는 반드시 명사가 있어야 합니다. 그런데 빈 칸의 뒤에 명사가 있으니까, 형용사가 필요한 자리라는 것을 알 수 있죠!

[해석] 연휴기간에는 배송 시간이 추가될 수 있음을 고객 여러분께서는 감안해주셔야 합니다.

14. The four newly hired employees will be assigned to the ----------- ***center*** as of 10, March.

(A) researching
(B) researched
(C) research
(D) researches

(A) 현재 분사가 형용사의 자리에 오는 경우에는 뒤의 명사가 그 동작의 행위자가 됩니다. 그런데 "센터"가 "연구"하는 행위자가 될 수는 없어요.

(B) 과거 분사가 뒤의 명사를 수식하는 경우에는 뒤의 명사가 그 동작의 대상이라는 관계가 성립해요. 그러면 "연구된 센터" 즉 "센터를 연구한다"는 의미가 되기 때문에 전혀 다른 맥락이 되고 말아요.

(D) 복합 명사의 경우에 앞에 있는 명사는 형용사의 자리에 있어요. 즉 형용사의 역할이거든요. 복수형 어미 -s가 결합된다는 말은 들어본 적이 없을 겁니다. 'three smalls companies'라고 할 수는 없잖아요!

(C) 복합 명사 표현으로 자주 나오는 단어들을 암기하고 있는 것도 좋지만, 결합 방식 자체를 이해하고 있으면 굳이 암기하려고 애쓸 필요가 없어요. 이 경우에는 'a center for research'라는 논리 관계가 성립하는 것을 이해하세요!

Tip 관사와 명사의 사이에 있는 빈 칸이니까, 형용사가 와야 할 자리입니다. 형용사의 역할을 할 수 있는 분사와 복합 명사의 용법을 구별하는 관점을 물어보는 문제입니다.

[해석] 새로 고용된 네 명의 직원들은 3월 10일자로 연구소로 발령이 날 것이다.

5. The board of directors will meet tomorrow morning to discuss how to tackle the company's ------------ *customer complaints*.

   (A) increase
   (B) increas**ed**
   (C) increasing**ly**
   (D) increas**ing**

(A) increase가 명사로 쓰이기는 하지만, "증가"라는 의미가 "고객 불만"의 목적이 될 수는 없다는 점에서 복합 명사로 표현할 수는 없어요.
(B) -ed가 되면 "불평을 증가시킨다"는 동작과 대상의 관계가 성립해요. 즉 타동사인 경우에나 가능한데, 이 문맥의 increase는 행위자에 대한 정보가 제시되지 않아서 자동사로 이해해야 마땅해요. 자동사는 목적어가 없기 때문에 수동의 관점을 나타내는 과거 분사로 표현하지 않아요!
(C) 복합 명사는 전체가 의미 단위를 형성하기 때문에, 부사가 아니라 형용사로 수식해야 합니다!
(D) 분사도 형용사라는 점을 고려하세요. -ing라는 어미는 "불만이 증가한다"는 의미로, 즉 행위자와 동작의 관계를 설정하는 기호로 이해해야 합니다!

Tip 빈 칸의 앞에 소유격이 있어요. 소유격의 뒤에는 반드시 명사가 필요합니다. 그런데 뒤에 복합 명사가 있기 때문에 형용사가 필요한 자리라는 점을 파악하고 접근하세요!

[해석] 이사회는 내일 오전에 모임을 갖고 증가하고 있는 고객들의 불만을 대응할 방법을 의논할 것이다.

26. ------------, we were very nervous about opening a branch in London, but the first three months' sales proved that our worries were groundless.

    (A) Initia**tion**
    (B) Initia**tive**
    (C) Initia**l**
    (D) Initia**lly**

(A) -ion은 명사라는 성격을 나타내는 어미입니다. 간혹 이렇게 명사가 comma로 분리되는 경우가 있기는 해요. 이때는 앞에 being이 생략된 구조, 의미상 주어는 주절의 주어와 같아서 생략된 것이고요. 하지만 -ion은 사물 명사를 의미하는 데, 주어는 we라는 사람이기 때문에 의미상 대등한 관계가 되지 않아요!
(B) -ive라는 형용사 어미가 결합되긴 했지만, initiative는 "계획, 진취성, 주도권"이라는 의미로 주로 쓰이는 명사입니다. 역시 사물 명사이기 때문에 we와 어울릴 수 없어요.
(C) initial은 명사로도, 형용사로 모두 쓰여요. 명사라면 "이름의 첫 글자"라는 사물의 뜻이기 때문에 we라는 사람 주어와 어울리지 않아요. 그리고 형용사라면 "처음의"라는 뜻인데, 역시 사람에게 적용할 수는 없어요!
(D) 주절과 comma로 분리될 수 있는 품사는 오직 부사 밖에 없어요! 그리고 부사의 대부분은 -ly라는 어미가 결합되고요.

Tip comma를 가볍게 생각하지 마세요. comma의 존재에 따라, 또 comma의 개수에 따라 문장의 구조가 달라지거든요. 그래서 comma만 잘 살펴도 쉽게 해결할 수 있는 경우가 많아요.

[해석] 처음에 우리는 런던에 지점을 개설하는 것에 대해 무척 걱정했다. 그러나 처음 석 달의 매출로 그런 우려는 근거 없는 것이었음이 입증됐다.

17. An ------------ *recognizable* logo of a company is an indispensable factor to success.

(A) instant
(B) instantane<u>ous</u>
(C) instant<u>ly</u>
(D) instan<u>ce</u>

(A) 형용사는 명사를 설명하는 기능이기 때문에, logo를 수식한다는 말이 됩니다. 그런데 "즉각적인 로고"라는 의미가 될 수는 없어요. 회사의 로고가 즉각적일 수는 없으니까요.
(B) instantaneous는 형용사로 "순간적인, 동시적인"이라는 의미입니다. 역시 명사인 logo와는 논리적인 관계가 성립되지 않아요.
(D) -ce로 끝나는 단어는 거의 모두가 명사입니다. 하지만 뒤에 이미 형용사가 있기 때문에 복합 명사로 표현할 수는 없어요.

(C) "즉각적, 즉시"라는 의미가 연결될 수 있는 대상은 "로고"라는 명사가 아닙니다. "즉각적"이라는 말은 행위를 대상으로 해야 논리성이 확보될 수 있거든요. 따라서 recognizable이라는 형용사를 수식하기 때문에, 부사가 적절합니다.

Tip 빈 칸의 뒤에 형용사와 명사가 있다는 점을 생각하세요. 이 자리는 형용사도, 부사도 올 수 있으므로 단정하지 말고, 서두르지 말고, 형용사와 명사, 둘 중 어느 품사와 논리적으로 연결되는지 확인해야 합니다.

[해석] 곧바로 알아볼 수 있는 회사의 로고는 성공하기 위해 없어서는 안될 요소이다.

28. Our company has hired three distinguished engineers in hopes that they will be helpful to develop a ------------ *advanced* hybrid engine.

(A) technology
(B) technologically
(C) technolog<u>ist</u>
(D) technologic<u>al</u>

(A) 이미 뒤에 형용사의 역할을 하는 분사가 있기 때문에 명사가 나올 수는 없어요. 형용사는 복합 명사보다 앞에 나오거든요.
(C) -ist는 사람 명사를 표시하는 어미입니다. (A)의 technology와 의미는 다르지만, 명사 자리가 아니라는 기준은 동일하게 적용해야죠.
(D) 형용사를 표시하는 -al이라는 어미가 있으니까, 하이브리드 엔진을 수식하는 것으로 이해해야 합니다. 그런데 엔진이란 이미 기술이 적용된 대상이기 때문에 technological이 수식할 수는 없어요. 말 그대로 기술적이지 않은 엔진은 없으니까요!

(B) 수식한다는 말은 의미의 범위를 좁혀준다는 뜻이거든요. 형용사인 advanced의 의미를 구체적으로 설명하는 관계가 되기 때문에, technologically라는 부사가 적절한 것이죠.

Tip 분사도 형용사로 쓰인다는 점에서, 17번과 빈 칸의 위치가 동일하다는 점을 생각하세요. 제시된 단어들은 다르지만, 문법적으로 동일한 관점을 묻는 문제라는 점을 파악해야 일정한 관점이 형성될 수 있거든요. 많은 문제를 풀더라도 몇 개의 유형으로 수렴시키면 이해하기도, 관리하기도 훨씬 편해요.

[해석] 우리 회사에서는 기술적으로 앞선 하이브리드 엔진을 개발하는 데 도움이 되기를 바라면서 세 명의 저명한 엔지니어를 채용했다.

9. The development company ---------- ***addressed*** local residents' concerns about the safety of the three-hundred-year-old bridge.

(A) effectively
(B) effect
(C) effective
(D) effectiveness

(B) effect는 명사이기 때문에 이 자리에 오면 addressed의 주어가 됩니다. 그런데 무생물인 명사가 문제를 다루는, 즉 address라는 동작의 행위자가 될 수는 없어요.

(C) 주어와 동사의 사이에 형용사가 오면 which is가 생략된 것으로 이해할 수 있어요. 하지만 effective가 명사를 직접 수식하지 않는 경우에는 다음에 in이나 against와 같은 전치사와 함께 쓰여요. "효과적"이라면 누구에게 효과적인지, 어떤 경우에 효과적인지, 그 대상이나 분야를 알려주는 정보가 제시되어야 마땅하니까요!

(D) -ness는 명사에만 적용되는 어미입니다. 그리고 이 어미가 결합되는 명사는 사물의 의미를 갖기 때문에 역시 address의 행위자가 될 수는 없어요.

(A) 동사를 수식하는 품사는 오직 부사입니다. 그리고 이 부사는 동사의 뒤에 연결되는 어구가 길거나, 동사와 의미와 곧바로 연결하고 싶을 때는 동사의 앞에 위치하고요.

Tip 일단 빈 칸의 뒤에 동사가 있기 때문에 무조건 부사를 고르기 쉬워요. 하지만 구조상으로는 명사, 형용사, 부사가 모두 가능합니다. 선입견을 갖지 말고, 차분하게 구별하는 안목을 길러야 합니다.

[해석] 그 개발회사는 3백 년이 된 다리의 안전에 대한 지역 주민들의 염려를 효과적으로 다뤘다.

30. The industrial estate ***can*** ---------- ***be*** reached by car from the port in forty minutes.

(A) easy
(B) easily
(C) ease
(D) easiness

(A) easy는 easily라는 부사에서, -ly를 뺀 형태이므로, 형용사로 이해할 수 있겠죠! 알고 있는 단어라고 쉽게 생각하지 말고, 일정한 규칙을 통해 판단하세요! 그래야 의미를 모르는 단어도 이해할 수 있거든요!

(C) ease는 명사, 혹은 동사로 쓰이는 단어입니다. 둘 중 어떤 품사로 쓰였건, 조동사와 동사의 사이에 올 수는 없어요.

(D) -ness는 명사에만 적용되는 어미입니다.

(B) 앞에 조동사가 있으니까, 일단은 동사의 원형이 와야 해요. 그런데 지금처럼 뒤에 동사가 제시됐다면 그 동사를 수식하는 부사 외에는 있을 수 없어요.

Tip 빈 칸의 앞뒤로 조동사와 동사의 원형이 있다는 결정적인 단서를 활용하세요. 이 자리에 올 수 있는 품사는 부사 밖에 없어요. 이렇게 품사를 구별하는 경우라면, 대부분 형용사와 그 형용사에 -ly가 결합된 형태가 보기에 있어요. 수식 용도의 부사는 거의 대부분 형용사에서 파생된 단어들이기 때문에 -ly가 있는 보기와 없는 보기가 함께 제시되거든요.

[해석] 그 산업 단지는 항구에서 자동차로 40분이면 쉽게 도착할 수 있다.

11. George Waters *is* ------------ *working* on the analysis report of the recent market research.

(A) current
(B) currencies
(C) currently
(D) currency

(A) 보조 동사와 동사의 사이에 형용사가 등장할 수 있는 구조란 영어에는 존재하지 않아요!
(B) -es가 결합된 것으로 보아 명사 혹은 동사라고 짐작할 수 있어요. 근데 is가 있기 때문에 동사일 수는 없어요. 명사라면 is에 연결되는 보어가 되는데, 복수형이기 때문에 단수인 주어와 수의 일관성이 성립되지 않아요!
(D) -cy로 끝나는 단어는 거의 예외 없이 사물의 의미를 갖는 명사입니다. 그리고 be 동사의 뒤에 명사가 보어로 등장하는 경우는 주어와 논리적으로 동일한 개념을 나타내야 하거든요. 그래서 사람 명사가 주어인 상황에서 보어로 사물 명사를 제시하는 이 근거없는 자신감은 납득하기 힘들어요!

(C) 'be -ing'라는 진행형에서 be 동사는 진행형을 만드는 문법적인 장치일 뿐, 아무런 의미도 없어요. 따라서 부사가 수식할 수가 없는 것이죠. 수식이란 논리적인 연결 관계니까요! 그래서 실질적인 의미를 갖는 -ing의 앞에 부사가 오게 되는 겁니다!

Tip 빈 칸에 앞에 조동사, be 동사, have 동사와 같은 보조 동사가 있는 경우에 출제자가 물어볼 수 있는 문법적 관점은 오직 두 가지 밖에 없어요. 첫째는 그 보조 동사에 어울리는 동사의 형태입니다. 그리고 빈 칸의 뒤에 동사가 제시됐다면, 동사를 수식하는 품사인 부사의 역할에 대한 것이고요.

[해석] George Waters는 최근 시장 조사에 대한 분석 보고서를 지금 작성하고 있다.

---

3. Because the number of people participating in the benefit concert *was* ------------ *estimated*, the organizer had to find a larger place.

(A) inaccurately
(B) inaccuracy
(C) inaccurate
(D) inaccuracies

(B) 주어와 보어 관계가 논리적으로 성립되지 않아요. 또 뒤에 있는 과거 분사의 수식을 받기에도 의미가 통하지 않아요. 이 명사가 정답이라고 하면, "부정확함을 추정하다"라는 의미가 되는데, 정확하지 않은 수치를 추정할 이유가 없기 때문에 논리가 성립되지 않아요.
(C) -ate가 붙은 단어들은 형용사이거나 동사가 대부분입니다. 하지만 was와 과거 분사의 사이에는 형용사도, 동사도 위치할 수 없어요!
(D) 역시 복수형인 명사가 단수형인 주어의 보어로 연결될 수는 없어요.

(A) be 동사의 뒤에 올 수 있는 표현은 형용사나 명사가 보어로 있거나, 진행형과 수동태를 각각 나타내는 -ing와 -ed가 등장하는 경우 밖에 없어요. 하지만 빈 칸의 뒤에 -ing나 -ed가 있어요. 그렇다면 오직 부사만이 가능한 자리입니다!

Tip 빈 칸의 위치를 잘 보세요. 왼쪽으로 was라는 보조 동사가 있고, 오른쪽으로는 -ed라는 과거 분사가 있어요. 항상 빈 칸의 좌우를 고루 살펴야 합니다. 연결 고리가 어디에 있을 지는 모르는 일이잖아요!

[해석] 자선 공연에 참가하는 사람들의 수를 정확하게 예측하지 못했기 때문에, 공연 기획자는 더 큰 장소를 찾아야만 했다.

22. As a valuable customer, **you are** ------------ **invited** to attend at the premier of the new film at 7 p.m. on Friday, September 9th at the Bayside Cinema.

(A) cordial
(B) cordialness
(C) cordiality
(D) cordially

(A) -al이라는 어미가 있는 것으로 보아, 형용사라고 짐작할 수 있어요. 그런데 빈 칸의 다음에 과거 분사를 나타내는 -ed가 있는 단어가 있기 때문에 형용사가 올 수는 없어요.
(B) 명사를 의미하는 -ness가 있어요. 물론 보어로 쓰인 명사의 뒤에 과거 분사가 수식하는 구조는 존재할 수 있어요. 하지만 -ness가 결합된 명사는 사물을 의미하기 때문에 주어인 사람 명사의 보어로 쓰일 수 없어요!
(C) -ity가 결합된 단어는 모두 명사입니다. 그리고 그 명사는 추상적인 의미입니다. 즉 사람 명사가 아닌 것이죠! 그러나 주어인 you는 사람입니다.

(D) 수동태를 나타내는 'be -ed'의 구조에서도 실제로 행위의 의미를 나타내는 것은 과거 분사이고, be 동사는 문법적인 장치일 뿐이지 의미가 없어요. 따라서 부사는 의미가 있는 과거 분사의 앞에 올 수 밖에 없는 것이죠!

Tip 단어의 철자만 다를 뿐, 3번과 동일한 관점의 문제라는 점을 이해해야 합니다. 혹시 의미를 잘 모르는 단어가 나오거나, 해석이 잘 되지 않는 문장이 나온다고 하더라도, 그로 인해 문법적인 구조를 이해하는 관점이 영향을 받지 않아야 합니다. 오히려 모르는 단어가 나올 수록 문법 구조를 적용해야 합니다. 어차피 의미는 모르니까요!

[해석] 소중한 고객이신 귀하를 9월 9일, 금요일 오후 7시에 Bayside Cinema에서 열리는 신작 영화 시사회에 진심으로 초대하는 바입니다.

37. Master Tools **has** ------------ **produced** high-quality hardware goods since 1935.

(A) consistence
(B) consistent
(C) consistently
(D) consist

(A) have 뒤에 명사가 있고, 뒤에 과거 분사가 있다면 사역동사의 용법입니다. 이 -ed의 앞에는 원형 be가 생략된 구조이기 때문에 수동의 관계로 이해해야 합니다. 그러나 뒤에 goods라는 명사가 있기 때문에 수동의 구조가 성립되지 않는다는 치명적인 오류가 있어요!
(B) -ent는 형용사형 어미입니다. have의 뒤에 형용사만 오는 경우는 없어요. 물론 형용사의 수식을 받는 명사가 있다면 가능하겠지만요.
(D) consist는 동사인데, has의 뒤에 와서 대체 무엇을 할 수 있다는 것인지....

(C) 동사를 수식하는 부사와 마찬가지로, 준동사를 수식하는 품사도 역시 부사만이 가능합니다! 이 규칙은 준동사의 형태가 부정사이건, 분사이건 상관 없이 동일하게 적용돼야 합니다.

Tip 빈 칸의 앞에 have 동사가 있어요. have가 조동사라면 뒤에는 과거 분사가 오고, 일반 동사라면 목적어인 명사가 있어야 합니다. 지금처럼 뒤에 -ed가 있다면, 명사이거나 분사를 수식하는 부사 밖에는 없어요.

[해석] Master Tools는 1935년부터 꾸준하게 고품질의 철물 제품을 생산하고 있다.

형용사와 부사 **331**

15. Jimmy Collins *has* ------------ *offered* to arrange transportation for the next month's high school reunion in Santiago.

(A) generous
(B) generosity
(C) generally
(D) generously

(A) -ous는 형용사를 표시하는 어미입니다. 뒤에 명사가 없이, 형용사만으로는 has와 연결될 수 없어요!
(B) -ity가 있으니까 명사라는 말인데, 'have + 명사 + (be)-ed'의 구조가 되거든요. 하지만 offer의 목적어가 되는 to 부정사가 있기 때문에 수동이 될 수 없어요.
(C) generally는 부사니까 구조상으로는 가능해요. 구조로 구별되지 않으면, 논리적 관계로 확인하세요. generally는 "일반적으로, 보통"이라는 의미이므로 주어가 보편적, 반복적으로 하는 행동이라는 의미거든요. 하지만 뒤에 제시되는 정보는 일회적인 행사이기 때문에 서로 어울리지 않아요!

[해석] Jimmy Collins는 산티아고에서 다음달에 열리는 고등학교 동창회에 교통편을 마련하겠다고 자청했다.

(D) have -ed라는 완료형의 경우에도 그 사이에 올 수 있는 품사는 오직 부사 밖에 없어요. 문장 전체의 내용이나, 구체적인 단어의 의미와 관련 있는 것이 아니라, 보조동사와 동사의 사이라는 구조의 차원에서 표현 패턴을 익혀두라는 말입니다. 다양한 개체를 일관되게 묶어주는 일정한 패턴이 언어의 뼈대거든요.
그리고 offer의 목적어로 명사가 오는 경우에는 "~을 제공하다, ~을 제안하다"의 뜻이지만, 'offer to do'는 "기꺼이 ~하겠다고 하다"라는 의미라는 점도 알아두세요.

Tip 보기에 -ly가 있는 단어와 없는 단어가 있다는 점을 포착하세요. -ly가 없는 부사들은 대부분 같은 어근의 형용사가 없는 경우들이기 때문에 품사를 구별하라는 문제라면 거의 다 -ly가 있는 보기와 없는 보기가 배치될 수 밖에 없거든요!

---

36. While you are on the premises, please wear your visitor's pass at all times so that *you are* ------------ *as a visitor*.

(A) recognizable
(B) recognition
(C) recognize
(D) recognizably

(B) be 동사의 뒤에 오는 명사는 보어입니다. 그렇다면 사람인 you와 논리적으로 대등한 의미여야 하지만 -ion으로 끝나는 사물이기 때문에 어울리지 않아요! 간혹 champion처럼 사람을 의미하는 경우도 있지만, 사람 명사라면 관사가 붙거나, 복수형이 되어야 합니다.
(C) -ize로 끝나는 단어는 절대적으로 동사로 이해해야 합니다. -ize, -ify, -en은 오직 동사에만 적용되는 어미입니다.
(D) be 동사의 뒤에 부사가 무조건 올 수 없다고 단정하지는 마세요. 빈 칸의 뒤에 부사의 수식을 받는 형용사가 있다면 가능하거든요. 하지만 이 문제에서는 전치사가 연결되기 때문에 부사가 올 수는 없어요.

(A) be 동사의 뒤에서 부사가 보어가 될 수는 있어요. 보어의 개념을 어떻게 정의하느냐에 따라 의견이 다를 수 있거든요. 하지만 경우의 수가 있다는 말이 곧 보편적이라는 뜻은 아닙니다.
부사가 보어가 되는 경우는 극히 일부에 해당하는 말이고, -ly가 붙는 부사들은 해당이 없어요! 이 부사들은 모두 다른 단어에 대한 추가 정보이기에 필수 정보에 해당하는 보어로는 쓸 수 없는 것이죠.

Tip 빈 칸의 앞에 be동사가 있어요. 그렇다면 뒤에 올 수 있는 표현은 -ing/-ed. 혹은 형용사, 명사 등 다양하기 때문에 빈 칸의 뒤까지 함께 확인해서 판단하세요.

[해석] 이 건물에 머무는 동안에는 방문객이라는 것을 식별할 수 있도록 방문객용 출입증을 항상 패용해주시기 바랍니다.

7. According to the recent article in the economic magazine, lifelong education is the only way to *stay* ------------ in today's fast-changing employment environment.

(A) competit**or**
(B) competit**ion**
(C) competit**ive**
(D) competit**ively**

(A) -or이 있으면 사람 명사입니다! 사람 명사라면 셀 수 있는 명사입니다!! 셀 수 있다면 관사와 같은 한정사가 있거나 복수형이 되어야 합니다!!!
(B) -ion이 붙은 명사는 거의 다 사물입니다. 하지만 stay의 의미상 주어는 일반적인 사람을 의미하기 때문에 사물 명사가 보어로 제시될 수는 없어요.
(D) 뒤에 수식을 받는 표현이 없는 상태에서, 동사의 뒤에 부사가 있다면 그 동사를 수식하는 경우입니다. 이때 동사는 동작, 즉 상태의 변화를 의미하는 동사여야 해요.

[해석] 그 경제 잡지에 최근 게재된 기사에 따르면, 오늘날 빠르게 변하는 고용 환경에서 경쟁력을 유지하는 유일한 방법은 평생 교육이라고 한다.

(C) stay, remain, keep과 같은 동사들은 상태의 지속을 의미하기 때문에, 뒤에는 형용사가 보어로 제시되어야 논리적으로 의미가 전달됩니다. 또 feel, seem, sound, look과 같은 감각 동사들도 자동사일 때는 상태 동사로 쓰이고요!

Tip 빈 칸의 뒤에 수식 받는 대상이 없는 경우라면 왼쪽의 동사의 성격을 통해 형용사와 부사를 판단해야 합니다. 상태 동사는 주어의 상태를 설명하는 용법이기 때문에 형용사가 연결되어야 합니다. 반면에 동작 동사라면 부사가 나와야 하고요. 영어의 동사는 대부분이 동작 동사이기 때문에 무작정 모두를 암기할 수는 없어요! 상태 동사를 확실하게 익혀두고, 나머지는 동작 동사로 판단하면서, 이해의 폭을 넓혀나가도록 하세요!

18. The more we work with Christopher Taylor, the more ------------ *we are* with his personality and capability and dedication.

(A) impress**ion**
(B) impress**ively**
(C) impress**ive**
(D) impress**ed**

(A) -ion이라는 사물 명사가 보어라면, 주어도 역시 사물을 의미하는 명사여야 하지만 주어인 we는 사람입니다!
(B) -ly가 붙은 부사가 있다면, 동사가 동작 동사라는 말이거든요. 하지만 are를 비롯한 be 동사는 가장 기본적인 상태 동사이기 때문에 부사가 어울리지 않아요. 부사는 동작을 설명하는 용법이기 때문에 주어의 상태에 대한 정보를 나타낼 수 없어요!
(C) impressive도 형용사이기 때문에 are의 보어로 적절합니다. 다만 논리적으로 적절하지 않아요. impressive는 "인상적인, 감명을 주는"이라는 의미로, 누군가에게 인상을 심어주는 행위자의 입장에서 적용되는 의미입니다. 따라서 주어인 we가 그런 인상을 주는 행위자라는 말이거든요. 하지만 뒤에 with 이하에 있는 긍정적인 정보는 다른 사람의 것이기 때문에 어울리지 않아요!

(D) impressed라는 과거 분사 형태는 impressive와 힘의 전달 방향이 정 반대라는 점을 이해하세요. 즉 주어인 we는 누군가에게 감명을 주는 존재가 아니라, 다른 대상으로부터 감명을 받는 대상이라는 말이거든요!

Tip the와 비교급으로 문장이 시작할 수 있는 경우는 오직 이중 비교급 밖에 없어요. 이 표현 방식에서는 동사의 뒤에 있던 형용사나 부사가 비교급의 형태로 문장 앞으로 도치되는 구조가 됩니다. 위치상 뒤에 있는 동사의 성격을 고려해서 판단하세요!

[해석] Christopher Taylor와 함께 일을 하면 할수록 우리는 그의 인성과 능력과 헌신에 더욱 감명을 받는다.

29. The **success** of Frontier Publishing Company **is** ------------ on the novelty, teamwork, and sacrifice of all its employees.

(A) depend**ence**
(B) depend**able**
(C) depend
(D) dependent

(A) 명사가 보어라면, 주어인 success와 동의어가 돼야 하거든요. 그런데 "성공"과 "의존"을 같은 개념으로 이해할 수는 없어요.

(B) 18번처럼 표현의 방향으로 이해하세요. dependable은 "의존할만한, 믿을만한"이라는 뜻입니다. 즉 의존하는 행위자가 아니라, 의존하는 대상에게 초점을 맞춘 의미인 것이죠.
유사한 관점으로 respectable과 respectful도 이해할 수 있어요. respectable은 역시 존경의 대상에게 적용되는 표현으로 "존경할만한"이라는 뜻입니다.
반면에 respectful은 존경하는 행위자의 입장을 나타내거든요. 그러니까 "존경심이 가득한"이라고 이해하면 되겠죠!

(C) is라는 동사의 뒤에 동사가 또 나올 수는 없어요. -ent는 동사에 결합해서 형용사를 만들어주는 어미이기 때문에 다른 보기를 통해 depend의 품사를 짐작할 수 있어요.

(D) depend라는 동사에서 파생된 두 개의 형용사인 dependable과 dependent를 구별하라는 문제입니다. dependent는 의존하는 행위자의 입장에서 표현하는 단어입니다. 그렇다면 다음에는 의존의 대상이 제시되어야 하기 때문에 on, 혹은 upon이라는 전치사가 연결됩니다. 하지만 dependable은 on이 연결될 이유가 없으니까, 전치사의 존재로 구별하면 됩니다. 혹시라도 TOEIC에서는 주로 어떤 단어가 정답이라는 식의 영혼 없는 암기는 제발 하지 마세요!

Tip be 동사의 보어 자리에 빈 칸이 있다는 점에서 36번, 18번과 같은 유형입니다. 동일한 어근의 형용사가 여러 개가 제시됐을 때는 문법적 구조를 먼저 확인하세요. 첫 번째는 분사나 복합 명사를 구별하는 유형이 있고, 또 하나는 형용사의 뒤에 연결되는 어구를 확인하는 유형입니다. 그런 다음에 논리성을 확인하는 것이고요.

[해석] Frontier Publishing Company의 성공은 전 직원의 참신함, 팀워크, 그리고 희생에 기대고 있다.

---

20. The news reporter *was* ------------ ***of*** futile efforts of the company to prevent the massive oil spill from spreading beyond the oil fence.

(A) criticized
(B) critic
(C) critical
(D) critic**ism**

(A) 뒤에 목적어가 없다는 점에서 고르기 쉬운 보기입니다. 그런데 criticize의 목적어 다음에는 of이 아니라, 비판의 이유를 나타내는 for가 연결되거든요.

(B) critic은 "비평가"라는 뜻입니다. 사람 명사라면 관사가 있어야죠!

(D) -ism은 "태도, 주의, 행동" 등을 의미하는 사물 명사입니다. 주어가 reporter라는 사람이기 때문에 보어로는 적당하지 않아요.

[해석] 대량으로 유출된 원유가 오일펜스를 넘어 확산되는 것을 막으려고 회사에서 노력했지만 수포로 끝나버린 것을 그 기자는 비판했다.

(C) 빈 칸의 뒤에 전치사가 있기 때문에 형용사를 선택하기 쉽지 않아요. 형용사의 뒤에도 특정한 전치사가 연결됩니다. 특히 'be 동사 + 형용사 of'이 연결되는 경우에는 타동사로 쓰이는 패턴이 있어요. 예를 들어, be expressive of은 express, be productive of는 produce, be considerate of은 consider로 각각 이해하면 되거든요.

Tip be 동사의 뒤에 오는 형용사를 판단하는 문제 중에서 틀리기 가장 쉬운 유형일 수 있어요. 표현의 패턴을 알고 있으면 문제가 되지 않는데, 모르면 찾아내기 상당히 어려운 유형입니다.

1. The amount of money spent advertising on the major television channels has ***increased*** ----------- over the past two years.

   (A) noti<u>cing</u>
   (B) noti<u>ce</u>
   (C) notice<u>able</u>
   (D) notice<u>ably</u>

(A) 현재 분사임을 표시하는 -ing가 붙은 단어는 형용사로 활용되는 것이 기본입니다. 뒤에 수식 받는 명사가 없기 때문에 이 자리에 오는 형용사는 주격 보어일 수 밖에 없어요. 하지만 '동작'을 나타내는 increase는 뒤에 보어가 있을 필요가 없어요.

(B) -ce가 붙은 단어는 일단 명사로 쓰입니다. increase를 타동사로 이해하면 notice를 목적어로 이해할 수 있지 않느냐고 생각할 수 있어요. 그런데 관사가 없으니까, notice는 "주목, 통보"라는 의미가 되는데, 연결되는 정보가 없어서, 논리적으로 연결되지 않아요.

(C) -able가 결합된 단어는 모두 "~할 수 있는"이라는 의미가 담기고, 품사는 형용사입니다. 역시 increase라는 동작 동사와 어울리지 않아요.

(D) 빈 칸의 앞에 있는 동사인 increase는 고정된 상태가 아니라, '상태의 변화' 즉 동작을 의미합니다. 따라서 다음에는 그 동작을 설명하는 부사가 연결돼야 논리적 관계가 성립해요!

Tip 형용사 형태인 보기와 -ly가 있는 보기가 있다는 점에서 형용사와 부사의 구별을 생각하세요. 빈 칸의 뒤에서 수식을 받는 어구가 없을 경우에는 반드시 동사의 종류가 수식어의 종류를 결정합니다.

[해석] 주요 텔레비전 방송 광고에 투자한 금액의 양이 지난 2년에 걸쳐 눈에 띄게 증가했다.

33. With this video conference system, the branch managers can ***work*** ----------- ***with*** their counterparts worldwide and enhance their efficiency.

    (A) collaboratively
    (B) collaborat<u>ion</u>
    (C) collaborat<u>ive</u>
    (D) collabor<u>ate</u>

(B) work가 상태 동사는 아니니까, 뒤에 명사가 온다면 목적어라고 볼 수 밖에 없어요. work는 자동사로 주로 쓰이지만, 타동사 용법도 가능해요. 그런데 목적어로는 land, machine, gold처럼 조종이나 노동의 대상이 되는 명사가 주로 연결된다는 점에서, collaboration은 적절하지 않아요.

(C) work는 동작을 의미하는 동사이기 때문에 뒤에 형용사가 연결되지는 않아요!

(D) -ate는 형용사나 동사를 나타내는 어미입니다. 그 어느 쪽도 work라는 동사에 연결될 수는 없어요.

(A) work는 동작 동사이기 때문에 뒤에는 당연히 부사가 와야 해요. 그런데 빈 칸이 아예 없다고 보면, 'work with'라는 익숙한 표현이 되거든요. 이렇게 자동사와 전치사의 사이에 올 수 있는 품사는 오직 부사 밖에 없어요! 자동사 용법이라 명사는 올 수 없고, 전치사가 연결되는 경우는 거의 동작 동사에서나 일어나는 현상이기 때문에 형용사도 올 수 없거든요!

Tip 뒤에 수식 받는 표현이 없기 때문에 왼 쪽의 동사를 봐야 하고, work가 동작 동사라는 점을 파악하면 쉽게 해결할 수 있어요. 하지만 빈 칸의 좌우를 잘 보라는 충고를 기억하면 훨씬 더 간단하게 해결할 수 있는 유형입니다.

[해석] 이 화상 회의 시스템으로 지점장들은 전 세계의 지점장들과 협력해서 효율성을 높일 수 있다.

12. All of the part-time workers are advised to **go** ----------- **to** the manager if they have any questions about the work schedule.

   (A) straighten<u>ing</u>
   (B) straight<u>en</u>
   (C) straight
   (D) straight<u>er</u>

(A) go는 동작 동사이기 때문에 -ing라는 분사 형용사가 연결될 수는 없어요. 혹시 "~하러 가다"라는 표현인 go -ing를 생각한다면, 뒤에 있는 전치사 to가 있을 필요가 없어요!

(B) -en으로 끝나는 단어는 모두 동사입니다. go의 뒤에 동사가 곧바로 연결될 수 없죠.

(D) -er은 비교급을 나타내는 어미입니다. 그렇다면 than으로 비교의 대상이 제시돼야 하거든요. if절이 있는 경우에는 than이 생략되는 경우가 있어요. 문맥상 if절에서 제시한 내용이 아닐 때를 비교 대상으로 하거든요. 하지만 지금 문장에서는 성립되지 않아요.

(C) 부사가 있을 자리라는 것을 파악했지만 -ly라는 흔적이 없기 때문에 선택하기 쉽지 않아요. straight는 형용사, 부사로 모두 쓰여요. 때로는 straightly라는 부사를 사용하기도 합니다. 참고로 fast는 형용사와 부사 모두 쓰이고, fastly라는 단어는 없다는 점을 알아두세요!

Tip 역시 빈 칸의 좌우를 잘 살펴서 33번과 동일한 유형이라는 점을 파악해야 해요! 빈 칸의 앞과 뒤에 있는 단어를 연결하면 'go to'라는 아주 익숙한 표현이죠? 이렇게 '자동사 + 전치사'의 구조 사이에 올 수 있는 품사는 오직 부사랍니다!

[해석] 시간제 근무자들께서는 근무 일정에 궁금한 점이 있으면 매니저에게 직접 문의해주시기 바랍니다.

24. Effective on March 1, the new policy requires that the managers of the branches should **report** any additional employment ----------- to the headquarters.

   (A) direct<u>ion</u>
   (B) direct<u>ing</u>
   (C) direct<u>ly</u>
   (D) direct<u>ive</u>

(A) 목적어의 뒤에 명사가 온다면, give처럼 목적어가 두 개 필요하거나, call처럼 목적보어도 명사인 경우입니다. report는 둘 중 어디에도 속하지 않아요.

(B) 목적어의 뒤에 -ing가 온다면 두 가지 경우입니다. 첫째는 지각동사가 나온 경우입니다. 또 하나는 목적어를 수식하는 분사 구문입니다. 하지만 빈 칸의 뒤에 목적어가 없기 때문에 능동의 -ing는 어울리지 않아요.

(D) directive는 형용사 또는 명사로 쓰여요. 목적어의 뒤에 형용사가 오는 경우는 목적어에 대해 설명하는 목적 보어의 역할인데, 그리 보편적인 경우는 아닙니다. consider, make, keep, leave, find와 같은 타동사의 목적어 뒤에 형용사 보어가 연결됩니다. 이때 형용사 보어가 우리말로는 부사처럼 해석되기 때문에 해석에 의존하면 오히려 혼동하기 쉬워요!

(C) 대부분의 타동사는 보어가 필요 없고, 목적어의 뒤에 부사나 전치사가 연결됩니다. 따라서 보어가 필요한 몇 개의 동사를 철저하게 암기하세요. 그리고 그 동사들 이외의 경우에는 부사가 연결된다고 판단하세요. 틀릴까 걱정하면 오히려 실력을 늘리는 데 방해가 됩니다. 시행착오를 두려워하지 말고, 일단 사고의 방향을 정하는 것이 중요해요.

Tip 목적어의 뒤에 오는 품사에 대한 판단을 묻는 문제입니다. 명사, 형용사, 부사, 분사 등 다양한 표현이 올 수 있어요. 하지만 목적어가 두 개이거나, 형용사나 분사가 목적보어로 연결되는 경우는 일부 동사에만 적용되는 제한적인 경우거든요. 그래서 가장 일반적인 경우는 부사입니다.

[해석] 3월 1일부터 적용되는 새로운 규정에 따르면, 지점장들께서는 추가 채용 건에 대해서 본사에 직접 보고하셔야 합니다.

35. What we must **do** ----------- is inform our customers of the serious defect in our new product, not trying to conceal the problem.

(A) immed*iate*
(B) immediately
(C) imit*ative*
(D) imitatively

(A) immediate는 -ate라는 어미에서 짐작하듯이 "즉각적인, 즉시의"라는 의미를 갖는 형용사입니다. 하지만 do는 "~을 하다"라는 동작의 의미를 갖는 타동사이기 때문에 일반적으로 목적어의 뒤에 보어가 있을 필요가 없어요. 간혹 'do me a favor'처럼 두 개의 목적어가 등장하는 경우는 있어요.

(C) -ive라는 기호를 통해 형용사라는 성격을 판단할 수 있어요. do의 목적어 뒤에 형용사가 연결되는 경우는 "~을 조리하다, 만들다"라는 의미일 때 뿐입니다.

(D) imitatively는 부사라는 점에서는 가능해요. 구조로 검토한 다음에는 논리성을 확인하세요. "모방적으로"라는 말은 do라는 동사를 수식하는데, "고객들에게 결함을 알린다" 뒤의 정보와는 논리적인 접점을 찾을 수가 없어요.

(B) do의 목적어에 해당하는 명사인 what은 접속사의 성격을 갖기 때문에 문장의 앞으로 도치되어 있어요. 도치란 위치의 변화일 뿐이기 때문에, 목적어의 뒤에 있던 단어의 품사에는 아무런 영향도 미치지 않아요.

Tip 크게 형용사와 부사 보기가 각각 2개씩 제시되었으니까, 당연히 형용사와 부사를 구별하라는 출제자의 의도를 읽을 수 있어요. 빈 칸의 뒤에 수식을 받을 수 있는 표현이 없기 때문에 동사를 확인해야 합니다. 빈 칸의 바로 앞에 있는 do는 must라는 조동사가 있기 때문에 일반 동사로 이해해야 합니다.

[해석] 우리가 즉시 해야 할 일은 문제를 감추려고 노력하는 것이 아니라, 신제품에 심각한 결함이 있다는 것을 고객들에게 알리는 일이다.

---

6. The traffic on Parrington Street had to **be blocked** ----------- due to road repairs.

(A) temporarily
(B) tempor*al*
(C) temporar*y*
(D) temporal*ity*

(B) -al은 주로 형용사를 나타내는 어미입니다. 수동태 동사의 뒤에 형용사가 있는 경우는 목적보어로 형용사가 필요한 동사들인 경우에나 가능한 겁니다. 구체적으로는 consider, make, keep, leave, find와 같은 동사들이겠죠!

(C) temporary 역시 "일시적"이라는 의미의 형용사입니다. block은 목적어에게 가해지는 동작으로 의미가 완결되니까 목적 보어라는 추가 정보가 필요 없어요.

(D) -ity는 명사형 어미입니다. 하지만 수동태의 뒤에 명사가 있다면, 능동태에서는 목적어가 두 개였다는 말이거든요. 그런데 block는 "~을 차단하다"라는 의미로 두 개의 목적어를 필요하지 않아요!

(A) 타동사와 목적어는 밀접한 의미 단위이기 때문에 부사를 그 사이에 배치해서 의미의 흐름을 방해하지 않아요. 그래서 타동사를 수식하는 부사는 동사의 앞에 오거나, 목적어의 뒤에 오게 됩니다. 따라서 수동태가 되면 목적어를 주어로 활용하니까, be -ed의 뒤에는 부사가 남아 있는 경우가 대부분인 것이죠!

Tip 빈 칸의 왼쪽에 있는 동사가 수동태인 유형입니다. 수동태란 목적어가 주어의 자리로 옮겨졌을 뿐, 목적어의 뒤에 제시되는 표현들에는 아무런 변화가 없다는 점을 고려하세요! 능동태로 충분히 이해한 것을 수동태로 표현하는 것에 불과하거든요.

[해석] 도로를 보수하기 때문에 Parrington Street의 교통이 일시적으로 차단되었다.

27. The president of the pharmaceutical company *has* ------------- *arrived* in Santiago and will hold a press conference on Tuesday afternoon.

(A) still
(B) yet
(C) already
(D) often

(A) still은 "아직도"라는 뜻으로 '동작이나 상태의 지속'을 의미해요. 따라서 still 이라는 부사가 수식하는 동사는 지속적인 행위가 가능해야 합니다. 그런데 arrive는 일회적인 의미거든요. "계속 도착하다"라는 표현이 가능할 수는 없잖아요?

(B) yet은 '동작의 미완성'을 의미하기 때문에 주로 부정문에 쓰여요. yet이 긍정문에 쓰이는 경우는 'have yet to do' 라는 표현에서인데요. "아직 ~하지 않다"라는 부정의 의미로 이해해야 한다는 점을 꼭 챙겨두세요. 부정문이 아니라고 생각하고 접근하면 놓치기 쉬우니까 꼭 기억하세요!!

(D) often은 소위 '빈도 부사'에 속하는 부사인데요. 빈도란 어떤 행동이 반복되는 정도를 의미하기 때문에, 역시 반복성을 가진 동작에 쓸 수 있어요. 하지만 문장의 내용은 반복적인 행동이 아니기 때문에 어울리지 않아요!

(C) already는 '동작의 완료'를 의미하기 때문에 항상 긍정문에 쓰입니다. 물론 의문문에 쓰이는 경우도 있지만, TOEIC의 특성상 의문문이 Part 5와 Part 6에 제시되지는 않기 때문에 우선 순위에서 빼놓고 보세요. 이 문제에서 보듯이 already의 위치는 보조 동사의 뒤, 일반 동사의 앞이고요!

Tip 어근이 다른 부사들이 제시된 경우는 부사들끼리의 용법을 구별해서 사용할 수 있는 지를 물어보겠다는 의도입니다. 용법이 서로 대칭적인 부사들이 함께 보기에 제시된다는 점을 감안해서 질문의 방향을 포착하세요

[해석] 그 제약회사의 회장은 산티아고에 이미 도착했다. 그리고 그는 화요일 오후에 기자회견을 열 예정이다.

8. After 30 years in business, Clayton's Diner ------------- *provides* its excellent cuisine for local residents.

(A) soon
(B) still
(C) rarely
(D) once

(A) "곧, 이내"라는 의미의 부사인 soon은 보통 동사의 뒤에 오지만, 앞에 오는 경우도 가능해요. 다만 단어의 의미상 과거나 미래 시제와 함께 쓰인답니다!

(C) rarely는 "~하는 경우가 드물다, 좀처럼 ~하지 않는다"는 의미로 발생 빈도가 극히 낮은 동작을 의미해요. 현재 시제와 사용하는 것은 가능하지만, 훌륭한 음식을 제공하는 경우가 드물다는 정보와 30년 동안 영업했다는 정보가 서로 논리적인 관계를 형성하지 못해요!

(D) once가 현재 시제와 함께 쓰이는 경우에는 주로 동사 뒤에서 "한 번"이라는 의미를 나타냅니다. 참 납득하기 힘든 의미가 되고 말아요!

(B) still이 긍정문에 쓰이는 경우는 동사를 수식하는 다른 부사처럼 보조 동사의 뒤, 일반 동사의 앞에 와요.

Tip already, yet, still이라는 상대적인 용법의 부사가 함께 보기에 나오는 경우가 대부분이지만, 간혹 어느 하나만 제시되는 경우도 있어요.

[해석] 30년이 지난 지금도 Clayton's Diner는 여전히 현지 주민들에게 멋진 음식을 제공하고 있다.

19. We ***haven't*** ----------- reached an agreement about the new project, so we are going to discuss it again next week.

(A) still
(B) hardly
(C) already
(D) yet

(A) still은 긍정문과 부정문에 모두 쓸 수 있어요. still의 용법에서 가장 조심해야 하는 것은 부정문에서 still의 위치입니다. 일반적으로 부사는 보조 동사를 수식하지 않기 때문에 보조 동사의 뒤에 오는 것이 일반적입니다. 하지만 still은 부정문에서 반드시 보조 동사의 앞에 와야 합니다. 따라서 이 문제의 빈 칸이 haven't의 앞에 있었다면 yet이 아니라, still이 옳은 표현입니다.

(B) hardly는 "좀처럼 ~하지 않다"라는 부정의 어감을 갖는 빈도 부사입니다. 부정어의 범주에 포함되기 때문에, not과 같은 다른 부정어와 함께 쓰지 않아요. 제한적인 경우를 제외하고 이중 부정은 쓰지 않는 것이 원칙입니다.

(C) already를 부정문에 쓰지는 않아요. already가 보여주는 "이미"라는 동작의 완료라는 의미는 기본적으로 긍정문의 상황이거든요.

(D) 'not yet'이라는 익숙한 표현에서 알 수 있듯이 yet이 부정문에 쓰이는 경우는 반드시 부정어의 뒤에 와야 합니다. 아니면 문장의 맨 끝에 두세요.
그리고 부정문에서 yet과 still은 의미가 같기 때문에, 위치가 아니면 구별할 방법이 없다는 점을 고려하세요.

Tip 빈 칸의 앞에 부정어가 있다는 것을 놓치면 안됩니다. 긍정문과 부정문이라는 문장의 종류에 따라 선택해야 하는 용법들이 있거든요.

[해석] 우리는 아직 신 사업에 대해 의견의 일치를 보지는 못했다. 그래서 다음 주에 다시 의논할 예정이다.

10. The position in charge of futures exchange is *a* ----------- ***demanding* job** that requires a lot of experience, comprehensive knowledge and determination.

(A) such
(B) very
(C) more
(D) much

(A) such는 형용사로 앞에 제시된 어구를 반복하기도 하고, 강조의 용법으로 쓰이기도 합니다. 하지만 관사의 뒤에 오는 일반적인 형용사와 달리, 관사의 앞에 온다는 점을 명심하세요!

(C) more는 비교급 표현입니다. 그렇다면 뒤에 비교의 대상이 than이라는 장치로 언급돼야 마땅해요. 간혹 비교 대상이 명확한 경우에는 생략되기도 하는데, 지금 문장에서는 무엇보다 더 힘든 일인지 판단할 근거가 없어요.

(D) much는 비교급의 형용사를 강조하는 용법입니다. 또 분사를 강조하는 경우라면 -ed라는 과거 분사를 강조하는 경우는 있지만, -ing라는 현재 분사를 강조하지는 않아요!

(B) very는 원급의 형용사, 현재 분사를 강조하는 부사입니다. 암기하려 하지 말고, 'very good, very well, very interesting'이라는 익숙한 예문을 통해 기억하세요.
demanding은 의미를 놓치는 경우가 많은데 많은 시간이나 노력을 필요로 하는"이라는 뜻입니다.

Tip 형용사의 앞에 빈 칸이 있기 때문에 형용사도, 부사도 원칙적으로 가능한 자리입니다. 용법을 물어보는 문제의 경우에는 철자의 공통점이 없는 보기들이 제시되지만, 각 단어의 쓰임새만 정확하게 알고 있으면 오히려 더 명확하게 대응할 수 있어요. very와 much라는 대립적인 보기가 등장했어요.

[해석] 선물 거래를 책임지는 자리는 많은 경험과, 포괄적인 지식과 결단력이 필요한 힘든 일이다.

21. The top priority in the next year's budget is to cover the expenses involved in the *much* ----------- *renovation* of the city culture center.
    (A) necessary
    (B) needed
    (C) necessarily
    (D) needy

(A) necessary는 "필요한"이라는 의미의 형용사입니다. 하지만 비교급이 아니기 때문에 much의 수식을 받을 수가 없어요!
(C) 지금은 형용사가 올 자리입니다. -ly가 붙어서 형용사인 경우는 -ly를 뺀 형태가 명사일 경우입니다.
(D) needy는 "(경제적으로) 어려운"이라는 의미의 형용사입니다. 주로 사람의 집단에게 쓰이는 경우가 많다는 점에서, renovation이라는 사물 명사와는 어울리지 않아요! 물론 much의 수식을 받을 수도 없고요.

(B) 단순하게 해석을 시도하면 정답을 찾기 상당히 힘들어요. very와 much라는 강조 부사의 용법을 파악하지 않고, 모두 "매우"라고 해석하면 구별할 수가 없지 않겠어요? 서로 다른 용도로 활용되는 표현이라면 차이점을 익히는 데 초점을 맞춰야지, 같거나 비슷하다는 점만 부각시키면 구별하는 능력은 절대로 길러질 수 없어요.

Tip 빈 칸의 뒤에 renovation이라는 명사가 있기 때문에 형용사를 선택할 자리입니다. 하지만 보기에는 모두 세 개의 형용사가 있어요. 한 번의 시도로 정답이 결정되지 않는다면 출제자가 물어보는 항목이 또 있다는 말입니다. 이럴 때 2차 단서는 처음 단서의 반대쪽에 있어요.

[해석] 내년 예산에서 최우선 순위는 시립 문화회관의 매우 필요한 보수 공사에 관련된 비용을 충당하는 일이다.

32. It is difficult to get tickets for ----------- *popular performances* in the festival *that* it would be better to book at least two months in advance.
    (A) so
    (B) such
    (C) too
    (D) enough

(A) 'so + 형용사 + 관사 + 명사'로 암기하면, 지금처럼 관사가 없는 경우에도 so가 더 자연스럽게 느껴져요. 하지만 이렇게 '형용사 + 명사'의 경우에는 반드시 such로 강조해야 합니다!
(C) 강조 부사 too를 쓰기에는 어순도 적절하지 않지만, 무엇보다 that절과 어울리지 않아요. too의 뒤에는 to 부정사가 연결되거든요!
(D) enough가 형용사로 쓰이면 명사의 앞에 올 수는 있어요. 하지만 that절과 함께 쓰이지는 않아요!

(B) 'such + 관사 + 형용사 + 명사'의 어순으로 암기했기 때문에 such 다음에는 관사가 있어야 한다고 생각합니다. 그래서 지금처럼 관사가 없는 경우에는 선뜻 선택하기 어려워져요. 하지만 such는 형용사이기 때문에 강조하는 대상은 "하나"라는 의미의 부정관사가 아니라, 명사입니다. 따라서 관사가 없거나, 복수형이라도 수식 관계는 달라지지 않는 것이죠!

Tip 관사가 있는 경우에는 such와 so를 구별하기 어렵지 않아요. 하지만 셀 수 없는 명사이거나 복수 명사인 경우에는 관사가 없기 때문에 '형용사 + 명사'라는 어순이 될 수 있어요. 무작정 such와 so의 어순을 암기하면 어렵다고 생각할 수밖에 없는 유형입니다!

[해석] 그 축제에서 매우 인기 있는 공연의 입장권을 확보하기는 힘든 일이다. 그래서 적어도 두 달 먼저 예매하는 것이 더 좋을 것이다.

13. The new advertising campaign was ---------- **catchy that** the sales figures exceeded the management's expectations.

    (A) very
    (B) too
    (C) such
    (D) so

(A) very는 원급의 형용사나 부사를 강조합니다. 하지만 very의 뒤에는 결과를 나타내는 to 부정사나 that절이 연결되지 않아요. 뒤에 있는 형용사만 보고 서두르면 틀릴 수 밖에 없으니까 주의하세요!

(B) too도 so처럼 강조 용법의 부사입니다. 그러나 that절이 연결되는 so와 달리 too는 반드시 to 부정사의 구조로 '결과'를 표현해야 합니다.

(C) such는 형용사이기 때문에 반드시 다음에는 명사가 있어야 해요. 강조도 결국은 수식의 유형 중 하나거든요.

(D) 빈 칸의 뒤에 있는 catchy는 형용사이기 때문에, 강조하기 위해서는 부사가 필요한 자리입니다! that절과 함께 쓸 수 있는 표현은 so 밖에 없어요! 때로는 that절이 as to do라는 준동사로 표현되기도 하는 점은 참고로 알아두세요.

Tip 강조의 의미로 쓰이는 부사들의 용법을 구별하라는 문제입니다. 모두 강조 표현이기 때문에 해석으로는 쉽게 구별할 수 없어요. 뒤에 연결되는 결과를 표현하는 방식이 어떻게 다른지를 확인하세요.

[해석] 새 광고는 기억하기 매우 쉬워서 매출액은 경영진의 예상을 초과했다.

4. The central heating system of this building is ---------- **outdated to keep** the offices warm in the winter.

    (A) too
    (B) very
    (C) so
    (D) enough

(B) very는 -ed가 붙은 형용사를 직접 수식하지 않아요. 간혹 interested와 같은 감정 형용사들은 형용사로 굳어진 경우이기에 very로 강조하기도 해요. 하지만 결정적으로 very는 뒤에 to 부정사가 연결되지 않아요!

(C) 강조 부사 so의 뒤에 결과를 나타내는 to 부정사를 연결하고 싶으세요? 그렇다면 반드시 'as to do'라는 형태로 표현해야 합니다.

(D) enough도 강조 부사지만, 항상 수식받는 형용사나 부사의 뒤에서 수식해야 합니다! 일반적인 부사와는 수식하는 방향이 반대라는 점에서 용법을 익혀둘 필요가 있는 것이죠.

(A) too와 enough는 모두 강조 부사이고, 뒤에 to 부정사가 연결된다는 공통점이 있어요. 하지만 enough와 달리, too는 반드시 형용사나 부사의 앞에 온다는 위치의 차이점을 확인하세요!

Tip 33번과 보기로 제시된 단어들이 거의 같다는 점을 참고하세요. 강조 용법이라는 점에서는 동일하지만, 서로 차이점이 없다면 문제로 제시될 수 없겠죠? 바로 그 점을 주목해서 서로 어떤 다른 점이 있는지 확인하세요. 그것이 나중에 정확하게 표현하는 힘이 되거든요.

[해석] 이 건물의 중앙 난방 장치는 너무 구식이라 사무실들은 겨울에 따뜻하지 않다.

25. As the housing market in the area is showing signs of a gradual recovery, it is anticipated that the number of sales of houses will climb ------------ *fifteen percent* this month.

(A) near
(B) nearly
(C) most
(D) nearby

(A) near는 "위치상 가까운"이라는 의미이기 때문에 다음에는 반드시 그에 어울리는 장소나 위치를 나타내는 명사가 연결되어야 해요.

(C) 정관사가 없이 쓰이는 most는 "대부분"이라는 뜻입니다. 그런데 이 의미는 막연한 범위를 나타내는데, 뒤에 있는 fifteen은 구체적인 수를 나타내거든요. 그래서 둘은 서로 어울릴 수 없어요. most가 관사 없이 "가장"이라는 최상급의 의미로 쓰이는 경우는 부사로 쓰일 때 뿐입니다.

(D) nearby는 "가까운 곳에 있는"이라는 의미로 부사나 형용사로 쓰여요. 당연히 뒤에 연결되는 명사는 위치와 관련된 정보여야만 합니다.

(B) nearly는 부사로만 쓰이는데, 추상적인 의미로 "거의"라는 정도를 나타내는 표현입니다. 따라서 뒤에는 숫자, all, every 또는 형용사도 올 수 있다는 점에서 near와 변별력을 가져요.

Tip 네 개의 보기 중에서 near와 nearly라는 대칭적인 표현이 있다는 점을 포착하세요. 사실적인 의미를 갖는 전치사, 혹은 부사로 쓰이는 near와 추상적인 의미를 갖는 부사인 nearly의 차이는 뒤에 연결되는 단어를 통해 판단할 수 있어요. 문법은 결국 단어들이 서로 연결되는 관계니까요.

[해석] 이 지역의 주택 시장이 점차적으로 회복하는 징후를 보임에 따라, 주택 거래건수가 이번 달에 거의 15퍼센트 상승할 것으로 기대되고 있다.

16. A recent study found that those who live a ------------ *organized* daily life tend to be more susceptible to stress.

(A) high
(B) highly
(C) higher
(D) heighten

(A) 부사로 쓰이는 high는 "높게"라는 뜻으로 사실적이고, 공간적인 맥락에서 사용해요. 따라서 high가 동작의 의미를 담고 있는 과거 분사라는 준동사를 수식할 이유가 없어요. 또 life에 높이와 같은 위치 개념을 적용할 수도 없잖아요.

(C) -er은 비교급을 나타내는 표시일 뿐 본래의 의미는 변함이 없어요. 즉 higher는 여전히 high의 의미가 적용된다는 말입니다. 그래서 "더 높게"라는 뜻입니다.

(D) -en으로 끝나기 때문에 동사라는 것을 알 수 있어요. 동사가 관사의 다음에 올 수야 없죠!

(B) highly는 "매우"라는 추상적 의미를 갖는 강조 부사입니다. 그래서 주로 동사의 뒤에 오는 high와 달리 highly는 반드시 뒤에 강조의 대상이 연결되는 것이죠!

Tip 빈 칸의 뒤에 있는 -ed를 보고 무작정 부사로 생각하고 highly를 고르지 말아야 합니다. 대론 그래도 정답이 될 수 있겠지만 -ly가 없어도 부사로 쓰이는 단어들을 물어보는 경우라면 전혀 도움이 되지 않거든요. 그래서 혹시라도 부사라는 점에서만 접근했다면 틀렸다고 생각하고 피드백을 하세요.

[해석] 최근 연구에 따르면 하루 일과를 매우 꽉 짜여지게 사는 사람은 스트레스에 더 민감한 경향이 있다고 한다.

34. We are pleased to inform you that the Mansfield premium speakers you ordered last Monday will **be delivered** ------------.

(A) shortly
(B) shortness
(C) shorten
(D) short

(B) be -ed라는 수동태의 뒤에 목적어인 명사가 올 수는 없어요. 물론 shortness라는 추상적인 의미의 명사가 deliver라는 행동의 대상이 될 수도 없지만요.

(C) are pleased, ordered, will be delivered라는 세 개의 동사와 that, which라는 두 개의 접속사가 제시되었기 때문에 동사가 올 수는 없어요! which는 you의 앞에 생략되어 있고요.

(D) short이 부사로 쓰일 때는 "부족한"이라는 의미입니다. go, run과 같은 동사와 함께 쓰이거나, 뒤에 of이 연결되는 경우가 많아요. 부족하다는 의미와 pleased라는 단어가 연결되기도 힘들고요!

(A) shortly는 short에서 파생된 부사이긴 하지만, 다른 의미로 쓰여요. 주로 동사나 목적어의 뒤에 오거나, after나 before와 같은 접속사의 앞에 쓰이기도 해요. soon과 같은 의미로 이해하세요.

Tip 일단 -ly가 있는 보기와 없는 보기가 있다는 점에서 형용사와 부사의 용법을 구별하라는 문제로 접근하세요. 다만 매우 소수의 단어들은 -ly가 없는 형태가 형용사로도, 부사로도 모두 쓰이는 경우가 있어요. slow와 slowly처럼 의미의 차이가 없는 단어들도 있지만, 대체로 -ly가 붙은 부사는 의미가 달라요. 하지만 의미로만 접근하지 말고, 의미가 다르면 연결되는 단어들도 다르다는 점에서 관계로 익혀 두는 것이 여러 모로 도움이 됩니다.

[해석] 고객님께서 지난 월요일에 주문하신 Mansfield 프리미엄 스피커가 곧 배송될 예정임을 알려드리기 돼서 기쁩니다.

38. ------------ **has** the world economy been in this unstable situations since 2005.

(A) Initially
(B) Frequently
(C) Surely
(D) Rarely

(A) "처음에"라는 의미인 initially도 문장의 처음에 등장할 수는 있지만 도치를 발생시키는 힘은 없어요.

(B) frequently는 "빈번하게, 자주"라는 의미를 갖는 빈도 부사의 일종입니다. 빈도 부사는 동작이 발생하는 빈도를 나타내는, 즉 동사를 수식하기 때문에 동사의 앞에 두는 것이 일반적입니다. 간혹 강조하기 위해 이렇게 문장의 맨 앞에 오는 경우도 있지만, 부정적 어감의 표현이 아니기 때문에 주어와 동사가 도치되지는 않아요.

(C) surely도 문장의 앞에 나오는 경우는 있지만, 뒤에는 주어가 있어요. 즉 주어와 동사가 도치되지는 않아요.

(D) rarely는 부정의 의미를 갖는 빈도 부사입니다. 이렇게 부정어구가 문장의 앞에 나와서 강조되는 경우에는 주어와 동사가 도치됩니다. 주어와 동사가 도치되는 경우 중에서 가장 일반적으로 물어보는 유형이니까 잘 기억해두세요.

Tip 보기에 제시된 단어들이 모두 부사입니다. 이런 경우는 대부분 부사의 논리성을 확인하라는 어휘 문제입니다. 그런데 이 문제에서는 빈 칸의 다음에 동사가 있다는 점에 주목해야 합니다. 즉 동사의 앞에 주어가 될 수 있는 명사가 없는 구조거든요. 이런 경우라면 주어와 동사가 도치된 것이므로, 도치가 발생하는 상황이 어떤 경우인지를 생각하는 것이 순서입니다.

[해석] 2005년 이후로 세계 경제가 이렇게 불안정한 상황이었던 적은 거의 없었다.